DIREITO DE IGUALDADE

DIREITO DE IGUALDADE

ANTIDISCRIMINAÇÃO, MINORIAS SOCIAIS, REMÉDIOS CONSTITUCIONAIS

2023 • 2ª Edição

Dimitri Dimoulis

ALMEDINA

DIREITO DE IGUALDADE – 2ª EDIÇÃO
ANTIDISCRIMINAÇÃO, MINORIAS SOCIAIS,
REMÉDIOS CONSTITUCIONAIS

AUTOR: Dimitri Dimoulis

DIRETOR ALMEDINA BRASIL: Rodrigo Mentz
EDITORA JURÍDICA: Manuella Santos de Castro
EDITOR DE DESENVOLVIMENTO: Aurélio Cesar Nogueira
ASSISTENTES EDITORIAIS: Larissa Nogueira e Letícia Gabriella Batista
ESTAGIÁRIA DE PRODUÇÃO: Laura Roberti

REVISÃO: Monalisa Marcondes Neves e Paula Brito Araújo
EDIÇÃO: Lyvia Felix
DIAGRAMAÇÃO: Almedina
DESIGN DE CAPA: Roberta Bassanetto

ISBN: 9786556279176
Agosto, 2023

Dados Internacionais de Catalogação na Publicação (CIP)
(Câmara Brasileira do Livro, SP, Brasil)

Dimoulis, Dimitri
Direito de igualdade : antidiscriminação, minoriassociais, remédios constitucionais /
Dimitri Dimoulis.-- 2. ed. -- São Paulo, SP : Almedina, 2023.

ISBN 978-65-5627-917-6

1. Direito 2. Desigualdades - Brasil 3. Direito
constitucional 4. Discriminação - Aspectos jurídicos
5. Igualdade perante a lei 6. Minorias - Direitos
I. Título.

23-160574 CDU-342.724

Índices para catálogo sistemático:

1. Direito de igualdade : Direito constitucional
342.724
Tábata Alves da Silva - Bibliotecária - CRB-8/9253

Este livro segue as regras do novo Acordo Ortográfico da Língua Portuguesa (1990).

EDITORA: Almedina Brasil
Rua José Maria Lisboa, 860, Conj.131 e 132, Jardim Paulista | 01423-001 São Paulo | Brasil
www.almedina.com.br

Les hommes de tous les pays sont frères et les différents peuples doivent s'entre-aider selon leur pouvoir, comme les citoyens d'un même Etat

Maximilien Robespierre, *Déclaration des droits de l'homme et du citoyen* (1793), art. 35

Mano, tem uma coisa chamada Constituição e uma coisa chamada não ligo pra Constituição

Hector Sabadell, conversando com amigo

[...]
y al lado del ángel rubio
y junto al ángel trigueño,
aunque la Virgen sea blanca,
píntame angelitos negros.

Andrés Eloy Blanco, verso do poema *Píntame angelitos negros*

[...] *quase brancos quase pretos de tão pobres* [...].

Caetano Veloso, verso da canção *Haiti*

Leticia Kaplan Fernandes
deixou-nos em lágrimas no momento em que este texto terminava.
Leticia será sempre e para sempre jovem, inteligente e sensível.
Ensinando-nos a viver com seu sorriso sem igual.
"Tem algum ou alguns livros para me indicar?", pediu-me. E foi-se embora.

PREFÁCIO

Este estudo é resultado de pesquisas, reflexões e trabalhos preparatórios de mais de vinte anos. Sua finalidade acadêmica foi a submissão em processo avaliativo para progressão na carreira docente na Escola de Direito de São Paulo da Fundação Getulio Vargas (FGV DIREITO SP) em novembro de 2021.

Agradeço a gentileza, a disponibilidade e as valiosas críticas do Professor Carlos Ari Sundfeld, presidente da banca examinadora, da Professora Ana Paula Gonçalves Pereira de Barcellos e do Professor Luís Virgílio Afonso da Silva.

Com correções e acréscimos, o estudo foi publicado pela editora Almedina no final de 2021. Tendo-se esgotado a primeira edição, realizei profunda revisão e atualização. Além de incorporar os resultados de novas pesquisas e leituras, a segunda edição permitiu fazer correções de estilo e alterações que objetivam tornar mais clara e completa a exposição. Foram também atualizados os dados estatísticos, inseridos comentários sobre reformas constitucionais e legislativas e apresentadas novas decisões judiciais.

Nesta edição, aprofundamos os seguintes temas:

- distinção entre igualdade formal e material;
- críticas "pós-modernas" que procuram questionar (em nossa opinião sem êxito) os métodos clássicos da interpretação jurídica;
- problemas relacionados à intencionalidade da discriminação;
- possibilidade jurídica de discriminar homens "em razão do sexo";
- limites da responsabilização de particulares que discriminam em seu espaço privado;

- interpretação do art. 19, III, da Constituição Federal, que proíbe criar distinções entre brasileiros;
- relação entre direitos sociais e direito de igualdade.

Foram também inseridas novas seções sobre:

- discriminação "por associação";
- nexo causal entre condutas e resultados discriminatórios;
- a problemática filosófica das diferenças antropológicas que invisibilizam e naturalizam discriminações;
- a diferença dogmática entre ações afirmativas e queixas de discriminação;
- a discriminação das mulheres no hino nacional brasileiro.

Por fim, apresentamos a legislação antidiscriminatória de alguns países, destacando a importância de algumas normas estrangeiras, assim como a imperiosa necessidade de elaborar no Brasil uma lei geral contra a discriminação. Como exemplo, traduzimos, em anexo, a lei norueguesa de 2017, que consideramos a melhor codificação do direito antidiscriminatório hoje vigente.

***

Por não ter o tempo necessário para manter a casa em ordem, ainda que sempre cozinhe e procure lavar a louça, agradeço a ajuda da Senhora Kaliandra Araújo por quase duas décadas.

Por não saber dirigir automóvel, tive contato com inúmeros motoristas profissionais. Além de me levarem aos meus destinos com segurança, esses Senhores (e umas poucas Senhoras) me contaram histórias, me deram aulas improvisadas e me ensinaram tanto que, ainda que eu soubesse dirigir, nunca entraria em um carro sozinho.

Quase seis décadas de vida me deram muito e tiraram tanto. Foi-se minha avó Ismini Elassona, que me ensinou a aceitar críticas e castigos, assim como infinitas expressões em grego medieval, e sempre escondia (não muito bem) seu feminismo. Foi-se minha mãe, que me mostrou sem palavras que as mulheres são, no mínimo, iguais aos homens. Foi-se meu pai, com seu sorriso e sua delicadeza. Foram-se pessoas que me ensinaram mais do que eu pude ensinar a outras: Aristovoulos Manessis, Alessandro Baratta e Gerlinda Smaus. Foram-se amigos e colegas de estudo que não deviam ter morrido jovens assim: Giorgos

Dokoumetzidis me explicou, desde o início da faculdade, que os direitos humanos nada são se não pensarmos nas minorias sexuais. Naquela mesa estão faltando eles.

***

O estudo beneficiou-se da leitura crítica dos Professores Adilson Moreira e Matheus de Barros. O Professor José Garcez Ghirardi teve a bondade e paciência de comentar praticamente todas as páginas do livro. Sua rigorosa leitura foi de grande valor para a segunda edição, permitindo-me corrigir erros e me posicionar sobre pontos cruciais por ele levantados. O Professor Leonardo Martins publicou observações críticas em sua obra *Direitos Fundamentais*, de 2022. Discuto suas opiniões, continuando um amistoso diálogo de duas décadas. A professora Taís Penteado leu o manuscrito de ambas as edições. Ajudou-me a ampliar os horizontes críticos, mas não me convenceu a corrigir erros teóricos.

Agradeço à Professora Clarissa Gross e à Senhora Lyvia Felix, da Coordenadoria de Publicações da FGV DIREITO SP, que atenderam ao meu pedido de auxílio: transformaram em livro arquivos digitais, repletos de erros e incongruências.

Expresso minha gratidão a intelectuais que acompanharam a redação deste livro – e de outros trabalhos meus – com conselhos de inteligência e gestos de apoio. Em ordem alfabética:

Adilson Moreira (ensinando a pensar como Negr@s)
Adriana Ancona (sorriso e sabedoria)
Akis Gavriilidis (crítica implacável)
Alessandro Baratta (obrigado, Professor)
Ana Sabadell ("Patriarchy, Law and Women's Spaces", escrito em 1998)
André Tavares ("direito constitucional")
Andreas Takis (rock, moralidade)
Aristovoulos Manessis (obrigado, Professor)
Arlette Heymann-Doat (obrigado, Professora)
Bruno Silva (Poá como metáfora da injustiça social)
Christina Giannoulis (minha formação jurídica e moral)
Dimitri Christopoulos ("minorias")
Étienne Balibar (*restless*)

Eurico Santi ("ainda não conseguimos definir o direito")
Filippos Vassilogiannis ("discordo de tudo")
Gerlinda Smaus (obrigado, Professora)
Gilberto Bercovici ("Weimar", estudo)
Hector Sabadell (ensinando a resistência ao poder – e o bom senso)
Jean Milios (luta de classes e pontualidade)
Jan-Michael Simon (internacionalização, redes)
José Garcez (ajudando-nos a sair do fundo do poço sem fundo)
Juliano Rinck (ambiguidade do vínculo religioso)
Kleio Papapantoleon (defesa penal)
Kostas Tsitselikis (Turquia)
Lara Côrtes (traçando caminho)
Leonardo Martins ("dogmática")
Letícia Gongora (Corinthians como metáfora da justiça social)
Maria Luiza Oliveira ("articulação é tudo")
Michalis Tsapogas (tragicomédia da religião)
Natan Santiago Junior (*never give up*)
Nikolay Bispo (disponibilidade e sorrisos)
Oscar Vilhena (sempre captando a substância)
Paula Boccardo (a admirável leveza do Ser)
Renata Belmonte (força brilhante)
Robério Nunes (sorriso terapêutico)
Salem Nasser ("sempre há excepcionalidades")
Soraya Lunardi (vou te amar até morrer)
Taís Penteado (escrever, escrever, escrever)
Tassos Kyprianidis (leveza e engajamento)
Thais Cardoso (esforço, esforço, esforço)
Walter Rothenburg (percuciência)

SUMÁRIO

1
Introdução

1. Finalidade: expor o direito constitucional dos oprimidos e explorados

Na primeira aula dos cursos de direito constitucional, proponho às alunas e aos alunos uma "missão". Prometo um importante acréscimo na nota final para quem mostrar um dia a primeira página da *Folha de São Paulo* sem menção a questões de direito constitucional nos títulos. A missão é impossível, e a minha promessa procura apenas mostrar a crucial importância do direito constitucional na vida brasileira.

A constante presença do direito constitucional na primeira página dos jornais brasileiros deve-se à confluência de dois fatores. Primeiro, a situação social de um país com fortíssimas desigualdades sociais que gera insatisfação, conflitos e frequente recurso à judicialização de demandas e controvérsias. Dando um exemplo, um país com sistema de saúde pública que não atende as demandas da população para tratamento médico nem oferece remédios a preços acessíveis torna necessário o recurso diuturno ao Judiciário.

Segundo, a vigência de uma Constituição extensa, detalhada e multitemática com intuito de transformação social (Vieira e Dimoulis 2018). Isso permite que os mais variados conflitos sociais sejam traduzidos em vocabulário normativo constitucional. O art. 42 das Disposições Transitórias da Constituição da Bahia ficou conhecido como alvo de ironias:

> O Estado promoverá e estimulará a inclusão do chocolate na merenda escolar, nas creches, na alimentação da Polícia Militar e do Corpo de

Bombeiro Militar, dos presídios e reformatórios, em todas as repartições públicas e autárquicas e em todos os programas sociais do Estado.

Esse artigo é indicativo da opção programática da Constituição Federal de 1988 – e das estaduais que prontamente a seguiram –, pelo detalhamento das regras constitucionais no intuito de vincular o legislador ordinário, mesmo quando se trata de preferir o chocolate ao café nas creches. Consequência natural dessa estratégia normativa é que os interessados procurem o Judiciário. *Constitucionalizam* os mais variados conflitos em vez de agir apenas politicamente para modificar as políticas públicas, como ocorre nos países com Constituições muito menos dirigentes e sem intuito de promover transformação social.

Acrescente-se a isso a inclusão constitucional de uma longa série de princípios abstratos e abrangentes que permitem atribuir dimensão constitucional potencialmente a todo e qualquer conflito social. Isso é comprovado pela tão frequente (e abusiva) presença do princípio da "dignidade humana" em peças judiciais brasileiras.

Sabe-se que Hans Kelsen considerava fatal para a supremacia parlamentar a presença de normas vagas em ordenamentos constitucionais que permitem o controle judicial da constitucionalidade. Em tal caso, o Judiciário poderia manipular os princípios para contrariar as decisões do legislativo em todo e qualquer tema, tornando-se o Poder *de facto* dominante (Kelsen 2003: 167-169).

O que o teórico do direito e juiz constitucional de Viena considerava como combinação explosiva (ou corrosiva) para o sistema da separação dos poderes tornou-se realidade quotidiana, há mais de três décadas, no direito constitucional brasileiro. A Constituição não é situada apenas no topo do ordenamento jurídico, mas encontra-se no centro das práticas de aplicação do direito. É difícil encontrar decisão judicial que não faça referência a alguma norma constitucional. Mesmo decisões clara e exclusivamente políticas como a venda de uma empresa estatal, a decisão do governo federal de não apoiar certa moção apresentada na ONU ou a política de financiamento do cinema nacional tornam-se objeto de ações que questionam sua constitucionalidade.[1]

[1] Cf. o questionamento de três decisões do governo Bolsonaro mediante ações constitucionais interpostas por partidos da oposição: venda da Embraer (Arguição de descumprimento de preceito fundamental n. 627); não apoio na ONU de moção que condena o bloqueio

O caminho jurídico-constitucional está sempre aberto. Quando não há regra constitucional específica que incida em certa demanda, certamente haverá princípios cujas amplitude e vagueza oferecem argumentos para modificar uma decisão.

Essa breve reflexão sobre a posição do direito constitucional permite concluir que o estudo de uma infinidade de questões constitucionais trataria de "questões centrais na atualidade" brasileira. A nossa escolha para estudo monográfico expressa, contudo, uma dimensão mais profunda dos termos *central* e *atual*. Durante a campanha eleitoral que o levou à Presidência da República, Jair Messias Bolsonaro declarou em 2018: "*as leis foram feitas para proteger as maiorias*".[2] Tanto a intenção do locutor como a compreensão do público que conhecia suas opiniões fez entender essa frase como defesa de posicionamentos preconceituosos, com ênfase no menosprezo que o então candidato expressava pelas mulheres, as minorias sexuais e @s ativistas da tutela ambiental.

Contudo, quem lê essa frase em sua literalidade, fora do contexto e sem levar em consideração as intenções de seu autor, descobre um significado radicalmente diverso. Se tentarmos calcular a magnitude das minorias sociais no Brasil, começando pelas mulheres, a população negra e as pessoas pobres e marginalizadas, e ainda que não sejam incluídas pessoas vulneráveis em razão da idade ou da deficiência, teremos como resultado um grupo que reúne a *esmagadora maioria do povo brasileiro*. É exatamente essa esmagadora maioria que a Constituição desejou proteger (cf. cap. 8, 1). É para essa esmagadora maioria que deveriam ser "feitas" as leis. E não para proteger homens, brancos heterossexuais, de boa condição financeira que tiveram acesso ao ensino superior e moram em bairros ditos nobres de centros urbanos.

O ordenamento jurídico brasileiro é caracterizado por uma combinação de leis, decisões judiciais e práticas sociais que defendem a ínfima minoria numérica que possui os maiores privilégios. E isso ocorre apesar dos mandamentos constitucionais pela tutela das minorias sociais. Assim sendo, parece-nos que a questão mais central e atual no direito brasileiro é a investigação do tratamento jurídico dos grupos minoritários.

imposto pelos EUA a Cuba (Arguição de descumprimento de preceito fundamental n. 633); não financiamento de filmes (Arguição de descumprimento de preceito fundamental n. 614).

[2] https://www.valor.com.br/politica/6394061/nao-vou-demarcar-terra-indigena-enquanto-presidente-diz-bolsonaro.

Partindo dessa constatação, o nosso estudo tem como objetivo expor sistematicamente e refletir sobre o *direito constitucional dos oprimidos e explorados.* Reunimos sob esses dois vocábulos os grupos minoritários que a Constituição Federal de 1988 nomeia como: mulheres, afro-brasileir@s,[3] jovens, idosos, pessoas com deficiência, trabalhadores rurais, índios.[4] Poderíamos também nos referir a "excluíd@s", "dominad@s", "vulneráveis", "subalternizados", "condenad@s da terra". Ou, de maneira mais objetiva e descritiva, a "minorias sociais". O que mais importa não é o termo escolhido, mas o conteúdo que lhe será dado após a devida análise empírica e normativa.

Em sentido amplo, todo o direito constitucional trata, com suas normas ou seu silêncio, dos oprimidos e explorados. Quando se estuda o regime federativo, as normas dizem respeito à secular desigualdade regional no Brasil, ainda que os artigos da Constituição pouco se refiram a essa desigualdade. O nosso recorte consiste em abordar apenas as normas que regulamentam diretamente o *status* dos grupos minoritários, *mesmo sabendo que a Constituição é parte de uma realidade de opressão e exploração.*

2. Conteúdo do estudo: estudo retrospectivo, comparado e de direito constitucional vigente

Nosso estudo possui dimensão histórica e comparativa, situando o direito constitucional das minorias vigente no Brasil na perspectiva de seu surgimento. Desde a Constituição do Império de 1824 havia garantia constitucional de igualdade. Dispunha o inciso XIII do artigo 179:

[3] A Constituição Federal usa uma única vez o termo "afro-brasileira como adjetivo". Não encontramos nenhuma referência a Negr@s, Pard@s ou termo equivalente.

[4] A Constituição Federal refere-se a "índios" e usa o "indígena" apenas como adjetivo (grupos, populações, direitos "indígenas"), sem nunca mencionar "povos indígenas". Aqui utilizamos os termos "índio" e "indígena" como substantivos sinônimos. O uso pejorativo de termos que designam minorias sociais faz, lamentavelmente, parte da minoritização e não se combate com a cosmética da mudança de termos. É indicativo do fascínio por lutas apenas simbólicas, que a Lei n. 14.402, de 2022, renomeou o "dia do Índio" em "dia dos Povos Indígenas". Mas quem a elaborou não teve o intuito (ou a capacidade política) de mudar o termo "índio" na Constituição e na legislação, nas quais aparece *centenas* de vezes. Outra curiosidade é que o Projeto de Lei n. 3.641, de 2019, pretende modificar a Lei n. 5.371 para mudar o nome da Funai para "Fundação Nacional dos Povos Indígenas" sem pensar em mudar o termo "índio" utilizado na mesma lei para descrever as competências da Funai.

"A Lei será igual para todos, quer proteja, quer castigue, e recompensará em proporção dos merecimentos de cada um".

Isso foi escrito e aplicado em uma sociedade escravocrata que também mantinha as mulheres brancas em estado de quase servidão e excluía da vida pública as massas pobres. É necessário levar em consideração as mudanças sociais e jurídicas para entender a radical *transformação de sentido* que conheceu o vocábulo "igualdade" no decorrer de dois séculos. Essa transformação explica por que temos hoje normas e práticas jurídicas, assim como reivindicações políticas de tutela das minorias (apesar de problemas de normatividade e, sobretudo, de eficácia social de normas antidiscriminatórias).

Devemos, em particular, examinar como a jurisprudência e a doutrina do direito antidiscriminatório construíram um conjunto de conceitos e práticas jurídicas que permite, entre outras coisas, defender ações afirmativas para minorias que pareceriam uma aberração jurídica aos olhos dos juristas da Corte de Pedro I do Brasil.

A nossa retrospectiva envolve o estudo do direito comparado. O direito constitucional tornou-se rapidamente *mundial* com a recepção e a adaptação das primeiras Constituições por um número sempre crescente de países. Sem ter em mente a perspectiva geográfica em sua multiplicidade e unidade normativa não se pode entender e aplicar adequadamente normas vigentes em certo momento e ordenamento nacional. Conceitos e normas, como as apenas mencionadas "ações afirmativas", não foram inventados pelo legislador brasileiro. Só podem ser entendidos no contexto de um debate feito por décadas em vários países, tendo criado uma série de modelos recepcionados e modificados pelos ordenamentos nacionais.

Assim sendo, o nosso estudo é retrospectivo não apenas porque a "superfície" do direito brasileiro atual inclui as camadas de 200 anos de constitucionalismo nacional, mas também porque inclui "camadas" de direito criado e aplicado em outros países. Estamos imersos em uma complexa história de influências e diferenciações nos quase 250 anos de constitucionalismo mundial. Ainda que em muitas páginas do nosso estudo não sejam feitas menções explicitas a experiências constitucionais do passado ou a ordenamentos estrangeiros, os nossos conceitos e argumentos são *necessariamente* resultado de uma sedimentação da experiência constitucional mundial (Dimoulis 2016a).

Apesar da ambição de profundidade histórica e de densidade comparativa, o nosso estudo usa como referência apenas as Constituições nacionais. Normas sobre tutela das minorias e regramentos para concretizar e garantir a igualdade são, obviamente, incluídas também em normas de direito internacional público, assim como em normas nacionais infraconstitucionais. Tais textos não serão analisados aqui por razões de limitação do objeto e da bibliografia trabalhada. Serão feitas apenas referências esporádicas para ilustrar análises no nível do direito constitucional nacional.

Por fim, o estudo é focado no *direito constitucional vigente no Brasil*. Por mais que os conceitos, as normas e as técnicas processuais só possam ser compreendidos com análises de teoria da Constituição e com constantes comparações, utilizamos como referência central as normas da Constituição Federal de 1988. Se a Constituição fosse outra, as nossas análises seriam diferentes – e muito mais limitadas –, pois a Constituição brasileira é extensa e densa em questões de minorias sociais.[5]

Para analisar o tratamento constitucional das minorias, utilizamos três conceitos centrais:

- *minoria* (social);
- *igualdade*;
- *discriminação*.

Esses conceitos são discutidos em sua dimensão histórica e comparativa (cap. 2). Junto a isso mobilizamos conceitos de teoria dos direitos fundamentais para interpretar normas constitucionais sobre minorias (caps. 3 a 6). O saber do direito processual constitucional é, por fim, utilizado para examinar as garantias processuais do direito à igualdade garantido no art. 5º, *caput*, da Constituição de 1988, compreendido nesta obra como elemento-chave da normatividade constitucional (cap. 7). O capítulo final (8) mobiliza conceitos de teoria do direito e de filosofia política, problematizando o quadro normativo e as consequências políticas da mobilização do direito para enfrentar desigualdades e discriminações sociais.

[5] Essas delimitações temáticas seguem opções feitas em trabalho anterior que analisou o direito penal constitucional, centrando-se no direito constitucional brasileiro que, no caso do direito penal, é a "campeã" mundial em extensão e densidade (Dimoulis 2016b).

3. Perspectiva metodológica geral: objetividade positivista

A nossa referência biográfica e teórica à defesa das minorias sociais pelo autor pode criar a impressão de que foi produzido um texto militante ou ativista, dedicado à defesa de certas causas com todos os meios argumentativos disponíveis. É verdade que, como cidadão, defendo de maneira apaixonada e constante causas de minorias sociais. Confesso também que, no espaço de identificação emocional que alguns situam entre o coração e a alma, defendo de maneira, por assim dizer, existencial a luta contra a opressão das mulheres.

Apesar disso, o presente estudo pretende ser objetivo e desapaixonado. Adoto as orientações metodológicas e as teses teóricas do positivismo jurídico. Segundo essa abordagem, a tarefa da doutrina jurídica diferencia-se radicalmente da atuação da pessoa privada e do cidadão que persegue seus interesses que podem ser legitimamente "egoístas". Diferencia-se também das tarefas profissionais dos operadores do direito que defendem certa causa ou interesse, como exemplarmente ocorre com as advogadas e os advogados.

O operador do direito deve evitar o subjetivismo desejado e apresentar interpretações objetivamente fundamentadas, adotando a perspectiva da julgadora e não da parte do processo. A questão da objetividade da doutrina jurídica será detalhadamente discutida ao refletir sobre a figura d@ *jurista de minorias sociais* que devemos às críticas de Adilson Moreira sobre o "jurista branco" (cap. 2, 4.4.2).

Sem juízos de valor pessoais, sem emoções e sem a postura de denunciação superficial, típica dos tempos digitais, pretendemos realizar uma análise metodologicamente rigorosa para reconstruir fielmente a normatividade jurídica. Eventual indicação de elementos de subjetivismo e parcialidade será considerada deficiência do texto a ser prontamente corrigida em versão posterior.

4. Perspectiva metodológica específica: superando o "grau zero" da dogmática jurídica

O estudioso da produção doutrinária que versa sobre a tutela de grupos desfavorecidos constata duas tendências. Denominamos a primeira de *noticiarismo legislativo*. Muitos trabalhos realizam longas apresentações de normas de direito antidiscriminatório. O leitor se depara com longas listas de normas, sempre repletas de promessas e boas intenções. Mas pouco se diz sobre o significado concreto dessas normas, sua forma de aplicação, sobre os conflitos normativos e sua eficácia social (exemplos: PIOVESAN 2006; MAZZUOLI [org.] 2018).

A segunda tendência pode ser denominada de *noticiarismo forense.* São apresentados casos e decisões sem fim, considerando como "direito da igualdade" aquilo que os tribunais disseram sobre o tema, ainda que isso seja injustificado hermeneuticamente ou internamente contraditório. É a tendência que predomina no direito constitucional estadunidense (exemplo: BAER 1983) e influencia sempre mais outros países.[6] Muitas informações, pouca reflexão, quase nenhuma sistematização e crítica.

Em estudo de coautoria nossa, denominamos essas duas tendências de *grau zero* da doutrina jurídica, de decadência e abandono de seu papel, limitando-se @s juristas que pesquisam e ensinam a informar o público sobre o que os legisladores e os tribunais decidiram sobre certo caso (CHRISTOPOULOS e DIMOULIS 2002: 76).

Objetivo do nosso estudo é, ao contrário, utilizar o material normativo como base para elaborar reflexões típicas da doutrina jurídica. Sistematizar, apontando problemas, discutindo omissões ou regulamentações problemáticas. Não existe apenas o decidido e o não decidido, o direito não é o que os tribunais disseram ontem, assim como devem ser desconstruídas as dicotomias "simples" que escondem problemas e processos complexos (FRASER e GORDON 1994).

ROBERT ALEXY indicou *seis* funções da doutrina jurídica:[7]

- Estabilização. A elaboração doutrinária permite que determinados argumentos e razões de decidir sejam utilizados em novos casos, uniformizando práticas decisórias.
- Ampliação. A reflexão doutrinária torna-se mais elaborada graças ao debate e à aplicação em novos casos, ocorrendo uma espécie de progresso jurídico na solidez e qualidade.

[6] Essa tendência foi identificada e criticada na Alemanha como "positivismo jurisprudencial" (*Rechtsprechungspositivismus*), utilizando um termo que se tornou célebre após publicação de BERNHARD SCHLINK (1989). O termo tem apelo entre os que rejeitam o positivismo jurídico. Contudo, a reprodução da jurisprudência sem adequada reflexão teórica não tem relação com a teoria positivista (cf. a crítica do termo em ALEIXO 2014: 118-119).

[7] ALEXY (2001: 326-332). Baseamo-nos na exposição do autor, sem seguir exatamente sua terminologia e análise.

- Diminuição do ônus argumentativo. Invocar elaborações doutrinárias permite que o aplicador do direito atue sem ter que refazer todo o caminho argumentativo, notadamente quando há amplo consenso doutrinário.
- Tecnicidade. Sistematização dos tópicos para o ensino jurídico, permitindo a transmissão do saber gerado pela reflexão doutrinária.
- Controle. Ao examinar certa decisão judicial avalia-se a consistência interna da argumentação, assim como sua consistência externa (em relação a outras decisões), ao que nós acrescentaríamos o exame da congruência entre mandamentos normativos e práticas judiciais.
- Função heurística. A existência de conceitos, estruturas argumentativas e modelos jurídicos permite ao doutrinador tratar uma questão possuindo um importante instrumentário, por assim dizer, pré-fabricado.

O nosso estudo utiliza a produção doutrinária tanto nas questões específicas da igualdade e da discriminação como em geral em temas de direitos fundamentais e processo constitucional. Procura fazer avançar a reflexão, consolidando conhecimentos, sistematizando, racionalizando e submetendo ao escrutínio da comunidade jurídica propostas argumentativas.

5. Questões formais

a. Utilizamos o feminino como universal, alternando-o com o masculino. Dizer que "as funcionárias" têm direito a férias pode gerar incompreensão. Contudo, em línguas que usam gêneros gramaticais para se referir a seres humanos, os homens devem se acostumar à sua inclusão linguística no gênero feminino, exatamente como as mulheres acostumaram-se a se sentir incluídas em frases que usam o masculino, considerado até recentemente o único correto para indicar seres humanos. No caso dos artigos definidos "a/o" e dos substantivos com desinência "a/o", utilizamos @ como símbolo de universalidade inclusiva e imaginação gramatical.

b. Traduzimos os trechos em línguas estrangeiras, transcrevendo também o original quando nos pareceu interessante a comparação da terminologia. Fizemos exceção para trechos em inglês e castelhano, que permaneceram no original, como reconhecimento (e incentivo) do *colinguismo* que se constata nas últimas décadas no Brasil em contextos acadêmicos.

c. Optamos por um sistema de citações bibliográficas enxuto e de fácil consulta, eliminando dados que não nos parecem necessários, como a vírgula entre o nome da autora e a data ou o cansativo "p." para indicar os números de página. Incluímos as referências bibliográficas completas no final de cada capítulo para permitir a consulta da fonte de forma mais direta.

Referências

ALEXY, Robert. *Theorie der juristischen Argumentation.* Frankfurt/M.: Suhrkamp, 2001.

ALEIXO, Pedro Scherer de Mello. *Verantwortbares Richterrecht.* Tübingen: Mohr Siebeck, 2014.

CHRISTOPOULOS, Dimitris; DIMOULIS, Dimitri. Crises e perspectivas da integração jurídica na Europa. *Cadernos de Direito*, n. 1/2, 2002: 75-91.

DIMOULIS, Dimitri. Objeto e métodos do direito comparado e peculiaridades do direito constitucional comparado. *Revista Brasileira de Estudos Constitucionais*, v. 35, 2016a: 77-88.

DIMOULIS, Dimitri. *Direito penal constitucional.* Belo Horizonte: Arraes, 2016b.

FRASER, Nancy; GORDON, Linda. A Genealogy of Dependency. Tracing a Keyword of the U.S. Welfare State. *Signs*, v. 19/2, 1994: 309-336

KELSEN, Hans. *Jurisdição constitucional.* São Paulo: Martins Fontes, 2003.

MAZZUOLI, Valerio de Oliveira (org.). *Direitos humanos das minorias e grupos vulneráveis.* Belo Horizonte: Arraes, 2018.

PIOVESAN, Flávia. *Direitos humanos e o direito constitucional internacional.* São Paulo: Saraiva, 2016.

SCHLINK, Bernhard. Die Entthronung der Staatsrechtswissenschaft durch die Verfas-sungsgerichtsbarkeit. *Der Staat*, v. 28, 1989: 161-172.

VIEIRA, Oscar Vilhena; DIMOULIS, Dimitri. Transformative Constitutions as a Tool for Social Development. *In*: LIMA, Maria Lucia; GHIRARDI, José Garcez (orgs.). *Global Law.* Curitiba: Juruá, 2018: 15-31.

2
Determinação dos Conceitos Jurídicos que Permitem Estudar as Minorias Sociais

1. Considerações jurídico-políticas sobre minorias[8]

1.1. Evolução histórica do conceito de minoria[9]

Ao refletir sobre grupos excluídos do poder e submetidos a discriminações e estigmatizações de variada natureza, estudiosos do direito utilizaram tradicionalmente o termo "minoria". Georg Jellinek publicou, em 1898, o estudo *Das Recht der Minoritäten* (O direito das minorias). O autor apresenta uma apaixonada defesa dos direitos das minorias, entendendo o termo no sentido de "grupos numericamente inferiores". As minorias

[8] Uma versão do cap. 2, 1, foi publicada em Dimoulis 2021. O capítulo desenvolve anotações feitas para o congresso "Jornadas Bauruenses de Promoção Constitucional das minorias étnicas. Da aquarela teórica aos negros e índios no colorido do Brasil" (ITE, Bauru, outubro 2003). Agradeço o convite da profa. Soraya Lunardi e do prof. Walter Rothenburg para participar daquele memorável Congresso. Muitas ideias tinham sido apesentadas, em 2001, 2002 e 2004, em aulas que ministrei na Universidade Panteion, de Atenas, a convite dos profs. Dimitri Christopoulos e Stephanos Pesmazoglou. Por fim, algumas questões sobre minorias nacionais foram discutidas em Dimoulis 1997.

[9] Referimo-nos a países da Europa e das Américas por não ter conhecimentos sobre o tratamento de minorias nas demais partes do mundo.

nacionais são mencionadas rapidamente, como uma espécie de minoria numérica entre tantas outras (1898: 30-31).

O elemento mais interessante do estudo parece-nos ser a tese que a imposição das decisões da maioria é uma forma *violenta* de resolver problemas sociais. Jellinek designa essa prática de imposição com o curioso termo *Majorisirung* ("majorização"). Para ele, a solução mais adequada seria o compromisso entre grupos com interesses divergentes. Devemos conciliar interesses e não medir a força numérica dos grupos que se contrapõem (JELLINEK 1898: 33-34). Isso equivale a uma defesa das minorias que não deveriam ser consideradas como "derrotadas" e sim como conjuntos de cidadãs e cidadãos que devem ser atendidos em suas reivindicações para que a sociedade organizada possa viver sem conflitos dilacerantes e opressões inaceitáveis.

Já no século XX, o termo "minoria" consolida-se no vocabulário jurídico não como indicativo da inferioridade numérica, mas como uma forma simples para se referir às *minorias de cunho nacional*, isto é, a grupos de cidadãs e cidadãos que possuem consciência nacional diferente da maioria da população do respectivo Estado, enfrentando discriminações em razão dessa diferença. Os estudiosos deixavam claro que a diferença pode se basear em vários critérios, sendo mais relevantes o linguístico, o religioso e o cultural.

Decisivo para a presença de uma minoria nacional é o fato de essas diferenças se condensarem em uma *identidade coletiva*, distinta daquela da maioria da população. Essa identidade[10] ou, no vocabulário jurídico tradicional, essa "consciência" se expressa na organização política interna da minoria. A minoria reproduz sua diferença no tempo com a endogamia e com instituições-tradições culturais próprias do grupo

[10] GARCEZ GHIRARDI observou criticamente que a identidade não é algo que se forma individualmente nem mesmo coletivamente, como sugere o meu texto. O autor propõe uma noção "dialógica" de identidade. Não posso discutir a questão com propriedade, mas a observação me permite esclarecer que o que interessa na perspectiva do nosso tratamento das minorias é o *resultado*. O fato de existirem hoje brasileir@s, dentro e fora do Brasil, tem relevantes consequências na política e no direito e independe dos processos de formação e reformulação dessa identidade no passado e no futuro. Quem reivindica algo porque é brasileir@ não precisa discutir a formação de sua identidade. Deve apenas invocar um elemento formal (nacionalidade brasileira) ou um elemento material (ser reconhecido por brasileiros como conterrâneo em razão de sua competência linguística e inserção cultural na "brasilidade").

(festas, uso e ensino da língua minoritária, de sua história e cultura, reuniões, concentração em certas cidades ou regiões).[11]

As guerras e os conflitos na Europa da primeira metade do século XX, assim como a decomposição dos Estados multinacionais (notadamente dos Impérios Austro-Húngaro e Otomano), geraram problemas de tratamento das minorias nacionais. Discussões políticas, negociações diplomáticas, tratados internacionais e decisões judiciais em torno das minorias nacionais fizeram com que a problemática das minorias fosse monopolizada pela questão nacional.

Até os nossos dias há estudos jurídicos que definem a minoria apenas como grupo nacional ou racial.[12] É também sintomático que o Conselho de Direitos Humanos da ONU criou o cargo de um Relator especial sobre "questões de minorias" (*minority issues*), entendendo o termo apenas no sentido da diversidade étnica-religiosa-cultural.[13]

Já no Brasil inexistem grupos nacionais homogêneos que reivindicam direitos coletivos e autonomia política. Isso deve-se à tendência de *assimilação* dos imigrantes de maneira consensual e pacífica, sem preservação de identidades nacionais pretéritas. Os imigrantes que chegaram ao país no decorrer dos séculos de maneira forçada (escravidão) ou voluntária (mas compelidos indiretamente pela falta de recursos em seu país de origem) foram integrados individualmente, sem que houvesse organização duradoura de grupos com distinta identidade nacional/cultural. Não se pode afirmar sem estudos específicos quais foram os fatores que levaram à inexistência de minorias de tipo nacional no Brasil. Deve-se isso ao estabelecimento de padrões de convivência "cordiais" que propiciaram a assimilação? É fruto de pressões político-militares de homogeneização? Deve-se ao fato de os imigrantes, sem possibilidades de organização interna, não terem conseguido preservar suas identidades, dedicando sua energia apenas ao trabalho para sobrevivência?

Independentemente da explicação que será dada, o fato é a inexistência de minorias de tipo nacional no Brasil. Movimentos políticos

[11] Importante pela abordagem inovadora e pela abrangência das análises é a tese de doutorado de Christopoulos 2000. Ver também Fenet e Soulier (orgs.) 1989; Vitale (org.) 2000; Seguin 2002; Pierré-Caps 2003; Jackson-Preece 2005; Lopes 2008; Anjos Filho 2010; Shaw 2011; Dersso e Palermo 2013; Thürer (org.) 2014; Castellino (org.) 2017; Watson 2018.

[12] Exemplo: Castellino (org.) 2017.

[13] ohchr.org/en/issues/minorities/srminorities/pages/srminorityissuesindex.aspx.

que reivindicam diversidade regional, como os que esporadicamente se manifestam no Sul do país, não possuem organização que tornaria juridicamente relevante sua reivindicação. Parece-nos que, ainda que no futuro surja um movimento politicamente relevante de autonomização, seus adeptos dificilmente poderão embasar sua reivindicação em uma diferença "nacional" dos brasileiros que moram na região Sul.

Observe-se, por fim, que os índios e, em certa medida, os quilombolas, apresentam identidade distinta e duradoura, mas são fundamentalmente diversos das minorias nacionais da Europa, tanto na forma de constituição dos grupos como nas reivindicações. Isso torna necessário ampliar o conceito tradicional de minoria para abranger grupos presentes no Brasil.

1.2. Os dissensos sobre a definição das minorias nacionais

A produção doutrinária e a jurisprudência sobre minorias deixam claro que não há nem parece possível encontrar uma definição consensual. Isso é confirmado pela leitura do mais importante texto normativo internacional das últimas décadas. Trata-se da "Declaração dos Direitos de pessoas que pertencem a minorias nacionais ou étnicas, religiosas e linguísticas", adotada pela Assembleia Geral da ONU em 1992.[14]

Essa Declaração não define os grupos tutelados. Primeiro, usa constantemente a longa (e redundante) designação *"pessoas que pertencem a minorias nacionais ou étnicas, religiosas ou linguísticas"*. Segundo, opta por não definir os termos-chave: nacional, étnico, religioso e linguístico.

Examinemos o exemplo da minoria linguística. O fato de alguém falar uma língua que não é a dominante em seu Estado, por exemplo, as pessoas que falam alemão no Brasil, permite afirmar que há "minoria linguística"? Ninguém dirá que o simples fato de certas pessoas dominarem um idioma diverso do oficial cria minoria. São politicamente irrelevantes as razões profissionais ou culturais que os tornaram fluentes nesse idioma.

Escrevemos essa obviedade para mostrar que é necessário saber quais elementos conceituais (históricos e políticos) permitem se referir à existência de uma minoria antes de discutir qual é seu *status* jurídico. Sem consenso sobre a definição, o termo minoria apenas "circula" nos textos jurídicos sem determinação satisfatória, gerando conflitos e incertezas.

[14] ohchr.org/EN/ProfessionalInterest/Pages/Minorities.aspx.

As discordâncias sobre a definição podem ser explicadas pelo fato de a minoria nacional pertencer aos conceitos fundamentalmente/estruturalmente contestados (*essentially contested concepts*).[15] Tais conceitos possuem elementos de definição que são geralmente aceitos. Isso permite discutir o problema (Gometz 2005: 163). Todos compreendem o que se quer dizer com o termo "minoria nacional", sendo possível sua utilização em debates políticos, assim como em âmbito jurídico. Mas não há definição completa ("concepção") geralmente aceita.

Se examinarmos as formas de utilização do termo minoria e sua negação em discussões políticas (exemplo: "os catalães (não) são minoria nacional") perceberemos que não há consenso sobre a definição. Todos sabem quem são "os catalães" e onde moram, mas referem-se a esse grupo de forma diferente porque não possuem a mesma concepção de minoria nacional.

Mesmo após um secular debate na Europa não foi possível dizer quais são hoje as minorias, quais suas características e seus direitos.[16] A razão é que o conceito se relaciona –como tantos outros – a *interesses e conflitos políticos*. Saber se há minoria turca na Grécia não é questão antropológica ou sociológica. É questão política que se relaciona com equilíbrios internacionais, movimentos nacionalistas e interesses partidários na Grécia, na Turquia e no grupo de pessoas que nasceram na Grécia em famílias muçulmanas e falam turco como primeira língua, mas o Estado grego não quer reconhecer como turcos.[17]

Os especialistas, os políticos e a opinião pública desejam atribuir ao conceito significados incompatíveis que são ditados por interesses pessoais ou institucionais, tornando a contestação essencial no sentido da *perenidade*:

> o discurso *das* minorias e os respectivos discursos *sobre* as minorias são *par excellence* ambivalentes quanto às suas motivações e objetivos.
> Isto não deveria nos causar surpresa: esta é a regra quando identidades coletivas e/ou individuais estão envolvidas na luta pelo poder. (Christopoulos 2007: 199)

15 O termo foi introduzido em 1956 pelo filósofo William Gallie.

16 Análises e bibliografia em Christopoulos 2007; Shaw 2011.

17 Estudo detalhado dessa minoria em Tsitselikis 2012.

1.3. Heterogeneidade das minorias

O uso concomitante dos critérios étnico, religioso, cultural e linguístico torna *heterogêneos* os grupos que podem ser considerados minoritários, havendo distintas características e reivindicações. Além disso, há constantes mudanças na configuração interna de cada minoria e em suas relações com os grupos dominantes. Essas relações podem ir desde o confronto aberto com reivindicações de secessão e desdobramentos quase bélicos (exemplo: Bascos e Catalães na Espanha) até a convivência perfeitamente harmônica, a ponto de tornar-se desnecessário o exercício de direitos de minoria (exemplo: Dinamarqueses na Alemanha – *danske Sydslesvigere*).[18]

Há mais. Quanto mais o conceito de minoria amplia-se para abranger maior número de grupos em situação de discriminação social ou política, mais clara torna-se a heterogeneidade do conceito e das soluções jurídicas dadas. Isso leva a uma constatação importante. O termo "direito das minorias" não indica apenas um conjunto de direitos subjetivos que pertencem às minorias. Indica um *campo do direito objetivo* que analisa as variadas e mutáveis formas de tratamento das minorias por ordenamentos jurídicos, nacionais e internacionais.

Isso tem uma dimensão histórica. Após a Primeira Guerra Mundial a pergunta era como o direito internacional (europeu) deveria tratar umas vinte minorias nacionais que enfrentavam problemas naquele continente.[19] Um século depois, a pergunta é como os vários ordenamentos e as múltiplas fontes do direito tratam uma infinidade de grupos minoritários que possuem variadas características e necessidades e perfazem – todos juntos – a esmagadora maioria (incluindo no conceito de minoria as mulheres, as pessoas com deficiência, as crianças, os idosos e os pobres). A complexidade da questão torna-se ainda maior se pensarmos que para cada grupo aplicam-se normas de vários ordenamentos.

A pluralização das fontes, dos sujeitos e dos regulamentos faz surgir *um direito das minorias no sentido de direito objetivo* que regula um campo de relações sociais. Isso permite (impõe) estudar o direito das minorias como um ramo do direito mundial, sendo possível fazer vários recortes.

[18] Cf. o inventário de situações em PAN, PFEIL e VIDESOTT 2018.

[19] Cf. os tratados e acordos do período da Sociedade das Nações mencionados em Christopoulos 2000: 124-126.

A presente análise oferece um panorama conceitual para formular uma definição do conceito de minoria segundo a Constituição brasileira.

1.4. Direitos individuais ou coletivos para minorias?

Os direitos das minorias têm cunho apenas individual ou também coletivo? No que diz respeito às minorias nacionais, a já comentada Declaração da ONU de 1992 e muitas legislações estatais reconhecem direitos aos integrantes da minoria individualmente, e não a minoria enquanto grupo com organização e interesses comuns. Prova disso é o fato de que a Declaração da ONU de 1992 refere-se apenas a direitos das "*pessoas* pertencentes a minorias nacionais ou étnicas, religiosas e linguísticas".[20]

A contradição entre o liberalismo que impregna as Cartas de direitos fundamentais e considera o indivíduo como único titular de direitos e as reivindicações coletivas manifesta-se claramente nas minorias nacionais. É lição da lógica que o indivíduo "minoritário" só pode existir porque socialmente existe a minoria. Como não reconhecer a minoria enquanto ente coletivo dotado de direitos especiais?

Os liberais dizem que os direitos das minorias são simplesmente direitos de pessoas diferentes da maioria (Gianformaggio 1994). Os "minoritários" têm esse direito não porque são diferentes a título individual, mas porque pertencem a um grupo que tornou seus integrantes membros da minoria. Faria sentido dizer que Letizia é italiana, logo "não é" brasileira (ela é diferente do povo brasileiro) se não existisse um Estado italiano que ajudou a criar uma identidade peculiar da nação italiana (inexistente dois séculos atrás)?

Vejamos isso em um exemplo concreto. Milhares de pessoas são consideradas *Serbja*. Mas essas pessoas não pertencem à minoria nacional dos *Serbja* porque o quiseram (como eu quis hoje tomar suco de laranja e vestir uma camisa azul), mas porque desde seu nascimento foram membros do grupo histórico dos *Serbja*, instalado há séculos no leste da Alemanha e que não se consideram alemães culturalmente, mesmo tendo nacionalidade alemã e muitos deles falando alemão como

[20] Cf. art. 2, 1 da Declaração de 1992: "Persons belonging to national or ethnic, religious and linguistic minorities (hereinafter referred to as persons belonging to minorities) have the right to enjoy their own culture, to profess and practise their own religion, and to use their own language, in private and in public, freely and without interference or any form of discrimination".

primeira língua.[21] Eles são juridicamente alemães, como todos os demais cidadãos daquele país. São também *Serbja* enquanto membros de um grupo que faz certo indivíduo ser membro da minoria sem que seja perguntado se deseja essa forma de socialização.

Quando mais se insiste na natureza individual dos direitos, tanto mais fragilizada fica a minoria porque recebe pressões não somente de fora, mas também de seus membros.[22] Inversamente, na medida em que se fortalecem os direitos coletivos exercidos por representantes políticos da minoria com decisões não sempre consensuais, aumenta o risco de opressão de seus membros pelo coletivo.

A tensão entre a visão individual e a coletivista torna-se clara se pensarmos na posição de membros da minoria que discordam de certas práticas, mas ao mesmo tempo não querem deixar de pertencer à minoria. Pode um grupo de índios aderir a uma igreja evangélica, adotando comportamentos e seguindo preceitos dessa crença organizada, mesmo se os líderes da comunidade indígena consideram isso como ameaça para a coesão e continuidade do grupo e decidem expulsar os evangélicos?[23] Afinal de contas, a coletividade organizada pode decidir quem é índio e quais comportamentos são incompatíveis com o "ser índio", podendo uma pessoa ser expulsa da comunidade se não atender a esses requisitos? Ou o direito das maiorias é individual, exercido pela pessoa conforme sua autocompreensão, decidindo cada índio o que pode, o que não pode e o que deve fazer, tal como acontece com os brasileiros da maioria que exercem seus direitos fundamentais sem que alguém diga quais condutas são contrárias à "brasilidade", logo proibidas?

Estamos diante de *contradição*, em nossa opinião insuperável, entre compreensões dos direitos fundamentais. Dessa contradição nasce a grande dificuldade em determinar e aplicar os direitos das minorias quando se ultrapassa o nível do direito individual de cada um falar a língua que lhe aprouver, seguir certos costumes ou professar a crença que quiser. Nessa perspectiva, o conceito de minoria revela-se antitético ao

[21] Sobre a história e o tratamento jurídico dessa minoria, cf. Pastor 1997.

[22] Cf. as reflexões de filosofia política em Vitale (org.) 2000.

[23] Essa controvérsia esteve na base da decisão da Corte constitucional da Colômbia, T-1022/01, *Comunidad indigena, movilidad cultural y identidad,* (2001) (corteconstitucional.gov.co/relatoria/2001/T-1022-01.htm).

liberalismo, que apenas enxerga indivíduos e seus direitos, por mais que filósofos liberais tentem conciliar os conceitos.[24]

O observador poderia considerar que há dois modelos de regulamentação jurídica das minorias: o liberal e o comunitarista.[25] Para os liberais, os *Serbje* seriam cidadãos alemães fundamentalmente iguais aos demais, com alguns direitos específicos. Esses direitos são necessários, mas têm caráter "acessório", tal como a pessoa com deficiência goza de gratuidades sem que se diferencie fundamentalmente dos demais cidadãos.

Já para os comunitaristas, seriam *Serbje* pessoas que, de verdade, não são alemães e pedem regulamentações que façam reconhecer e perpetuar essa alteridade para que nunca sejam assimilados ao povo alemão. Não seriam alemães com alguma peculiaridade, mas *Serbje* que possuem nacionalidade alemã como algo essencialmente distinto de sua identidade.

Modelos claros podem se encontrar no "céu dos conceitos jurídicos", ironizado por JHERING (1884). Na realidade dos ordenamentos jurídicos há apenas combinações. Justamente em razão dessa coexistência entre a visão liberal e a comunitarista no caso das minorias é que os direitos coletivos geram conflitos jurídicos.

Contradições internas e impossibilidade de definição consensual do termo minoria. Diante disso, o intérprete do direito deve analisar como os sistemas jurídicos regulamentam um campo de tensão conceitual e política, indicando *como o direito trata questões repletas de incertezas e contradições.*

1.5. "Ser minoritário": submissão e exclusão

Do ponto de vista *estático* podemos constatar a existência de uma minoria e identificar seus membros seguindo o modelo de um censo, com o estabelecimento de critérios (língua, religião, contexto cultural e geográfico), fazendo eventualmente a pergunta (subjetiva) da "consciência".

Já do ponto de vista dinâmico, ser minoritário significa *ter se tornado* minoritário em razão de uma *relação de poder* que submete o grupo minoritário aos poderes do grupo dominante-majoritário. Se a minoria for

24 Exemplo de tal tentativa, a nosso ver malograda, em KYMLICKA 1998.

25 Sustentei isso no meu primeiro estudo sobe minorias, referindo-me a "dois paradigmas", o liberal e o comunitarista (DIMOULIS 1997: 124-133). Análise desses modelos em CHRISTOPOULOS 2000: 140-150, 307-328.

examinada em sua relação com a maioria, torna-se clara a *diferença* no tratamento e a tendência de marginalização das minorias. São as *ações da maioria* que tornam um grupo minoritário e não as características intrínsecas desse último ou de suas ações.

Retomando o exemplo da minoria turca na Grécia, o fato de alguém ser muçulmano, ter o turco como primeira língua e ser socializado com base na cultura que prevalece na Turquia não indica se ele faz parte de uma minoria. Há 70 milhões de pessoas na Turquia que atendem esses três requisitos e constituem a maioria (numérica e socialmente dominante). Ora, se sabemos que alguém nasceu e mora no nordeste da Grécia e tem essas três características, diremos que é membro da minoria turca (que o Estado grego denomina de "minoria muçulmana"). Isso ocorre em razão das relações que o grupo tem com a maioria da população que é cristã, fala grego e foi socializada com padrões culturais gregos. Assim sendo, pessoas com as mesmas características (língua, religião, cultura) podem ser membros de minoria na Grécia, podem pertencer ao grupo dominante na Turquia e, caso migrem para o Japão, serão apenas estrangeiros, sem que alguém se preocupe em saber se pertencem a minorias ou maiorias nacionais em seu país de origem (Christopoulos 2002: 22-24). Dito de maneira diferente, não há "essência" que torne alguém minoritário, mas apenas uma relação política que atribui a características pessoais certas consequências.

Os estudiosos das minorias consideram característica central do grupo minoritário "o fato de seus membros viverem em situação de desvantagem ou desigualdade (*disavantage or inequality*)".[26] A diversidade linguística, religiosa e/ou étnica não gera *per se* desvantagens e desigualdades. É a reação política do grupo dominante que torna certas características marcas de inferioridade. No nosso exemplo, a formação das minorias não surge do fato de alguém ser muçulmano, mas da reação da maioria ao fato de ele, primeiro, ser muçulmano em um país que tem como referência cultural e política outra religião e, segundo, reivindicar sua identidade religiosa-cultural, não aceitando ser assimilado. Essa constelação política transforma o simétrico (Religião A = Religião B) em assimétrico: Religião A > Religião B.

[26] Healey 2007: 6. Análise na mesma obra, 6-9, 14-22, 293-315.

Em termos constitucionais, a liberdade religiosa e o direito à igualdade proíbem estabelecer consequências negativas para os fiéis de certa religião ou os membros de uma comunidade étnica ou cultural. Isso permite afirmar que as minorias *não se caracterizam pela alteridade ou diversidade*, pois, para o Estado constitucional, é indiferente a religião ou a cultura de cada pessoa. Todos somos diversos, logo iguais: A é diverso de B única e exclusivamente porque B é diverso de A. As minorias interessam à sociedade e ao direito não pela diferença empírica, mas porque são marcadas pela *inferioridade*, pela opressão e submissão, geradas por condutas sociais e por normas jurídicas estabelecidas pelo grupo dominante em vista da perpetuação de seus interesses.[27]

Nessa ótica, os direitos das minorias têm função de tutela do grupo e de preservação de sua identidade, o que não ocorreria se a minoria fosse submetida a violência direta (guerra, expulsão, perseguição) ou indireta (pressão para assimilação, notadamente com ausência de estrutura de educação minoritária). Mas mesmo com esses direitos que permitem a preservação do grupo, a minoria continua sendo politicamente inferior, já que não possui direito à autodeterminação (independência política) nem pode ser equiparada à maioria.

1.6. A pertença à minoria é voluntária?

Foi afirmado que há distinção entre minorias formadas pela vontade de seus membros e outras formadas por uma necessidade que impõe a certas pessoas o rótulo (ou mesmo o estigma) de "ser minoritário". Isso se expressa na diferenciação entre minorias por imposição (*minority by force*) e minorias por opção (*minority by will*):[28]

> Two fundamentally different attitudes are possible for a minority in its relationship with the majority: it may wish to be assimilated or it may refuse to be assimilated. The minority that desires assimilation but is barred is a minority by force. The minority that refuses assimilation is a minority by will. (Laponce 1960: 12)

Ninguém escolhe ser pobre ou ter deficiência física. Tampouco podemos considerar que alguém opta por ser membro de um grupo

[27] Dimoulis 1997: 135-140; Jackson-Preece 2005.

[28] Cf., por exemplo, Pizzorusso 2000: 69.

discriminado pelos dominantes, isto é, pertencer a um grupo que forma minoria no sentido da submissão e da inferioridade. Mas será que podemos afirmar que alguém decide ser membro de um grupo étnico linguístico e/ou religioso, sabendo que esse grupo possui *status* de minoria em certa sociedade e ordenamento jurídico? As minorias nacionais são consideradas o melhor exemplo de minoria "por opção". Com efeito, a pergunta decisiva é saber se expressa vontade aquele que participa dos processos de organização e articulação política de uma minoria.

Essa distinção parece sugerir que as minorias "por escolha" poderiam se contentar com uma tutela de menor intensidade, por terem seus membros conscientemente aderido ao grupo minoritário. Traçando um paralelo, persistir na identidade minoritária é parecido com a decisão de entrar em um mar agitado, mesmo após ter sido alertado sobre os riscos de afogamento.

Do ponto de vista sociológico e psicológico, apenas uma compreensão formalista dos termos "escolha" e "vontade" faria afirmar que alguém escolhe fazer parte de um grupo com características cristalizadas ao longo de gerações, tornando-se "minoria por opção". Quem permanece ligado ao grupo no qual se socializou desde o nascimento, sem que tivesse controle desse processo, não exerce vontade genuína.

Querer cultivar a "minha" identidade religiosa, cultural ou linguística e manter a "minha" consciência de pertença a certos coletivos não é um capricho semelhante ao que faz alguém assumir um risco ao voar de asa delta. Tampouco se pode sentir gratidão pelo Estado que permite alguém assimilar-se à maioria, considerando suspeito quem não quer fazer isso: "ou você muda porque eu quero ou vou te punir" (críticas em Martínez 1999).

A decisão/vontade de quem procura agir politicamente para defender seu grupo de pertença está amparada pelo direito à igualdade, não podendo ser discriminados os que optam por reproduzir identidades minoritárias. Assim, podemos concluir que as minorias são um fenômeno social que deve ser regulamentado independentemente do aspecto volitivo, dando ênfase às necessidades de tutela e não a um suposto nexo causal entre comportamento do indivíduo e pertença a certa minoria.

2. Definição de minoria (social) na perspectiva da Constituição Federal brasileira de 1988

A Constituição brasileira de 1988 não se refere explicitamente a minorias. Mesmo assim, dedica grande parte de suas normas ao estabelecimento de tratamentos especiais para grupos desfavorecidos. Isso torna necessária a elaboração de um conceito para abranger esses grupos. Se a Constituição estabelece normas específicas para um número elevado de grupos sociais que apresentam fragilidades de variada natureza, qual é a conceptualização jurídica que permite entender as razões e as dimensões desse tratamento? A gratuidade no transporte para idosos e a tutela diferenciada dos índios devem possuir uma explicação comum que permita justificar porque em ambos os casos não se aplica o princípio do tratamento uniforme.

Duas delimitações. Em primeiro lugar, não devemos identificar as minorias constitucionais com as minorias de tipo nacional, ainda que se incluam nessas últimas as religiosas e culturais. Vimos que esse foi o significado histórico e em muitos países ainda atual do termo. Mas a Constituição de 1988 trata de uma variedade de grupos minoritários sem que seja dada relevância jurídica à nacionalidade, à religião ou à cultura dessas minorias. Certamente, entre os grupos minoritários protegidos pela Constituição incluem-se os índios e os quilombolas, com sua identidade étnica/cultural peculiar. Mas há também regras específicas em relação a muitos grupos minoritários *sem referência identitária* (mulheres, negros, crianças, idosos, desamparados, pessoas com deficiência, trabalhadores rurais, presos).

A segunda delimitação diz respeito ao termo identidade/identitário que utilizamos neste texto para nos referir a minorias nacionais. Essas minorias desejam manter a identidade coletiva distinta que gera unidade e permite sua reprodução intrínseca. Contudo, o termo "identitário" é utilizado na atualidade para expressar reivindicações políticas (e jurídicas) de grupos estruturalmente e institucionalmente excluídos.

Pergunta-se se esses grupos desejam *realmente* preservar uma identidade coletiva ou querem apenas manter a identidade pessoal, sem que isso acarrete consequências negativas para o indivíduo membro de uma minoria social. A mulher negra brasileira deseja ser o que ela "é" como indivíduo, eliminando as discriminações que sofre? Ou deseja também ser considerada membro de um coletivo que abrange as mulheres negras do Brasil (ou do mundo), como algo que *deve* permanecer diferente dos demais grupos humanos?

A questão é difícil e não permite resposta unitária. Isso ocorre porque a identidade da mulher negra brasileira (e qualquer outra) não consiste apenas em um conjunto de características que a diferenciam do homem gay grego ou da aposentada pobre vietnamita. Sua identidade traz as marcas da submissão e do desigual tratamento, ainda que seja corriqueiro traçar perfis hagiográficos de grupos, sem mencionar a relação de poder que os constitui. A mulher negra brasileira deseja apenas preservar lembranças, tradições e características fenotípicas ou quer ser o que é hoje, vítima de racismo, de superexploração e de exclusão social?

Sem aprofundar a questão, podemos afirmar que, para muitos grupos minoritários, não é evidente a existência de unidade político-cultural e da consciência de positividade da identidade que caracteriza a minoria nacional. A identidade da minoria nacional nasce e se reproduz apenas coletivamente e sob o signo da diferença. Já outras minorias sociais não possuem consciência coletiva, a não ser a consciência da necessidade de se unir para lutar contra a discriminação. Essa heterogeneidade indica que o conceito de minoria (social) deve ser amplo e não coincidir com a *referência a identidades coletivas* de certos grupos.

Em segundo lugar, o conceito de minoria deve abandonar a conotação numérica que teve em suas origens, como vimos ao nos referir à obra de Georg Jellinek. Na perspectiva da Constituição de 1988, não se trata apenas de proteger grupos que são pequenos e, por essa razão, incapazes de impor seus interesses em debates e votações. Objeto de estudo é o tratamento de grupos dominados (discriminação, igualdade, reparação). Há na vida política minorias no sentido da impotência numérica. Isso vale tanto para pequenos agrupamentos que nunca tiveram significativo número de votos como para partidos políticos que, mesmo tendo significativa repercussão, encontram-se na oposição parlamentar em certo momento, sendo minoritários nas votações. Ora, as minorias na política apresentam instabilidade e transitoriedade. A preocupação em proteger sua voz expressa-se no direito parlamentar e eleitoral, assim como no papel da justiça constitucional, chamada a tutelar minorias políticas.[29]

[29] Reflexões e bibliografia em Tavares 2010.

Mas essas minorias não geram problemas estruturais. O pequeno grupo pode desaparecer ou se unir a outros. E os grandes partidos da oposição devem se esforçar para alcançar maior votação no futuro – ou se contentar com o papel secundário. Logo, o conceito de minoria constitucional deve ser definido *sem conotação numérica*.

Em vista dessas considerações teóricas e da normatividade constitucional de 1988,

> *M1 Minoria (social) é um resultado de construção (social) que indica um grupo definido com base em critérios biológicos e/ou culturais em certo contexto (social).*

Os critérios utilizados para tanto costumam ser vagos, gerando dúvidas sobre sua abrangência ("Adão é negro"?). Além disso, os conceitos utilizados para as classificações são questionáveis. A referência a raças humanas é notoriamente anticientífica, e a bipartição dos gêneros é algo que não corresponde aos sentimentos e às experiências de muitas pessoas. Ora, os critérios biológicos e/ou culturais que identificam minorias constituem, nas palavras de Anjos Filho, um "elemento diferenciador estável" (2010: 43). Ainda que alguém diga "eu acho que Adão não é negro", apenas discute um caso limítrofe de aplicação da classificação e não questiona a existência de negros e não negros no Brasil e o amplo consenso sobre quem é negro.

Antes de analisar os problemas da definição, devemos nos perguntar se o termo minoria é adequado. Há pesquisadores que preferem o termo *grupos vulneráveis* para indicar tais categorias de pessoas.[30] Essa opção não convence por duas razões. Em primeiro lugar, o termo minoria é amplamente utilizado, sendo implausível a imposição do termo "grupos vulneráveis". Em segundo lugar, há um problema na essência do termo. A vulnerabilidade *não* descreve a situação minoritária, pois conota fraqueza dos membros de um grupo. As minorias não costumam ser vulneráveis como crianças pequenas ou pessoas doentes. Tornam-se vítimas de *agressões* sistemáticas e de variada natureza. São grupos cuja situação corresponde ao que foi descrito como "classe torturável": pessoas passíveis de sofrer violência social e institucional, após terem sido vítimas de

[30] Carmo 2016; Ferraz e Baptista 2016: 62. Ver também as referências em Anjos Filho 2010: 40.

múltiplas exclusões.[31] Assim sendo, as pessoas *tornam-se vulneráveis* em certos lugares e momentos porque se encontram expostas à violência.

Anjos Filho defende a utilização do conceito de "grupo vulnerável no sentido amplo", e distingue em seu âmbito duas categorias:

(a) as *minorias culturais* que se diferenciam da maioria da população de um país em razão de sua identidade-consciência nacional, religião e/ou língua e

(b) os *grupos vulneráveis no sentido estrito*, que necessitam de proteção especial. Não são minorias culturais, mas mesmo assim apresentam "um elemento diferenciador estável".[32]

Ora, o texto constitucional brasileiro, como as demais Constituições que conhecemos, não estabelecem tratamentos diferenciados para essas duas categorias de grupos discriminados. Há normas diferentes para grupos diferentes, sem possibilidade de identificar uma bipartição.

Do ponto de vista do rigor terminológico, talvez fosse preferível utilizar o termo *grupos discriminados*, que expressa o cerne da nossa compreensão das minorias, mas o termo não é utilizado no direito nem na filosofia política. Os neologismos *minoria estrutural*, *minoria social* ou "*minoria tendencialmente permanente*"[33] apresentam o mesmo problema. Dessa maneira, parece-nos preferível manter o termo "minoria", que indica, ainda que de maneira indireta, a *subordinação* e a *assimetria* de poder, pela razão de ser consagrado pelo uso no direito e na linguagem política.

Charles Wagley, antropólogo que estudou países da América Latina, incluindo o Brasil rural, sugeriu definir as minorias com base em *cinco* características:

- inferiorização do grupo minoritário;

[31] "Demonização, portanto, é o processo pelo qual a sociedade desconstrói a imagem humana de seus inimigos, que a partir desse momento não merecem ser incluídos no domínio do Direito. Seguindo uma frase famosa de Graham Greene, eles se tornam parte de uma 'classe torturável'. Qualquer esforço para eliminar ou causar danos aos demonizados é socialmente legitimado e juridicamente imune" (Vieira 2011: 225).

[32] Anjos Filho, 2010: 38-50 (a citação é da p. 43).

[33] Esse último termo é usado por Pizzorusso (2000: 68) para fazer uma diferenciação entre minorias constituídas em decorrência de práticas sociais consolidadas e minorias ocasionais, como são tipicamente os partidos políticos derrotados.

- presença de características que diferenciam os integrantes do grupo dos demais;
- consciência da diversidade no grupo;
- pertença à minoria desde o nascimento;
- tendência de endogamia.[34]

Modificando parcialmente essa definição, consideramos decisivas as seguintes *três* características.

- Aos membros da minoria são atribuídas representações sobre sua *identidade e seu papel social*. Ocorre uma projeção e cristalização social de características biológicas e/ou culturais.
- As minorias são associadas a representações de *inferioridade*.
- As minorias enfrentam *tratamentos discriminatórios*.

O conceito social-empírico de minoria permite aferir o impacto jurídico que tem o fato de uma pessoa ser classificada como membro de minoria.[35] Isso permite formular uma proposição:

> *M2 As minorias não são expressão de uma essência, mas de uma relação social de dominação e submissão. Indicam uma relação política que atribui consequências negativas a certas características pessoais-coletivas.*

Tendo estabelecido que o conceito de minoria designa grupos (relativamente) estáveis e duradouros, percebemos que o termo possui significado *qualitativo* e não quantitativo/numérico. Indica a fraqueza estrutural, logo relacional, de certo grupo que sofre privações e dominação. Um exemplo expressivo de definição de um grupo minoritário nessa ótica é dado por Catharine MacKinnon (2011: 13) quando define as mulheres da seguinte maneira:

> Women are a social group formed by gender inequality in all of its substantive domains, which are sexual and economic, among others.

34 Cf. Healey 2007: 6. O autor remete à obra *Minorities in the New Word*, de coautoria de Wagley.

35 O critério da endogamia não se aplica às minorias sociais no sentido amplo. Já a "consciência da diversidade" é um critério muito vago. Quem mora no interior tem experiências sociais diferentes de quem mora na capital. Nem por isso pertence a uma minoria.

Quando um grupo satisfaz essa condição constitui minoria, ainda que não tenha peculiaridade étnica, religiosa ou linguística. Isso ocorre mesmo sendo numeroso, como no caso das mulheres, das crianças, dos idosos e, em alguns países entre os quais encontra-se o Brasil, dos negros. São minorias *todos os grupos marcados por inferioridade social e discriminações, independentemente do critério utilizado para tanto.*

As minorias de tipo nacional receberam historicamente duas formas de tratamento jurídico. Primeiro, o discriminatório. Seus membros foram tratados como cidadãos, por assim dizer, de segunda categoria, em razão de normas jurídicas e de práticas administrativas abertamente ou veladamente discriminatórias. O segundo tipo de tratamento é o especial. São reconhecidos aos membros das minorias direitos especiais que permitem reproduzir a identidade e coesão do grupo. Por exemplo, ensino na língua minoritária com subvenções estatais ou criação de instituições de autogoverno da minoria.

Os demais grupos minoritários receberam também esses dois tipos de tratamento jurídico. Nos Estados com histórico escravocrata, os Negros lutaram por décadas e ainda lutam pela equiparação jurídica substancial com os dominantes. Isso também ocorreu e continua ocorrendo com as mulheres. Já hoje é comum encontrar normas legais e, em alguns países, constitucionais, que estabelecem direitos especiais no intuito de amenizar discriminações, passadas e presentes.

Apesar da semelhança dos modelos de tratamento, há *duas* diferenças entre as minorias nacionais e as demais. A discriminação de negros e mulheres, assim como de outras minorias, foi muito menos tematizada no nível do direito internacional, sendo raríssimos os tratados para tutelar seus interesses. A segunda diferença é que a discriminação das minorias nacionais ocorria basicamente com ações dos aparelhos repressivos do Estado, incluindo decisões da Administração pública e do Judiciário. Já a opressão das minorias não identitárias ocorre de maneira mais "difusa" na sociedade em razão de atitudes preconceituosas (sexismo, racismo, etc.). O resultado é que, mesmo após a cessação da discriminação jurídica e o reconhecimento de direitos especiais, continuam as práticas de opressão e de marginalização de vários grupos sociais.

No presente momento, o direito constitucional brasileiro *não discrimina explicitamente minorias.* A única – e escandalosa – exceção são as *empregadas domésticas* (quase sempre mulheres!) que possuem menos direitos trabalhistas.[36] O direito constitucional brasileiro vigente refere-se a minorias para garantir direitos especiais, procurando amenizar a discriminação.[37] Quando não regulamenta especificamente as minorias, garante a igualdade formal que, via de regra, reproduz a discriminação social.[38]

Isso permite formular uma "lei" histórica sobre o tratamento institucional das minorias.

> *M3 O direito atribuiu, por longos períodos, significado negativo a certas características biológicas e/ou culturais, confirmando e fortalecendo a marginalização das minorias. A seguir ocorreu em muitos ordenamentos equiparação formal dos nacionais. A mais recente tendência é a garantia de tratamento jurídico especial, com o objetivo de amenizar (idealmente: eliminar) a discriminação.*

Assim sendo, o direito das minorias no Brasil consiste na análise do tratamento dado a cada minoria, indicando suas características (discriminação negativa, equiparação, políticas de promoção) e os problemas na aplicação das normas sobre minorias (ineficácia, seletividade).

3. Dimensões da igualdade

3.1. A igualdade como *conceito sintático* (Ghirardi) e como *relação* (McCloskey)

Em relação à igualdade, a bibliografia jurídica, assim como a filosófica, a política e a econômica, são marcadas por sérias discordâncias. Lendo

[36] Discriminações estabelecidas no art. 7º, parágrafo único, da Constituição Federal. A redação dada pela Emenda Constitucional n. 72, de 2013, ampliou os direitos da categoria sem garantir a equiparação (ver item VI, 2.6.1).

[37] Um caso especial é o tratamento das crianças e adolescentes. Há privação de muitos direitos por razões de imaturidade e fragilidade junto a normas de tratamento favorável (cf. cap. 6, 3.4).

[38] Essas afirmações não ignoram que tanto o direito constitucional como o infraconstitucional descrevem categorias de pessoas, atribuindo-lhes tratamento diverso. A brasileira não é tratada como a estrangeira, a deputada diferencia-se da senadora, a trabalhadora "padrão", da "terceirizada" e assim por diante. O direito é máquina de (re)produção da diferença. Mas, em tais casos, o tratamento diverso é justificado por critérios como a função e o "mérito". O direito antidiscriminatório é o *locus* em que se discute a justificativa desses tratamentos diversos.

um livro sobre o tema bastante elogiado pela sua qualidade (Dworkin 2002) ou um dos artigos acadêmicos mais citados (Anderson 1999), o leitor tem a nítida impressão de que nem ele nem os autores sabem bem do que se está falando. Sem esquecer que, em nome da igualdade, são discutidas seriamente na academia propostas como garantir um salário mínimo para surfistas indolentes (Van Parijs 1991), preocupar-se com a opressão social e jurídica dos nudistas pela maioria textilista (Cooper 2011) e mesmo reconhecer o direito dos pais de matar bebês que os desagradem (Tooley 1972). Há inclusive correntes que discutem de maneira aparentemente séria a possibilidade de existir uma "justiça", logo uma igualdade não comparativa (*principle of noncomparative justice*), merecendo alguém algo sem comparação com os demais, apenas em razão de suas qualidades intrínsecas.[39]

Essas linhas têm aparência irônica, mas, na verdade, expressam uma dificuldade jurídica e política que podemos tentar enfrentar, mas à qual não seria razoável ter a pretensão de responder definitivamente.

[39] Cf., com menção da bibliografia anterior: Levine e Panier 2005; Hellman 2016: 895-919. Trata-se de uma excentricidade teórica. Seus adeptos ignoram que a estudante que merece nota 8 "sem comparação", isto é, independentemente da existência de outras alunas e do desempenho delas, na verdade "merece" 8 (e não 7) porque *já* foi comparada com a aluna modelo que receberia nota 10. Ao mesmo tempo, a atribuição de nota 8 significa que a docente se compromete implicitamente a atribuir a mesma nota a quem tiver o mesmo desempenho. Sem essas duas condições *comparativas* não podemos justificar a nota 8. Além disso, a prática docente de enviar após a prova um "gabarito" sinaliza a comparação implícita. É o elemento que também permite reprovar a única participante de um exame, ainda que ela tenha tido objetivamente o "melhor" desempenho.
Do ponto de vista da doutrina dos direitos fundamentais, quem sustenta a existência de uma igualdade "não comparativa" confunde demandas jurídicas de igualdade e de liberdade. Vejamos o exemplo que Hellman (2016: 900-901) apresenta como prova da igualdade não comparativa. Se a lei permite a venda de anticoncepcionais apenas a pessoas casadas, os solteiros têm duas opções jurídicas. Primeiro, afirmar que eles têm o mesmo direito que os casados aos anticoncepcionais, pois o casamento nada muda no direito de decidir sobre a procriação. Se o tribunal considerar que não há diferença, concederá o direito aos solteiros *porque* foi concedido aos casados (queixa de igualdade comparativa). Segundo, os solteiros podem alegar que a lei lhes proibiu a compra de anticoncepcionais e isso feriu o direito à liberdade e à vida privada. Nessa hipótese, não há necessidade de comparação porque não se examina a igualdade. Os solteiros invocam a liberdade pessoal. Essa alegação não depende do tratamento de outros grupos. Os solteiros querem exercer uma liberdade pouco importando se a lei a concedeu ou não aos casados. Concluímos que a igualdade é *sempre* um direito comparativo.

A relevância política da igualdade gera obstáculos e controvérsias em suas abordagens jurídicas. O que pretendemos é mostrar a complexidade do problema e a necessidade de sermos precisos e rigorosos, ainda que muitas definições sejam apenas estipulativas, evitando a vagueza e a apresentação de concepções discrepantes e mesmo antagônicas sob a mesma denominação.

Em originalíssima abordagem, Garcez Ghirardi compreende e define a igualdade como "*conceito sintático* [...], conceito que refere uma relação, não uma substância". Os conceitos que o autor define como *sintáticos* (em contraposição aos mais comuns, os "semânticos"), funcionariam

> como módulos de articulação das formas de pensar e de valorar; eles são condições para a predicação, assim como a sintaxe (ordem do discurso) é condição para a semântica (sentido) e a pragmática (uso) do discurso". E esclarece esse ponto observando: "os conceitos sintáticos determinam a existência de uma relação valorativa sem abranger qualquer elemento substantivo de valoração. (Ghirardi 2021a: 161-163)

Com o risco de desfigurar o complexo pensamento do autor, afirmaríamos que a visão da igualdade como conceito sintático mostra seu caráter "vazio" ou apenas procedimental que ilustraremos a seguir, assim como o fato de desempenhar uma função estrutural-estruturante na regulamentação e comunicação sua jurídica, permitindo expressar argumentos, reivindicações e decisões de maneira que faça sentido (natureza sintática, na terminologia de Garcez Ghirardi).

Para iniciar o estudo da igualdade partimos de uma constatação que encontramos em formulação lapidar em estudo de Henry McCloskey, mas que está presente em uma infinidade de estudos sobre o tema:

> *I1 "Igualdade é o nome de uma relação"* (McCloskey 1966: 54).

Sabendo que a igualdade não é atributo de uma essência nem qualidade de um ser, de uma situação ou de uma norma, precisamos responder o que exatamente é esse conceito. A nossa busca envolve tanto o momento de determinar que *tipos de relação* são indicados com o nome igualdade como também o "elemento substantivo de valoração" (Ghirardi 2021a: 163), que pode, de maneira lícita, estar presente nos discursos sobre igualdade.

Entre o infindável acervo jurídico sobre a igualdade discutiremos elementos que permitem esclarecer problemas conceituais e se posicionar sobre eles (seções 3.2 a 3.8). A seguir, proporemos uma definição que nos parece operacional no âmbito da teoria geral dos direitos fundamentais (3.9). Já no cap. 6, faremos a concretização desses conceitos com referência exclusiva ao direito constitucional brasileiro.

3.2. Igualdade como juízo fático

A *igualdade* indica a *situação* na qual A e B foram comparados e avaliados como iguais, isto é, não diferentes no que diz respeito ao critério de avaliação X. A e B podem ser objetos, seres vivos, grupos sociais, países. Basta que possam ser comparados com base em um único critério (preço, altura, cor, assento permanente no Conselho de Segurança da ONU...). A partir do momento em que combinamos dois ou mais critérios, o juízo sobre igualdade torna-se mais complexo e a probabilidade de ser afirmativo diminui (posso ter a mesma altura do meu vizinho, mas será muito difícil sermos iguais em altura *e* peso).

O juízo que A é igual a B deve informar os limites da exatidão da medida utilizada. Ao decidir medir a altura precisamos não apenas determinar normativamente um conjunto de elementos que permitem a medição (sistema métrico, procedimento...), mas também indicar o grau de aproximação. Ter como unidade o metro fará classificar os seres humanos em apenas três categorias (0, 1, 2), encontrando-se na categoria "1" bilhões de pessoas. Com os centímetros temos uma classificação muito mais fina. Mesmo assim, milhões de humanos medem 1.75 m. Conforme aumenta o refinamento da medida, aumentam as diferenças, até chegarmos na extrema precisão que provavelmente indicará que cada ser humano possui altura diferente de todos os demais em nanômetros (10^{-9} m).

Percebe-se, assim, que o uso de medidas e de padrões mais "aproximativos" não é uma imperfeição, mas muitas vezes pode ser uma vantagem na medição da igualdade não apenas em termos de tempo e esforço para a medição, mas também porque facilita a comunicação e as transações. Consideramos que todas as laranjas à venda na frutaria possuem o mesmo valor para que seja possível determinar o preço de venda por quilo sem que se deva fazer demorada perícia de cada uma das frutas para definir quanto "vale" (algo que certamente será feito quando compramos diamantes).

Essa igualdade tem *natureza estática*, indicando um *resultado*. A e B são ou não são iguais. O conceito de igualdade não inclui considerações relacionadas às causas, circunstâncias ou à repercussão dessa avaliação. Ao examinar a folha de pagamento constatamos que o salário de A é maior do que o salário de B. É uma constatação de desigualdade, independentemente dos fatores que levaram a isso (erro de cálculo, preconceito contra mulheres, diferença nas funções exercidas) e das consequências que isso poderá ter (reclamações, processos ou nada).

Interessam aqui apenas aferições da igualdade que são *empíricas*. Sistemas matemáticos e lógicos utilizam a igualdade de maneira diferente. Base de seus juízos são axiomas que indicam que 1=1 ou x=y, independentemente de qualquer comparação empírica que poderia confirmar ou infirmar sua igualdade. Os x e y foram pressupostos iguais ou o resultado de certas operações mostra sua igualdade, podendo ser discutido apenas se as operações foram realizadas de maneira correta.

Já a igualdade empírica pressupõe um critério determinado por um sistema socialmente aceito (como vimos, múltiplo e aproximativo) e uma medição conforme esse critério que decidirá se, por exemplo, duas pessoas têm a mesma altura (medida, forma de medir) e como isso pode ser eventualmente provado sem medição (autodeclaração, prova com base em documento). Assim sendo, a igualdade empírica apresenta incertezas e variações, sendo objeto de controvérsias.

3.3. Igualdade como juízo normativo

Ao utilizar uma medida e constatar a igualdade de A e B referimo-nos à esfera do Ser. Como se realiza esse juízo normativamente, referindo-se à igualdade na esfera do Dever Ser? Podemos responder, comparando com a igualdade empírica.

Em primeiro lugar, constata-se a (óbvia) diferença com o juízo da igualdade na esfera do Ser. Quando uma afirmação sobre a igualdade torna-se *normativa* (A e B *devem* ser iguais) emite um imperativo endereçado a alguém: "faça o necessário para que A e B tornem-se ou permaneçam iguais". Destinatário é o indicado na própria norma (via de regra, uma autoridade estatal). Logo, o juízo normativo tem caráter dinâmico. Já no mundo do Ser há apenas coincidências na aferição da igualdade, não se encontrando algum imperativo no sentido da igualdade ou da desigualdade, nem surgindo a obrigação de os altos ficarem baixos e os salários iguais.

Em segundo lugar, o juízo normativo-dinâmico sobre a igualdade necessita de um juízo empírico-estático para avaliar o resultado de processo. A e B são comparados com base no critério indicado pela norma, constatando-se, após a ação ou omissão do destinatário da norma, se são iguais efetivamente. A depender desse resultado e do conteúdo da norma, desencadeiam-se consequências normativas, por exemplo, B pode processar a empresa por tratamento desigual, invocando para tanto juízo sobre igualdade tanto normativa como empírica. Em palavras muito simples: "devia ganhar o mesmo salário com A (juízo normativo) e não ganhei (juízo empírico que pode gerar consequências normativas)".

Em terceiro lugar, tal como o empírico, o juízo normativo é aproximativo.

- A mais óbvia manifestação disso é que os juízos normativos se baseiam em simplificações e aproximações empíricas. Consideramos que todos os que completaram 16 anos possuem direito igual ao voto sem examinar, nem ser desejável examinar, sua maturidade, acuidade intelectual ou conhecimento político.
- Além disso, normas vagas formulam juízos de igualdade vagos. O que significa concretamente "igualdade de condições para o acesso e permanência na escola" (art. 206, I, da Constituição de 1988)? Exigir o mesmo de tod@s @s estudantes? Oferecer "condições" (direitos sociais!) de acordo com peculiaridades e necessidades pessoais, familiares e sociais de cada estudante? Nunca saberemos pela simples leitura dessa norma sobre igualdade, que é *propositalmente* vaga. Isso também ocorre com muitos juízos comparativos que são, no fundo, juízos de igualdade, como a tributação conforme a "capacidade econômica do contribuinte" (art. 145, § 1º).

Em quarto lugar, o juízo sobre igualdade na esfera do Dever Ser diferencia-se do juízo sobre fatos, pois dá o atributo lícito ou ilícito à conduta do destinatário. Ao examinar a folha de pagamento e constatar que A e B recebem salários diferentes, temos apenas uma constatação que só mudará algo em vista de uma norma (jurídica ou não).

Mais especificamente, cabe ao aplicador do direito verificar se a desigualdade de salários é lícita ou ilícita e quais suas consequências. Justamente por isso não faz sentido relacionar a igualdade dita material exclusivamente à realidade social.[40]

3.4. A abordagem da igualdade "vazia" (posição pessimista)[41]

Com base nos anteriores esclarecimentos, podemos adotar uma definição da igualdade que concretiza a fórmula I1:

> *I2 Igualdade significa "ausência de distinção entre objetos distintos em relação a determinado aspecto e segundo determinada medida."* (Krebs 2000: 10)[42]

Isso significa que *se* dois seres forem iguais (idênticos, não distinguíveis, intercambiáveis) em relação a certa característica e *se* isso decorre de um critério aceito, então é necessário tratá-los como iguais. Temos esse dever, mesmo sendo notório que não há dois seres iguais, ou seja, que o mundo não é unidimensional para podermos medir com facilidade e certeza o tamanho de dois elementos (iguais ou desiguais). Devemos aceitar de uma vez por todas que todos os objetos são "*ao mesmo tempo* iguais *e* desiguais" (Westen 1990: 41).[43]

Se alguém pedir um chá podemos oferecer qualquer tipo de chá. Se alguém pedir chá de boldo, devemos excluir (porque ele quis excluir) todos os demais chás, mas podemos escolher qualquer chá de boldo, independentemente de sua qualidade, sabor e preço. Isso impõe operações de análise das características que fazem dois objetos iguais, assim como os que os fazem desiguais. Só assim podemos responder se o garçom que trouxe chá de jasmim atendeu o pedido (jasmim = boldo *nessa* circunstância?).

Como *comparar* os critérios/medidas utilizadas? Essa é uma operação paralela à comparação dos dois elementos. Qualificações como razoável, decisivo, relevante, substancial, imprescindível, não arbitrário, absolu-

[40] Cf. a crítica de Rothenburg, mencionada no cap. 2, 3.6.

[41] As seções 3.4 a 3.8 utilizam, ampliam e corrigem análises publicadas em Dimoulis 2005.

[42] Cf. Pernia 1999: 383.

[43] Essa afirmação deve-se a razões de diferenciação histórica ou biológica, como tende a pensar o autor dessas linhas? Ou a construções filosóficas nossas sobre como entender o mundo, como me sugeriu um leitor do texto?

tamente proibido, suspeito indicam se certo critério de comparação pode ser aceito e qual é o melhor (ou se são intercambiáveis).

Esses conceitos procuram responder à pergunta que determina a relevância prática da definição I2. Sabendo que chá de boldo e chá de jasmim são, ao mesmo tempo, iguais e desiguais, devemos ter a possibilidade de decidir qual critério prevalecerá, o da igualdade ou o da desigualdade? Se não determinarmos isso, a locução "são iguais" (logo, devo tratá-los como intercambiáveis) permanece absolutamente indeterminada: são iguais e desiguais, logo devem ser tratados como iguais e desiguais, logo não sabemos nada a respeito. Dissertamos doutamente, mas, na verdade, apenas emitimos sons "como o metal que soa ou como o sino que tine".[44]

O problema torna-se mais complexo pela *concomitância* de critérios. Passando dos chás aos seres humanos, há centenas de critérios com base nos quais A e B podem ser considerados iguais e outros tantos que os mostram desiguais. Em tal situação, não podemos decidir qual critério é o razoável, decisivo, relevante. Por isso, mesmo autores que acreditam que a igualdade possui conteúdo material sublinham que afirmações do tipo "todos são iguais" (ou "todos devem ser tratados como iguais") carecem de sentido (SEN 2001: 23, 52). Um igualitarismo sem diferenciação de critérios, circunstâncias e aspectos a serem avaliados é apenas um apelo emocional.

Assim sendo, pergunta-se qual entre os critérios deve prevalecer em certo caso, digamos para concessão de aposentadoria. Ao examinar norma que permite aposentadoria de mulheres em idade menor do que a dos homens examinamos se é aceitável utilizar o critério da idade para tratamento diferenciado em relação à aposentadoria e não qualquer outro critério (anos de serviço, estado de saúde, situação familiar...). Podemos saber se o critério da idade é o melhor e se, nesse quesito, devemos diferenciar homens e mulheres?

Tais dúvidas dão ensejo a posições pessimistas, também denominadas de *decisionistas* (FERRAGAMO 2004: 6) ou tese da "igualdade sem substância" (PÖSCHL 2008: 190-193). Elas foram formuladas por teóricos do direito não moralistas como HANS KELSEN (2001: 14-18; 2003:

[44] Paulus, Coríntios A, cap. 13, vers. 1.

51-62) e ALF ROSS (2000: 315) e foram defendidas, com maior rigor analítico e detalhamento, por PETER WESTEN (1990).

Sistematizamos esses posicionamentos em três passos.[45]

Passo 1. É vazia a afirmação de que devemos dar a cada um o que lhe pertence. Tal afirmação não indica se A pertence ou não a B. Para que a afirmação tenha sentido, devemos saber o que pertence "a cada um", isto é, qual o critério prevalecente.[46] Quem diz "um chá, por favor" não nega a diferença entre tipos de chá, mas considera que a sua vontade se satisfaz ao receber qualquer chá. Considera decisiva a diferença de outras bebidas (que não deseja no momento). Já a pessoa que pede chá de boldo, considera relevante a distinção com outras folhas.[47] Somente podemos saber se o pedido foi atendido se tivermos em mente um critério preestabelecido. Esse critério mostrará que servir chá de jasmim é equivocado no segundo caso e correto no primeiro, sem que isso dependa das propriedades do jasmim.

Passo 2. A igualdade jurídica entre sujeitos de direito carece de objeto de referência. Em razão da mencionada multiplicidade de critérios não há sujeitos absolutamente iguais nem absolutamente desiguais. Uma placa que proíbe a entrada de mulheres em certo estabelecimento causará, em nossos dias, grande estranheza. Mas isso não se deve ao fato de que nunca ninguém pode proibir a entrada de mulheres em algum lugar (banheiro masculino!), mas porque isso na maioria dos casos

[45] Discussão crítica em AMATO 1983; FERRAGAMO 2004: 6-18 e *passim*.

[46] Cf. LUHMANN 1999: 169; Kersting 2002: 9.

[47] Para D'AMATO (1983), a igualdade possui conteúdo normativo. Impor racionamento da gasolina apenas para motoristas com final de placa par viola o princípio da igualdade. O exemplo não convence. O que se discute é se algo aleatório pode ser critério para excluir alguns de um benefício. A resposta é que em alguns casos isso é correto em outros não (tendo dois amigos conseguido apenas uma entrada para um espetáculo, o "par/ímpar" é uma forma adequada de decidir. A depender do caso, podem ser dadas várias justificativas, mais ou menos convincentes). Mas a norma "A tem o direito de ser tratado igualmente a B" não é equivalente a "*nunca* diferencie A com base no número de sua placa". Saberemos o que é permitido após ter sido escolhido o critério do racionamento com base em argumentações. No exemplo do autor, o problema não é que um grupo de motoristas foi discriminado, mas que o critério do número da placa não se justifica *nesse* caso e *dessa* forma. Mas seria plausível decidir que uma semana têm direito a gasolina os pares e na outra os ímpares.

indica preconceito. Se o responsável pela placa oferecer uma justificativa juridicamente plausível, a proibição será lícita. No outro extremo, cozinhar comidas com alho é perfeitamente lícito no Brasil. Mas, o marido que serve comida com alho à esposa que tem violentas reações alérgicas ao alimento, pode ser responsabilizado. O que importa não é o alho, mas as circunstâncias.

Passo 3. Ao perguntar por que o trabalhador A recebeu o tratamento tA ocorre interpenetração dos termos igual e desigual. Se A adoecer, o direito pode dar duas respostas básicas. Primeiro, permitir que o empregador não pague o salário pelo período do afastamento. Isso significa que ele será tratado igualmente ao grupo daqueles que não trabalharam, logo não recebem salário. Aos desiguais, tratamento desigual. Reconhecemos que a doença o situa em posição de desigualdade com os demais (fraqueza, incapacidade de trabalhar). Mas atribuímos isso à responsabilidade dele (má-sorte; decisão de não contratar seguro; possível ajuda do governo ou de amigos). Para o empregador são iguais os que trabalham, desiguais os que não trabalham. A causa do "não trabalho" descarta-se (responsabilidade de terceiros!). Isso também significa que o doente foi tratado de maneira igual a todos os que adoeceram ou poderão adoecer no futuro, não recebendo salário.

A segunda possível resposta é manter o pagamento do salário (ou de um auxílio a ele equivalente). Nessa hipótese A é também tratado como igual e desigual: igual aos que trabalham porque ele quis trabalhar e foi impedido por razões independentes de sua vontade, desigual aos que por qualquer razão decidiram não trabalhar (pedido de demissão, falta injustificada).

Considerações dessa natureza levaram Niklas Luhmann à afirmação de que o pensamento da igualdade só surge ao detectar desigualdades que desejamos afastar. Se A e B fossem, no ponto de partida, absolutamente iguais, não teria utilidade falar em igualdade (Luhmann 1997: 234-235). Por essa razão, a igualdade causará sua própria abolição no dia em que todos forem iguais. Mas essa consideração é apenas teórica, pois sempre haverá desigualdades de alguma espécie entre seres que nasceram diferentes e vivem de maneiras diversas. São essas desigualdades que darão significado à igualdade.

Essa é a tese da interdependência conceitual entre igualdade e desigualdade,[48] que decorre de uma observação analítica ou lexical. Entendemos como igualdade o resultado de uma comparação com base em certo critério. Se for adotado outro critério, o resultado será provavelmente a desigualdade: "as coisas que medimos são *tanto* iguais *como* desiguais".[49] *A não ser que* todos os possíveis critérios mostrem a "igualdade", sendo os dois objetos absolutamente idênticos, não havendo espaço para comparação.

Nessa abordagem, a igualdade seria um *princípio* de *segunda ordem*, aplicável apenas após ter-se decidido (na primeira ordem) qual critério deve ser aplicado.[50] Aderindo a essa visão, Luhmann escreveu que a igualdade é constantemente invocada para justificar decisões jurídicas contingentes. Invoca-se a igualdade para não admitir que outros critérios, como o interesse pessoal ou a utilidade econômica, foram decisivos (Luhmann 1997: 235) É a *tese da igualdade como princípio de segunda ordem ou materialmente* vazio que completa a tese da interdependência entre igualdade e desigualdade.

Em nossa opinião, a abordagem pessimista-decisionista tem o mérito de desfazer os mitos de concretude da igualdade. Deixa clara a indeterminação que não diz respeito apenas a controvérsias sobre o valor moral-político e os critérios da igualdade. Ainda que haja consenso sobre a definição da igualdade, a indeterminação permanece.

Imaginemos que o legislador decida que a igualdade consiste em tratar igualmente pessoas iguais. Essa concretização não é suficiente, porque permite tanto dizer que as mulheres devem se aposentar antes dos homens (compensação do trabalho feminino gratuito) como que a aposentadoria deve ocorrer na mesma idade (o que importa é a condição biológica). Serão sempre necessárias ulteriores concretizações que correspondam a decisões sobre o que importa e que não decorram de um conceito de igualdade.

[48] A é tratado de maneira igual a B se soubermos qual tratamento seria desigual. Mas o tratamento desigual somente se decide se soubermos qual tratamento é igual, e assim por diante em uma relação de implicação recíproca que impede a distinção conceitual entre igual e desigual (cf. Luhmann 1997: 234).

[49] Westen (1990: 41) considera que a afirmação "as coisas são iguais em um aspecto, desiguais em outras" possui verdade "analítica" (39).

[50] Análise crítica e bibliografia em Somek 2001: 155-166.

Apesar do mérito desmistificador a tese pessimista-decisionista apresenta um duplo problema. Primeiro, ao centrar suas críticas à igualdade parece admitir que o "vazio" conceitual é uma característica (defeito?) deste direito. Na verdade, a abstração dos termos caracteriza todos os direitos fundamentais.

Se a doutrina jurídica e a reflexão filosófica produziram milhões de páginas sobre liberdade de expressão é porque não há certeza alguma sobre o conteúdo da "livre manifestação do pensamento". E se um parlamentar brasileiro foi condenado em 2021 a pagar danos morais por endereçar a um magistrado expressões desabonadoras,[51] e colega dele foi condenado em 2022 a pena criminal por insultar e ameaçar verbalmente ministros do STF,[52] isso deve-se à forte incerteza sobre o significado da liberdade de expressão e da imunidade parlamentar. Em síntese, a liberdade é tão "vazia" quanto a igualdade, sendo isso ignorado pelos pessimistas da igualdade (Smith 2011: 19-20, 44).

O segundo problema dessa abordagem é que a igualdade enquanto direito fundamental adquiriu núcleos semânticos claros e estáveis no tempo. Isso permite sua operacionalização e sua aplicação de maneira relativamente estável com formação de precedentes e configuração doutrinária de um direito da igualdade. É objetivo central deste trabalho indicar esses núcleos semânticos que afastam as preferências subjetivas e não se limitam a enunciar um princípio de segunda ordem, materialmente vazio.

3.5. Tratar os iguais igualmente, os desiguais desigualmente?

Uma tentativa de concretizar a igualdade invocando afirmações de Platão e Aristóteles considera que a igualdade exige dois tipos de tratamento. Primeiro, tratar os (substancialmente) iguais de maneira igual. Segundo, tratar os (substancialmente) desiguais de maneira desigual.[53] Analisaremos em separado as duas afirmações.

[51] TJSP, 44ª Vara Cível, *processo 1069325-41.2020.8.26.0100*, sentença do juiz Guilherme Madeira Dezem, julg. 21-1-2021. O caso é comentado no *site* dissenso.org, que reúne valioso material jurisprudencial e doutrinário sobre a liberdade de expressão no Brasil.

[52] STF, *Ação penal 1.044*, rel. Min. Alexandre de Moraes, julg. 20-4-2022.

[53] Platão, Leis 6, 757; Aristóteles, Politeia, Γ, 9, 1280 α. Sobre essas formulações, cf. Jouanjan 2003: 586; Westen 1990: 52-57. Análise jurídica em Pöschl 2008: 152-194.

I3 Devemos tratar os substancialmente iguais de maneira igual.

Se A = B ---> tA = tB

Qual a justificativa desse imperativo? A primeira *justificativa é de ordem moral e*, por extensão, *política*. A moral que hoje predomina, pelo menos nas sociedades ditas "ocidentais", é que todos possuem igual dignidade, logo merecem igual tratamento. Se dois funcionários que desempenham a mesma função merecem igual salário, isso decorre de valores amplamente aceitos na nossa sociedade que se transformam em imperativos morais. A remuneração desigual é motivo de protesto ("injustiça"), sendo premissa jurídica e moral-cultural o igual respeito e consideração para tod@s.[54] Isso não ocorre, obviamente, em sociedades que consideram que os escravos devem trabalhar sem remuneração ou mulheres e crianças fazem jus a salário menor, não sendo aceita a premissa da igualdade. Mas na atualidade estamos dispostos a discutir reivindicações de mulheres sobre o trabalho doméstico não pago desempenhado fundamentalmente por elas ("igual trabalho, igual remuneração") enquanto ninguém discutiria seriamente o pedido de remunerar animais ou máquinas que "trabalham". O que importa na igualdade são os *sujeitos* envolvidos, antes de examinar o que fazem e sob quais condições. Não discutimos diretamente como avaliar um trabalho de oito horas, mas como avaliar A (que pode ser homem ou mulher, nacional ou estrangeiro, animal ou máquina) que realizou esse trabalho.

Vejamos a afirmação

> *Se A e B são iguais enquanto funcionários da empresa X, então A e B devem ser tratados de maneira igual na remuneração.*

Essa frase é vazia de conteúdo. Só pode parecer plausível porque admite (e necessita de) uma *terceira* afirmação que, tacitamente,

Platão e Aristóteles eram adeptos da *desigualdade* substancial e permanente dos seres humanos, propagando a ideia da superioridade *intelectual* dos homens gregos (para Platão, os "puros"; para Aristóteles, os "Senhores por natureza"). Consideravam que as mulheres, assim como os escravos de origem "bárbara", eram antropologicamente inferiores: Platão, Menexenus, 757; Aristóteles, Politeia, A, 1252 a 7-9; Γ, 1285 a 20.

[54] Moreira 2017: 29. Detalhadamente, Dworkin 2002.

concretiza o termo "igual". Na nossa sociedade, o salário não deve depender, a princípio, de critérios como o sexo ou a cor da pele[55] das trabalhadoras e trabalhadores. Essa afirmação tácita mostra, contudo, a *circularidade* da afirmação. Somente devemos tratar os iguais de maneira igual *se* eles forem iguais, e isso deve estar previsto em alguma norma. Sabemos que as mulheres trabalham o dobro ou o triplo em casa em comparação com os homens, mas isso só lhes daria direito a salário se houvesse norma (jurídica, moral...) diferente da atual. Mas como saber se as normas que geram grupos e critérios propiciam tratamento igual (tratam os iguais de maneira igual)?

A afirmação da igualdade não é essencialista-ontológica, mas depende do critério utilizado. Ao introduzir o legislador um "adicional-saúde" para funcionários acima de 60 anos, completa a frase da seguinte maneira:

> *Se A e B são iguais enquanto funcionários da empresa X, então A e B devem ser tratados de maneira igual na remuneração. Como B é idoso, ao contrário de A, deve receber um complemento salarial para compra de remédios.*

Após protesto de A, um tribunal poderia reformular a frase da seguinte maneira:

> *Se A e B são iguais enquanto funcionários da empresa X, então A e B devem ser tratados de maneira igual na remuneração. O fato de B ser idoso, ao contrário de A, não é razão para receber complemento salarial para compra de remédios.*

[55] *Raça?* Não parece conveniente utilizar um termo associado a alguns dos maiores crimes da humanidade, além de ser resultado de uma aberração do pensamento científico. O termo seria aceitável apenas acompanhado de designações de rejeição, como na locução racismo ou no termo *critical race studies.*
Cor da pele é uma designação vaga que opera como metáfora. Por exemplo, os que no Brasil são reconhecidos e tratados como brancos possuem infinitas variações na cor de sua pele, exatamente como os negros entre si. Mas esse fato dermatológico não impede as classificações com base na "raça". Utilizamos nesta obra "cor da pele", que nos parece menos problemático, ainda que a imagem do "branco" e do "negro" surja de uma combinação de fatores de aparência, além da cor da pele, e que muda no tempo e no espaço (um "branco" no Brasil poderá ser considerado negro na Finlândia, assim como um negro brasileiro poderá ser considerado branco na Nigéria. As denominações branco e negro escondem construções sociais de preconceito).

Um exemplo. Um contribuinte pediu uma isenção não prevista em lei. A autoridade fazendária negou o benefício. O Judiciário concedeu-lhe a isenção, invocando princípios e valores no lugar de regras legisladas, confirmando que a igualdade muda de significado e de consequências a depender do critério utilizado:

> Com efeito (*sic*), não deve ser interpretada, literal e isoladamente, a norma que impõe condições para a isenção de IPVA de veículo automotor adquirido por pessoa com deficiência física. Deve-se, pois (*sic*), realizar interpretação teleológica (que busca adaptar o sentido e o alcance da norma às novas exigências sociais, conforme os princípios da justiça e do bem comum) e sistemática (que impede que as normas jurídicas sejam interpretadas de modo isolado, exigindo que todo o conjunto seja analisado simultaneamente à interpretação de qualquer texto normativo, em sintonia com a Constituição e as demais normas jurídicas).[56]

A segunda tentativa de justificar o igual tratamento "dos iguais" recorre à *lógica*. Procura-se, dessa maneira, eliminar a afirmação implícita, necessária e mutável que indica quais são os "iguais". Segundo a abordagem lógica, a igualdade seria uma propriedade ontológica, indicadora de certa essência. Podemos dizer que A e B *são* iguais, tal como dizemos que 1 kg do produto A = 1 kg do produto B?

Era assim que Kelsen compreendia a igualdade, no sentido limitado que atribuía ao conceito:

> A igualdade que consiste em deverem os que são iguais ser tratados igualmente é, portanto, uma exigência da lógica e não uma exigência da justiça. O princípio de que, quando as condições são iguais, as consequências devem ser iguais é, na verdade, a consequência lógica do caráter geral da norma que prescreve que, verificado um determinado pressuposto, se deve produzir determinada consequência. (Kelsen 2003: 57)

As nossas sociedades compreendem a igualdade de todos ("todos nascem livres e iguais") como exigência da justiça, de modo a parecer obrigatório tratar igualmente os iguais. O que é permitido ou proibido

56 13ª Câmara de direito público do TJSP, *processo 1000909-36.2019.8.26.0462*, rel. Des. Spoladore Dominguez, julg. 29-1-2020 (agradeço a indicação de Matheus de Barros).

para um, deve sê-lo para tod@s que se encontrem na mesma situação. Essa exigência é conhecida como *princípio da universalização*. Encontra-se na base da reflexão da filosofia política do século XX. Filósofos como John Rawls, Thomas Nagel e Jeremy Waldron recorrem à igualdade para indicar o politicamente e moralmente correto, utilizando-a como guia que ordena o pensamento e permite fazer afirmações válidas sobre direitos e deveres, fundamentando juízos.[57]

Essa abordagem pode ser chamada de otimista ou racionalista (Ferragamo 2004: 17) em contraposição à pessimista-decisionista. A igualdade reivindicada como princípio central pelos otimistas faz parte da compreensão lógica do princípio. Vejamos um exemplo.

Imaginemos que A e B sejam duas roseiras no nosso jardim. Um dia decidimos reformar o jardim e se faz necessário arrancar uma delas. Como escolher? Partindo dos pressupostos de que a) as plantas não possuem direito de permanecer vivas e muito menos de crescer no nosso jardim; b) não havendo norma moral-cultural que diz que devam ser tratadas de modo igual, pergunta-se como será tomada a decisão. Para decidir qual será arrancada, devemos ter um critério de diferenciação que justifique a escolha da planta A ou da B (manter aquela que dá melhores rosas, a mais saudável, fazer sorteio...).

A nossa estrutura mental parece nos fazer sentir a necessidade de justificar a escolha, mesmo sob os pressupostos a e b que garantem que a nossa escolha não depende de orientações normativas.[58] Entre absolutamente iguais não podemos decidir! Devemos recorrer a algum procedimento que nos permitirá decidir, ainda que isso seja perguntar a opinião do vizinho.

Se a igualdade é respeitada mesmo se o alvo de um tratamento não possui direito à igualdade, podemos considerar que tratar os iguais de maneira igual decorre de uma convicção profundamente ancorada na nossa cultura que nos faz sentir obrigados a tratar os iguais de maneira igual como exigência do nosso pensamento. É isso que se encontra na base da abordagem lógica.

Na história do pensamento isso se expressa com a fábula do quadrúpede de Buridan (Tyler 2006). Situado em igual distância de dois fardos

[57] Análise e bibliografia em Ferragamo 2004: 19-31; Smith 2011.

[58] Quem diz "tanto faz" transfere o poder de decisão a outro.

de feno, o animal não consegue decidir qual comer e acaba morrendo de fome. A absoluta (mortal) indecisão homenageia a igualdade como estrutura mental, que impõe formas de agir ao sujeito, independentemente da existência de direitos de terceiros. Os fardos de feno não têm o direito de ser tratados como iguais nem podemos supor que o animal segue imperativos de igualdade. Mas o pensamento da igualdade é crucial para decidir. Em nossa cultura, ao menos, a igualdade independe de sua justificativa moral ou política. É automática, justificando a tese lógica-universalista.

Os céticos objetam que o nosso exemplo a favor da igualdade como forma de pensar automática é simplista. É fácil tratar duas roseiras como iguais, mas muito mais difícil decidir como remunerar funcionários que possuem diversas biografias, capacidades, necessidades, idade, situação familial, eventuais problemas de saúde. Em conflitos entre pessoas nos quais intervêm múltiplos critérios, desestabiliza-se a afirmação de que A e B são iguais de maneira simples e universal. Torna-se necessária uma norma (implícita) que indicará quais critérios são relevantes. E isso mostra que fora de um uso retórico-tautológico para justificar uma decisão ("tratei A como B porque são iguais"), a afirmação não possui utilidade operacional no direito.

Vejamos agora a frase aparentemente simétrica:

I4 Devemos tratar os substancialmente desiguais de maneira desigual.

A proposição I4 é sintaticamente simétrica à I3. Mas apresenta uma fundamental indecisão que impede qualquer simetria de conteúdo. Em sua versão "sincera", a afirmação I3 convidava a encontrar um critério com base no qual A e B se relevariam iguais para, a seguir, aplicar o mesmo tratamento a ambos: tA = tB.

Já a I4 convida não somente a constatar a desigualdade com base em certo critério, mas também a decidir sobre o tipo de tratamento que será dispensado. Devemos tratar os desiguais, o jovem A e o idoso B, com meios que eliminam a desigualdade (compensação financeira e outra)? Devemos amenizar a desigualdade, dando um suporte a B (ainda que isso nunca o igualizará a A)? Devemos, cinicamente, aplicar meios que fortalecem a desigualdade, levando em consideração que B contribui menos para o bem-estar geral e, eventualmente, consome mais recursos? Essa última afirmação parece despropositał com base nos valores atuais, mas não é. Vivemos em sociedades que consideram a previdência social uma espécie de gasto inútil, denominando de reforma o corte dos auxílios aos mais necessitados. Além disso, penas e multas "exemplares" são previstas e aplicadas, expressando o pensamento de que certas formas de ilegalidade particularmente graves devem ser enfrentadas com sanções sobreproporcionais (crimes "hediondos", *astreintes*).

Os tratamentos desiguais são infinitos (enquanto o igual apenas um) e têm impacto diferente nas três direções que assinalamos. Isso mostra que a fórmula I4 não significa nada relevante para o aplicador. Se agora entendermos que o tratamento desigual dos desiguais deve ter por único objetivo eliminar ou diminuir a desigualdade (leitura "civilizada" e progressista da I4), a afirmação transforma-se, pois os desiguais serão tratados de maneira a se tornarem iguais (Magnolo 2002: 141). A desigualdade na utilização dos meios tem como finalidade e justificativa alcançar a igualdade nos resultados (como almejam as políticas de cotas):

> *I4 (corrigida) Devemos tratar os substancialmente desiguais de maneira a torná-los iguais, se a desigualdade não for de responsabilidade do mais fraco.*

Uma outra interpretação, "civilizada", mas menos progressista, seria entender que, sendo A e B desiguais, *não* devemos tratá-los da mesma maneira. Em caso de tratamento igual surgiriam os "*efeitos diferenciados da norma abstratamente igualitária*" (Ávila 2008: 23). Isso deve ser evitado, indicando a I4 apenas o seguinte:

> *I4 (corrigida) Não devemos tratar os substancialmente desiguais de maneira igual.*

Essa versão não mostra *como* devemos tratar os substancialmente desiguais. Estamos diante de obviedades que não permitem a operacionalização. O comando geral que impõe "tratar os iguais igualmente e os desiguais desigualmente" faz parte das afirmações de senso comum sobre os direitos fundamentais que são repetidas apesar (ou em razão) de seu caráter tautológico. Isso ocorre com as frases "a minha liberdade cessa onde começa a liberdade dos outros", ou "devemos receber o tratamento que merecemos", sem que se diga qual é o limite das liberdades ou qual o tratamento merecido.

3.6. Igualdade formal *vs.* material: o maior equívoco

Se todos possuem o direito de escolher sua profissão, atuar na economia e adquirir bens, o fato de A ter-se tornado milionário e B encontrar-se na indigência deve ser aceito como consequência da igualdade de direitos que impõe remunerar cada um segundo seu mérito e suas capacidades. Dizer o contrário significa atingir a esfera de liberdade e de mérito do nosso milionário A.

Por outro lado, o fato de C ter cinco filhos e seu colega D ter optado por permanecer solteiro e sem filhos não justifica que C receba auxílios salariais. Caso contrário, o empregador ou os contribuintes que financiam as políticas sociais estariam assumindo o dever de apoiar C em suas opções pessoais. Mesmo D, solitário por opção, deveria pagar pelo sustento dos filhos que outros tiveram. Em tal caso D poderia apresentar as faturas de suas viagens ao exterior, dizendo que se ele financia os filhos de C, tem direito de receber um adicional pelas suas viagens, que custam muito menos que a alimentação dos filhos de C.

Esses dois discursos correspondem a uma visão individualista do mundo e do direito. Quem dela discorda, insiste na importância da *igualdade material*, relacionada com imperativos como a solidariedade. Ponto de partida é a constatação de que a igualdade formal reproduz as mais fortes desigualdades sociais. Orientar-se pelo princípio da igualdade significa, na ótica da igualdade material, corrigir as desigualdades que se constatam no patrimônio, no prestígio, no êxito, em geral, na posição social. A igualdade deve ser compreendida como o *direito dos socialmente fracos*, que devem receber apoio jurídico-estatal para enfrentar as desavenças da vida e, ao menos, amenizar as desvantagens socialmente geradas-impostas. Em resumo, a igualdade impõe auxiliar os mais fracos e aplicar o princípio: "De cada um segundo suas capacidades; a cada um segundo suas necessidades".[59]

Estamos diante do desafio da *igualdade material*, que provoca amplos debates na filosofia política e no direito. A doutrina e a jurisprudência

59 "Jeder nach seinen Fähigkeiten, jedem nach seinen Bedürfnissen". Princípio formulado e discutido em Marx (1989).

constitucionais concordam amplamente que as Constituições garantem tanto a igualdade formal como a material ou substancial, muitas vezes denominada "substantiva" sob a influência da terminologia em inglês (*substantive equality*).[60] Segundo a igualdade formal, a regra deve ser aplicada a todos sem discriminações ou distinções. Segundo a material, o legislador deve tentar amenizar a desigualdades sociais, melhorando as posições jurídicas dos mais fracos.

Essa dupla conceitual nos parece *insustentável* por três razões.

1. Em seu sentido literal, a igualdade formal significa que ninguém deveria ser isento da aplicação da regra por motivos alheios à própria regra. Mas como constatamos, isso pode se conciliar com qualquer regra, mesmo a mais arbitrária e excludente, como a que postulava a "igualdade de sangue" do povo alemão.[61] Logo, a igualdade formal é um conceito sem utilidade (se não perigoso).

A igualdade formal recebe uma justificativa de conteúdo quando se diz que permite afastar distinções e exclusões arbitrárias ou sem nexo com o caso e, dessa maneira, permite que todos sejam tratados "com base no seu mérito próprio" (Fredman 2013: 447). Isso apenas desloca e não resolve o problema.

Em termos lógicos a construção parece convincente. Quando um concurso procura encontrar e contratar o cantor mais qualificado é certo que não podem intervir considerações alheias ao objetivo. Contratar um amigo ou parente dos examinadores distorce a finalidade do concurso. Quando preparamos a lista dos convidados de uma festa, o critério adequado é a amizade e o parentesco. Mas no concurso, a proximidade com os examinadores não somente não é pertinente, como prejudica a qualidade da seleção, sendo inclusive razão para afastar examinadores que sejam amigos ou parentes de candidatos.

Mas há duas objeções. A primeira diz respeito ao fato de que sempre deve ser aplicado um critério quando se trata de classificar indivíduos ou situações. E sobre o critério são possíveis grandes controvérsias:

[60] Defesa dessa dupla conceitual: Silva 2003: 35-41; Fredman 2013: 446-450; Moreira 2017: 52-64; Sarlet e Sarlet 2017: 203-209; Vecchiatti 2019: 173-199.

[61] Em futura publicação, pretendemos mostrar como a igualdade pode servir processos políticos genocidas ao estudar uma das páginas mais execráveis da história constitucional: a interpretação da igualdade por constitucionalistas nazistas no exemplo de Scheuner (1939).

estudos, experiência, caráter? Todos eles e outros também? Como estabelecer o peso de cada um?

Em segundo lugar, o "mérito" é uma justificativa duvidosa. O fato de alguém ter sido colocado em segundo lugar não significa que tem mérito menor que o primeiro como pessoa, mas apenas que certos critérios e certos examinadores tiveram como resultado sua classificação em segundo lugar. Ora, se se estabelecem apenas certos critérios entre muitos possíveis, a igualdade formal impõe seguir esses critérios durante a seleção. Se no concurso se apresentar um candidato com estudos incomparavelmente melhores que os dos demais, isso não permite mudar o peso dos critérios escolhidos, pois isso violaria a igualdade formal e os demais concorrentes fariam valer seu direito a essa igualdade de substância aleatória.

2. A igualdade material-substantiva possui significado social e jurídico, mas permanece indefinida. É suficiente dar a todos a mesma capacidade jurídica, por exemplo, o direito de adquirir propriedade imóvel sem muitas formalidades? Ou a igualdade impõe que seja dada a todos a possibilidade efetiva de adquirir, ao menos, casa própria, sendo imperativo da igualdade a intervenção estatal para redistribuir recursos? A igualdade material como norma geral nada diz a respeito.

3. Caso se pense que a igualdade formal impõe a preservação das desigualdades existentes (sem intervenções estatais corretivas) e a igualdade material impõe o contrário, surgem dois problemas.

Primeiro. Não se trata de duas versões ou etapas do mesmo princípio. São visões *inconciliáveis (contraditórias)* que usam o mesmo substantivo abstrato. Segundo. As duas fórmulas da igualdade expressam programas políticos contrapostos: o conservador e o transformador. O interessante é saber qual programa e sob quais condições é admitido pelo direito vigente. *Afirmar que o direito brasileiro garante ambas carece de sentido dogmático*. É um recurso de retórica política que encobre discriminações sob o nome da igualdade.

Essas afirmações podem encontrar uma objeção. Quando se examina queixa de igualdade que envolve pessoas com características sociais semelhantes, digamos dois gerentes do mesmo banco, parece que o parâmetro adequado é a igualdade formal. Quando, ao contrário, discute-se queixa que envolve a comparação de grupos com posições sociais e necessidades radicalmente diversas, digamos os dirigentes do mesmo banco e o pessoal de limpeza "terceirizado", parece ser adequado o pensamento em termos de igualdade substancial-compensatória.

Essa objeção *confunde* o direito à igualdade garantido em certa Constituição com teorias da justiça desenvolvidas na filosofia social. Essas teorias avaliam as possíveis respostas a problemas da estrutura social, elaborando, no nosso exemplo, propostas sobre o papel do Estado no enfrentamento de desigualdades estruturais. Políticas salariais, previdenciárias, tributárias e educacionais podem ser pensadas, sugerindo intervenções de intensidade e modalidade variada para que sejam remediadas situações que uma escola de pensamento considera socialmente injusta.

Em perspectiva de teoria da justiça, é verdade que a queixa d@s "terceirizad@s" pela privação de direitos e pela precarização de suas vidas tem parâmetros totalmente diversos da queixa do gerente que pede o adicional trabalhista para se equiparar ao colega da agência do lado.

A situação é radicalmente diversa quando se discute a aplicação do *direito* à igualdade. Em tal caso, a pergunta é o que determina a Constituição como "igual tratamento" e quais normas ou omissões das autoridades estatais podem ser consideradas inconstitucionais (por exemplo, as isenções fiscais dos dirigentes de banco e a retirada dos direitos trabalhistas dos "terceirizados"). As peculiaridades de cada caso formam a premissa menor para responder a essa pergunta. Mas o parâmetro-premissa maior depende das normas vigente e não das características subjetivas de cada conflito.

Rothenburg (2013) apresentou um forte questionamento do dualismo na doutrina brasileira, afirmando a *unidade* do princípio da igualdade jurídica. Entre os argumentos do autor, interessa-nos a observação de que devemos nos desfazer da referência à realidade quando se examina a igualdade como norma jurídica (no vocabulário teórico do autor: como princípio). Interessa apenas o *conteúdo* de seu mandamento.

A situação real pode receber os mesmos atributos (igual-desigual) que usa a norma jurídica: A e B são iguais, A e B devem ser tratados como iguais. A realidade serve para construir a premissa menor de um silogismo de aplicação de uma norma de igualdade. Mas não afeta a aplicação das normas sobre a igualdade.

Dito de maneira diferente, a norma que impõe pagar o mesmo salário a dois trabalhadores que exercem a mesma função deve ser aplicada independentemente da constatação de que, em certa empresa, os funcionários são tradados em conformidade com a norma e em outras não. Ainda que em todas as empresas houvesse tratamento discriminatório, a norma da igualdade continuaria se impondo, não interferindo a eficácia social na questão da validade. Isso mostra que a referência à igualdade material como igualdade "de fato" *não tem utilidade em análises jurídicas*. O que deve ser feito é determinar, mediante interpretação objetiva, o conteúdo (área de proteção) de cada norma sobre igualdade, em vez de retóricas sobre conceitos de igualdade.

Os adeptos do dualismo entendem a igualdade formal como direito de defesa do indivíduo perante possível discriminação estatal e a igualdade material como direito social que imporia ao Estado ações de redistribuição ou políticas de promoção de indivíduos desfavorecidos. A segunda crítica de Rothenburg à distinção entre igualdade formal e material consiste na rejeição do dualismo entre igualdade como direito de *status negativus* e igualdade como direito prestacional. O que se verifica, segundo o autor, é a *imbricação* dos sujeitos ativos e passivos e das políticas, mostrando a inexistência de distinção: "a igualdade é resultado (sempre parcial) do acúmulo de experiências históricas e apresenta-se sempre com atualidade em suas diversas projeções" (Rothenburg 2013: 670). Assim sendo, só há um conceito jurídico: "a igualdade apenas" (Rothenburg 2013: 671), que deve ser dogmaticamente concretizada, remediando a vagueza inerente ao termo (cap. 6, 2).

3.7. Na dúvida, a favor do igual tratamento?

Afirma-se que o poder público deve, a princípio, tratar todos de maneira igual e proceder a tratamento desigual somente em casos excepcionais e desde que haja justificativa específica para tanto. Essa regra indica que critérios como sexo, cor da pele ou idade são suspeitos e devem ser evitados como indutores de desigualdade.[62] Por isso foi considerada como "presunção"[63] ou regra que "estabelece um ônus argumentativo para o tratamento desigual".[64]

62 Pernia 1999: 385; Luhmann 1999: 170-171; Somek 2001: 41-45, 578; Ferragamo 2004: 58-61, 76-77; Martins 2018: 227.

63 O termo é utilizado por Westen (1990: 230), que critica tal "presunção".

64 Alexy 2017: 407-411. A citação é da p. 409.

Com base nessa regra não apenas o tratamento igual é preferível, mas também, em caso de dúvida, deve-se optar por ele. Até prova do contrário, todos os funcionários devem receber o mesmo salário. Qualquer desvio dessa presunção deve ser justificado especificamente. Seria mais difícil justificar o tratamento desigual do que o tratamento igual (Kloepfer 2010: 213, 217). Alguns autores chegam mais longe, dizendo que a igualdade jurídica deve se basear na padronização, fixando, via de regra, os mesmos direitos e obrigações para todos. Teríamos uma necessidade de padronização que só se afastaria em casos excepcionais.[65]

Mesmo quem é cético perante a presunção de igual tratamento concede-lhe uma prevalência. Isso fica claro na diferença das fórmulas adotadas por Alexy. Por um lado, "se não houver uma razão suficiente para a permissibilidade de um tratamento desigual, então, o tratamento igual é obrigatório". Por outro lado, "se houver uma razão suficiente para o dever de um tratamento desigual, então, o tratamento desigual é obrigatório".[66] O tratamento igual ocorre se o tratamento desigual não for permitido. Mas o tratamento desigual ocorre apenas se for obrigatório. O resultado é admitir a *presunção* a favor do tratamento igual.

Consideramos que essa presunção carece de fundamento lógico.[67] Em primeiro lugar, as diferenciações no tratamento são necessárias no mundo jurídico (e real). Não seria concebível tratar os inocentes como os culpados ou as crianças como adultos.[68] Não há tendência do direito a favor do igual tratamento e da padronização. Já dissemos que a padronização-simplificação é requisito do pensamento em termos de igualdade, mas isso não significa que devemos sempre buscá-la.

Em segundo lugar, sabemos que o exame de certo caso não permite constatar se as pessoas são iguais ou desiguais, ou seja, qual critério de comparação deve prevalecer. O funcionário A pode questionar o tratamento que a empresa lhe proporcionou. Pode apresentar argumentos que mostram que deve receber maior salário por ser mais produtivo ou mais necessitado que B, assim como pode pedir equiparação salarial, adiantamento excecional, etc. Nenhum desses pedidos pode ser aceito

[65] Defesa da tese da padronização com referência ao direito tributário em Ávila 2008: 110-114, 118-121.

[66] Alexy 2017: 408, 410.

[67] Cf. Westen 1990: 230-256; Pöschl 2008: 145-150.

[68] Ross 2000: 316; Ferragamo 2004: 66; Pöschl 2008: 150.

ou rejeitado sem exame das circunstâncias, afirmando simplesmente que "na dúvida" os salários devem ser iguais. Deve ser oferecida justificativa específica para todo e qualquer tratamento sem presunções e prejulgamentos (Kingreen e Poscher 2017: 153).

Em terceiro lugar, a presunção de igual tratamento se relaciona com uma visão conservadora que procura impedir que o direito à igualdade seja utilizado para impulsionar mudanças sociais: "é a mudança do *status* social que deve ser justificada, não sua manutenção" (Martins 2018: 227). Isso não convence como princípio de interpretação do direito à igualdade. Podemos sustentar que o direito à igualdade impõe ao legislador, via de regra, ou na dúvida, manter desigualdades sociais? Sob a égide da Constituição Federal de 1988, a resposta é negativa. Nem a conservação do *status quo*, nem a transformação radical correspondem ao projeto compromissário-resiliente da Constituição de 1988.

Adotando a expressiva metáfora de Leonardo Martins (2018: 227), a dogmática dos direitos fundamentais não pode misturar a macroperspectiva sociológica e filosófica com problemas jurídicos concretos. A perspectiva sociofilosófica reflete sobre problemas sociais (justiça, desigualdade, exclusão) complexos e de difícil delimitação. Já o jurista enfrenta problemas bem delimitados de aplicação do direito em casos específicos.

O exame desses últimos deve ser *estático*, avaliando possível violação do direito à igualdade, sem envolver dinâmicas sociais que podem ter gerado a marginalização ou "minorização" (lembrando do termo de Jellinek) de certo grupo social. A pergunta se X sofreu discriminação inconstitucional não pode ser respondida com recurso a fatos pretéritos (X foi abandonado pelo pai; X é usuário de drogas; preconceitos sociais prejudicaram o jovem em razão de sua origem) que não se relacionam com o caso:

> É o "frame" individual, e não a sequência de vários frames, produzindo a ilusão ótica do movimento, que possibilita uma resposta segura pelo operador do direito à questão trazida à sua apreciação sobre a base de um determinado sistema normativo e institucional. (Martins 2018: 227)

O tratamento de problemas gerais e a mudança normativa é tarefa do legislador que (eventualmente) reagirá a problemas sociais e políticos com a "configuração de uma nova situação jurídica" (MARTINS 2018: 233, 235). A nossa posição é *agnóstica*. Não se trata de impor uma visão pessoal ou um programa político a favor da preservação de privilégios ou da promoção de interesses de grupos minoritários. A perspectiva dos direitos fundamentais é distinta daquela da luta política, necessariamente coletiva e espontânea, para a transformação de relações sociais. A tarefa jurídica objetiva, no nosso caso, compreender adequadamente o direito fundamental à igualdade no ordenamento brasileiro. Para tanto, devemos afastar qualquer pré-compreensão que torne a igualdade veículo de uma pretensão política de conservação ou mudança.

Isso vale com duas ressalvas. Primeiro, as limitações metodológicas da dogmática jurídica que responde a perguntas postas pelo direito material e processual vigente não impedem que seja feita uma reflexão crítica, no nosso caso de teoria da Constituição, sobre fatores sociais e elementos conceituais que nos convidam a repensar as determinantes sociais da própria dogmática (cf. cap. 7).

A segunda ressalva é que, quando se resolvem problemas jurídicos concretos preparando decisões administrativas e judiciais, é muitas vezes necessário levar em consideração fatores sociais. Em um processo trabalhista que versa sobre o pagamento de horas extras, não se examina a história de vida das partes nem se tematiza a estrutura da sociedade capitalista. Mas pode ser que a legislação considere certos elementos biossociográficos relevantes ou que seja constatada omissão normativa inconstitucional nesse aspecto. Se os problemas familiares resultaram em doença psíquica do reclamante, isso pode ser relevante na estática de um processo judicial.

Pensando em como tratar um grupo social sistematicamente discriminado, não podemos decidir genericamente se há lugar para ação afirmativa. Isso só ocorre ao fixar critérios a serem utilizados. Inicialmente, pergunta-se se certa característica social é relevante para o ingresso na universidade. Respondendo afirmativamente, pergunta-se quais os meios propícios para facilitar o ingresso de pessoas com essa característica, qual a intensidade e duração da ação afirmativa. Dessa maneira, esboça-se uma *política (concreta) de igualdade.*

Há constitucionalistas que adotam a presunção a favor do igual tratamento com a afirmação: "apenas o tratamento desigual dos 'substancialmente iguais' necessita de justificativa constitucional" (KINGREEN e Poscher 2017: 137). Sendo bem examinada, a frase revela-se tautológica. Pressupõe que tenha sido previamente analisado se A e B são "substancialmente iguais", sendo isso uma pergunta, e não um dado. Não se afirma que, na dúvida, deve ocorrer igual tratamento de todos, mas que, para titulares que se revelam iguais em exame jurídico, o tratamento deve ser igual. Nisso não há presunção, mas apenas um exame completo de igualdade, concretizando a igualdade "vazia" com base em um juízo sobre quem é igual a quem.

3.8. Limitação da igualdade pelos direitos de liberdade?

A igualdade é geralmente considerada um direito dos socialmente fracos, e, mesmo como direito "de esquerda", enquanto tendência ou reivindicação de equalização dos desiguais, logo de transferência de porções de liberdade para os mais fracos. Já a liberdade é vista como direito dos privilegiados, das elites dominantes que não querem ter sua "autonomia" limitada por ações de redistribuição em nome da igualdade.[69]

Certamente, não há direitos "de esquerda" ou "de direita". Os direitos fundamentais correspondem a valores compartilhados socialmente e aceitos pelo grupo dominante, razão pela qual se encontram normatizados. A Constituição e, por extensão, a sociedade desejam uma configuração igualitária e liberal *ao mesmo tempo*.

Além disso, a função dos direitos de liberdade não é fixada uma vez por todas. Depende *da forma de compreender a liberdade*. Pode ser considerada autorização apenas "negativa", permitindo fazer tudo aquilo que desejamos. Junto a propósitos nobres (ouvir Buckner), a liberdade inclui a pretensão de maximizar o poder e o prazer de seu titular sem se preocupar com as consequências sociais desse egoísmo constitucional. É "a liberdade do mais forte de empurrar os demais" (Kingreen e Poscher 2017: 137). Se for entendido que a Constituição Federal de 1988 garante a liberdade no sentido de ausência de "empurrar os fracos" (ausência de obstáculo, vedação ou resistência na realização do nosso desejo), então a liberdade estará *constantemente* em conflito com a igualdade e também com as liberdades dos demais. Retomando a expressão irônica, todos se empurram com o resultado de a liberdade do mais forte derrubar os demais.

[69] Somek 2001: 386; Pieroth e Schlink 1999: 101; Luhmann 1999: 164; Kingreen e Poscher 2017: 137.

Isso refuta a opinião que, na prática, a igualdade e a liberdade conflitam quando, por exemplo, a primeira proíbe discriminações racistas e a segunda proclama a liberdade de expressão, que pode envolver supostas brincadeiras[70] ou manifestações de opinião desfavoráveis aos negros.[71] A liberdade de expressão pode conflitar com muitos direitos: honra, privacidade, propriedade (caso de pichação ou de difamação que gera danos patrimoniais). Logo, não há uma dupla inconciliável (Liberdade *vs.* Igualdade), há apenas a necessidade de delimitar a área de proteção dos direitos de liberdade, assim como todos os demais, tratando casos de colisão.

A visão *imperialista* da liberdade ("empurrar o fraco") não resiste a uma compressão dos direitos fundamentais como conjunto ou sistema que permite harmonizar a convivência. A compreensão meramente negativa (os demais seriam obstáculos; quem deseja entrar na universidade rouba a "minha" vaga") revela-se destruidora da convivência e do respeito a regras vinculantes. Se definirmos de maneira adequada o conteúdo (área de proteção) do direito geral à liberdade garantido no *caput* do art. 5º da Constituição Federal, veremos que ele oferece a todos os titulares a possibilidade de exercer seus direitos com base em regras de harmonização e de acesso a bens que são fundamentais para a vida social, devendo ser compartilhados e mantidos mediante pagamento de impostos, que, tampouco, é assalto de algum "leão".

A compreensão imperialista da liberdade levou à decisão de parte da população de não seguir, durante a pandemia causada em 2020 pelo covid-19 que vitimou milhões de pessoas, regras de prevenção básicas (confinamento, distância, higiene, proteção do corpo, vacinação) que comprovadamente promovem a saúde pública. Isso foi feito em nome da "liberdade pessoal" e, em alguns casos, recebeu a chancela do Judiciário.[72]

Um contraexemplo dessa liberdade deliberadamente antissocial é a regulação do trânsito em uma grande cidade. A pessoa que respeita as regras limitadoras do trânsito (semáforos, limite de velocidade, cinto de segurança) não sofre limitação efetiva de sua liberdade de locomoção e geral. Apenas a exerce da maneira mais eficiente e segura graças à regu-

[70] Sobre os atos de racismo disfarçados de peças de humor, cf. a crítica de Moreira (2019a).

[71] Fredman (2011: 34) afirma a existência de conflito "na prática", dando esse exemplo.

[72] Wisconsin Supreme Court, *Wisconsin Legislature v. Secretary-Designee Andrea Palm* (2020) (wicourts.gov/sc/opinion/DisplayDocument.pdf?content=pdf&seqNo=260868).

lação do trânsito. Com semáforos, somos mais livres do que na situação "buzine e não pára".

A obra de Dworkin sobre a igualdade oferece um exemplo de tratamento inadequado da questão. O autor discute detalhadamente várias concepções dos conceitos de liberdade e igualdade e suas relações, ficando claro que, sem oferecer uma definição precisa, não se pode discutir utilmente. A seguir, afirma a compatibilidade dos dois conceitos, mas isso é feito após ter *esvaziado* a igualdade de seu significado. Define-a como igualdade de recursos (*equality of ressources*), significando isso que cada um deve utilizar seus recursos de maneira que permita que os outros tenham acesso razoável a eles:

> process of coordinated decisions in which people who take responsibility for their own ambitions and projects, and who accept, as part of that responsibility, that they belong to a community of equal concern, are able to identify the true costs of their own plans to other people, and so design and redesign these plans so as to use only their fair share of resources in principle available to all. (Dworkin 2002: 122)

O autor não explica o que é "fair share" nem quais seriam os "true costs". Se alguém quisesse aplicar a sugestão em exemplos concretos não saberia o que responder, segundo Dworkin. Façamos dois testes: o que deve fazer o juiz que ganha salário 50 vezes maior do que o da empregada doméstica que trabalha na residência dele com trabalho mais penoso e com horário semelhante ao do juiz? Certamente o salário de ambos é determinado por uma série de atos presumidamente lícitos. Também poderíamos admitir que um juiz não é responsável pela vida e carreira de outras pessoas nem poderia, sozinho, mudar algo em um país em que 1% da população concentra 30% da renda nacional, sendo que, provavelmente, nosso juiz não pertence ao grupo dos muito ricos.[73]

Poderíamos tanto dizer que ele deve ter uma radical diminuição de sua renda para se aproximar do meio da pirâmide (na verdade, para achatar a "pirâmide") como insistir que diante da legalidade das respectivas rendas e do funcionamento do mercado apoiado em dezenas de

[73] Dados sobre a concentração de renda em wid.world/coun try/brazil. O *site* permite calcular que uma família de quatro pessoas com renda mensal de R$ 50.000 pertence aos 6% dos mais ricos do Brasil (wid.world/income-comparator/BR).

normas constitucionais, um salário 50 vezes maior não afeta a igualdade no sentido do *fair share* dworkiniano. Provavelmente o que escrevemos é uma caricatura de debate sobre o significado da igualdade, mas consideramos que as centenas de páginas escritas por Dworkin sobre isso autorizam a nossa caricatura como ilustração do que ele pensa.

Ao mesmo tempo, Dworkin define a liberdade como ausência de coação: "freedom from legal constraint" (2002: 120). Considera também relevante o sentido normativo: "the ways in which we believe people ought to be free" (2002: 125). A liberdade permanece indefinida, oscilando entre ausência de coação e cumprimento de deveres morais impostos pela sociedade. Aqui novamente poderíamos mostrar com exemplos concretos que o autor não nos ajuda a decidir, permanecendo seu escrito no nível de um ensaio com sugestões genéricas e esquemas retóricos.

Sendo concebida a igualdade como apelo propositalmente vago ao bom senso e a uma espécie de honestidade e boa-fé dos ricos, e permanecendo a liberdade indefinida, não é difícil afirmar a compatibilidade entre eles, já que sociedades de extrema desigualdade de recursos e de forte opressão podem ser tidas como livres e iguais, adotando o sentido vago desses termos em Dworkin.[74]

Já uma definição *concreta* dos conceitos pode mostrar a relação de *tensão*. Assim, por exemplo, a igualdade de resultados conflita com liberdades constitucionais, devendo ser avaliado o papel do direito em cada constelação de resultados e, a seguir, procurar justificativas caso o direito, como ocorre hoje no Brasil, permita ou mesmo fomente as desigualdades em nome de liberdades econômicas.

Há também abordagens que postulam harmonia. A liberdade pode ser conciliada com demandas de igualdade (no sentido de equalização) bastante radicais. Há autores liberais que argumentam no sentido de efetiva garantia da liberdade mediante redistribuição de bens garantida pelo Estado. Oferecer aos necessitados bens e serviços que satisfazem

[74] Dworkin menciona a objeção de que as nossas sociedades são extremamente desiguais na efetiva distribuição de recursos. E responde que reformas para redistribuir a riqueza enfrentam "fortes limitações políticas" e não se justificam em face dos direitos de liberdade dos ricos (2002: 173). Traduzindo: a (óbvia) objeção da gritante desigualdade em um sistema capitalista que o autor defende destruiria a argumentação. Por isso, o filósofo não deseja ouvir o grito da realidade social.

necessidades humanas seria requisito do exercício da liberdade (Ferrajoli 2001: 313-314; Sen 2001: 53-54).

Também se pode fazer uma leitura que ressignifique a liberdade em sentido comunista: compreender a liberdade como direito dos fracos e oprimidos, que lhes permite escapar da opressão e exploração graças ao acesso a recursos sociais que lhes são negados (falta de liberdade) (Balibar 2010; Robelin 1994: 235). Essa visão rejeita a compreensão estreita da igualdade como regra de troca no mercado capitalista que apenas *convalida e reproduz a efetiva desigualdade social.*[75] É a crítica que se expressa em afirmações irônicas do tipo: "É igualmente proibido a ricos e pobres mendigar e dormir na rua".[76]

A variedade de posicionamentos explica-se pela *polissemia* dos termos liberdade e igualdade, assim como com a carga política de ambos. Uma abordagem jurídica deve partir da tese que liberdade e igualdade, longe de ser antagônicas, são dois direitos que coexistem no ambiente conflitivo que caracteriza os direitos fundamentais (Pöschl 2008: 547-658). As estruturas sociais que negam a liberdade negam ao mesmo tempo a igualdade, e quem reivindica liberdade efetiva também reivindica uma igualdade efetiva. Isso autoriza a tese da fusão de ambos os direitos na proposição da *igualiberdade* (cap. 8, 2), mas não resolve o problema da *relativa indefinição.* Liberdade e igualdade coexistem em busca de concretizações e de harmonização mediante decisões legislativas e judiciais.

Outra abordagem considera que a igualdade é o direito/princípio que permite relacionar a liberdade à efetiva autonomia de decisão. Imaginemos um regime no qual seriam livres apenas os adeptos de certa religião. Aos demais seria dito que podem ser livres, desde que adotem a religião oficial, disponibilizando o Estado cursos gratuitos de conversão e patrocinando eventos de batizado. Diríamos que nesse regime não há liberdade porque os indivíduos não são tratados igualmente.

[75] Análise e bibliografia em Rothenburg 2021: 85-92. Em abordagem rigorosamente marxista, a crítica é endereçada não à liberdade como direito que favorece a classe dominante, mas *concomitantemente* à liberdade e à igualdade como direitos que são instrumentais para as trocas capitalistas, logo permitem a reprodução do atual sistema de produção. Insuperável, nesse sentido, a obra de Pachukanis (1992), inicialmente publicada em 1924.

[76] A frase é atribuída ao escritor Anatole France (fr.wikisource.org/wiki/Page:Anatole_France_-_Le_Lys_rouge.djvu/118).

Uns podem gozar de liberdade "naturalmente" e outros devem trair suas crenças e se submeter a um processo vexatório para alcançar a mesma liberdade. O segundo grupo não é livre porque é tratado desigualmente.

A preocupação com a igualdade mostra que a liberdade é o direito do indivíduo de ser *efetivamente* livre, podendo ser o que realmente é e não (ser obrigado a se tornar) o que os outros desejam que seja. A igualdade "permite aos homens ser o que são sem sofrer prejuízo por essa razão" (Somek 2006: 194). Com outra formulação: "*we fail to treat people as equals when we punish them simply for behaving differently when our objections to their behaviour are not well founded*" (Smith 2011: 82).

Exemplo: O trabalhador que se vê obrigado a executar trabalho árduo e mal remunerado oito horas por dia (mais três para o transporte) para poder sobreviver não consegue realizar seu eventual desejo de estudar música porque não pode pagar a mensalidade nem possui tempo e energia para tanto. Ele enfrenta uma *de facto* privação de liberdade, apesar de ninguém lhe proibir de se matricular na escola de música. Ele é prejudicado por ser pobre, não podendo exercer uma atividade de realização pessoal que todos consideram positiva. Formalmente, ele é livre para estudar música, mas isso se torna impossível por ser ele o que é. Sua liberdade é *irrealizável* na prática, em razão de circunstâncias de desigualdade que inferiorizam o titular do direito.

Sendo determinados os conceitos dessa maneira, a igualdade revela-se como *liberdade de segunda ordem*.[77] Nessa concepção,[78] a queixa sobre a desigualdade não decorre do sentimento de insatisfação ou até de "inveja" (Dworkin 2002: 145) pelo fato de outros terem uma posição melhor. Decorre do simples fato de não se ter acesso a algo disponível na sociedade. Não me incomoda que o meu vizinho tenha uma cama macia (posso até ficar contente por ele). Incomoda-me o fato de eu ter que dormir no chão por falta de meios econômicos que permitiriam

[77] O termo encontra-se em Somek 2001: 385-386; 2006: 193-195, mas a leitura de outros autores permite chegar a conclusões semelhantes. Ver, em particular, Freeman (1978) (agradeço a Adilson Moreira pela indicação dessa importante obra que desconhecia).

[78] Esclarecimento terminológico: ao tratar a igualdade como *liberdade* de segunda ordem, não retomamos e acepção que apresentamos e criticamos da igualdade como *princípio* de segunda ordem, no sentido de Luhmann (cap. 2, 3.4). Aqui, a igualdade, entendida como liberdade (como meio para alcançar a liberdade), está repleta de significado jurídico.

equipar adequadamente a minha casa. O decisivo é a privação de acesso a certos bens.

Nessa perspectiva, a igualdade é um meio jurídico para alcançar o estado de gozo efetivo da liberdade que outros vivenciam.

> La desigualdad consiste en la diversidad de las condiciones económicas y materiales de las personas. En general, se refiere a obstáculos de orden económico y social que limitan tanto la libertad como la igualdad de los ciudadanos. (SABADELL 2020: 190)

Com uma formulação de aparência paradoxal, podemos dizer que o trabalhador mal remunerado não quer ser igual aos outros. Como ele já é juridicamente igual a tod@s @s demais (Constituição, leis), alega que não há razão para não usufruir o que alguns usufruem. Entre esses bens não se encontra a igualdade, mas a liberdade com seus variados conteúdos, que envolvem também direitos de cunho patrimonial. Nessa abordagem, a igualdade remedia a falta de liberdade primária para certas pessoas. É utilizada como meio para conseguir essa liberdade também para os "socialmente fracos" (SOMEK 2001: 386).

3.9. Proposta de operacionalização da igualdade

3.9.1. *Meios, fins e resultados relacionados à igualdade*

Apresentamos até aqui controvérsias, contradições, indeterminações e tautologias relacionadas à igualdade. A melhor forma para escapar desses problemas que prejudicam a operacionalização da igualdade é pensar na distinção entre os meios, os fins e os resultados, que podem ser tanto iguais como desiguais.

– Definimos como *meios* as ações e omissões que configuram certo tratamento propiciado a A e B. Os meios podem ser iguais (mesmo salário) ou diferentes, isto é, desiguais (maior salário para A).

Mi Md

– Definimos como *fim* aquilo que é almejado com o emprego de um tratamento (meio). O fim (às vezes, implícito) pode ser de igualdade ou de desigualdade. Se o maior salário de A objetiva suprir necessidades relacionadas à criação de seus filhos, sendo que B não tem filhos, diremos que o fim do meio desigual foi alcançar a igualdade (igual satisfação das necessidades de A e B).

Fi Fd

– Definimos como *resultados*, iguais ou desiguais, os efeitos que teve na realidade social um tratamento. Ao comprovar[79] que o subsídio de A é insuficiente para atender as necessidades de seus filhos, tendo A contraído dívidas para manter sua família, podemos dizer que a finalidade de equalização dos A e B não foi atingida porque a diferença salarial foi insuficiente para alcançar o objetivo final.

Ri Rd

Um exemplo. Ao exigir que o documento de identidade dos estrangeiros emitido pelo Brasil tenha prazo de validade de nove anos e prever que o documento equivalente para nacionais seja de validade indeterminada, a legislação brasileira aplica meios desiguais. Impõe que os estrangeiros façam renovações que custam tempo e dinheiro e eventualmente acarretam consequências por perda de prazo. O fim é propiciar que as autoridades policiais tenham maior controle dessa categoria. O resultado é a desigualdade que pode ser medida ao apurar os custos de renovação do documento em tempo e dinheiro (taxas, deslocamento, espera).[80]

[79] Atribuir um resultado ao uso de certo meio exige um processo probatório complexo, enfrentando eventuais multicausalidades. Exemplo: a sub-representação de uma minoria social no Parlamento não pode ser atribuída a uma única causa (cf. cap. 6, 5.1. "f"). Mas é sempre necessário examinar a relação entre meios e resultados.

[80] O tratamento diverso foi considerado justificado pelo Tribunal Regional Federal da 4ª Região, *Apelação cível n. 5084005-96.2016.4.04.7100*, rel. Des. Fed. Vânia Almeida, julg. 27-11-2018. A decisão não explicou por que os estrangeiros seriam mais suspeitos do que os brasileiros de utilizar irregularmente um documento de identidade. Apenas foi dito que os estrangeiros têm vínculos mais fracos com o país. Ora, faltando razão objetiva para o tratamento mais gravoso, esse último revela-se ilícito. O STF confirmou a decisão, considerado justificador da diferenciação o fato de o estrangeiro não ter nexo perene com o Brasil. Acrescentou-se o argumento de que, após a interposição do Recurso Extraordinário, o art. 15 do

A situação é:

Md (renovação obrigatória do documento de identidade apenas para uma minoria social);
Fd (controle estatal periódico apenas dessa minoria social);
Rd (ônus – perda de tempo e dinheiro – apenas para essa minoria social).

Há tríplice desigualdade, que pode ser analisada em sua constitucionalidade. Essa análise não é simples nem "objetiva". Mas só pode ser feita se sabemos do que exatamente estamos falando, onde há diferença de tratamento e *por quê.*

Se examinarmos as normas que estabelecem fila preferencial para atendimento de um grupo fragilizado, *v.g.* as gestantes, veremos que os meios são desiguais, enquanto os fins são de equalização (agilizar o atendimento dos presumidamente fragilizados). No que diz respeito aos resultados, enquanto no caso da renovação da identidade o maior ônus para o estrangeiro era evidente, no caso das gestantes devemos realizar uma pesquisa empírica para verificar se o atendimento é, de fato, mais célere.

A situação é:

Md (fila exclusiva reservada a uma minoria social);
Fi (tempo de espera menor para essa minoria social);
R? (só se saberá após verificação dos tempos de espera).

Se a pesquisa mostrar que não há agilidade no atendimento das gestantes, a política deve ser revista por não atender o objetivo de igual tratamento com emprego de meios diferentes. Deve ser encontrado um meio de diferenciação mais eficiente, por exemplo, fixação de tempo máximo de espera para gestantes, que não pode ser superior à metade do tempo médio de espera do público em geral.

Decreto presidencial n. 10.977 de 2022 fixou prazos de validade da carteira de identidade dos brasileiros (via de regra, de dez anos). Esse argumento seria convincente se o decreto estabelecesse para brasileiros os mesmos prazos de validade previstos para estrangeiros residentes, o que não ocorre – a validade para esses últimos, via de regra, é de nove anos (art. 74 do Decreto presidencial n. 9.199 de 2017). Recurso Extraordinário n. 1.253.366, decisão do Min. Roberto Barroso, julg.10-02-2023.

3.9.2. *Regras que concretizam a igualdade*

I5 Importa o propósito quando se discutem problemas de igualdade.

É uma regra que nos parece equivocada, mesmo sendo amplamente aceita.

I6 O Estado não deve agravar desigualdades existentes mediante regras jurídicas e práticas, ainda que isso ocorra em nome da "igualdade formal".

I7 Importa o resultado quando se discutem problemas de igualdade.

É uma regra que consideramos correta, mas enfrenta múltiplas críticas.

I8 O Estado deve reparar desigualdades existentes.

É uma regra que nos parece questionável em vista dos direitos dos demais.

I9 Os meios empregados não podem justificar uma decisão sobre igualdade.

Os meios entram no cálculo do qual resultará se há ou não há violação da igualdade. Decidir que mulheres podem entrar em todos os vagões do metrô e os homens apenas em alguns no horário de pico é um meio "suspeito" em vista da proclamação constitucional da igualdade entre homens e mulheres. Mas sem pensar no contexto, finalidade e resultado, não é possível considerá-la automaticamente inconstitucional. Por mais que certa norma ou prática pareça contrária à igualdade não integra uma lista de ações proibidas antes da análise dos elementos que possivelmente a justificam, ainda que a probabilidade de justificativa seja remota:

> A força da presunção de igualdade lança sobre tratamentos discriminatórios – especialmente aqueles baseados em critérios "sensíveis" como a etnia, a convicção, o gênero, a sexualidade... – uma suspeita e exige, portanto, que a diferenciação seja devidamente justificada. (ROTHENBURG 2009: 84)

Com isso rejeitamos uma opinião difundida na Alemanha que estabelece os denominados *Anknüpfungsverbote* (vedações de referência), considerando que alguns critérios, e certamente os de sexo e raça, *nunca* podem ser utilizados para tratar membros da minoria social de maneira menos favorável. Isso ocorre independentemente da justificativa que possa ser dada, sendo ela vista, nesse caso, como mera racionalização do preconceito.[81]

Em nossa opinião, a vedação absoluta não possui justificativa constitucional, ainda que haja previsão específica, do tipo "homens e mulheres são iguais em direitos", devendo essa norma ser comparada com um edital de concurso que exclui as mulheres. A vedação absoluta não leva em consideração que relações dinâmicas e mudanças de papéis são muito comuns e impedem afirmações "uma vez por todas". Não há dúvida de que um edital de concurso público que proibisse a participação de mulheres seria irremediavelmente inconstitucional, mas não é convincente proibir qualquer argumentação a favor de normas que *prima facie* discriminam, diante dos constantes conflitos entre direitos fundamentais e da relatividade de sua proteção.

Pela mesma razão, não há meios de diferenciação que sejam sempre e para sempre aceitos. Tratar de maneira favorável quem sofre de deficiência parece *prima facie* justificado, mas também exige exame das circunstâncias, da intensidade e da finalidade antes de ser aceito.

I10 Os fins almejados podem violar ou não o direito à igualdade.

Os fins possuem uma relação ambivalente com o direito à igualdade. Estabelecer políticas com a finalidade de aumentar o número de negros nas universidades pode ser avaliado como constitucional e ao mesmo tempo inconstitucional (fim de tratar todos igualmente com único critério o conhecimento técnico *vs.* fim de promover a inclusão social e diversificar a composição do corpo discente). Aqui também é necessário o exame da justificativa.

I11 Os resultados da aplicação de uma norma sobre igualdade podem ser indicadores de problemas na escolha de meios para alcançar certo fim, mas não invalidam automaticamente a norma.

A sub-representação dos negros nas universidades não indica violação da igualdade pelas normas que regem o vestibular sem exame do

[81] Bibliografia, jurisprudência e observações críticas em Somek 2001: 435-438.

contexto e das justificativas. Oferece importantes indícios da necessidade de reformular a política, escolhendo outros meios, mas isso carece de demonstração.

As regras I9, I10 e I11 indicam a necessidade de abandonar o pensamento que considera que alguns critérios e práticas são obviamente e *a priori* concordantes com a igualdade. Constatamos isso nos exemplos que Bandeira de Mello interpreta, equivocadamente, como situações de discriminação justificada.

– Processo seletivo de integrantes de uma "polícia feminina", considerando o autor necessário que sejam admitidas como candidatas apenas mulheres (Mello 2003: 17). Procurando mulheres para um cargo é óbvio que excluiremos da seleção os homens, mas isso é justificado com base no direito à igualdade? O objetivo de constituir uma polícia exclusivamente feminina pode ser discriminador se se verificarem condições institucionais que fazem essa polícia ser tratada como inferior em comparação com a masculina na carreira, nas competências, na remuneração. Além disso, a criação de uma polícia feminina tem efeitos simbólicos, reproduzindo e confirmando ideias sobre a "natural" diferença entre os gêneros que em certas circunstâncias e funções públicas deveriam ficar separados. Em nossa opinião, a polícia feminina é tão pouco justificável quanto um Tribunal de Contas feminino. Além disso, nada exclui que na "polícia feminina" sejam admitidos homens em postos fora do policiamento ostensivo (médicos, cozinheiros, motoristas).

Segundo exemplo (Mello 2003: 16). Exigir altura superior à média nacional para soldados que integram guardas "de honra". Novamente temos um problema com o fim. Privilegiar pessoas altas é uma mensagem de discriminação que pode ser considerada inconstitucional, por discriminar certas pessoas e transmitir a mensagem simbólica de que pessoas com certa compleição corporal "valem" mais que outras, são o "orgulho da Nação". Uma guarda de honra d@ Chefe de Estado composta por mulheres cadeirantes seria muito mais adequada para um Estado democrático e inclusivo.

I12 Havendo regra constitucional específica sobre a igualdade não se admite decisão legislativa ou judicial que a contrarie, invocando regra constitucional geral de igualdade.

Isso resulta da regra fundamental da interpretação jurídica de que, entre duas normas com a mesma força normativa, a específica aplica-se em detrimento da genérica. Podemos ilustrar a proposição I12 com um exemplo. A Constituição brasileira estabelece a regra que os menores de 18 anos não possuem responsabilidade penal. Essa norma não pode ser "invalidada" ou relativizada invocando a profunda semelhança ("igualdade") entre pessoas de 17 e 18 anos no que diz respeito à capacidade psíquica e física. São muitas as normas concretas que impedem debates: aposentadoria das mulheres com idade inferior, benefícios para idosos, etc.

4. Discriminação

4.1. A discriminação não é (nem apenas nem necessariamente) violação da igualdade

A discriminação designa um processo (dinâmico, com duração no tempo e extensão no espaço) que faz com que A seja tratado de maneira menos favorável em comparação com B por ser diferente em algo considerado relevante. O processo de discriminação envolve fatores, critérios, pessoas, instituições, práticas sociais. Essa complexidade pode *invisibilizar* o fato da discriminação. Por isso, a formulação de seu conceito e a reflexão sobre seu lugar no direito são muito desafiadoras.

Um examinador, competente, diligente e imparcial corrige as provas de concurso dos candidatos A e B. Atribui ao candidato A nota maior, sendo ele aprovado. Utilizou o critério que deveria usar (gabarito), fez uma avaliação comparativa dos resultados (respostas correspondentes ao gabarito) e formulou um juízo de igualdade de fato (estático): constatou a desigualdade de desempenho (superioridade de A) e atribuiu notas correspondentes ao desempenho de A e B.

Com base na tripartição das dimensões da igualdade, temos a seguinte situação:

- foram empregados meios iguais (mesmas perguntas, mesmo procedimento de avaliação);
- perseguiu-se o fim de garantir a igualdade (procura-se o melhor candidato com procedimento de igual tratamento);

- houve resultado adequado, correspondente a tratamento igual, já que ninguém dos dois foi prejudicado, tendo sido aprovado o que mais se adequava às expectativas razoáveis para a vaga. Temos:

Mi, Fi, Ri.

O tratamento desigual ocorreria se o examinador tivesse animosidade perante um candidato, se as exigências fossem claramente discriminatórias por não terem relação com o fim (exigir que o candidato à vaga de professor de inglês soubesse desenhar) ou se ficasse claro que os processos seletivos excluem da aprovação certos grupos (exigir altura mínima que corresponde à altura média dos homens na Holanda).

Em perspectiva *dinâmica*, poderíamos constatar que houve, sim, discriminação *sem que tenha havido violação do imperativo da igualdade* no processo seletivo como momento estático. Em perspectiva unidimensional, A e B realmente foram tratados de maneira igual, mas é muito provável que a igualdade tenha sido violada (isto é, reproduzida a desigualdade), mantendo a exclusão de grupos minoritários.

No século XX no Brasil, pessoas de pele branca eram aprovadas com quase exclusividade nos vestibulares de faculdades públicas financiadas por impostos que todos pagam, sendo proporcionalmente maior a carga tributária dos mais pobres.[82] Pessoas de pele negra, apesar da plena igualdade jurídica em direitos e obrigações, eram escandalosamente sub-representadas no ensino superior público. Contudo, não era possível afirmar que negr@s tivessem sofrido discriminação na escolha das perguntas ou no tratamento propiciado pelos responsáveis do processo seletivo. Simplesmente, @s branc@s tiveram condições sociais para se

[82] Ver, entre muitos, Medeiros e Souza 2013. Cf. os dados e argumentos na petição inicial e em petições de *amici curiae* na *Arguição de descumprimento de preceito fundamental* 655 (http://redir.stf.jus.br/estfvisualizadorpub/jsp/consultarprocessoeletronico/Consultar-ProcessoEletronico.jsf ?seqobjetoincidente=5866781). O STF não conheceu da ação por falta de legitimidade ativa do requerente que não tinha natureza de confederação sindical, conforme exige o art. 103, IX, da Constituição Federal (decisão da Min. Cármen Lúcia, julg. 29-10-2020). Decisão curiosa, pois o STF, de maneira praticamente unânime, reconhece nos últimos anos a legitimidade para interpor ações de controle abstrato a organizações que representam grupos vulneráveis e minorias sociais, ainda que não estejam no rol dos legitimados do art. 103 da Constituição. Exemplo: *Medida cautelar na Arguição de descumprimento de preceito fundamental* 527, decisão do Min. Roberto Barroso, julg. 29-6-2018.

preparar melhor. O processo seletivo imparcial-neutro reproduz a desigualdade social. Tal como pessoas de pele branca têm expectativa de vida maior e ganham mais.

Nesse ponto, surge uma distinção importante entre perspectiva individual e estrutural. Se um avaliador displicente ou mal-intencionado atribuir a B nota menor do que a devida, enquanto A foi avaliado adequadamente, há violação da igualdade com causas e consequências individuais. Nesse caso, B deve pedir revisão da prova e teremos restabelecimento da igualdade graças a um avaliador atencioso e imparcial. Se, ao contrário, o processo seletivo correto tiver como resultado a discriminação sistemática das negras, isso não se corrige facilmente. Será necessário repensar critérios de "mérito" e "habilidade", reconfigurando o procedimento em sua totalidade. Além disso, alegações sobre violação da igualdade em razão dos resultados iníquos enfrentam grandes dificuldades probatórias. Não se pode comprovar que B não passou no vestibular porque era negr@, ainda que possa ser comprovado que a presença de negros nesse curso é ínfima.[83]

Essas considerações permitem formular a regra

> *D1 A discriminação é um processo complexo, dinâmico e incerto, sem clareza sobre o que é examinado e com quais critérios. Não é sinônimo da desigualdade ilegal ou inconstitucional, havendo incessantes lutas para definir o que é discriminatório* (e não livre decisão, mérito, casualidade, incentivo para concorrência, direito adquirido).

Do ponto de vista normativo, as alegações de violação da igualdade utilizam como parâmetro normas simples. São normas do tipo "todos têm o direito de igualdade", "devemos tratar igualmente os iguais" ou "todos são iguais em direitos e obrigações". Cabe ao Judiciário estabelecer uma jurisprudência de igualdade para decidir de maneira coerente e convincente sobre eventual violação dessas normas por outra.

[83] O número de negr@s e indígenas que ingressaram nos cursos de Graduação da USP *triplicou* entre 2000 e 2019 (https://www1.folha.uol.com.br/educacao/2019/12/com-cotas-aulas-da-usp-comecam-a-perder-brancocentrismo.shtml). O tão meritocrático, preparado pelos melhores especialistas e operacionalizado por renomadas fundações vestibular, revelou-se um sistema de ingresso socialmente seletivo (e continua sendo tal, mesmo após a introdução das cotas que tentam amenizar, mas não podem abolir a seletividade social-racial do principal vestibular, eufemisticamente chamado de "concorrência ampla").

Já o conceito de antidiscriminação está no centro de um complexo edifício normativo que tipifica condutas discriminatórias, estabelece os critérios de classificação proibidos ou suspeitos, os meios e ônus de prova, assim como as sanções, inclusive as com intuito preventivo. Isso fez surgir um novo campo de regulação jurídica no qual a mera alegação de violação de igualdade não permite oferecer respostas (cap. 2, 5).

4.2. Discriminação e "direito à diferença"

X veste camisa, Y camiseta. Em relação à roupa são diferentes. Isso interessa? Na grande maioria dos casos diremos que não, mesmo se a escolha da roupa veicula mensagens sobre o indivíduo e seu lugar na sociedade. Em certos casos gera consequências jurídicas, chegando até à exclusão do indivíduo da sala de um tribunal, limitando de maneira elitista o acesso à justiça aos "bem-vestidos".[84]

As diferenças permitem que alguém seja reconhecido, que tenha *identidade* (com ele mesmo).[85] Os gêmeos ditos idênticos ou "iguais" despertam curiosidade porque não estamos acostumados a encontrar pessoas tão semelhantes. A excessiva semelhança subverte potencialmente o conceito de identidade. Da mesma maneira, o professor que encontra duas redações iguais terá certeza de que houve "cola", porque parece impossível que duas pessoas escrevam exatamente a mesma coisa.[86]

A constante presença de diferenças gera um *processo de insensibilização*. Sei que o cabelo de X é comprido e o de Y é curto, porém, após ter visto

[84] Cf. recomendação do CNJ emitida em 2016 para flexibilizar normas sobre vestimentas nos Tribunais: cnj.jus.br/InfojurisI2/Jurisprudencia.seam;jsessionid=747DC385DDB8EDE7D8FCF5D967EAC367?jurisprudenciaIdJuris=48173. Detalhado estudo da importância da roupa (ou da falta de roupa) no direito constitucional estadunidense em Robson (2013).

[85] Percuciente análise das relações entre igualdade e identidade na linguagem comum e no direito em Ghirardi (2021: 169-175). Aqui criticamos o suposto *direito* à diferença sem questionar a importância da diferença como conceito da filosofia e das ciências sociais.

[86] Essa situação encontra-se no centro do conto de Jorge Luis Borges com o título *Pierre Menard, autor del Quijote*. O personagem central é um escritor francês do século XX que tentou e, em parte, conseguiu, escrever capítulos literalmente idênticos ao *Dom Quixote* de Cervantes, que ele não tinha lido, apesar das tantas diferenças na situação social e histórica dos autores. A partir desse grande desafio filosófico, podemos entender a igualdade como conceito que permite pensar as características e as utilidades das "franquias", das cópias, das imitações, das paródias, da continuação de um filme de sucesso, da banda "cover" ou do (duvidoso) elogio "você toca igual ao Jaco Pastorius".

o cabelo de centenas de pessoas em uma rua movimentada, não noto mais diferenças.

> *D2 "A diferença é indiferente."* (Christopoulos 2002: 29)[87]

É uma tese paradoxal, porque a diferença costuma ter relevância na vida social e no direito, mas ela não interessa em si. Interessa somente na medida em que um critério de classificação é utilizado no âmbito de uma relação de poder como meio de opressão.

A diferença interessa não como fato empiricamente constatável, mas como algo que gera consequências de *interiorização* de identidades de grupo e de *inferiorização* de alguns grupos, com base em um sistema de referências e valores.

Chamemos isso *o surgimento lombrosiano* da diferença. Em alguns casos, a diferença empiricamente constável passa a interessar a sociedade porque é percebida como marca de relações de poder (superioridade-inferioridade). Todos veem que os seres humanos possuem crânios de formas diferentes. Mas esse fato notório não apresentava interesse, além de eventual juízo estético. Na verdade, a forma do crânio era indiferente, porque era considerada aleatória. Com a consolidação da frenologia-craniologia no século XIX, a forma do crânio passou a ser elemento de classificação social, pois considerou-se indício do que existe dentro dele, assumindo relevância social (Renneville 2020).

A seguir, os estudos criminológicos positivistas, impulsionados por Lombroso, tornaram a forma do crânio dado relevante para a classificação jurídica das pessoas, sendo determinados tipos de crânio (e outras características anatômicas) indicativos de doença psíquica e inclinação para o crime (Pustilnik 2009). A transformação do indiferente e aleatório em critério de tratamento jurídico cria, dessa maneira, relações de dominação e submissão. Na perspectiva frenológico-crimonológica, os crânios não são apenas diferentes; transmitem mensagens sobre um sujeito de direito, encontrando-se na base de uma classificação que, em última instância, oferece informações sobre a conduta das pessoas. A diferença adquire seu significado "lombrosiano" (político e jurídico),

[87] Cf. Christopoulos 2007: 194. A frase encontra-se em outros autores ("Les différences sont indifférentes" – Ricoeur 1999: 227), mas não se relaciona ao debate sobre o direito à diferença.

transformando o aleatório em indício de causalidade.[88] Isso faz com que uma diferença que sempre existiu no mundo dos fatos torne-se socialmente visível e relevante. A diferença surge "lombrosianamente".

Em contexto de relações de poder, a diferença adquire relevância não somente quando é utilizada como instrumento de controle social, como no caso da frenologia, mas também quando ameaça a estabilidade do sistema. Nesse caso, é combatida. Isso é claro no caso das minorias nacionais que ameaçam potencialmente as relações de poder em um Estado construído com base na ideologia da unidade nacional. Vimos que as minorias nacionais foram consideradas ameaças para a unidade política e a integridade territorial dos Estados e, por essa razão, foram estigmatizadas e reprimidas. Nesse caso, a diferença importa porque envolve questões de poder e contestações políticas (Christopoulos 2007: 193-195). Uma mulher com lenço na cabeça pode seguir uma moda, usar o lenço para não deixar clara a queda de cabelo ou querer confirmar sua identidade muçulmana. Os políticos e, eventualmente, o sistema jurídico de um país ocidental reagirão apenas no terceiro caso. Não é, evidentemente, o lenço que interessa e gera "diferença" no sentido da discriminação. É a reivindicação de uma identidade politicamente sensível que se expressa através do uso do lenço e gera classificações sociais e reações jurídicas.

Em tempos recentes, há profusão de publicações científicas e políticas que desejam promover a "diferença" e consideram que a sociedade pode ser compreendida e descrita sob a chave da *diversidade*.[89] Com finalidades semelhantes, em organizações sociais e empresas atuam Comitês de diversidade,[90] e o governo brasileiro publicou um manual sobre o tema,[91] tendo sido também criada junto ao governo federal uma Secretaria de Diversidade e Inclusão.[92]

[88] „Lombroso is a synecdoche for the hope that a biological criminology is possible, that the laws of man can yield to the laws of science" (Pustilnik 2009: 198).

[89] Exemplos: Wieviorka 2008; Masclet 2017.

[90] Exemplo: Comitê de Diversidade da Escola de Direito de São Paulo da FGV (direitosp.fgv.br/comite-diversidade).

[91] Ministério dos Direitos Humanos. *Manual orientador sobre diversidade*. Brasília, 2018.

[92] portal.mec.gov.br/secretaria-de-educacao-continuada-alfabetizacao-diversidade-e-inclusao/programas-e-acoes.

O mais interessante em nossa perspectiva de estudo é que aumentam as publicações jurídicas que afirmam, já em seu título, a existência de um direito à diferença[93] ou à diversidade[94] enquanto direito fundamental, que pode ser judicialmente reivindicado. Essa tendência inclui mesmo o uso do termo diversidade como curioso sinônimo das minorias sexuais. O Supremo Tribunal Federal (STF) (2020) publicou coletânea de sua jurisprudência sobre minorias sexuais com o título "Diversidade", sendo o termo escrito na capa com as cores do arco-íris.

A opção de se referir às minorias sexuais ou a qualquer outro grupo socialmente oprimido com o termo "diversidade" gera mal-entendidos. Os membros dessas minorias não querem ser diversos de um suposto grupo que se definiria como "nós, os não diversos". As minorias sociais questionam (ou ao menos deveriam questionar) sua discriminação/submissão. São constitucionalmente iguais a tod@s e querem ser efetivamente iguais! Rejeitam o fato de serem tratados como diversos, que, na verdade, significa serem tratados como inferiores.

As referências à diferença ou à diversidade como algo a ser tutelado e preservado não convencem, por mais que seus promotores tenham nobres intenções. A diferença não é um valor nem um patrimônio do indivíduo "diferente". Na ótica da dogmática dos direitos fundamentais, o equívoco consiste em querer tutelar uma suposta diferença, enquanto o que realmente se discute é a tutela de um direito fundamental, do mesmo e "igual" direito que pode ser exercido, independentemente das características das pessoas. Não se tutela o lenço na cabeça, nem a mulher muçulmana como "diversa".

Como dissemos, a diversidade na aparência é registrada apenas por razões estéticas ou como curiosidade. O que se tutela sob o nome de "diversidade" é o direito de uma mulher de usar em público esse lenço como símbolo que pode ostentar em virtude de sua liberdade geral, da liberdade religiosa e, eventualmente, do direito à igualdade. E pode fazer isso mesmo contrariando eventual decreto que proibia que alunas cubram sua cabeça nos recintos escolares. Não conseguimos enxergar diversidade onde há apenas reivindicação de igualdade (usar o lenço como outros usam uma gravata).

[93] Exemplo: Jubilut *et al.* (orgs.) 2014.

[94] Exemplo: Ferraz e Leite (orgs.) 2015.

Filosoficamente, parece-nos problemático o uso *essencialista* da diferença. X é diferente de Y em incontáveis pontos e o próprio X sofre mudanças no decorrer de sua vida na aparência, no *status* social, nas ideias e, certamente, no *status* jurídico. As diferenças fáticas não se relacionam com o suposto "direito à diferença".

Denominar diferença o direito que os membros de uma minoria possuem de ser como eles são sem sofrer consequências negativas e sem enfrentar a pressão para assimilação não convence. Essa reivindicação é socialmente crucial, mas em leitura jurídica não se relaciona à diferença. Dizer que todos têm direito à diferença é uma contradição nos termos que apenas pode significar que ninguém pode ser obrigado a ser o que o outro quer. Nesse caso, estamos falando de liberdade no sentido da autodeterminação ou de igualdade. Enxergar diferenças ontológicas importantes entre titulares do mesmo direito gera confusão sobre o conteúdo dos direitos fundamentais garantidos pela Constituição e "inventa" outros, de conteúdos incertos, como o suposto direito à diferença,[95] apropriando-se, curiosamente, de um "eufemismo da exclusão e das discriminações" (Balibar 2011: 467).

Podemos resumir isso com uma afirmação que complementa a D2:

> *D3 "Os diferentes são iguais (e, portanto, merecem tratamento equânime)"* (Ghirardi 2021a)

4.3. A discriminação é um conceito *relacional*

Dissemos que a discriminação não se relaciona causalmente com características de quem é submetido a ela, mas com relações de poder nas quais essa pessoa vive. *Gays* não sofrem discriminação em razão de uma qualidade intrínseca, mas devido a construções sociais que geram um modelo de comportamento. *Gays* são criticados, insultados, discri-

[95] Exemplos de direitos fundamentais inventados pela imaginação de certos autores: "direitos reprodutivos" (crítica em Martins 2014: 7-12); "direito à memória e à verdade" (crítica em Dimoulis 2018a: 183-187); "direito ao esquecimento" (apenas uma discussão sobre os limites de tutela do direito de personalidade). A Suprema Corte dos EUA denomina "direitos fundamentais" alguns direitos específicos que ela mesma proclamou e que considera dignos do título "fundamental", entre eles o direito à contracepção (Chemerinsky 2006: 820).

minados porque "são" algo (na opinião dos demais): não diferentes, mas inferiores.[96]

Se a postura que predomina socialmente mudasse, essa categoria não sofreria discriminação. Não é o desejo sexual *per se* que gera impedimentos, mas o significado que é ideologicamente dado a certas formas de desejo em certa sociedade. É o fato de alguém ser percebido como desviante do modelo atual da heterossexualidade socialmente imposta (heteronormatividade – RICH 1980).[97]

É a típica forma de funcionamento da ideologia que, ao mesmo tempo, reconhece e desconhece a realidade social, criando representações da nossa relação com o mundo.[98] A ideologia gera "estigmas

[96] "No princípio era a injúria. Aquela que qualquer *gay* pode ouvir em momentos de sua vida e que sinaliza sua vulnerabilidade psicológica e social. 'Veado arrombado', 'velha bicha' não são apenas palavras proferidas na rua. São agressões verbais que marcam a consciência" (ERIBON 2012: 25-26).

[97] Os estudos jurídicos costumam apresentar as características próprias de vários grupos conforme sua sexualidade. Parece-me que essa espécie de incursão etnográfica, sinalizada com siglas como LGBTQI+, ou com referências a dezenas de "identidades de gênero", carece de relevância jurídica, confunde o gênero com a sexualidade e tem potencial discriminatório, ao sugerir que cada um desses grupos deve receber tratamento próprio.

A queixa fundamental consiste no *tratamento injustificadamente diverso* (discriminação, dominação, opressão) de certas pessoas pelo fato de não se curvarem ao imperativo social da heteronormatividade. Nesse contexto, a exata identidade e orientação sexual de cada um não interessa. Há mais. Eventual prática estatal de indagar nossa orientação sexual, registrando em arquivos estatais e documentos de identidade a nossa vida sexual seria claramente inconstitucional, pois não há base legal alguma para que isso seja tematizado pelas autoridades estatais.

Além da dicotomia discriminatória heteronormatividade/não heteronormatividade, a exata orientação sexual interessa à doutrina jurídica se um grupo alegar e comprovar sofrer de discriminação adicional pelo fato de ser, digamos, *gay* e não bissexual. Essa seria uma espécie de queixa interseccional. Nos demais casos as sexualidades permanecem do espaço privado, como liberdade igualmente garantida a todos. Formulado de maneira diferente, não há interesse legítimo de alguém exigir reconhecimento estatal de sua sexualidade. Apenas quando o Direito discrimina alguém com base em sua sexualidade, mediante ação ou omissão, a vítima pode exigir que a discriminação cesse.

Dito isso, a multiplicidade das sexualidades que alguns vivenciam como diferença de gênero oferece um argumento para abolir a classificação estatal das pessoas com base no sexo. Essa reivindicação tem potencial político libertário que ultrapassa a demanda de modificação do sexo registrado que não questiona o binarismo.

[98] ALTHUSSER 1995: 223-226, 234-235.

culturais"[99] que possuem uma história (surgimento, mudança, desaparecimento), mas apresentam-se como naturais ("mulher", "maternidade").

X é tratado como inferior, logo "diferente", porque é *gay*. É necessário entender a função social desse *porquê*. O tratamento discriminatório não se deve ao fato de X ser *gay* (causalidade direta), mas a uma *causalidade inversa*. É porque a sociedade trata os *gays* de maneira discriminatória que X, por ser socialmente percebido como *gay*, recebe esse tratamento. No dia em que essa discriminação cessar, X pode se comportar exatamente da mesma maneira sem ser discriminado, isto é, desaparecendo o falso *porquê* da causalidade inversa.

4.4. A discriminação como conceito jurídico

4.4.1. *Definição e características da discriminação*

Em termos simples e, por assim dizer, mecânicos, a discriminação indica uma situação com as seguintes características:

- X é excluído do acesso a algo que ele deseja e podemos denominar um "bem". O aspecto mecânico está no fato de que X enfrenta uma barreira: "você não entra".
- A barreira pode ser definitiva (X não pode se candidatar a Presidente da República porque não é brasileiro nato) ou relativa (X deseja estudar em uma escola particular, mas tem dificuldade em pagar as mensalidades).
- X é excluído *porque* pertence a um grupo social que pode ser definido com base em variados critérios (mulheres, negros, míopes). Isso significa que a exclusão vale para todos os membros do grupo e não vale para os demais, relacionando-se a certa característica de grupo.

Essa definição indica de maneira satisfatória o mecanismo de funcionamento da discriminação (barreira seletiva), pois permite diferenciar entre exclusões gerais (proíbem-se carros no centro da cidade) ou aleatórias (loteria, ganhando apenas poucas pessoas) e exclusões muito mais relevantes para o direito que estão relacionadas à pertença a grupos

[99] Termo utilizado por Moreira (2016: 31) ao analisar o caráter imaginário do estigma (30-36).

com estabilidade no tempo e na composição. Ismênia pode continuar comprando bilhetes da loteria ou usar metrô, mas não pode deixar de ser mulher. Mesmo assim, essa definição não inclui elementos que permitem realizar uma avaliação jurídica. Intuitivamente, percebemos que excluir os míopes de um processo seletivo para pilotos de aviação não é juridicamente comparável com a exclusão *de iure* ou *de facto* dos negros da universidade pública.

A discriminação deve ser operacionalizada enquanto conceito jurídico para deixar de designar apenas uma situação de tratamento diverso ("ser") e tornar-se regra de orientação do comportamento dos destinatários do direito. Trata-se de *definir a discriminação como conceito pertencente à esfera do Dever Ser jurídico*, tal como fizemos com a igualdade.

Há duas maneiras fundamentais de compreender a discriminação.

Podemos denominar a primeira *criterial* ou *simétrica*. Considera-se discriminatória qualquer seleção/exclusão que utiliza certo critério de classificação de pessoas. Como operação técnica e lógica, a exclusão dos idosos de um concurso é tão discriminatória quanto reservar vagas de estacionamento para idosos, já que em ambos os casos é utilizado o critério da idade, sendo esse critério, *prima facie*, suspeito. Pode ser que certas discriminações sejam juridicamente justificadas, mas não deixam de constituir discriminação no sentido do tratamento diverso com base em certo critério que guia a operação mental que diz "você sim, você não". Em termos de consequências jurídicas, os idosos podem impugnar sua exclusão do concurso e os mais jovens questionar a reserva de vagas para pessoas que gozam de perfeita saúde aos 65 anos.

A segunda forma de compreender a discriminação pode ser *denominada grupal* ou *assimétrica*. Seu radar não capta o uso do critério (idade) e de seu resultado ("você sim, você não"), mas apenas o tratamento de desvantagem do grupo socialmente mais fraco. A discriminação não é dada pelo uso do critério da idade, ora favorecendo jovens, ora idos@s, mas pelo fato de prejudicar o grupo mais fraco. Não constitui discriminação reservar vaga para idos@s, mas constitui o fato de serem privad@s de uma chance profissional. Nessa compreensão, também se pode pensar em justificativa da discriminação. Mas os jovens não podem se dizer vítimas de discriminação.

Veremos, a seguir, que o estudo do direito positivo e da jurisprudência apresenta predileção pela abordagem simétrica. Neste capítulo, entendemos a discriminação apenas em seu sentido assimétrico, como expressão de uma relação de poder de dominação pela simples razão de que o tratamento compensatório dos mais fracos objetiva amenizar a discriminação, não podendo ser também o seu contrário (discriminação).

Na doutrina constitucional brasileira, o conceito de discriminação foi analisado nesse sentido e com profundidade em estudos de Adilson Moreira, a quem devemos os elementos que seguem.

> *D4 "Atos discriminatórios são práticas individuais ou sociais [...] que produzem desvantagens sociais para membros de certos grupos que são culturalmente construídos como inferiores [...]. Esses atos produzem desvantagens por causa do funcionamento de instituições estatais, entes que operam de acordo com os interesses dos grupos majoritários, reproduzindo assim as relações hierárquicas de poder existentes na sociedade."* (Moreira 2017: 195)

Constituem elementos centrais dessa definição:

- a prática que gera desvantagens (*meio* discriminatório);
- o poder estatal que discrimina (*agente* discriminador, com o esclarecimento de que a discriminação pode ser feita por particulares com a autorização ou tolerância do Estado, que permite, por exemplo, o funcionamento de clubes privados que vedam a entrada de mulheres);
- as vítimas que sofrem desvantagens (*grupos inferiorizados*);
- os beneficiados pela prática de discriminação (*grupos dominantes*).

A investigação torna-se mais completa com os seguintes elementos destacados por Moreira:

1. A discriminação decorre de *processos históricos* que fizeram com que, no caso das Américas, os ameríndios e os negros escravizados fossem programaticamente e sistematicamente discriminados, sendo esses processos constitutivos da organização social. Os Estados americanos, incluindo o Brasil em suas fases colonial, imperial e republicana, organizaram e executaram políticas de exclusão e repressão tanto antes como depois da abolição da escravidão. Eis o caráter permanente e institucional (estrutural) da discriminação no Brasil (Moreira 2016: 131). Hoje, essa situação dá ensejo a práticas de agressão contra os grupos subalternizados, devendo seus integrantes, muitas vezes, esconder elementos

de sua identidade para não sofrer de discriminação (Moreira 2017: 124-127, 131-136). A isso acrescenta-se, obviamente, a discriminação histórica das mulheres como fenômeno universal, apesar das grandes diferenças nas formas e na intensidade da discriminação.[100]

2. A discriminação é uma *construção social* que molda os indivíduos com base em um sistema de preconceitos e estigmas, formando grupos subalternizados. Assim, por exemplo, "as pessoas são racializadas em função das significações culturais atribuídas a certos traços físicos" (Moreira 2017: 34). Esse processo cria estereótipos, atribuindo (supostas) essências aos grupos (Moreira 2017: 117).

3. A discriminação torna-se sistemática no decorrer do tempo e gera grupos subalternos que sofrem de privações crônicas (Moreira 2017: 195). Por sua vez, isso gera um sistema de *dominação social* que prejudica certos grupos, causando-lhes danos cumulativos em aspectos materiais e simbólicos da vida (Moreira 2017: 33, 70, 139). Dando um exemplo nosso: o problema central não é a passageira branca que insulta no ônibus um passageiro negro,[101] mas a prática amplamente compartilhada que diz que muitos brancos se comportam de certa maneira em relação aos negros. Isso nos faz constatar a presença de um *racismo social e institucional* permanentemente reproduzido (racismo estrutural).[102] Algo semelhante ocorre com a constituição e a submissão das demais minorias sociais.

4. A discriminação está acompanhada de privilégios para os membros do grupo dominante, tanto materiais como simbólicos, pelo simples fato da pertença a esse grupo, isto é, independentemente de seus méritos e qualidades ("vantagem indevida") (Moreira 2017: 146).

[100] Uma análise histórica mostra as mudanças e as oscilações nas formas, na intensidade e nas consequências das várias formas de dominação. Brasil Império não é Brasil República. Contudo, afirmações generalizantes como a perenidade da opressão nos Negros nos regimes coloniais e pós-coloniais correspondem ao que entendemos como verdade histórica, ainda que não permitam falar em uniformidade histórica.

[101] O filme *Schwarzfahrer* (dir. Pepe Danquart, Alemanha, 1993) trata com simplicidade e força crítica a construção coletiva das crenças racistas. No filme, apenas uma mulher branca insulta o passageiro negro. Mas todos comungam da crença racista que percebe o negro como socialmente/moralmente inferior.

[102] Sobre o conceito cf. Almeida 2018.

Isso dificulta a erradicação de tais práticas: "Quaisquer iniciativas destinadas a promover justiça corretiva encontrarão resistência por parte dos grupos que obtêm vantagens injustas em função da circulação de falsas generalizações que legitimam práticas discriminatórias" (MOREIRA 2016: 142).

5. A discriminação viola *tanto a igualdade como a liberdade* das vítimas da discriminação. Impede que os indivíduos tomem certas decisões ou acessem certas posições sociais porque fazem parte do grupo discriminado (MOREIRA 2017: 35).

6. A discriminação pode ser combatida ao exigir que haja igualdade de resultados (e não apenas de oportunidades) entre pessoas (MOREIRA 2016: 133). Explicitando: nenhuma norma constitucional diz que negros não podem ser presidentes da República. Entretanto, a história do Brasil mostra que eles são excluídos desse cargo, de maneira programática, estrutural.

Muitos dirão que quem analisa e critica a *sistematicidade* e *institucionalidade* da discriminação que reproduz desigualdades é provavelmente membro de minoria discriminada e/ou ativista das causas das minorias. Significa isso que suas análises são parciais e interessadas, correspondem apenas a certos pontos de vista e reivindicações e, quem tiver interesses diferentes, costuma pensar de maneira diferente e que, afinal, todas as opiniões são iguais, já que cada um expressa sua experiência e defende interesses típicos de seu grupo na constante "luta de todos contra todos"? Encontramos aqui o problema da *objetividade*, que, na nossa perspectiva metodológica, impõe discutir as finalidades e os métodos da interpretação jurídica.

4.4.2. *Objetividade no estudo da discriminação e o problema do subjetivismo e da arbitrariedade do "jurista branco"*

Adilson Moreira (2019b) condensa sua perspectiva sobre a discriminação, elaborando a figura teórica do *jurista negro* que pensa e resolve problemas jurídicos de maneira radicalmente diferente do *jurista branco*. Não se trata, evidentemente, de um apelo para examinar a cor da pele e as demais características fenotípicas e biográficas de cada jurista. Não há causalidade entre identidades e posicionamentos jurídicos, ainda que, como dissemos e nos parece óbvio, a biografia frequentemente relaciona-se com os posicionamentos adotados. Dizer que os membros conscientizados de certa minoria pensam de maneira que corresponde aos seus interesses não é somente inexato. Equivale também a uma *derrota* da teoria, dando inesperada absolvição aos seguidores do pensamento hegemônico. Se o Negro pensa como um Negro, é de se esperar que o Branco pense como um Branco.

Evitando tais simplificações, devemos entender, junto a Adilson Moreira, que o intérprete do direito que pensa "como jurista negro" formula a pretensão de enunciar a verdade, isto é, a *interpretação correta* sobre um problema jurídico. Não fala em nome de seu grupo, como líder comunitário ou advogado, mas em nome do direito que deve ser aplicado para tod@s. Ao apresentar sua proposta teórico-interpretativa convida os demais a segui-lo, aceitando certa posição, independentemente de identidades sociais e interesses pessoais.

Se há uma peculiaridade na atuação do jurista negro e de qualquer *jurista de minorias sociais*[103] é a sensibilidade/capacidade que lhe permite descobrir elementos, relações, contextos, problemas e soluções que outros não identificam com a mesma facilidade e/ou não querem reconhecer. É um privilégio *cognitivo* sem ser reivindicação de subjetivismo.

Seguindo a reconstrução dos problemas da interpretação por Garcez Ghirardi, diremos que a convenção "moderna" de funcionamento do sistema jurídico baseia-se em duas premissas. Primeiro, na objetividade-clareza-inteligibilidade dos textos normativos. Segundo, na submissão da aplicadora aos mandamentos das normas devidamente postas, surgindo uma inflexível hierarquia entre o legislado (que ordena) e o decidido (que obedece ao legislado) (Ghirardi 2021b).

Essas duas premissas sofreram críticas no tempo. A crítica *política* questiona a concentração dos poderes decisórios em instâncias legiferantes centrais e desconfia de normas inflexíveis que impõem condutas e sanções sem levar em consideração o contexto e os sujeitos envolvidos em um conflito. Resultado da crítica é a rejeição das estruturas hierárquicas. Esse é o ideário anarquista, enquanto teoria política que nega a centralização e formalização do poder social (Sartwell 2014). A crítica

103 Ampliamos aqui a figura do jurista negro. Em outra obra, Moreira retoma a problemática do jurista negro sob o rótulo de "hermenêutica do oprimido" (Moreira 2020: 308-323).

política estimula o debate sobre o funcionamento do sistema jurídico. Mas não podemos considerar que uma orientação política dissonante possa ter relevância normativa contra as opções do poder dominante que se expressam através do direito posto.

O segundo grupo de críticas, sistematizado por Garcez Ghirardi, é o *epistemológico*. Questiona-se a plausibilidade cognitiva da mencionada construção "texto claro, intérprete fiel". Para tanto, questiona-se o discurso da modernidade que surgiu junto à imposição dos sistemas capitalistas (Ghirardi 2021b: 13-22). A crítica epistemológica ou "pós-moderna" tem notória repercussão no debate jurídico atual, sendo reforçada por críticas mais recentes que combinam o questionamento político do eurocentrismo e "(pós-)colonialismo" com a desconfiança perante dicotomias e conceituações rígidas.

Tais questionamentos ignoram, contudo, que as acepções epistemológicas que fundamentam a compreensão do direito são indicadas pela própria normatividade jurídica, que, ainda hoje, impõe a superioridade do legislado em relação ao decidido pelo aplicador. *É* a hierarquia constitucional das fontes do direito que fundamenta o dever de estrito cumprimento das normas pelo aplicador. Um exemplo é oferecido pela Lei Orgânica da Magistratura Nacional, de 1979. Dispõe o art. 35, I, que o julgador deve, sob pena de responsabilidade disciplinar, "cumprir e fazer cumprir, com independência, serenidade e exatidão, as disposições legais".

Dizer que Heidegger, Gadamer, Deleuze, Foucault ou Spivak rejeitam essa epistemologia normativa nada muda no fato de que ela *vale* (normativamente). Podemos sugerir que a Constituição seja lida como romance, fragmento ou delírio de dominação colonial. Mas isso não afeta sua validade. Consensos que se observam na reflexão filosófica, na teoria do Estado e na teoria da argumentação podem mostrar que somos (quase todos) "pós-modernos". Não vemos como isso possa ser traduzido em termos jurídicos, enquanto o sistema jurídico não assimila tais consensos, enquanto o poder constituinte prefere Savigny a Heidegger.

Na contradição "entre as premissas que informam as instituições jurídicas modernas e a concepção de Justiça das sociedades pós-modernas" (Ghirardi 2021b: 14), não parece possível adotar o segundo termo, permitindo que o aplicador invoque *fontes alternativas de normatividade e formas alternativas de adjudicação*.

Esse esclarecimento liberta a reflexão sobre a interpretação do direito de questionamentos políticos e teóricos, externos aos seus propósitos. No horizonte conceitual do direito, o *subjetivismo desejado* desponta como opção que não se deve a deficiências dos métodos de interpretação, e sim a opiniões do próprio intérprete que não procura a interpretação objetivamente correta, em prol de concepções como o não cognitivismo, o anarquismo, o pós-modernismo, o pós-colonialismo, o consequencialismo e a tutela efetiva de grupos oprimidos.

Por mais que seja polissêmica, imprecisa e mutante no tempo, a linguagem natural utilizada pelo legislador é o melhor instrumento de comunicação elaborado pela humanidade, de sorte que não se justifica o pessimismo em relação às possibilidades de entendimento. A experiência cotidiana confirma que nos comunicamos com êxito, desde que sejam removidos alguns obstáculos externos à linguagem. Esses esclarecimentos permitem afirmar que uma jurista de minorias sociais não deve adotar o subjetivismo interpretativo, no modelo da advogada que apresenta sob a melhor luz jurídica interesses de seu mandante. Tampouco deveria considerar que essa perspectiva permite fazer "justiça" no sentido material de uma concepção sobre o bom, o correto e o adequado.

Juristas de minorias sociais apresentam argumentos e propostas ao debate jurídico geral ("doutrina") como qualquer outr@ especialista. Trata-se de um espaço que foi construído com esforço coletivo secular e que possui credibilidade e audiência justamente por apresentar interpretações jurídicas elaboradas, refletidas e mutuamente controladas. Afirmar que (não) pode ser decretada a prisão do condenado antes do trânsito em julgado pode ser uma frase dita no bar por alguém que nunca quis ler a Constituição. Pode encontrar-se escrita em *blog* de jornalista ou ser conclusão de monografia jurídica sólida, produto de pesquisa e argumentação e que pertence ao espaço da doutrina jurídica em vista de sua qualidade e do controle intersubjetivo feito por pessoas reconhecidas nesse espaço. O resultado é o mesmo, mas muda radicalmente o procedimento aplicado, o que influencia a credibilidade da opinião nos processos de aplicação do direito. O estudo monográfico poderá ser utilizado por uma magistrada na fundamentação de sua decisão, a conversa de bar é irrelevante para o direito e os artigos de jornal, quando mencionados em decisões judiciais, constituem uma extravagância que receberá comentários irônicos ou indignados por parte de juristas.

A produção doutrinária de juristas de minorias sociais submete-se ao mesmo controle, pois eles pretendem ter a mesma credibilidade. Isso significa que suas propostas estão sujeitas a críticas como qualquer outra produção qualificada e competente, incluindo a eventual crítica de parcialidade. Haverá certamente respostas, e a doutrina jurídica continuará sua trajetória, sendo influenciada, em maior ou menor grau, pela opinião da jurista de minorias sociais.

Quatro observações.

a. A perspectiva das minorias sociais possui uma grande vantagem – e nisso reside a importância da obra de Moreira (2019b) para o debate hermenêutico. Ao mostrar uma compreensão de normas, institutos e decisões judiciais que destoa de opiniões dominantes e tradições "assentadas", oferece algo de extrema *relevância* para o progresso do direito e da sociedade. Os demais devem se posicionar sobre tal opinião com prioridade.

b. O debate doutrinário é tradicionalmente realizado por pessoas que pertencem aos grupos privilegiados, além de muitos juristas terem estreitos laços com autoridades repressivas do Estado ou com empresas capitalistas e organizações da elite (a eufemisticamente denominada sociedade civil).

Em dias recentes, houve um movimento de crítica dos "acadêmicos-ativistas" (*scholactivists*) que estariam deturpando o trabalho acadêmico, usando meios interpretativos e recursos de poder acadêmico para promover suas causas (Khaitan 2022). Essa crítica não devia ter como alvo principal @s pouc@s ativistas de causas sociais e sim o grande número de juristas que atuam profissionalmente na defesa dos interesses do Estado (advocacia pública), administram a aplicação do direito (juízes, promotores, delegados, etc.), são nomeados em cargos de confiança dos políticos ou mesmo seguem carreira política em paralelo à acadêmica. Esses juristas "estatais" têm o ônus de provar que não atuam como ativistas acadêmicos em defesa do *status quo*.

Nesse contexto elitista e pró-estatal, opiniões radicalmente divergentes enfrentarão *resistências* e podem ser silenciadas ou rejeitadas não por deméritos intrínsecos, mas em razão de interesses de quem se considera afetado por tais opiniões. Sabendo, por exemplo, que no Brasil há infinitos juristas cristãos, assim como Escolas de direito que pertencem a igrejas cristãs, é pouco provável que a opinião de uma jurista feminista sobre o aborto tenha a mesma projeção que a de seus poderosos opositores, assim como quem os segue, por inércia ou oportunismo. Como observa Reva Siegel (*apud* Post *et al.* 2001: 149):

> In a variety of circumstances, legal decision makers may not in fact wish to understand, acknowledge, or address the social dynamics that sustain the inequality of groups.

c. O doutrinador designado como jurista branco questiona, rejeita, corrige ou complementa opiniões de doutrina com base na já mencionada pretensão de verdade. Afirma: "*ao interpretar a norma X no sentido Y, eu estou certo e José está errado*". Juristas de minorias sociais, além de fazer afirmações desse tipo, apresentam também pretensões de verdade sobre premissas teóricas, questionando o quadro metodológico e conceitual dos juristas brancos. Esses últimos podem divergir significativamente sobre os limites da liberdade de expressão e de arte quando se trata de peças de "humor" contra negros. O jurista negro divergirá também sobre o método de compreender e interpretar conflitos entre direitos fundamentais e sobre os próprios conceitos de "sujeito", "liberdade", "humor" que são pressupostos da interpretação. Esse questionamento permitirá elaborar uma crítica não apenas do "racismo recreativo", mas também da doutrina que compreende o sofrimento e a dominação como liberdade e humor (Moreira 2019a).

Assim, ao criticar a opinião de um colega, o jurista de minorias sociais formulará uma frase sintaticamente igual à anterior: "*ao interpretar a norma X no sentido Z, eu estou certo e Carlos está errado*". Contudo, acrescentará que os erros de Carlos se devem à sua socialização no seio de grupos dominantes.

d. Juristas de minorias sociais não são porta-vozes de movimentos políticos. Atuam no espaço da doutrina academicamente reconhecida em que se discutem argumentos, métodos e conceitos e não se trocam petições ou *tweets*. A doutrina como espaço de debate fortalece-se quando o diálogo é centrado na força do argumento e não no voluntarismo e no subjetivismo. Evitando a contraposição de cunho político, polarizante e simplificadora, o debate doutrinário deve seguir critérios de correção, verificação metodológica e distanciamento do subjetivismo desejado.[104]

Pensando na necessidade de o intérprete adotar postura neutra/objetiva sem deixar de levar em consideração todas as dimensões de um problema jurídico, incluindo as que permanecem ocultas ou dificilmente discerníveis após séculos de desigualdade e opressão, devemos *completar* a proposição D4, deixando claro que a discriminação interessa juridicamente quando for comprovado que uma prática social viola o princípio da igualdade.

> *D5 Atos discriminatórios no sentido da proposição D4 podem se revelar contrários ao direito à igualdade (ou a outro direito fundamental), se isso for comprovado no processo de fiscalização de sua constitucionalidade e/ou licitude. Nos demais casos, a discriminação permanece um fato social (barreira socialmente seletiva) que pode ser objeto de combate político, mas não de censura jurídica.*

Partindo da D5, devemos encontrar formas para analisar com rigor as consequências da discriminação. Em primeiro lugar, a alegação de diferença biológica não prova nem justifica uma discriminação. O que interessa é a construção social e, posteriormente, a construção jurídica que destaca uma das infinitas diferenças biológicas dos humanos. Tendo sido identificada essa diferença e compreendida a construção social que quase sempre invoca algo biológico,[105] devemos verificar se a justificativa para o tratamento diverso é aceitável. É um fato que só mulheres poder engravidar, mas isso não se relaciona causalmente com a sua exclusão de um cargo militar.

Segundo, as construções sociais com substrato biológico muitas vezes absolutizam a categoria, ignorando a fluidez e a relatividade das classificações. Dizer que os homens (sexo) têm força física maior que as mulheres, oculta dois fatos. Grande número de mulheres tem força física bem superior à de muitos homens. Além disso, quando interessa a força física para escolher um candidato, muitas classificações são pos-

[104] Sobre esses critérios e perspectivas, cf. Dimoulis 2018a: 142-165.

[105] As minorias sociais mencionadas na Constituição de 1988 e analisadas neste estudo têm referência biológica relacionada a características do indivíduo ou de seus ascendentes (mulheres, afro-brasileir@s, jovens, idosos, pessoas com deficiência, índios). Única exceção são os trabalhadores rurais.

síveis. Por que se insiste na distinção entre homens e mulheres e não se verifica se há diferenças na força física entre, por exemplo, pessoas de alta e baixa estatura? Não seria mais plausível estabelecer um padrão mínimo de aptidões físicas, independentemente do sexo? Decidiu-se que o critério mais adequado é o sexo porque se aceita – e se repete mesmo em decisões judiciais – a opinião preconceituosa "a mulher é fraca"? O estudo de tais casos mostra que o relevante não são as diferenças em si, mas a perpetuação de preconceitos e estruturas.

4.4.3. *Espécies de discriminação*[106]

4.4.3.1. *Discriminação direta*

4.4.3.1.1. *Definição geral*

A discriminação direta (ou tratamento diverso – *disparate treatment*) decorre do comando normativo que ordena tratar de maneira desfavorável certo grupo. Causa remota da discriminação é a classificação (brasileiros natos *vs.* naturalizados). Causa próxima, o fato de um indivíduo possuir característica que o classifica na categoria que recebe tratamento desfavorável. A Constituição prevê que só brasileiros natos podem exercer certos cargos e o brasileiro A é naturalizado, sendo, por essa razão, excluído.

A discriminação direta é definida da seguinte maneira por uma norma pioneira pertencente ao direito antidiscriminação da União Europeia (Diretiva 78 de 2000):

> Artigo 2, 2, a. Considera-se que existe discriminação directa sempre que, por qualquer dos motivos referidos no artigo 1º, uma pessoa seja objecto de um tratamento menos favorável do que aquele que é, tenha sido ou possa vir a ser dado a outra pessoa em situação comparável.[107]

[106] Análises do conteúdo da discriminação e classificações, em parte divergentes da nossa, em Hannett 2003; Rios 2008: 89-153; Lima 2010: 217-259; Fredman 2011: 153-214; Connolly 2011: 79-203; Ellis e Watson 2012: 143-157; Silva 2016; Corbo 2017: 111-262; Moreira 2017: 97-141 e 2020: 326-356, 388-430; Connoly 2022.

[107] Diretiva 2000/78/CE do Conselho da União Europeia, de 27-11-2000, que estabelece um quadro geral de igualdade de tratamento no emprego e na actividade profissional (data.europa.eu/eli/dir/2000/78/oj).

O mencionado artigo 1º estabelece como critérios de discriminação as crenças religiosas, a deficiência, a idade e a orientação sexual no campo laboral. É o exemplo de definição *duplamente limitada* da discriminação. Estabelecem-se taxativamente as classificações discriminatórias (abrangendo a deficiência, mas não, por exemplo, o sexo), assim como o campo de aplicação (abrangendo o campo laboral, mas não, por exemplo, o educacional). Uma terceira possível limitação diz respeito aos grupos que podem ser vítimas de discriminação dentro de certa classificação: os negros e não os brancos, excluindo a possibilidade de a norma ser utilizada pelo grupo dominante, para questionar medidas de apoio dado às minorias sociais (cf. cap. 2, 4.4.5).

Quando se trata de uma legislação, essas limitações apresentam utilidade, facilitando sua aplicação na prática e permitindo adaptações (a discriminação educacional apesenta diferenças em comparação com a laboral; a tutela das mulheres é diferente da tutela dos idosos). Todavia, para propor uma definição geral da discriminação devemos estabelecer limitações de classificação, campo de aplicação e grupo.

Assim sendo, podemos reformular e *ampliar* a definição dada pela Diretiva 78 de 2000, entendendo a *discriminação direta* da seguinte maneira:

> *D6 Há discriminação* direta *sempre que, por qualquer motivo, uma pessoa seja objeto de tratamento menos favorável do que aquele que é, tenha sido ou possa vir a ser dado a outra pessoa em situação comparável.*

Não é necessário que haja intenção discriminatória do legislador, nem que a norma seja explícita no estabelecimento de uma vedação ou obrigação discriminadora ("estrangeiros não podem fazer X"; "mulheres devem fazer Y").[108] Fixar a taxa de inscrição no vestibular a 10.000 reais não exclui ninguém automaticamente, mas é óbvio que apenas a elite

[108] É comum definir a discriminação direta com base no *animus* do perpetrador. Exemplo: "A discriminação direta ocorre quando qualquer distinção, exclusão, restrição ou preferência, fundadas em qualquer forma de diferenciação proibida (raça, cor, sexo etc.), tem o propósito de anular ou prejudicar o reconhecimento, o gozo ou o exercício em pé de igualdade de direitos humanos e liberdades fundamentais nos campos econômico, social, cultural ou qualquer campo da vida pública. O seu elemento distintivo, portanto, é a intencionalidade" (Bragato, Adamatti 2014: 96).

econômica poderá participar do exame. Essa é a única explicação plausível sobre a norma: a exclusão social por razões econômicas.

Isso também ocorre com edital de concurso que estabelece altura mínima, mas na verdade discrimina com base no sexo, sendo notória a diferença de altura média entre homens e mulheres (no Brasil: 1,73 m para homens; 1,60 m para mulheres).[109] É curioso que o STF não tenha vislumbrado tal discriminação em casos que impugnaram exigência de altura mínima igual para homens e mulheres. O tribunal considerou inconstitucional a exigência de altura que não possuía nexo lógico com a função pretendida (escrivão de polícia) e deu razão à candidata que não alcançava a altura mínima sem nada dizer sobre a diferença de gênero.[110] Já em concurso para agente de polícia o STF julgou adequada a exigência de altura de 1,60 m por ser necessário ao agente "impor respeito" (*sic*) à população e considerando que "pouco importa que, na espécie, tenha-se envolvimento de candidata de sexo feminino".[111] Assim sendo, ignorou uma evidência estatística que está incorporada no senso comum.

Mais complexa é a questão de decidir se se trata de discriminação direta ou indireta. A neutralidade linguística e conceitual da formulação "altura X" seria argumento a favor da discriminação ocorrida apenas nos resultados, logo, indiretamente. É o que admite a doutrina (Chemerinsky 2006: 670). Mas é pouco convincente dizer que o legislador, ao estabelecer a exigência de altura mínima ou qualquer outro requisito, não pensou no impacto social do critério.

Um caso-limite permite refletir sobre a neutralidade dos critérios, logo sobre a determinação dos casos da discriminação direta. É a vedação, por lei, do casamento dito inter-racial nos EUA. Se a lei proíbe casar com pessoas de "outra raça", seu destinatário é geral, não ocorrendo tratamento diverso. Em termos concretos, a norma não discrimina diretamente os negros, pois vincula tod@s, independentemente da classificação racial.[112] Esse argumento, adotado por quase um século

[109] https://www.bbc.com/portuguese/geral-36892772.

[110] Decisão unânime da segunda turma do STF, *Recurso extraordinário 150.455*, rel. Min. Marco Aurélio, julg. 15-12-1998.

[111] Decisão unânime da segunda turma do STF, *Recurso extraordinário 148.095*, rel. Min. Marco Aurélio, julg. 3-2-1998.

[112] Nos EUA, houve dezenas de leis "antimiscigenação". Algumas discriminavam diretamente cidadãos, ao proibir o casamento entre grupos étnicos que nomeavam, ocorrendo discriminação direta. Aqui examinamos a vedação em sua formulação universal.

pela Suprema Corte dos EUA,[113] era a forma juridicamente mais perversa da doutrina "separados, mas iguais". Ao menos na perspectiva atual, o argumento silencia o fato de que classificar juridicamente as pessoas com base na sua raça e ameaçar com sanção quem fizer aquilo que sua "raça" não deve fazer é a própria essência do racismo: "você não pode casar com quem você escolheu, porque você pertence a certa raça, mas poderia fazê-lo se pertencesse a outra raça".[114]

De maneira semelhante, o legislador que ignora a evidência estatística de diferença média de 13 centímetros na altura dos homens e das mulheres não toma uma decisão neutra pelo simples fato de não mencionar o sexo das pessoas na norma. Tal regra não prefere os altos; prefere os homens, exatamente como o legislador estadunidense, no caso do casamento inter-racial, não se preocupava com os brancos que desejavam casar com negros, mas com as *consequências* sociais de se ter, paulatinamente, mais negros inseridos em circuitos de poder branco por meio do casamento e dos filhos. Se a polícia procura funcionários com altura acima da média da população, isso significa que deseja excluir as mulheres em porcentagem desproporcional, ocorrendo discriminação direta, ainda que com formulação engenhosa.

Foi também sustentado que um estabelecimento com única entrada que tem três degraus discrimina indiretamente os cadeirantes, porque a escadinha é um arranjo de engenharia civil que existe objetivamente e não foi construído para discriminar quem quer que seja, mas acaba tendo impacto mais oneroso para cadeirantes (Degener 2016: 44). Precisamos ter clareza sobre a pergunta que fará a juíza que examina essa queixa de discriminação. Se perguntar se o engenheiro tem ideologia capacitista e construiu a escadinha para dificultar a vida dos cadeirantes, a resposta será negativa. Os degraus não são o equivalente funcional da grade. Todavia, o que interessa no direito antidiscriminatório não é punir pessoas maldosas nem se satisfazer com explicações

[113] "Section 4189 applies the same punishment to both offenders, the white and the black" (United States Supreme Court, *Pace v. Alabama*, 106 U.S. 583 (1883), p. 585; supreme.justia.com/cases/federal/us/106/583).

[114] "There can be no doubt that restricting the freedom to marry solely because of racial classifications violates the central meaning of the Equal Protection Clause" (United States Supreme Court, *Loving v. Virginia*, 388 U.S. 1 (1967), p. 389; supreme.justia.com/cases/federal/us/388/1).

superficiais (a escada permite o acesso à loja...). Interessa constatar se algo prejudica um grupo vulnerável, quais as justificativas relevantes e quais as alternativas (rampa). Podemos dizer que o engenheiro não pensou que a escada dificulta a locomoção dos cadeirantes?

A nossa proposta é adotar uma compreensão ampla da discriminação direta que não dependa da formulação linguística neutra da norma, mas considere decisivo o *significado social* de certa norma ou prática. Isso é refletido na definição D6, que não menciona uma discriminação "explícita" ou "intencional", insistindo no conceito do tratamento menos favorável.

A discriminação direta é de fácil comprovação, sendo suficiente interpretar a norma, seus objetivos e seu contexto, sem precisar examinar seus efeitos na prática. É também uma situação que, após ter sido constatada, é passível de justificação. Mas, como se está diante de clara discriminação com critérios que separam os sujeitos de direito em categorias (por exemplo, excluindo as mulheres de um concurso), o ônus da prova é de quem criou a norma e a dificuldade de justificativa é grande.

As formas e as razões de controle serão analisadas no cap. 4. Aqui é suficiente indicar que, quando a discriminação direta utiliza critérios claros de capacidade profissional ou de nível de formação (exemplo: "professor de contrabaixo com curso superior"), a justificativa é relativamente fácil. Isso também ocorre quando a discriminação corresponde a opções do indivíduo que quis fazer o que a maioria não faz (exemplo: premiação de quem realizou trabalho voluntário).

Quando os critérios são mais gerais e independem de capacidades adquiridas com esforço pessoal ou de opções de engajamento individual, o ônus da justificativa é maior. Nesses casos, há referências à "imutabilidade" de certas características, cuja utilização seria sempre vedada porque independe da vontade do indivíduo (Silva 2016: 19). A referência à imutabilidade é duplamente problemática. Primeiro, nenhuma característica é imutável, pois sempre pode mudar a percepção social. Havia biologicamente mulheres em 1800 como em 2000. Mas a percepção dessa característica mudou radicalmente de lá para cá. Segundo, não se pode excluir que há uma diferenciação a favor dos homens (como ao buscar ator para papel masculino). Por isso, não adotamos a dupla mutável/imutável, mas distinguimos entre critérios relacionados ao esforço pessoal e demais discriminações que não se relacionam a intencionalidades do indivíduo, destacando a relatividade ou fluidez das distinções.

Um exemplo oferece o limite de idade estabelecido para participação em concurso público. A depender da natureza da ocupação e do tipo de carreira, o limite pode ser justificado. Idade máxima de 30 anos para concurso de ingresso na polícia militar pode se justificar;[115] limite de 50 anos para concurso de delegado de polícia dificilmente se justifica.[116] Na medida em que nos aproximamos dos critérios mais suspeitos (sexo, religião, raça), o ônus da justificativa é maior e quase insuperável na prática (homem como recepcionista de hotel; branco como vendedor em loja de roupas de luxo; cristão como diretor de escola particular não confessional).

4.4.3.1.2. *Discriminação "indireta-indireta" e discriminação por critério interposto* (proxy discrimination)

Foi levantada a hipótese da existência de discriminações aparentemente diretas que seriam justificadas, porque, na verdade, não são diretas. Suponhamos, como Somek (2006: 221-223), que o proprietário de uma cervejaria austríaca faz anúncio procurando garçom, e indica, entre outras exigências para o cargo, a heterossexualidade. Ao ser acusado por praticar discriminação direta contra uma minoria, o empregador responde que possui uma clientela fiel, composta quase exclusivamente de homens acima dos 40 anos e bem acima do peso, versados à bebida e com predileção por falas agressivas e piadas preconceituosas. Se ele empregasse um garçom *gay* nesse ambiente, muitos clientes deixariam de

[115] Art. 5º, II, da Lei n. 7.990 do Estado da Bahia sobre o Estatuto dos Policiais Militares.
O Tribunal da União Europeia considerou que o limite de 30 anos no concurso para bombeiros é justificado, pois a profissão exige "aptidões físicas excepcionalmente elevadas" que se perdem após os 45 anos. Mas deixou claro que o mesmo limite de idade não se justificaria se a sua finalidade fosse contratar jovens para aumentar os anos de serviço e contribuição previdenciária. Tribunal de Justiça da União Europeia, *Wolf*, C-229/08 (2010) (eur-lex.europa.eu/legal-content/EN/TXT/?uri=CELEX:62008CJ0229).

[116] O limite foi julgado inconstitucional pela justiça do Acre com duas considerações. Primeiro, a administração pública tem o ônus da prova de que essa limitação se justifica substancialmente. Segundo, cálculos financeiros em razão de provável aposentadoria do interessado após menos anos de serviço público não oferecem justificativa lícita. Apenas a comprovação de que a idade de 50 anos dificulta o exercício do cargo justificaria a limitação. TJ-AC, 1ª Vara da Fazenda Pública de Rio Branco, *processo 0704683-37.2020.8.01.0001*, sentença do juiz Anastácio Menezes Filho, julg. 27-4-2022.

frequentar o estabelecimento ou ofenderiam o garçom com comentários preconceituosos.[117]

Nesse caso, o motivo da discriminação, aparentemente direta, é a intenção, *per se* legítima, do êxito empresarial, sendo necessário, para tanto, atender às expectativas dos clientes. Se fosse o proprietário de uma empresa de ônibus não contrataria deficientes visuais como motoristas e nem por isso poderia ser acusado de discriminar uma categoria vulnerável, sendo evidente a correlação entre o critério de seleção/exclusão e as características da função.

Somek compreende essa discriminação como indireta-indireta (*mittelbare mittelbare Diskriminierung* – 2006: 221-223). Se fosse comprovado que excluir *gays* é apenas um meio para atingir outro meio legítimo (contratar atendentes que possam garantir o bom funcionamento do estabelecimento, "bons garçons"), a discriminação indireta-indireta não seria proibida. O critério proibido é apenas um meio para atingir um outro meio lícito que se relaciona racionalmente com uma finalidade lícita. Dito de outra maneira, o empregador recorre à exclusão dos homossexuais apenas indiretamente para conseguir "bons garçons", sendo esse o meio funcionalmente adequado para atingir a meta econômica. Dessa forma, ocorreria um apagamento da categoria discriminatória (sexualidade)[118] pela categoria neutra ("bons garçons").

Em nossa opinião, o anúncio se traduz em linguagem clara como: "Procuro garçom para cervejaria com clientela preconceituosa. Não pode ser *gay*, negro, estrangeiro. Se for mulher, deve saber que será eventualmente molestada por clientes e só permanecerá na função se aceitar o assédio". Quem faz tal anúncio e mantém empresa desse tipo não só

[117] O exemplo de Somek é engenhoso, mas não faltam casos semelhantes no mundo real, como o da companhia aérea que só contratava como atendentes de terra e de bordo mulheres jovens e consideradas sexualmente atraentes porque vendia a imagem de companhia do "amor". O juiz condenou a companhia com a justificativa de que o cerne da atividade comercial não dependia do apelo sexual das funcionárias para passageiros homens: United States District Court for the Northern District of Texas. *Wilson v. Southwest Airlines* (1981) (law.justia.com/cases/federal/district-courts/FSupp/517/292/2386882). E se a empresa provasse o contrário com estatísticas e pesquisas de opinião? O juiz consideraria a seletividade permitida?

[118] Na dúvida terminológica sobre a forma de designar aquilo que costuma ser dito inclinação, preferência, comportamento sexual, o melhor é dizer apenas "sexualidade" (agradeço a Hector Sabadell).

endossa objetivamente preconceitos, como também se *aproveita* deles. Essa é a diferença em relação à empresa de ônibus que procura pessoas que podem desempenhar adequadamente sua função, sendo a exclusão de certas categorias uma necessidade objetiva, com a qual qualquer pessoa concordaria.

Somek considera a discriminação indireta-indireta como permitida em vista de sua finalidade lícita e do (segundo) meio lícito, porque adota o ponto de vista do empregador e investiga apenas sua conduta. Se o empregador fosse homofóbico, teríamos discriminação (2006: 222); se excluísse os *gays* apenas para ganhar dinheiro, não haveria problema jurídico.[119] O certo é adotar a *perspectiva da vítima* que vê seu direito afetado, sendo inquestionável a discriminação direta. "Não queremos você porque você é *gay*". É juridicamente irrelevante se o proprietário tem crenças preconceituosas diretas ou apenas pensa no lucro, já que os meios usados e os resultados sociais de sua conduta são os mesmos (cf. cap. 2, 4.4.4).

Em registro mais geral, a legislação e a jurisprudência antidiscriminatória utilizam o critério da necessidade empresarial como elemento que pode justificar discriminações. Assim, por exemplo, a lei norueguesa utiliza a cláusula da "importância decisiva para o exercício do emprego ou profissão".[120] Ora, as necessidades empresariais não são dados da natureza nem decorrem de alguma lei eterna. É o empresário que decide que tipo de empreendimento organizará. Também é objeto de decisão se o empreendimento seguirá políticas empregatícias discriminatórias para aumentar seu lucro. Tomadas essas decisões, a empresa assume também a responsabilidade, não sendo plausível se justificar alegando "necessidade empresarial".

Exemplificando: a empresa que não contrata imigrantes marroquinos, dizendo que os clientes preferem que o batente da porta seja instalado por um Belga branco e loiro, como no apenas referido caso *Feryn*, não pode se esconder atrás da "necessidade empresarial", aqui entendida como sinônimo de repugnante racismo. Sob pena de amanhã termos que aceitar que os restaurantes segreguem os clientes com base na

[119] Somek usa o exemplo para, criticamente, mostrar impasses e aporias do direito antidiscriminatório, mas não deixa de afirmar juridicamente a licitude dessa discriminação.

[120] Art. 9, Lov om likestilling og forbud mot diskriminering de 2017 (lovdata.no/dokument/NL/lov/2017-06-16-51).

cor da pele para atrair clientes supremacistas. Dito isso, deve ser melhor discutida a objeção de que, mesmo adotando a perspectiva das vítimas, a discriminação pode encontrar justificativas em determinadas relações jurídicas. Querer casar com heterossexual é juridicamente diferente de procurar empregada doméstica que não seja *gay*, o que, por sua vez, tem diferenças (em razão do contato diário em espaços de intimidade) da procura de um garçom heterossexual. Nesse último caso, é razoável esperar que os clientes de um bar que são cidadãos de uma República que garante direitos fundamentais e não animais selvagens respeitem a dignidade e a igualdade dos atendentes, fazendo o mínimo esforço mental para entender que a sexualidade do garçom em nada interfere na qualidade do serviço que ele presta.

Politicamente, a aceitação da discriminação indireta-indireta teria como resultado perpetuar preconceitos sem que ninguém fosse responsabilizado. O proprietário utilizaria os clientes como justificativa e os clientes tampouco seriam responsabilizados, já que nada pediram ao proprietário nem cometeram atos ilícitos, como seria o caso se tivessem agredido o garçom.

Deborah Hellman (1998) fez uma construção semelhante centrada no conceito da *proxy discrimination* que poderíamos traduzir como *discriminação por critério interposto* (cf. ALEXANDER 1992). Menciona o exemplo de um escritório de advocacia que procura advogados, admitindo apenas candidaturas dos 10% com as melhores notas de cada faculdade. A existência de discriminação não se deve ao fato de o escritório querer ter alunos com as melhores notas, mas ao fato de considerar que isso seja representativo ("*proxy*") do "bom advogado", que é o que o escritório deseja. Se especialistas demonstrassem que um critério mais confiável para identificar o "bom advogado" é o das notas obtidas no ensino médio ou no exame da Ordem dos Advogados, o escritório prontamente o seguiria por ser apenas "o meio para atingir um fim" (HELLMAN 1998: 318), a menos que esse método fosse muito mais custoso e demorado (exemplo: aplicação de exames de conhecimento a milhares de candidatos).

Hellman contrapõe os casos da *non-proxy discrimination* (discriminação direta-final) na qual o critério de discriminação constitui o próprio objetivo, como no exemplo de uma escola que só admite meninas não porque considere que serão melhores alunas, mas porque deseja oferecer um ensino feminino, sendo o critério meio e fim ao mesmo tempo.

A autora observa que em ambas as figuras podemos ter tanto discriminação permitida como proibida. Mostra também que os limites são fluidos e, muitas vezes, a finalidade oficial é mero pretexto para uma *non-proxy discrimination* (veremos isso a seguir no caso *Griggs*). Mesmo assim, a diferenciação nos parece importante. Tem o mérito de mostrar que quando o fim é lícito, é mais fácil justificar os meios. O critério das notas obtidas na faculdade muito provavelmente favorece os brancos em países como os EUA e o Brasil. Porém, o fato de uma empesa procurar bons profissionais constitui um propósito lícito que torna o meio duvidoso (por ser provavelmente discriminatório) mais facilmente justificável.

Em nossa opinião, por mais que a distinção seja relevante e contribua à compreensão das espécies de discriminação, devemos manter a tese de que tanto a discriminação por critério interposto como a "direta-final" são manifestações da discriminação direta no sentido da nossa definição D4. Alguém sofre tratamento diverso de maneira proposital e declarada e isso põe em movimento os mecanismos jurídicos de verificação de sua licitude.

A utilização de critérios interpostos é muito comum, porque facilita a tomada de decisões, permitindo economizar tempo e dinheiro. Se tive boas experiências com eletrodomésticos da marca Brasespaço, posso continuar comprando seus produtos, utilizando a marca como *proxy* da qualidade e da satisfação, ainda que um amigo me diga que há outras marcas que oferecem produtos melhores a preços inferiores. Isso ocorre porque nenhuma empresa tem direito a um tratamento isonômico pelos consumidores, isto é, o método de escolha de produtos pertence ao espaço de liberdade da pessoa que decide. Não contrato a Brasespaço para agradar essa empresa ou para prejudicar as demais, mas porque tenho o direito de escolher independentemente da qualidade dos critérios utilizados. A situação muda quando a consequência de decisões pouco refletidas e mal fundamentadas afeta direitos de terceiros. Nesse caso, o método *proxy*, ainda que seja plausível, pode se revelar tão discriminador quanto uma discriminação explícita.

4.4.3.1.3. *Discriminação por associação?*

A doutrina apresenta a hipótese de discriminação por associação, como se pode traduzir o termo *associative discrimination*. Alguém sofre discriminação não porque pertence a uma minoria social, mas porque está fortemente relacionado com membro de minoria (Connolly 2022: 113-115). No exemplo mais comum, um Branco sofre discriminação pelo fato de ser casado com uma Negra, por exemplo, negando-se um Branco a lhe alugar casa, quando conheceu a esposa.

A lei norueguesa contra a discriminação de 2017 tem previsão específica:

> § 6. É proibida a discriminação com base no sexo, na gestação, na licença em razão de nascimento ou adoção, no desempenho de tarefas de cuidado, na etnia, na religião, na cosmovisão, no comprometimento funcional, na orientação sexual, na identidade ou expressão de gênero, na idade ou em combinações dessas características. [...].
> A proibição também se aplicará quando uma pessoa for discriminada em razão de sua ligação com outra pessoa e a discriminação se basear nas razões referidas no primeiro inciso.[121]

Essa categoria é interessante do ponto de vista sociológico, pois registra o fato de que certa sociedade não deseja discriminar apenas os membros das minorias sociais, mas também quem se associa a eles, pelo fato de "trair" seu grupo, questionando formas de segregação social.

Já do ponto de vista jurídico, a categoria carece de interesse quando o parâmetro é norma que veda a discriminação em geral, por exemplo, o direito à igualdade no art. 5º, *caput*, da Constituição brasileira. Sob esse parâmetro geral, a discriminação de uma Negra não se diferencia juridicamente da discriminação de seu cônjuge Branco. É suficiente comprovar o tratamento diverso e menos favorável e a falta de justificativa lícita. A discriminação por associação constitui discriminação direta por razão não permitida.

Já em ordenamentos que enumeram taxativamente as razões da discriminação proibida, como é o caso da mencionada lei norueguesa, a discriminação por associação deve ser especificamente registrada, pois o Branco que casa com Negra não é discriminado em razão de sua etnia ou de outro critério suspeito taxativamente mencionado na lei. Ele é discriminado em razão do casamento, que não integra essa lista.

[121] *Lov om likestilling og forbud mot diskriminering* de 2017 (lovdata.no/dokument/NL/lov/2017-06-16-51).

Observe-se que, quando a lei estabelece que é proibido discriminar quem se relaciona intimamente com certas categorias de pessoas, temos o reconhecimento legal de um *novo* grupo vulnerável. A discriminação não ocorre "por associação", e sim de maneira direta, pois o legislador considerou vulnerável o grupo "companheiros de membros de minorias sociais".

Os adeptos da categoria da discriminação por associação cometem um equívoco naturalista. Observam (corretamente) que o indivíduo A não era alvo de discriminação até casar-se com B. O erro consiste em considerar essa forma de discriminação não originária. Na verdade, a lista de discriminações "não originárias" é longa: idosos, gestantes e imigrantes tornam-se vulneráveis a partir de certo momento da vida.

4.4.3.2. *Discriminação indireta e "acomodação razoável"*

Em muitos casos, a norma não indica grupos que devem ser tratados de maneira desfavorável nem isso pode ser deduzido pelo contexto. Mas isso ocorre de fato, mostrando-se a discriminação nos resultados da aplicação da norma. Oferecer vantagem salarial e facilitar a promoção de quem trabalha em tempo integral pode parecer justificável como recompensa de quem mais se dedica à empresa. Ora, se for constatado que as mulheres são significativamente sub-representadas na categoria do tempo integral e sobrerrepresentadas na categoria de tempo parcial, a discriminação no tratamento atinge as mulheres e não apenas os trabalhadores de tempo parcial, devendo ser justificada como discriminação de gênero.

Aqui é necessário cuidado. Não é a aplicação da norma que revela a discriminação. A prática de aplicação *revela* um padrão social preexistente que propicia discriminação. O problema jurídico não é que as mulheres ganham menos que os homens (e isso devia ser enfrentado com um aumento), mas o fato de que o regulamento baseado no critério "tempo parcial *vs.* tempo integral" revela-se *substancialmente baseado no sexo*. Pode até ser que a história legislativa indique que o regulamento do tempo parcial foi feito para atender demandas de trabalhadores independentemente de sexo que desejavam diminuir a carga horária em razão da idade ou da boa condição econômica, mas esse regulamento revelou-se como critério que discrimina estatisticamente (e constantemente) as mulheres. A partir desse momento, o critério só é aceito se a justificativa não for apenas técnica, mas enfrentar a discriminação (indireta) de gênero.

A justificativa que costuma ser dada pelos empregadores é de que tratam os empregados de tempo parcial da mesma maneira. Se amanhã eles fossem majoritariamente homens, o tratamento seria o mesmo. Além disso, a prevalência das mulheres decorre de opções pessoais.[122] Aqui encontramos o "jogo" das intenções, que desloca a responsabilidade. Não apenas o empregador não desejou e talvez nem se beneficie do tratamento propiciado às mulheres, mas são as mulheres que pediram sua inclusão em certa categoria. A resposta a essa objeção é que o direito antidiscriminatório combate certas situações sociais e não objetiva sancionar pessoas mal-intencionadas.

No caso *Griggs*, a empresa justificava a aplicação de testes de conhecimento como necessários para garantir a qualidade do serviço, mas ficou claro que os testes avaliavam a escolaridade e conhecimentos gerais que eram desnecessários para o trabalho a ser desenvolvido pelos funcionários. Na verdade, excluíam de posições de maior responsabilidade e melhor remuneração os negros de maneira desproporcional. Deve também ser levado em consideração que os testes começaram a ser aplicados após protestos de negros que antes trabalhavam nos departamentos de menor prestígio e remuneração.[123] Os efeitos da norma de formulação aparentemente objetiva (quem deseja promoção deve passar nos testes "objetivos" e aplicados a todos) mostraram um padrão de discriminação que a própria norma trazia (e que era de se esperar, dadas as características seculares da sociedade estadunidense).[124] Esses efeitos independem de intenções e percepções dos legisladores, dos empregadores e da opinião pública.

A já mencionada Diretiva 78 de 2000 da União Europeia oferece a seguinte definição:

[122] Doutrina e jurisprudência em Somek 2001: 550-556.

[123] United States Supreme Court, *Griggs v. Duke Power Co.*, 401 U.S. 424 (1971) (supreme.justia.com/cases/federal/us/401/424).

[124] Esse último dado talvez permitiria classificar o caso *Griggs* como de discriminação direta velada. Se a diferença no nível educacional entre negros e brancos em determinado lugar é patente e estatisticamente relevante, exigir diploma universitário para certa profissão parece um caso de discriminação direta velada, como no caso da altura mínima unissex.

> Artigo 2, 2 b) Considera-se que existe discriminação indirecta sempre que uma disposição, critério ou prática aparentemente neutra seja susceptível de colocar numa situação de desvantagem pessoas com uma determinada religião ou convicções, com uma determinada deficiência, pessoas de uma determinada classe etária ou pessoas com uma determinada orientação sexual, comparativamente com outras pessoas, a não ser que: i) essa disposição, critério ou prática sejam objectivamente justificados por um objectivo legítimo e que os meios utilizados para o alcançar sejam adequados e necessários [...].[125]

A definição indica bem o *mecanismo* da discriminação indireta. Não se questionam, via de regra, normas objetivas e adequadas que, por uma espécie de acidente, tiveram efeito de discriminação, tal como diríamos que o avião é um meio de transporte seguro, mas em raríssimos casos podem ocorrer acidentes fatais. As normas que causam discriminação possuem conteúdos que são, na dicção dessa Diretiva, *suscetíveis* de provocar discriminações. Lembrando do famoso exemplo nos EUA, realizar eleições presidenciais em uma terça-feira de novembro parece uma decisão neutra em relação à classe social, além de ter explicação histórica. Contudo, a escolha revela-se juridicamente problemática se pensarmos que o mês de novembro é frio e chuvoso no norte dos EUA e que pessoas pobres que trabalham ou cuidam de crianças em casa dificilmente abandonarão seus afazeres para ir votar, após longo trajeto em transporte público.

Mais do que delimitar a ocorrência da discriminação indireta, o requisito da "suscetibilidade" mostra seu caráter, por assim dizer, pré-programado, ainda que isso não seja intencional ou consciente. Em um mundo marcado por inúmeras diferenças, incluindo pequenos grupos com problemas específicos e praticamente desconhecidos dos demais, mesmo normas sem carga axiológica poderão ser "suscetíveis" de causar discriminação desse grupo. Diante dessa amplitude, a resposta deve ser que a suscetibilidade constitui apenas um requisito *prima facie*, que poderá ser considerado discriminatório após exame de suas justificativas. A definição dada pela Diretiva inclui apenas algumas minorias.

[125] "Directiva 2000/78/CE do Conselho da União Europeia, de 27-11-2000, que estabelece um quadro geral de igualdade de tratamento no emprego e na actividade profissional" (data.europa.eu/eli/dir/2000/78/oj).

Isso oferece clareza jurídica e impede litígios incertos, invocando normas abstratas como a igualdade geral ou a vedação de discriminação "por qualquer razão". Contudo, tal como fizemos na discriminação direta, nossa exposição geral do direito antidiscriminatório deve ignorar a limitação em função de classificações, ampliando a definição.

Por fim, um elemento crucial é a possibilidade de *justificativa* da discriminação que analisaremos no cap. 4. A norma estabelece que a justificativa deve ser dada utilizando uma versão do princípio da proporcionalidade. Requer, primeiro, a constatação de objetivo legítimo perseguido pela norma que discrimina. Segundo, a comprovação de que os meios utilizados sejam adequados para alcançar o fim almejado. Terceiro e mais importante, que esses meios sejam necessários, não havendo alternativa que permitisse atingir o mesmo resultado com menor ônus para o grupo discriminado. Aqui utilizaremos uma formulação mais abrangente e neutra, propondo a seguinte definição:

> *D7 Há discriminação* indireta *sempre que uma disposição, um critério ou uma prática aparentemente neutra seja suscetível de colocar em situação de desvantagem uma pessoa em comparação com outras, a não ser que essa disposição, critério ou prática seja objetivamente justificada mediante controle de legalidade e constitucionalidade.*

O elemento central da definição (norma *suscetível* de gerar discriminação) decorre do fato que, como dissemos, quando é instituído o mesmo tratamento para grupos com características e necessidades diferentes, haverá, muito provavelmente, reprodução ou mesmo acentuação da desigualdade. O tratamento igual de desiguais tem, pela lógica, impacto diverso (*disparate impact* nos EUA; *adverse effect* no Reino Unido - Connolly 2011: 153). Sabendo que apenas 5% do corpo docente de uma universidade brasileira são negr@s, ignorar o fator raça/cor-da-pele nos próximos concursos ("tratamos todos igualmente, utilizamos os mesmos meios de avaliação") levará, muito provavelmente, à reprodução da desigualdade racial nos resultados.

A vedação da discriminação direta objetiva *impedir* o tratamento desigual e injustificado, sendo suficiente afastar a norma para que não ocorra lesão do direito à igualdade. É apenas uma exigência de retirar o obstáculo (dimensão negativa). Já a vedação da discriminação indireta é um direito de *inclusão social* (COLLINS e KHAITAN 2018: 6) ou, pelo menos, uma forma de amenizar a exclusão social (COLLINS 2018: 265). Isso mostra sua *dimensão positiva*. Exige-se que o Estado ou os particulares em posição de poder façam algo, para que uma minoria social melhore suas condições. A mensagem central da decisão *Griggs* é: enquanto os negros não tiverem o nível educacional dos brancos nos EUA, devem ser utilizados processos de seleção que, no modelo da ação afirmativa, levem em consideração a situação do grupo socialmente discriminado, esperando-se que isso amenizará a exclusão social.

Como foi observado pela juíza Hale da Suprema Corte do Reino Unido:

> Indirect discrimination looks beyond formal equality towards a more substantive equality of results: criteria which appear neutral on their face may have a disproportionately adverse impact upon people of a particular colour, race, nationality or ethnic or national origins.[126]

Com vocabulário mais incisivo, escreveu Robert Post (Mercat-Bruns 2016: 29, 33):

> Antidiscrimination law serves as a regulatory tool instrumentalizing people to achieve equality [...]. Aspects of antidiscrimination law serve the objective of redistribution. We want to have more minority persons within the workplace, so we say we will have quotas in order to achieve this.

Em termos relacionais, o direito antidiscriminatório impõe ao Estado e aos particulares deveres de atuação, sendo instrumento de *redistribuição*. Exige que eles atuem sem prejudicar minorias sociais para beneficiar os grupos dominantes ou mesmo quem usa critérios discriminatórios (empresário que paga salários menores a minorias). Vale como regra orientadora que os membros das minorias possuem o *direito de não ser prejudicados nos processos de distribuição de bens com valor econômico e/ou simbólico* (SOMEK 2006: 212; cf. SOMEK 2005).

[126] Supreme Court of the United Kingdom, *R (on the application of) v Governing Body of JFS & Anor* (2009) (www.bailii.org/uk/cases/UKSC/2009/15.html).

A comprovação de discriminação indireta exige, muitas vezes, pesquisas empíricas que são complexas e podem ser controvertidas, sendo fundamental a utilização de estatísticas para constatar impacto diverso em grupos minoritários, apesar da formulação neutra. Igualmente necessárias são as comparações (por exemplo, entre empresas, verificando porque há maior exclusão em certo setor ou unidade), assim como os testemunhos dos envolvidos que esclarecem as práticas adotadas. No entanto, o uso dessas técnicas não é sempre suficiente para demonstrar a discriminação. Isso deve-se a duas razões. Primeiro, o impacto diverso pode estar relacionado à vontade das pessoas. Sabe-se que as mulheres não desejam trabalhar na construção civil, mesmo se empregos "equivalentes", como o da empregada doméstica, tenham menor remuneração. Constatando a sub-representação das mulheres, devemos indagar se isso não se deve a uma escolha consciente delas e não a mecanismos de discriminação indireta.

Um sociólogo observaria que o fato de as mulheres "não desejarem" ser pedreiras também é produto de uma socialização diferencial que as exclui de profissões mais exigentes em termos de força muscular, com maior exposição em ambientes de risco ou hostis por variadas razões (cirurgiões, engenheiros navais, operadores da bolsa de valores, bombeiros, taxistas, sepultadores...). Porém, a partir do momento em que as mulheres não desejam exercer certa atividade, isso não pode ser imputado juridicamente ao empregador ou ao recrutador.

Segundo, porque podem intervir outros fatores além da norma que justifiquem a discriminação ou que não a justifiquem, mas a relacionem com outras causas. O exemplo mais comum no Brasil é a imbricação da raça e da classe. Ao apontar a exclusão racial pode-se responder que brancos de semelhante contexto familiar e renda sofrem o mesmo grau de exclusão. E, ao criticar a exclusão econômica, pode-se argumentar que os negros são sobrerrepresentados nessa categoria.

Em tais situações, temos *multifatoriedade*. O caminho adequado é evitar generalizações (a culpa é da colonização) e analisar o caso concreto, identificando as dimensões do problema. Provas de concurso escritas e anonimizadas dão menos espaço para discriminações do que uma entrevista livre na qual a cor da pele, o sexo ou a deficiência física aumentam a probabilidade de decisões preconceituosas. Além disso, deve ser examinada a queixa concreta. Nada impede que a queixa relacione a cor da pele com a situação econômica, sendo essa combinação o alegado motivo da discriminação. Pode ser também que mulheres brancas e negras que se encontrem na mesma situação de pobreza tenham experiências diferentes, pois o tratamento das mulheres negras pobres pode incluir agressões adicionais em razão da raça. Bastaria discutir e provar isso, sem se preocupar em desvendar a exata relação e dosagem de causas e efeitos.

Um ulterior problema surge das definições muito amplas da discriminação indireta. Foi sustentado que há discriminação indireta quando um ato ou omissão, público ou privado, tem "impactos adversos negativos" ou "gera efeitos especialmente prejudiciais contra determinados grupos", sendo esses grupos protegidos pela Constituição (Corbo 2017: 3, 11). Com tal definição, a grande maioria das normas jurídicas, incluindo a aplicação dos direitos fundamentais, vai gerar "impactos adversos" sobre minorias sociais. Entre infinitos exemplos, podemos afirmar que o direito (fundamental) à herança tem como óbvio e intencional resultado que pessoas ricas transmitam sua propriedade a familiares e principalmente a filhas e filhos. As amplas camadas da população brasileira em situação de pobreza ou sem bens imóveis serão prejudicadas por essas regras, o que não ocorreria se, por exemplo, a propriedade passasse ao Estado ou fosse distribuída entre os mais pobres do bairro. Podemos realizar uma revisão completa do direito brasileiro, constatando os "impactos adversos negativos" da maioria de suas normas.

Em nível mais abstrato, institutos jurídicos de um país capitalista não podem ter como finalidade a abolição de desigualdades e desequilíbrios em renda, acesso a bens e mesmo expectativa de vida. Propriedade privada, livre concorrência, liberdade contratual, negações salariais formalmente livres e inúmeras outras regras constitutivas do capitalismo são garantidas pela Constituição e pela legislação brasileira. Não se pode (fingir de) esquecer que a Constituição e todo o ordenamento garantem a ordem jurídica do capitalismo, sendo literalmente o "direito do capital".[127] *Queixas sobre desigualdade legalmente produzida pelo sistema podem ter repercussão (e justificativa) política. Mas não são juridicamente operacionais.*[128] Esse é

[127] O termo encontra-se em Dimoulis e Lunardi 2018. Análises em Castro 2017; Caldas 2015.

[128] É o que não se encontra na obra de Corbo (2017: 76), que repete que a Constituição de 1988 deseja proteger as minorias sociais com frases de efeito retórico como "ideais emancipatórios emanados da Constituição de 1988".

o principal argumento contra teorias que entendem o direito fundamental à igualdade como meio para combater as hierarquias sociais (teorias "antissubordinatórias").[129]

Para que a discriminação indireta não se torne um ilusório sinônimo da abolição de diferenças, distinções e (politicamente falando) discriminações que o direito impõe (tratamento diferenciado de funcionários públicos) ou permite (enormes riquezas acumuladas, opiniões e práticas que prejudicam minorias), devemos estabelecer critérios fixos.

Nesse nível de análise, é suficiente dizer que a discriminação indireta deve estar revestida de *ilegalidade/inconstitucionalidade* (cf. cap. 7).

A liberdade de escolha de cônjuge é a essência do instituto. Isso constitui justificativa suficiente para que brancos, ricos, de formação superior e morando em bairros nobres se casem com seus semelhantes para que nasçam filhos que frequentarão as melhores escolas particulares e reproduzirão o padrão do 1% da elite brasileira. Por mais que essa liberdade mostre um padrão estatístico de fortíssima exclusão e reprodução de desigualdades sociais, a prática possui justificativa jurídica, não havendo discriminação indireta sob o manto da liberdade individual.

Já os testes de conhecimentos do caso *Griggs* constituem prática ilegal porque nenhuma norma permitia que funcionários negros fossem profissionalmente marginalizados e nenhuma norma de segurança ou qualidade do serviço exigia que eles tivessem esse conhecimento. Se agora se tornasse público que os acionistas da empresa Duke, que discriminou indiretamente os empregados negros em *Griggs*, são quase todos brancos, casam-se com brancos e têm apenas amigos brancos, haveria justificativa plausível (liberdade, vida privada). Assim sendo, devemos inserir na definição da discriminação indireta o requisito *da ilegalidade comprovada definitivamente*, isto é, após exame de todas as eventuais justificativas do fato da disseminação.

Disso surge um esquema *ternário*.

Primeiro: constatação da neutralidade aparente da norma.

Segundo: comprovação de seu impacto prático diferenciador/discriminatório.

Terceiro: ausência de justificativas que prova a ilicitude da discriminação. Decidir quais justificativas são permitidas e criar precedentes

[129] Cf. a equilibrada crítica de Dorf 2002.

para tanto é tarefa difícil e controvertida. O caso *Griggs* deixou isso claro, referindo-se o tribunal a possíveis justificativas de discriminação com termos vagos: "*significantly* related to sucessful job performance"; "*reasonable* measure of job performance"; "business *necessity*"; "*substantially* higher rate".[130]

Afirmou-se que a distinção entre discriminação direta e indireta não é clara, porque há casos em que ambas parecem ocorrer. Mencionou-se como exemplo a demissão do trabalhador que não compareceu uma sexta-feira ao trabalho porque era o dia sagrado de sua religião, apesar de ser dia útil para o mundo da economia em geral, sem significado especial para a vasta maioria da população de certo país.[131] Eventual discriminação teria natureza direta por impedir que um grupo exerça adequadamente seus deveres religiosos, mas apresentaria também feição indireta, pois o dever de trabalhar na sexta-feira, aceito como óbvio pela maioria, gera impacto desproporcional para os adeptos de certa religião minoritária, mesmo se a norma for aparentemente neutra e culturalmente justificada.

Essa observação não convence. Se houver discriminação direta, não é possível que haja indireta por razões de lógica, pois a própria norma viola a igualdade sem necessidade de ulterior indagação.[132] Quem atira em uma mulher não pode dizer que atirou "indiretamente", pois ele acionou a arma que provocou a lesão fatal, sendo o agressor um feminicida "indireto". Se, ao contrário, não se identificar discriminação direta, no sentido amplo do termo antes explicitado, devemos realizar o exame de ocorrência de discriminação indireta com base em indícios de impacto.

Nessa perspectiva, a resposta à demissão do trabalhador que faltou no feriado de sua religião (minoritária) depende da *formulação da norma*. Se houver previsão legal que garante a todos o direito de descansar no

[130] United States Supreme Court, *Griggs v. Duke Power Co.*, 401 U.S. 424 (1971) (supreme.justia.com/cases/federal/us/401/424). Sobre o uso de tais termos em exames judiciais da discriminação, cf. Connolly 2022: 81-98.

[131] O exemplo e a tese (a nosso ver equivocada) da dificuldade de distinguir entre discriminação direta e indireta está em Fredman 2011: 213; cf. Khaitan 2017; Collins, Khaitan 2018.

[132] Connolly 2011: 106. O autor adere à tese da relativa indistinção entre discriminação direta e indireta (Connolly 2022: 7-38), mas apenas mostra que o mesmo caso permite diferentes leituras judiciais, decidindo tanto pela discriminação indireta como pela direta. Isso é verdade, mas não muda o fato de que a resposta final optará pela direta ou pela indireta.

dia de sua preferência, religiosa ou outra, teríamos discriminação *direta* dos adeptos de religiões que consideram dia sacro a sexta-feira, caso outra norma proibisse o descanso nesse dia da semana.

Quando a norma estipula, como a Constituição brasileira, "descanso semanal preferencialmente aos domingos" (art. 7º, XV), estamos diante de uma previsão que é justificada culturalmente pela vontade da grande maioria no Brasil, religiosos ou não, assim como pela conveniência social de se ter um dia livre comum para a grande maioria, garantindo tranquilidade e facilitando passeios, encontros e festas.

Devemos também levar em consideração que, na atualidade, a maioria dos trabalhadores não entende o descanso semanal como dia de significado religioso e muito menos participa de cultos. Se for assim, o problema não é saber se o descanso dominical favorece, no Brasil, a maioria das crenças cristãs. Há um número crescente de ateus e de pessoas que não têm vida religiosa ativa; em muitas profissões, o descanso é dado em dia útil para melhor atender clientes nos fins de semana (teatros, bares); para algumas profissões seria impossível deixar de trabalhar um dia fixo (saúde, transporte público, energia, etc.).

Diante desses dados, o que deve ser feito não é alegar discriminação indireta, mas interpretar a igualdade no sentido da busca de soluções concretas satisfatórias para pessoas que têm uma peculiaridade. É o que a doutrina britânica denomina de *reasonable accommodation* (Connolly 2011: 199; Corbo 2018: 218-223), sendo esse um instrumento fundamental para resolver demandas individualizadas. Seu principal campo de aplicação é a resposta individualizada a necessidades de pessoas com deficiência sem deixar de aplicar a regra geral (Lawson 2008). Em tais hipóteses, não haveria discriminação direta, nem mesmo indireta. Apenas seria necessário dar uma resposta concreta e adaptada a circunstâncias estatisticamente excepcionais e imprevisíveis, no sentido que uma escola pode prever aproximadamente a porcentagem de canhotos em cada sala de aula, disponibilizando com antecedência carteiras para eles, mas não se pode prever se e em qual sala haverá um cadeirante, sendo em tal caso necessária uma adaptação específica.

Essa abordagem é teoricamente interessante, mas não está livre de problemas. O risco pode ser visto em decisões do STF que avaliaram pedidos individuais, mas decorrentes de demandas coletivas de grupos religiosos. Em um caso, um candidato a concurso público pediu que a prova fosse aplicada a ele em dia diverso do dia de guarda de sua igreja. No segundo caso, pediu-se que fossem desconsideradas faltas em dias de guarda religiosa.

O tribunal deu uma resposta típica do pensamento da acomodação ou adaptação razoável.[133] Reproduziu basicamente os termos do art. 2º da *Convenção sobre os direitos das pessoas com deficiência* de 2007, internalizada no Brasil pelo Decreto Legislativo n. 186 de 2008. Define a Convenção:

> "Adaptação razoável" significa as modificações e os ajustes necessários e adequados que não acarretem ônus desproporcional ou indevido, quando requeridos em cada caso, a fim de assegurar que as pessoas com deficiência possam gozar ou exercer, em igualdade de oportunidades com as demais pessoas, todos os direitos humanos e liberdades fundamentais.

No caso do concurso, o STF considerou que cabe à administração pública determinar

> a realização de etapas de concurso público em datas e horários distintos dos previstos em edital, por candidato que invoca escusa de consciência por motivo de crença religiosa, desde que presentes a *razoabilidade* da alteração, a preservação da *igualdade* entre todos os candidatos e que não acarrete ônus desproporcional à Administração Pública.[134]

No segundo, foi considerado possível

> estabelecer critérios alternativos para o regular exercício dos deveres funcionais inerentes aos cargos públicos, em face de servidores que invocam escusa de consciência por motivos de crença religiosa, desde que presentes a *razoabilidade* da alteração, não se caracterize o *desvirtuamento* do exercício de suas funções e não acarrete ônus desproporcional à Administração Pública.[135]

[133] Sobre a história de adoção e o conteúdo jurídico do conceito da acomodação razoável, cf. Lawson 2016; Assis Jr. 2019: 46-90, 140-168.

[134] STF, *Recurso extraordinário com agravo 611.874*, rel. Min. Edson Fachin, julg. 26-11-2020. Os itálicos são nossos.

[135] STF, *Recurso extraordinário com agravo 1.099.099*, rel. Min. Edson Fachin, julg. 26-11-2020. Os itálicos são nossos.

A vagueza dos termos em itálico indica que o STF não resolveu a questão. Se a administração der uma interpretação restritiva, os casos de tratamento excepcional serão mínimos, pois a duplicação (ou mesmo a multiplicação) dos dias de concurso, assim como o constante rearranjo de turnos gera evidente prejuízo financeiro e ônus pela mobilização de pessoas e recursos para atender um grupo restrito de religiosos. Da mesma maneira, ameaça a igualdade entre candidatos (como comparar quem fez prova diferente?). Se, ao contrário, for considerado que a alegação de impedimento religioso é muito relevante, então haverá uma multiplicação e complexificação da organização administrativa. Com dezenas de orientações religiosas, pode-se razoavelmente imaginar que todo dia do ano é dia de guarda ou comemoração para certo grupo, tornando-se a organização do setor público uma espécie de serviço à *la carte*, da mesma maneira como alguém agenda consultas e tratamentos nos dias de sua conveniência.

Além disso, há um problema geral de igualdade, porque a objeção religiosa deve ser tratada como impedimento absoluto e não se aplica o mesmo para outras atividades. Acompanhar pais doentes na hemodiálise, ou mostrar amor materno/paterno ao buscar a criança na saída da escola em vez de deixá-la voltar com ônibus escolar, ou mesmo assistir ao jogo de futebol do time preferido que muitos veneram como verdadeira religião é uma atividade de menor relevância do que acompanhar uma celebração religiosa ou ficar em casa fazendo orações? Para alguns, sim; para muitos outros, não. Por que um ateu, invocando seu direito a igual tratamento com os crentes, não pode pedir abono de falta em dias de jogos de seu time venerado?

Se a resposta for que a religião é mais importante do que qualquer outra atividade ou relação social, invocando o que a doutrina alemã denomina *Religionsprivileg*,[136] estamos diante de uma decisão injustificada pela dogmática dos direitos fundamentais e claramente contrária a imperativos igualitários em um Estado laico.

Por fim, em sociedades organizadas, é simbolicamente, logo politicamente, problemático admitir exceções que não alegam impossibilidade física (como a deficiência), mas compromisso com instituição ou ativi-

136 O conceito é usado para privilégios de organizações religiosas, mas pode ser facilmente ampliado. Sobre os privilégios dos religiosos na Alemanha, cf. KÄSTNER 1998.

dade contrária à proentação do Estado, como ocorre com a ideia de que alguém pode se isentar de obrigação geral. Em termos simples, a dúvida é: por que o fato de alguém ser professor e adepto de uma religião justifica juridicamente o fato de ele preferir o compromisso religioso, sem que para tanto sofra sanções profissionais, e, ao mesmo tempo, outra pessoa ter risco de sofrer sanções trabalhistas (justificadas!) se, em vez de ministrar sua aula no horário previsto, for buscar seu filho na escola?[137] O que levou o STF a utilizar dois pesos e duas medidas?

Tendo indicado as dimensões e os grandes riscos relacionados à acomodação razoável que alguns consideram como caso limítrofe entre discriminação direta e indireta, podemos resumir a questão da distinção conceitual entre essas duas formas de discriminação da seguinte maneira:

– Primeiro, a distinção conceitual e prática entre as duas formas de discriminação deve ser mantida, principalmente por razões lógico-semânticas.

[137] Dois exemplos de acomodação razoável da minha experiência docente. Lecionando em turma de direito constitucional e fazendo chamada no primeiro minuto da aula, deparei-me com a situação de um aluno que se acidentou, comparecendo nas aulas com gesso na perna e muletas. O aluno tinha evidente dificuldade de se locomover em um prédio com catracas, degraus e um elevador pequeno. Ao chegar alguns minutos atrasado na aula, na companhia de colega que o ajudava na difícil subida, perguntei à turma se devia anotar falta de ambos. Houve comentários engraçados e outros indignados sobre a minha falta de sensibilidade. Rapidamente prevaleceu o espírito socrático e o caso levou a reflexões jurídicas. A validade da regra de fazer chamada no início de aula não fica afetada pelo acidente de um colega. O que devia ser feito era apenas adaptar a regra à situação peculiar, exatamente como não devia ser dada falta a pessoa com surdez que não responde "presente" na chamada, devendo o docente encontrar meio de aferição de presença desse aluno, sem abandonar a regra geral da chamada sonora e não gestual.
Já o segundo caso mostra os riscos de certas acomodações. Aluno que cursava disciplina com presença obrigatória sofreu ataque cardíaco e permaneceu internado por meses, ultrapassando o limite de faltas. O regulamento do curso não permitia abono, justamente para preservar a presencialidade. Reprovei-o por faltas. Por mais que o impedimento fosse insuperável e a enfermidade tenha sensibilizado a turma e o docente, fazendo a reprovação parecer injusta, é fato que o aluno não aproveitou a disciplina, como o regulamento exigia. Após recursos, o reitor ordenou o abono de faltas com a justificativa de que o direito não deve se separar do justo. Em minha opinião, foi feita uma "acomodação" *contra legem*, prejudicando o objetivo dos cursos presenciais. Se outro aluno alegasse que faltou além do limite permitido porque precisava trabalhar para alimentar seus filhos menores de idade, ele também teria sido aprovado com a invocação do "justo" contra o legal?

– Segundo, tentativas de solução de problemas com arranjos específicos, como a acomodação razoável, tratam de possíveis discriminações indiretas. Isso porque mesmo as vítimas de certa regra não questionam sua necessidade em abstrato, por exemplo, a realização do concurso em determinado dia e horário para facilitar a organização, diminuir os custos e garantir o tratamento igual para todos que se submetem ao mesmo exame. Trata-se de um arranjo aceitável que a legislação antidiscriminatória define como *desenho universal* (no sentido de abrangente, inclusivo).[138]

Eles mesmos aceitariam participar desse exame nas condições previstas, se estas não conflitassem com uma obrigação religiosa específica ou qualquer outro impedimento pessoal. Apenas pedem que seja feita uma exceção em razão dessa necessidade específica. Em tais casos a dúvida é se pode ser tratada como discriminação indireta uma regra razoável que para alguns casos, limitados e de cunho pessoal, terá consequências desagradáveis. Foi o que analisamos como risco da descida escorregadia.

– Terceiro, nada impede que uma discriminação indireta passe a ser considerada direta no futuro. Quando se comprova pela *experiência*, por debates e mesmo decisões judiciais que certo critério tem fatalmente impacto discriminador ilícito (casos dos testes de conhecimento "Griggs"), podemos dizer que seu emprego no futuro causará discriminação direta. Por muito tempo considerou-se que as escadas ofereciam acesso adequado e seguro a edifícios. Eventual queixa de cadeirantes em 1950, dizendo que as escadas dificultam desproporcionalmente seu acesso a prédios, devia ser considerada discriminação indireta. Na atualidade, ninguém duvida que a falta de rampa discrimina os cadeirantes de maneira direta, sem que seja de interesse jurídico no contexto do direito antidiscriminatório constatar se é também proposital, mas não se pode mais alegar que a norma "entrada apenas pelo portão, subindo três

138 "'Desenho universal' significa a concepção de produtos, ambientes, programas e serviços a serem usados, na maior medida possível, por todas as pessoas, sem necessidade de adaptação ou projeto específico. O 'desenho universal' não excluirá as ajudas técnicas para grupos específicos de pessoas com deficiência, quando necessárias". Art. 2º da *Convenção sobre os direitos das pessoas com deficiência* de 2007.

degraus" é algo neutro, que só acidentalmente ou de maneira imprevisível prejudica cadeirantes.

Retomando o estudo da discriminação indireta, indicamos que, entre as críticas formuladas a respeito de sua classificação como forma de discriminação,[139] parece-nos mais relevante a denominada "primeira aporia do direito à igualdade".[140] A autoridade estatal ou a empesa acusada de perpetrar discriminação indireta se defenderá dizendo o óbvio. Não desejou discriminar ninguém e prova disso é que a norma ou prática questionada não inclui elementos que dariam ensejo a discriminação. Outros autores enxergam na discriminação indireta aquilo que denominam de *paradoxo central* (Collins e Khaitan 2018: 4), fazendo uma consideração semelhante: se a norma trata igualmente os grupos A e B (aplicação do mesmo teste de conhecimentos para todas), como dizer que há tratamento desfavorável de algumas?

Em nossa opinião não há paradoxo nem aporia. O desigual tratamento é o *sintoma* que permite descobrir o potencial discriminador que a norma possui. Isso só é paradoxal e aporético para quem identifica a norma com as intenções, ou mesmo com as declarações políticas de seus criadores. Vejamos um exemplo fictício. O governo decide substituir o ICMS pelo IVA, dizendo que isso diminuirá drasticamente a carga tributária dos mais pobres, aumentando a parte paga pelos mais ricos. Suponhamos também que haja estudos de economistas, confirmando essas alegações. Passados alguns anos da adoção do IVA, torna-se claro que os mais pobres foram onerados de maneira desproporcional.

Sendo certo que não houve distorção na aplicação, por exemplo, complacência das autoridades tributárias com práticas de sonegação dos ricos, a única possível causa do tratamento mais desfavorável dos pobres é a própria norma. Sua aplicação revelou um potencial discriminador que foi ignorado (ou silenciado) no momento da adoção, agravando as violações do princípio da tributação proporcional aos rendimentos. Isso gera dúvidas sobre a constitucionalidade da norma, que deve ser examinada sem se interessar pelas expectativas ou intenções de seus criadores.[141]

139 Epstein 1992.

140 Somek 2001: 5-7, 563-564. Seguimos só em parte a argumentação do autor.

141 Sobre o *discriminatory purpose* (ou *discriminatory intent*), cf. a seção 4.4.4.

Se a discriminação for tida como fato social que ocorre independentemente da vontade de quem estabelece certa norma ou adota certa prática, é aceita a discriminação indireta, mas surge uma segunda crítica: imputa-se a violação da igualdade apenas a uma autoridade estatal ou empresa enquanto, na verdade, há difusa discriminação de natureza social-sistêmica.

A nossa resposta a essa objeção decorre da distinção entre compreensão ampla e estreita da discriminação indireta. Aceitando a compreensão ampla, torna-se claro que não é aceitável imputar a apenas um ente problemas sociais difusos e crônicos. Ora, se exigirmos comprovação do caráter ilícito do critério que a norma ou prática utilizou tacitamente, como ocorreu no caso *Griggs*, não há generalização/diluição. O criador da norma é responsável pelos resultados que ela teve. A situação social era conhecida e a norma piorou a discriminação. Ainda que não se possa esperar da condenação de uma empresa ou da anulação de um decreto uma mudança social significativa, isso não é motivo para encobrir atos discriminatórios.

4.4.3.3. *Discriminação indireta e composta* (interseccionalidade qualitativa)

Pensemos no caso em que são preenchidas três condições, duas negativas e uma positiva, em relação a uma medida e seu impacto. Primeiro, a medida *não é diretamente* discriminatória. Segundo, *não tem impacto maior* para nenhum grupo socialmente vulnerável. Terceiro, revela-se que, apesar das anteriores situações, sua aplicação prejudica de maneira estatisticamente significativa indivíduos que pertencem simultaneamente a dois grupos minoritários. No exemplo mais comum: as mulheres negras são estatisticamente discriminadas, mesmo não sendo vítimas de discriminação nem os negros em geral, nem as mulheres em geral. A primeira resposta, dada pelos tribunais nos EUA em décadas passadas, era que não havendo discriminação com base em um dos critérios "suspeitos", não há discriminação em geral. A resposta adequada é que se o padrão estatístico revela a insuficiência das classificações tradicionais, devem ser elaborados novos critérios de definição de minorias,[142] no nosso

[142] Seguimos a célebre descrição da interseccionalidade: Crenshaw 1991. Entre a bibliografia nacional, cf. Silva 2016: 53-100.

exemplo, categorias como: *homensbrancos, homensnegros, mulheresbrancas, mulheresnegras*.[143] Apenas as últimas serão vítimas de discriminação – e os *homensbrancos* seus principais beneficiários.

Considera-se que a criação dessas novas categorias é necessária quando as categorias mais abrangentes (no caso: negros, mulheres) *não* sofrem discriminação. A discriminação composta seria uma forma de responsabilizar quem discrimina (Connolly 2011: 77), revelando novos campos de discriminação, ainda que as razões da discriminação (cor, gênero, etc.) permaneçam as mesmas.

Consideramos que devemos ir além. O fato de as categorias mais abrangentes sofrerem discriminação não elimina a necessidade de criar subcategorias. As categorias negro e mulher foram juridicamente operacionalizadas no direito do trabalho para combater uma realidade que permanecia oculta na estatística geral. Suponhamos que uma empresa adota regras salariais que não discriminam com base no gênero ou na cor da pele, utilizando critérios como carga horária, anos de serviço ou capacitação profissional. Contudo, estudo estatístico mostra que, enquanto o salário médio dos empregados em geral era 5, *homensnegros* e *mulheresnegras*, bem como *mulheresbrancas*, recebiam salário médio 4 e *homensbrancos* 8. Nesse caso, a visibilidade social das categorias de gênero e raça foi crucial para mostrar a discriminação que permanecia invisível na variação individual de salários com base em regras remuneratórias isonômicas.

Se uma nova pesquisa descobrir que *mulheresnegras* recebem salário médio 3, isso significa que são tratadas de maneira mais desfavorável, não somente em relação aos *homensbrancos*, mas também em relação a *homensnegros* e a *mulheresbrancas*, que, no nosso exemplo, sofrem discriminação de menor intensidade. Isso justifica a criação de uma nova categoria com base na graduação sistemática da discriminação. Negros e mulheres sofrem discriminação indireta simples. Já *mulheresnegras* são discriminadas de maneira mais intensa por apresentar ambas as características (discriminação indireta composta). Elas revelam algo específico, alvo diverso de discriminação.

[143] Pesquisa na internet localiza ocorrências dos termos *whiteman, whitewoman, blackman, blackwoman*. Mas não encontramos algo no sentido teórico aqui proposto.

A formação de novos grupos enfrenta resistências políticas e dificuldades probatórias. Mas é uma descoberta relevante. Um interessante exemplo de incorporação da problemática da discriminação composta oferece a Lei n. 12.288 ao prever:

> Art. 1º, par. único. Para efeito deste Estatuto, considera-se: [...] III – desigualdade de gênero e raça: assimetria existente no âmbito da sociedade que acentua a distância social entre mulheres negras e os demais segmentos sociais.

Isso permite formular a seguinte proposição:

> *D8 Os grupos minoritários juridicamente relevantes devem multiplicar-se mediante combinação de critérios que aumentam o risco ou a intensidade da discriminação, desde que isso possa ser comprovado (depoimentos, dados estatísticos).*

Essa discriminação composta é *qualitativa*. Não se trata apenas de acrescentar às discriminações sofridas em razão da pertença a um grupo aquelas típicas de outro, mas de constatar as consequências negativas estruturais que tem a conjugação dos critérios, criando uma nova categoria.[144]

[144] Não encontramos na bibliografia a distinção entre interseccionalidade qualitativa (composta) e quantitativa (múltipla), mas a bibliografia parece captar essa diferença.
Distinções conceituais semelhantes às nossas, ainda que com terminologia diferente, encontramos em: Makkonen 2002: 10-17; Hannett 2003: 81: "sometimes the discrimination suffered may be qualitatively worse (i.e. double the burden), or qualitatively different (i.e. a unique experience of adverse treatment by say, black women)"; Burri e Schiek 2009: 3: "'Additive' or 'compound' discrimination would signify instances of discrimination [...] on more than one ground, where the role of the different grounds can still be distinguished. 'Intersectional' discrimination would refer to such discrimination [...] where the influence of various grounds cannot be disentangled, e.g. discrimination through denying ethnic minority women or women with disabilities the right to bear children".
Ellis e Watson (2012: 156) diferenciam entre discriminação aditiva (a nossa quantitativa-múltipla) e composta (a nossa qualitativa-composta): "discrimination may be grounded on two or more prohibited classifications simultaneously (for example, being black and being a woman); this is usefully termed 'additive' discrimination. Alternatively, it may result from a composite of classifications (for example, being a black woman); this is sometimes referred to as 'intersectional' discrimination and it in effect requires the recognition of a new head of discrimination, although not the acceptance of new grounds".

Consequência da criação de uma nova categoria é a necessidade de decidir com quais grupos será comparado o grupo que sofre discriminação composta. A doutrina afirma que devem ser comparados com grupo que não possui nenhuma dessas características (Ellis e Watson 2012: 156).

Parece correto pensar que eventual comparação de mulheres negras com mulheres brancas perde seu sentido, pois ambas as categorias teriam em comum a característica "mulher". Isso faria eliminar a referência a mulher e comparar genericamente negros e brancos ou, de maneira mais específica, mulheres negras com homens brancos? Essa sugestão decorre da incompreensão da discriminação composta. Ao comprovar que o critério do gênero e da cor acabou criando um novo grupo com estabilidade no tempo e com peculiar vulnerabilidade social (*mulheresnegras*), esse grupo diferencia-se de outros que podem ter em comum o elemento da cor ou do sexo. Assim sendo, um grupo que é vítima de discriminação composta deve ser comparado com todos os demais grupos formados de maneira composta.

A imagem pedagógica da *mulhernegra* que está no cruzamento enfrentando um duplo risco de atropelamento em comparação com quem deve atravessar apenas uma rua (negro ou mulher – Crenshaw 2003) explica o mecanismo da discriminação composta, mas não deixa claro o aspecto qualitativo que tem consequências além do simples incremento de riscos. É a *transformação da quantidade em qualidade*.

4.4.3.4. *Discriminação indireta e múltipla* (interseccionalidade quantitativa)

Há situações nas quais a pessoa discriminada pertence a mais de um grupo minoritário. Um homem negro com deficiência física pode ter riscos maiores de sofrer discriminação em razão da pertença a mais de

Decisão da Corte constitucional da África do Sul considera que a discriminação sofrida por *mulheresnegras* pode ser tão quantitativa como qualitativa: "As such, at times Black women may experience compounded forms of discrimination as compared to Black men or White women. In other cases, they may experience forms of discrimination and vulnerability that are qualitatively different from both these groups" (Constitutional Court. *Mahlangu and Another v Minister of Labour and Others* (CCT306/19) [2020] ZACC 24; www.saflii.org/za/cases/ZACC/2020/24.html#_ftn87).

Silva (2016: 9, 39-45) utiliza os termos "quantitativo" e "qualitativo" com significado diferente. Entende o "qualitativo" como sinônimo de contextualização e a discriminação composta como fenômeno quantitativo, teses que rejeitamos neste texto.

uma minoria. Ao examinar certo tratamento que recebeu podemos constatar que o preconceito contra negros atuou junto com o capacitista. E caso fosse mulher, pode ser que a discriminação fosse maior ainda. Contudo, na atualidade, não existe categoria "negros/com deficiência" que possa ser associada a certas percepções sociais e comportamentos ou sobre a qual haja evidências estatísticas de tratamento diverso.

Muito provavelmente a estigmatização de negros com deficiência é maior do que a de pessoas com deficiência que pertencem aos grupos dominantes, tal como maior é estatisticamente o risco de doenças e acidentes para grupos vulneráveis, expostos a condições de vida piores, a trabalhos manuais mais insalubres e sem o mesmo nível de acesso a serviços de saúde e reabilitação.[145] Além disso, não se pode excluir que um dia surja uma nova categoria social, havendo consciência geral sobre o tratamento diferenciado de negras com deficiência, cristalizando-se uma nova categoria. No presente momento, contudo, queixas de discriminação devem ser fundamentadas *separadamente*,[146] o que não significa que não possam ser apresentadas cumulativamente na mesma petição (Ellis e Watson 2012: 156).

4.4.3.5. *"Discriminação inversa"*

A adoção de políticas de promoção e compensação de minorias foi incialmente denominada "discriminação inversa" (Greenawalt 1983), termo ainda usado na África do Sul (Amparo 2018: 61). O grupo socialmente

[145] Cf. detalhadamente, com uso de exemplos semelhantes, Lawson 2016.

[146] Adilson Moreira se refere à *multidimensionalidade das opressões*, definida como "estudo da discriminação a partir de diferentes vetores de discriminação que determinam a experiência social dos indivíduos" (Moreira 2020: 424). O conceito descreve corretamente experiências como as da pessoa negra com deficiência que mencionamos no nosso texto, mas há dois problemas teóricos.

Primeiro, em sua experiência de vida, cada pessoa encontra combinações imprevisíveis de opressão, eventualmente acompanhadas de privilégios. A pessoa Negra pobre com deficiência pode usufruir socialmente os (injustificados, mas existentes) privilégios da masculinidade e da heterossexualidade; outro Negro pode ser pobre e homossexual sem deficiência, e assim por diante. Por isso, é preferível analisar em cada caso quais fatores incidem, em vez de uma referência geral à multidimensionalidade.

Segundo, as combinações imprevisíveis de marcadores sociais acumulam-se (abordagem quantitativa) e as desvantagens não são potencializadas, ao contrário do que ocorre com grupos como as *mulheresnegras*, mencionadas no item anterior. Se isso for verdade, podemos realizar um exame separado de cada forma de discriminação injustificada.

marginalizado recebe tratamento favorável para compensar, ao menos em parte, a discriminação sofrida.

O termo tem evidente e injustificada conotação pejorativa (discriminar inversamente continua sendo "discriminação"). Por isso foi substituído pelo termo "discriminação positiva", enfatizando o elemento voluntarista e construtivo (Tréhondat e Silberstein 2004) ou "ação afirmativa" e "ação positiva" (Connolly 2011: 337).

Para o jurista não interessa o apelo político de certo vocábulo, mas sua essência, que consiste em tratar de maneira favorável um grupo que foi vítima de sistemática discriminação. O termo decorre de um raciocínio *simétrico*. Se o anúncio "Procuramos empregados brancos" discrimina os negros, o programa "Reserva de vagas universitárias para negros" discrimina os brancos. Não há diferença no mecanismo (em ambos os casos há diferenciador com base na cor da pele, logo socialmente diferenciador, havendo tratamento diverso para cada grupo). A diferença encontra-se no objetivo (preservar exclusões e hierarquias ou facilitar a inclusão social).

As vagas reservadas para negros não discriminam o "branco que está em primeiro lugar na lista dos não aprovados". Diminuem o benefício dos brancos sempre sobrerrepresentados, isto é, ocupando lugares que em uma sociedade sem discriminação racial seriam ocupados por negros.

A ação afirmativa não discrimina no sentido da proposição D5. Há apenas uma *pressão normativa* para amenizar processos de exclusão no espírito de respeito ao direito à igualdade, da mesma maneira como o programa *Luz para todos*, com investimento federal de 1 bilhão de reais em 2022,[147] não discrimina as pessoas que já possuem acesso à rede elétrica e pagam, para tanto, tarifas plenas.

4.4.4. *Discriminação objetiva e intencionalidade*

É comum afirmar que a discriminação, ao menos a direta, deve ser provocada pela *intenção* discriminadora, sendo relevante verificar se o criador ou aplicador da norma *quis* discriminar. Afirma-se, por exemplo, que as discriminações diretas "*têm o propósito* de anular ou prejudicar" direitos

[147] Ministério de Minas e Energia, Portaria n. 552, de 2021 (http://antigo.mme.gov.br/c/document_library/get_file?uuid=29f97dff-944b-3e1e-12bc-47c21534fe38&groupId=36122).

de certa categoria de pessoas (Rios 2008: 89). Há estudos jurídicos sobre discriminação que dedicam longas páginas à discussão sobre os aspectos, critérios e maneiras de provar o *discriminatory intent*.

Na jurisprudência, é também comum investigar as intenções dos legisladores e aplicadores como elemento decisivo para constatar a ocorrência de discriminação ilegal. Nos EUA, a decisão *Carrillo-Lopez* de 2021 ilustra a tendência de buscar intenções. Impugnou-se a constitucionalidade de lei que criminalizava estrangeiros que, após terem sido expulsos dos EUA, ingressavam novamente no país de maneira ilegal. Houve evidência estatística de que a norma era aplicada em porcentagem entre 84% e 97% para punir Latino-american@s que entravam pela fronteira terrestre com o México. O Tribunal do Distrito de Nevada declarou a norma inconstitucional por causar discriminação apesar da formulação neutra.[148]

O argumento básico do governo foi de que a aplicação da norma contra Latino-american@s deve-se ao fato de eles entrarem nos EUA em quantidade e frequência muito maior do que pessoas oriundas de outras regiões do mundo. A aplicação da norma apenas reflete esse fato.

O Tribunal chegou ao resultado da inconstitucionalidade pelo caminho da jurisprudência estadunidense com base nos seguintes passos. Primeiro, considerou que o autor da ação deveria demonstrar que o legislador teve intenção ou propósito de discriminação racial (*intent or purpose*), tendo se referido também o Tribunal a *racial animus*. Segundo, cabia ao autor demonstrar que tal intuito foi um dos fatores que motivaram a decisão da criminalização, ainda que não tenha sido o único. Terceiro, não haveria inconstitucionalidade se o governo conseguisse demonstrar que a norma teria sido editada mesmo na ausência do propósito de discriminação racial, o que não conseguiu provar no caso.

A busca por intenções, propósitos e estados de ânimo do legislador parece-nos equivocada.[149] Tanto a norma que discrimina diretamente ("é proibida a participação de mulheres em concurso") como a que possui maior impacto para um grupo (exigir disponibilidade no período

[148] District Court for Nevada. *United States v. Carrillo-Lopez* (2021) (casetext.com/case/united-states-v-carrillo-lopez-3). Está pendente recurso perante a Suprema Corte.

[149] Crítica à jurisprudência e à doutrina que insistem na importância da intenção discriminatória em Chemerinsky 2006: 710-713; Connolly 2011: 90-101; Nino 2007. Cf. Somek 2001: 555-556.

noturno, prejudicando as mulheres) causam discriminação, sendo provavelmente violadoras do direito à igualdade. Quando isso ocorre, temos dano efetivo, não importando as intenções.

Conforme analisaremos nesta obra, o tratamento diverso pode se manifestar no nível dos fins, dos meios ou dos resultados. Quando o legislador proíbe a participação de mulheres em concurso, há discriminação no nível dos meios utilizados (proibição ou autorização, a depender do sexo biológico). Isso provocará fatalmente discriminação nos resultados, sendo os vencedores homens. Haverá discriminação independentemente da finalidade da norma.

A finalidade da norma deve ser levada em consideração no exame da eventual justificativa do tratamento desigual. Pensemos em concurso que excluiria mulheres de concurso para professores do ensino infantil no intuito de aumentar o número de homens em uma profissão que hoje no Brasil é exercida por 96% de mulheres, sendo as razões de admissão preferencial de homens relacionadas a aspectos tanto funcionais como simbólicos (Menezes 2022).

Quando se responde que a finalidade não era discriminar pessoas, mas, por exemplo, aumentar o lucro da empresa ao discriminar pessoas, isso não justifica a norma.[150] Igualmente falho é o argumento de que o legislador "não pensou" nas consequências de sua conduta. A presença de meios e/ou resultados discriminatórios gera danos objetivos que independem das finalidades. Observe-se também que a busca de intenções pode justificar até mesmo discriminações intoleráveis. Imaginemos que uma maioria parlamentar cristã aprova lei proibindo que as mulheres façam horas extras ou trabalhem nos fins de semana para poder dedicar mais tempo ao lar. Eles podem se defender dizendo que não houve discriminação, mas atenderam a um dado "objetivo", decorrente de sua visão sobre os deveres femininos descritos na Bíblia.[151,152]

[150] Connolly 2011: 90-91; cf. o nosso cap. 2, 4.4.3.1.2.

[151] Paulus, Efésios cap. 5, vers. 22-24: "Vós, mulheres, sujeitai-vos a vossos maridos, como ao Senhor; Porque o marido é a cabeça da mulher, como também Cristo é a cabeça da igreja, sendo ele próprio o salvador do corpo. De sorte que, assim como a igreja está sujeita a Cristo, assim também as mulheres sejam em tudo sujeitas a seus maridos". Já outro crente poderá argumentar que existe carta de Paulus afirmando o contrário: "Não há judeu nem grego; não há escravo nem livre; não há homem nem mulher; porque todos vós sois um em Cristo Jesus" (Gálatas cap. 3, vers. 28). O juiz deve simplesmente ignorar esse debate teológico.

[152] Exemplo semelhante é usado em Connolly 2011: 93.

Autores liberais-individualistas caem na armadilha de examinar intenções, ao definir a discriminação não como dano material e concreto, mas como privação das "liberdades deliberativas" das vítimas, que se encontraria "presa" nas consequências de uma identidade que outros definiram.[153] Quem define a discriminação como violação da liberdade da vítima não percebe que o agressor pode facilmente inverter a crítica, dizendo que ele fica privado de suas "liberdades deliberativas". Isso ocorre quando o agressor, adepto de certa religião, se vê obrigado a tratar os demais não como ele pensa que devem ser tratados em conformidade com seus valores e suas avaliações, mas com base em imperativos emitidos por instâncias estatais e filosóficas.

Se uma juíza ou uma filósofa política consideram a Bíblia cristã como monumento obscurantista e fonte de discriminações inconstitucionais, no que diz respeito ao tratamento das mulheres, dos infiéis e dos animais e, inclusive, apresentam dezenas de trechos da Bíblia e farta doutrina que confirma isso, alguém poderá concordar na constatação, mas discordar na consequência. A Bíblia ordena, sim, tudo isso, mas tais posturas não têm nada de inconstitucional. Expressam apenas a "liberdade deliberativa" de quem segue a Bíblia, logo se vê no direito, ou mesmo na obrigação, de subjugar mulheres, de apedrejar infiéis e de jogar no precipício animais possuídos pelo demônio, já que considera a Bíblia como única fonte da verdade.

Se um funcionário ou um cliente de estabelecimento, vítima de discriminação, possui o direito de não ser prejudicado por conta de sua religião (Moreau 2010: 155-156), por que o empregador ficaria proibido de pensar e de atuar conforme a própria religião, que impõe propiciar certo tratamento a certos empregados e clientes?[154]

153 Moreau 2010: 147 e *passim*. Detalhadamente, Moreau 2020.

154 Segundo Moreau (2010: 168), em caso de conflito deve ser feito um balanceamento entre a gravidade da afetação das liberdades deliberativas do agressor e da vítima. Consideramos que, em tal caso, não somente um dos dois ficará privado de sua "liberdade deliberativa", como também que o Estado será a instância que dirá o que deve ocorrer. No exemplo apresentado pela autora, um tribunal decidirá se cães-guia podem entrar em um restaurante, mesmo quando o proprietário tem razões religiosas para impedir a entrada de animais "impuros" em seu estabelecimento. Se isso for aceito, seria juridicamente correto dizer que o Estado determinará quais entre as discriminações são proibidas e quais não.

Isso ocorrerá por lei, submetida a controle de sua constitucionalidade em casos de abuso ou desvio da discricionariedade legislativa. Para que isso ocorra é desnecessário consultar

São esses os impasses de quem insiste no individualismo que ignora que até escravocratas poderiam reivindicar liberdades deliberativas sobre a natureza e o papel de seus escravos. A discriminação não pode ser compreendida nem operacionalizada se ficarmos fixados no *modelo da culpa individual*. Se o decisivo fosse a intenção, estaríamos caminhando para o modelo da responsabilidade penal por crime de racismo. O interesse do direito antidiscriminatório está, contudo, no fato que certas decisões ou omissões, seja qual for a motivação (ou falta de motivação), pioram *objetivamente* e *materialmente* a situação de pessoas negras.[155]

Em casos como os testes de conhecimento "Griggs", a decisão mudaria se nós soubéssemos que foram idealizados por um notório racista ou por um administrador engajado na promoção das minorias, mas que, nesse caso, tomou inadvertidamente uma decisão com consequências discriminatórias? A resposta é negativa, tal como seria negativa se o administrador tivesse apresentado justificativas plausíveis, por exemplo, um parecer positivo da Comissão de Equidade Racial da empresa.

Há também uma vasta literatura que recorre a ciências sociais e humanas, notadamente à psicologia, assim como a pesquisas empíricas do funcionamento das instituições para verificar o que "realmente" ocorre em instituições que discriminam. Esse tipo de pesquisa, que tem como figura de destaque no campo jurídico Linda Krieger,[156] parece-nos apologética. De tais pesquisas podem sair três possíveis respostas.

Primeiro, os recrutadores, avaliadores e inclusive os legisladores são, por assim dizer, vítimas de sua socialização, que os tornou reféns de preconceitos com o resultado de tomarem decisões objetivamente equivocadas que prejudicam a própria instituição ao favorecer pessoas menos capazes, mas oriundas dos grupos dominantes.

Segundo, o impacto diverso é uma ilusão porque a pesquisa empírica mostra que os critérios utilizados nada têm de preconceituoso. O resul-

crenças peculiares e conflitantes de milhões de pessoas. Tampouco se deve (fingir) realizar uma "ponderação" quando faltam critérios objetivos para tanto. Cf. as críticas sobre o uso da proporcionalidade como pretexto de imposição de opiniões subjetivas em Dimoulis e Martins 2020: 268-280.

[155] Imaginemos um médico que pergunta a pessoa gravemente ferida se foi vítima de ato doloso, culposo ou fortuito e faz depender o tratamento da resposta que receberá. Felizmente, os médicos não se preocupam com intenções subjetivas.

[156] Cf. os estudos de Krieger 1995; White e Krieger 2001; Greenwald e Krieger 2006.

tado de discriminação apresenta-se como mera coincidência. Algo como se em um concurso não fosse aprovado nenhum candidato de cabelo ruivo, ainda que nenhum elemento da avaliação permita dizer que o cabelo ruivo tenha sido tematizado.

Terceiro, pode ser constatado que os métodos e processos utilizados foram claramente e abertamente preconceituosos, sendo essas opções responsáveis pelos resultados que discriminam minorias.

Após um enorme investimento em pesquisas empíricas e mobilização de saberes ditos interdisciplinares, o resultado é exatamente o mesmo que era no ponto de partida: um grupo minoritário foi discriminado. E isso não muda se explicarmos às pessoas excluídas que a responsabilidade foi da socialização "enviesada" dos responsáveis, dos critérios e expectativas da organização ou, diretamente, do fato de terem sido avaliadas por pessoas de más intenções.

Se considerássemos que, na primeira e na segunda hipóteses, ninguém tem responsabilidade para tanto, "logo" nada pode ser feito, estaríamos apenas confirmando a estrutura preconceituosa. Nada diferente do que a resposta dada pelos responsáveis dos vestibulares que reprovavam negr@s, dizendo que as perguntas eram "de conhecimento" e os avaliadores não conheciam a cor da pele dos candidatos, devendo os reprovados esforçar-se mais para serem aprovados no próximo vestibular...

É esse o impasse jurídico e político que encontram abordagens que se preocupam com biografias, intenções e práticas de quem discrimina. E é isso que o direito antidiscriminatório deve combater.

Além disso, as intenções não são macroscopicamente relevantes. A sociedade, mediante processos complexos e arraigados nas representações coletivas, inflige agressões a uma minoria. Impõe sua marginalização, que se torna visível em estatísticas e pesquisas sobre a distribuição da renda e das posições de poder. "A discriminação sistêmica não possui sujeito" (Somek 2001: 562). Não é adequado procurar responsáveis individuais quando constatamos a ocorrência da própria discriminação.

O que deve ser feito é:

- Em nível forense, seguir as decisões que consideram irrelevantes as intenções do autor da norma (ou do responsável por certa prática). Disse a Corte constitucional austríaca: "para a fiscalização da constitucionalidade de uma lei, o que realmente importa é o resultado objetivo do processo legislativo e não são decisivas as motivações do legislador".[157]

- Em nível conceitual, *dessubjetivar/despersonalizar* radicalmente o direito antidiscriminatório, que na atualidade procura crenças, intenções, sentimentos, preconceitos ou erros. Ora, o *animus* de quem causa discriminação não interessa quando saímos do direito que sanciona indivíduos e entramos em um campo jurídico que procura enfrentar estruturas que prejudicam minorias sociais. Estudos de impacto quantitativos e qualitativos são muito mais relevantes do que conhecer as razões do comportamento de quem causou discriminação.
- Também em nível conceitual, melhor compreender a *perspectiva da vítima*, isto é, do grupo que sofreu o dano. Não se trata, evidentemente, de psicologizar um processo com fundamentos legais e resultados processuais objetivos, mas de entender, mediante depoimentos e pesquisas do contexto, o impacto de estruturas discriminatórias nos indivíduos. O funcionário que não mostra motivação para o trabalho pode ser vítima de *microagressões* que prejudicam seu desempenho, mesmo sendo objetivamente "invisíveis". Tentar entender a perspectiva das vítimas significa *subjetivar/personalizar* a abordagem, sempre respeitando os requisitos materiais e processuais que diferenciam processos judiciais de práticas de escuta e compreensão psicológica.[158]

Ao despersonalizar a análise em relação a quem alegadamente discrimina e personalizá-la em relação a quem é discriminado sugerimos que seja juridicamente levada em consideração (e na medida do possível *contrabalanceada) a assimetria entre grupos minoritários por um lado e grupos majoritários e autoridades estatais* (e supraestatais, pois elas podem ser igualmente discriminadoras) *por outro.*[159]

[157] Corte constitucional da Áustria, *n. 14868*, 19-6-1997 (ris.bka.gv.at/Dokumente/Vfgh/JFR_10029381_97B00226_01.html). Referência de semelhante decisão canadense em Corbo 2017: 141.

[158] Tanto a teoria das microagressões como, em geral, a perspectiva psicológica da compreensão da discriminação foram exemplarmente analisadas por Moreira 2020: 358-386, 499-508, 652-680.

[159] As propostas de dessubjetivação envolvem discussões filosóficas sobre o papel da subjetividade no direito moderno e o risco de colonizar a política com cálculos e estatísticas.

4.4.5. *Discriminando o grupo privilegiado? Os paradoxos do pensamento da simetria*

Atenas, 17 agosto de 2020. Meu filho de 16 anos, radiante de felicidade, de cabelo comprido e com seu belo chapéu de pescador sueco visita comigo Acrópoles, em um inesquecível dia ensolarado. Sou informado de que ele tem direito a entrada gratuita,[160] mesmo devendo eu pagar entrada de considerável valor, que desembolso sorrindo. Fico feliz porque o legislador criou incentivos, reais e simbólicos, para que jovens visitem lugares com significado cultural. Mas ficaria incomodado e talvez pensasse em fazer reclamação formal se percebesse que pessoas de idade e condição semelhante à minha ficassem isentas – digamos porque são apoiadores do governo. O que importa não é se alguém economiza ou não, mas se há um arranjo socialmente aceitável que faça com que os frequentadores do sítio se sintam respeitados, tratados de maneira que corresponde às suas características, sejam eles jovens ou não, atletas ou cadeirantes, arqueólogos ou simples curiosos.

E se um dos visitantes dissesse: "Quero que todos sejam tratados da mesma maneira. Nos restaurantes os pratos têm preço fixo, independentemente das características de quem os ordena. Por que no sítio arqueológico a idade é decisiva, a ponto de irmos da tarifa plena ao custo zero"? Em termos gerais, pergunta-se se a pertença a um grupo socialmente privilegiado é razão jurídica para que seja tratado de maneira menos favorável. Talvez no caso da entrada gratuita em sítios arqueológicos haja amplo consenso a favor do tratamento especial dos jovens, sem renda própria e em idade de formação cultural, mas será que todos concordariam na gratuidade para jovens que querem assistir a um *show* em estabelecimento privado? O que pensar de idosos que recebem aposentadoria condigna e têm rendas? *Quid* para desempregados, para pes-

Relacionam-se também com as propostas de objetificar a responsabilidade jurídica. O que nos permite argumentar aqui sem argumentar sobre essas grandes questões é o fato de tratarmos de problemas de discriminação que geram danos visíveis, mas recebem uma espécie de imunidade por argumentações subjetivistas, combinadas com a indiferença pela subjetividade das vítimas.

160 Incomodou, nessa ocasião, o fato de crianças e adolescentes sem nacionalidade da União Europeia ficarem excluídas do benefício da gratuidade. Discriminação injustificada, ainda mais por ser Acrópoles "patrimônio da humanidade" e "de extraordinário valor *universal*" que o Estado grego decidiu disponibilizar gratuitamente apenas para alguns (Unesco, *World Heritage Committee*, 39 COM 8E, 2015; whc.unesco.org/en/decisions/640).

soas de baixa renda ou com deficiência? *Quid* sobre as ações afirmativas? Como traçar os limites entre tratamentos menos favoráveis permitidos e não permitidos e fugir do subjetivismo e da incoerência? Procurando uma base para tal reflexão, examinaremos três casos nos quais o legislador reservou tratamento mais gravoso aos homens em comparação com as mulheres.

4.4.5.1. *Discriminando homens I: caso Moritz*

O processo movido por Charles Moritz contra uma autoridade tributária dos EUA foi julgado em 1972 pelo Tribunal de Apelação da 10ª Região.[161] A legislação tributária permitia que fosse deduzido da renda tributável o gasto que certas categorias de pessoas tinham com cuidadores contratados para membros da família com necessidades especiais. O objetivo da norma era permitir que o familiar encarregado da pessoa com fragilidade pudesse trabalhar fora de casa sem ter que pagar o salário integral do cuidador, que provavelmente seria semelhante ao que ele ganharia trabalhando fora de casa. A lei concedia essa dedução para (a) mulheres; (b) homens divorciados ou viúvos; (c) homens cuja esposa está internada ou incapacitada de cuidar de outros.

A mãe do Senhor Moritz, de idade avançada e gravemente incapacitada, necessitava de cuidados que seu filho lhe propiciava, tendo contratado uma cuidadora para substitui-lo enquanto trabalhava. Ao declarar sua renda, Moritz deduziu da renda tributável o salário da cuidadora. Fez isso apesar de não se enquadrar nas mencionadas três categorias de beneficiários (era homem solteiro). O fisco aplicou multa que Moritz contestou, alegando que a legislação era inconstitucional porque o discriminava com base no sexo, algo que os precedentes repudiavam. Se ele fosse mulher solteira cuidando da mãe gozaria da isenção. A única diferença é que ele era homem, sendo o resto igual (solteiro que cuida de pessoa da família). A Corte aceitou o pensamento *caeteris paribus* e deu razão a Moritz com base nos seguintes argumentos.[162]

[161] United States Court of Appeals for the Tenth Circuit, *Charles E. Moritz v. Commissioner of Internal Revenue* (1972) (openjurist.org/469/f2d/466/moritz-v-commissioner-of-internal revenue).

[162] United States Court of Appeals for the Tenth Circuit, *Charles E. Moritz v. Commissioner of Internal Revenue* (1972) (openjurist.org/469/f2d/466/moritz-v-commissioner-of-internal revenue, n. 25-28 da decisão).

– Moritz recebeu tratamento desfavorável em razão de seu sexo. Isso deve ser objeto de escrutínio estrito, pois o devido processo legal substancial proíbe discriminações com base no sexo (*subject to scrutiny under equal protection principles*).

– Não foi encontrada justificativa plausível para o diferente tratamento dos dois sexos para fins tributários. Faltando nexo entre a discriminação e uma finalidade constitucionalmente relevante, a discriminação é injustificada (*the classification is an invidious discrimination and invalid under due process principles*).

– Diante da inconstitucionalidade, a Corte considerou-se situada diante de uma alternativa: afastar todas as isenções relacionadas ao cuidado de parentes (algo injustificado) ou estender esse benefício a homens solteiros. Decidiu fazer o segundo, dando razão a Moritz.

A decisão foi considerada importante vitória do movimento de promoção dos direitos civis, por ser uma forma de promover a igualdade das mulheres nos EUA, cuja Constituição não garante expressamente a igualdade de gêneros. Se Moritz tinha o direito de não ser tratado de maneira discriminatória em relação às mulheres que se encontravam na mesma condição, centenas de normas que tratavam de maneira desfavorável mulheres poderiam também ser consideradas inconstitucionais. É indicativo que Moritz foi defendido por Ruth Bader Ginsburg, professora de processo civil e futura juíza da Suprema Corte, e Martin Ginsburg, professor de direito tributário, tendo a defesa recebido apoio de organizações de direitos humanos.

4.4.5.2. *Discriminando homens II: caso James*

O caso *James v. Eastleigh Borough Council* foi decidido pela Casa dos Lordes em 1990.[163] James quis usar a piscina municipal de sua cidade junto com a esposa. Na entrada foi informado que devia pagar ingresso no valor de 75 centavos de libra (menos de cinco reais), enquanto sua esposa era isenta. Ambos tinham 61 anos e eram funcionários públicos. A norma municipal isentava os aposentáveis (*pensionable age*) do pagamento de entrada, sendo esse um critério amplamente utilizado no Reino Unido para estabelecer benefícios para idosos. A idade que pos-

[163] House of Lords, *James v. Eastleigh Borough Council* (1990) (www.bailii.org/uk/cases/UKHL/1990/6.html).

sibilitava pedir aposentadoria era de 60 anos para mulheres e 65 para homens. Logo, a diferença relevante era que a Sra. James estava em posição "aposentável" aos 61 anos por ser mulher e o Sr. James não, por ser homem.

O Sr. James questionou a legalidade da norma municipal que o obrigava a pagar entrada pela única razão de ser homem, invocando a vedação do *Sex Discrimination Act*, de 1975.[164] A Casa dos Lordes deu-lhe razão com argumentos parecidos com os utilizados no caso Moritz.

– Único motivo para que um homem de 61 anos fosse obrigado a pagar entrada naquela piscina era seu sexo, logo a discriminação é causalmente relacionada ao sexo: "If he had been a woman aged 61, he would have been admitted free. Because he was a man aged 61 he was charged 75p for admission". Um julgador observou que, na piscina, poderia ser afixado um aviso do seguinte teor: "Admission 75p. Children under 3, women over 60 and men over 65 admitted free."[165]

A Corte aplicou o teste *but for*, decidindo que o sexo foi o único motivo da discriminação, e isso constituía ilegalidade por duas razões. Primeiro, porque não foi oferecida justificativa plausível para o tratamento diverso. Segundo, porque o motivo da discriminação talvez indique uma boa intenção do legislador (favorecer as mulheres), mas não deixa de discriminar os homens. Mesmo os melhores propósitos não podem justificar critérios de discriminação não permitidos.

4.4.5.3. *Discriminando homens III: o piloto que não gostava de quepes*

Regulamento de companhia aérea previa que o pessoal da cabine de pilotagem deve usar quepe, sempre que se encontre em lugares acessíveis ao público. Segundo a norma, o adereço era obrigatório para os homens e facultativo para as mulheres que trabalhavam na cabine de pilotagem.

[164] 142 "1.1 A person discriminates against a woman in any circumstances relevant for the purposes of any provision of this Act if: (a) on the ground of her sex he treats her less favourably than he treats or would treat a man".
"2.1. Section 1, and the provisions of Parts II and III relating to sex discrimination against women, are to be read as applying equally to the treatment of men, and for that purpose shall have effect with such modifications as are requisite" (legislation.gov.uk/ukpga/1975/65/pdfs/ukpga_19750065_en.pdf).

[165] House of Lords, *James vs. Eastleigh Borough Council* (1990) (www.bailii.org/uk/cases/UKHL/ 1990/6.html).

Um piloto compareceu sem quepe, foi impedido de pilotar voo intercontinental, foi procurado um substituto e o voo acabou sendo cancelado. O piloto rebelde foi convocado pela empresa e formalmente advertido por infração ao regulamento. A seguir, impugnou a advertência, alegando discriminação em razão do sexo.

O Tribunal Federal do Trabalho alemão deu-lhe razão, considerando que não havia justificativa objetiva e relevante (*sachliche Rechtfertigung*) para o tratamento diverso dos sexos. Se a empresa alega que o quepe é necessário para que os passageiros diferenciem pilotos de comissários, isso vale igualmente para as pilotas. Além disso, o argumento de que o quepe estragaria o penteado das pilotas não convence, pois a mesma norma obriga as comissárias de voo a terem penteado "perfeito" quando tiram o boné usado em determinados momentos do voo.[166]

A decisão parece acertada se for comparada com a do Tribunal de apelação que considerou que o uniforme masculino era diferente do feminino, sem que isso significasse tratamento inferiorizante de um dos sexos.[167] O cerne da questão, na perspectiva da igualdade dos sexos, é se há motivo convincente para o tratamento diverso.[168]

4.4.5.4. *Comparação dos casos*

O caso *Moritz* gera simpatia, pois seu protagonista exerceu papel típico de mulheres, cuidou de pessoa vulnerável e mesmo assim foi penalizado pela legislação. A lei tributária da época partia da constatação correta de que as mulheres oferecem aos familiares e, indiretamente, à economia

166 Tribunal Federal do Trabalho, *1 AZR 1083/12*, julg. 30-9-2014 (oj.is/776150).

167 Tribunal Estadual do Trabalho de Köln, *5 Sa 549/11*, julg. 29-10-2012 (oj.is/597690).

168 Em caso semelhante, comissário de bordo compareceu ao trabalho com *dreadlocks* que o regulamento só autorizava para mulheres, impondo aos homens cabelo curto com penteado "natural e homogêneo (*sic*)". O comissário foi afastado e, a seguir, demitido por doença psíquica. Após longa litigância, a Corte de Cassação francesa constatou discriminação direta em 2022, considerando que não havia exigência profissional que justificasse a diferença no tratamento de homens e mulheres. A companhia não tinha o direito de impor aos funcionários conformidade com "a percepção social sobre a aparência física do gênero masculino e feminino": Cour de cassation, chambre sociale. *Pourvoi n. 21-14.060*, 23-11-2022 (courdecassation.fr/decision/637dcb6914982305d4c204e0?search_api_fulltext=2114060).
Dogmaticamente, o caso *dreadlocks* é menos interessante do que o do quepe, pois houve discriminação dos homens para manter o padrão da aparência masculina-machista, sem afetar direitos das funcionárias mulheres, que, como veremos, foram lesadas no caso do quepe.

capitalista força de trabalho gratuita ao realizar a maior parte dos afazeres domésticos sem remuneração. Reconhecer um benefício tributário às mulheres que cuidam de pessoas necessitadas é plenamente justificado. Com base nesse argumento, a Corte poderia chegar a duas decisões.

Primeiro, dizer que a isenção deve ser concedida apenas a mulheres, sendo inconstitucional sua extensão a homens, independentemente da situação familiar e do papel desempenhado, logo Moritz, por ser homem, não fazia *jus* ao benefício.

Segundo, considerar que um dos benefícios do casamento para os homens é poder dispor do trabalho doméstico gratuito das esposas, conforme mostram as estatísticas. Homens que não quiseram se casar devem assumir as consequências de sua escolha e desempenhar funções de cuidado pessoalmente ou pagando e não onerar o Estado. Razão do tratamento diverso foi a opção do Moritz de não casar.

Se partirmos do pressuposto que, em 1972, tinha sido superada nos EUA a distinção dos papéis "provedor *vs.* dona de casa" e que, ainda que isso não fosse verdade para muitos lares, o Estado não deveria chancelar tal prática discriminadora, então a lei tributária revela-se inconstitucional por discriminar os sexos. A Corte deveria declarar a inconstitucionalidade e apelar ao legislador para que estabelecesse critérios racionais e adequados ao momento histórico, mas a Corte optou por decretar a ampliação do benefício ao cancelar a multa aplicada a Moritz. Os juízes reescreveram a lei, atendendo demandas sociais.

O caso *James* gera irritação política e moral pela combinação de mesquinhez com a falta de sensibilidade de quem chegou até a Suprema Corte por um valor irrisório, não aceitando que as mulheres tenham uma vantagem mínima em uma sociedade que as oprime. Além disso, há argumentos jurídicos que permitiriam tomar uma decisão diferente.

Se a Sra. James fosse efetivamente aposentada não haveria dificuldade em justificar a diferença de tratamento, aproximando-se do caso da gratuidade para jovens. A aposentadoria das mulheres em idade mais jovem, mesmo sendo questionada em tempos recentes,[169] tem argumentos

[169] A Corte constitucional austríaca decidiu que a aposentadoria das mulheres antes dos homens violava a igualdade em razão da mudança das circunstâncias sociais e também do risco de discriminação das mulheres no mercado de trabalho e concedeu prazo ao legislador para regulação: Corte constitucional, *n. 2568*, 6-12-1990 (ris.bka.gv.at/Dokument.wxe?Abfr

em seu favor. No caso, a justificativa é mais tênue. A Sra. James teve livre entrada não como mulher, mas porque preenchia o requisito legal da aposentabilidade. Se decidirmos que se assemelha aos aposentados, há justificativa. Se entendermos que a lei equivocadamente equiparou uma funcionária da ativa aos aposentados, fica mais plausível a discriminação de gênero.

Há, porém, um contra-argumento. Seria discriminatório a lei decidir que as mulheres que trabalham mais e ganham menos que os homens (dupla discriminação) não merecem gratuidade em diversões públicas, independentemente da situação laboral?

Em termos mais gerais, podem os membros dos grupos socialmente fortes alegar discriminação que os vitimiza no momento em que beneficia o grupo fraco? *A vedação da discriminação "com base no sexo" protege igualmente homens e mulheres?*

O caso do piloto parece ser o mais anódino. A decisão final eliminou um dever imposto a trabalhadores do sexo masculino sem prejuízo para as mulheres, nem mesmo para a empresa, cujos negócios pouco se influenciam pelos quepes. Contudo, o que permaneceu fora do escrutínio judicial – em razão da adstrição ao pedido – foi a discriminação imposta às mulheres. Segundo a norma, para as pilotas é facultativo aquilo que é obrigatório para os pilotos. Isentar as mulheres de um dever trabalhista significa tratá-las como funcionárias de segunda categoria, dispensadas do uso do uniforme completo, por serem, simbolicamente, "pilotos auxiliares". Justamente por isso, a medida não persegue fim lícito. Nem a preservação do penteado feminino, nem a insistência na masculinidade com a imposição de um acessório de origem militar podem justificar a diferenciação.

De modo geral, isentar as mulheres de deveres que, incômodos ou não, estão relacionados a autoridade e prestígio (tribunal do júri, cap. 2, 6.3; serviço militar, cap. 6, 2.6.4; quepe na aviação civil) viola a igualdade, e a discriminação injustificada dos homens está acompanhada de tratamento inferiorizante das mulheres.

age=Vfgh&Dokumentnummer=JFR_10098794_88G00223_01). Lei de 1992 diminuiu progressivamente a diferença de idade, até a plena equiparação em 2033: *Bundesverfassungsgesetz* über *unterschiedliche Altersgrenzen von männlichen und weiblichen Sozialversicherten* (ris.bka.gv.at/GeltendeFassung.wxe?Abfrage=Bundesnormen&Gesetzesnummer=10008799).

Ponto em comum dos três julgamentos é que a igualdade é utilizada como "trunfo" para invalidar um tratamento a favor das mulheres, fazendo uso *simétrico* (criterial) do princípio da igualdade (cap. 2, 4.4.1).[170] A questão jurídica central é saber se viola o direito à igualdade o tratamento diverso, independentemente da direção. A proibição de tratar alguém de maneira diferente com base no sexo (ou em qualquer outro critério) vale tanto para o grupo mais vulnerável como para o grupo mais forte?

Os exemplos escolares dizem que não podemos tratar A de maneira mais gravosa ou menos gravosa do que B se não houver justificativa para tanto. Ora, A e B são dois sujeitos abstratos que possuem os mesmos direitos, o que torna plausível a vedação recíproca. Mas o que ocorre quando se sabe que A, que recebeu tratamento mais favorável, pertence a uma minoria social? Nesse caso, podemos dizer que a simetria é falsa, não sendo possível discriminação do grupo dominante – ou sendo mais difícil sua comprovação.

Um tratamento favorável da minoria pode ser inconstitucional por várias razões: inadequação, excesso, afetação de direitos de terceiros. A pergunta é se esse tratamento favorável pode ser invalidado *apenas* porque discrimina o grupo forte. Se disséssemos que mesmo benefícios irrisórios como a gratuidade de entrada na piscina são proibidos porque o legislador nunca pode preterir o grupo socialmente forte, teríamos uma decisão que inviabilizaria ações afirmativas. O resultado seria manter, em nome do direito à igualdade, a discriminação e subordinação fática da minoria.

Os três exemplos mostram que há gradações e que as circunstâncias e o impacto importam. A isenção tributária de Moritz não afeta as mulheres; o caso do quepe tem relevância mais simbólica que real, enquanto o caso James pode sinalizar o abandono do tratamento previdenciário especial das mulheres. Mas sempre surge a dúvida se a igualdade possui juridicamente o significado simétrico (criterial) que faz parte de seu conceito (cap. 2, 4.4.1).

O problema jurídico surge pela não designação do grupo protegido na norma sobre a igualdade. O legislador usa termos que abrangem

[170] Somek 2001: 498; Conaghan 2010: 418; Fredman 2011: 175, 237. Tratamento específico da questão com uma, em nossa opinião insustentável, defesa da simetria em todos os campos do direito antidiscriminatório em Schoenbaum 2017.

tanto a minoria social como o grupo dominante, como a vedação da discriminação por *sexo ou cor*. Ao indicar o que possuem em comum grupos de posição social diferente, a norma parece impedir uma compensação, bloqueando tentativas de mudança que constituiriam "discriminação" para homens e/ou brancos.

Nos anos 1960, o caso *Moritz* foi compreendido nos EUA como litígio estratégico com o objetivo de os tribunais decidirem que o gênero não pode fundamentar benefícios, utilizando o precedente para afastar leis que prejudicavam as mulheres, mas esse uso estratégico revelou-se arriscado, podendo a vedação de discriminação com base "no sexo" ser utilizada também para oprimir grupos vulneráveis, na esteira do raciocínio que encontramos no caso *James*.

4.4.5.5. *Crítica do pensamento da simetria: bombeiros brancos, professoras de engenharia, estágios só para negr@s*

No caso *Ricci v. DeStefano*, a Suprema Corte dos EUA analisou, em 2009, recurso de 20 bombeiros: 19 brancos, em sua maioria descendentes de imigrantes italianos, e um hispânico. Todos tinham sido aprovados em concurso de promoção para oficiais da corporação feito em 2003, sendo que nenhum negro foi aprovado na ocasião.[171] Os administradores municipais responsáveis pelo serviço de bombeiros anularam o exame em razão de sua seletividade racial e não promoveram os vencedores. Esses últimos alegaram tratamento diverso, isto é, discriminação racial *direta*, por terem sido preteridos em razão do fato de não serem negros.

A Suprema Corte deu-lhes razão, considerando, pela simbólica maioria de 5 a 4, que houve discriminação dos aprovados não negros.[172] Na decisão, ficou claro o dilema. Concursos dessa natureza podem ter como resultado uma discriminação indireta (nesse caso: "impacto diverso" em desfavor dos negros). Isso não é apenas uma eventualidade ou risco, mas em países com forte desigualdade racial é uma quase certeza quando se

[171] United States Supreme Court, *Ricci v. DeStefano* 557 U.S. 557 (2009) (supreme.justia.com/cases/federal/us/557/557). Tampouco houve aprovação de mulheres. Mesmo sendo o recurso feito pelos homens brancos, o tribunal constitucional não deveria dedicar alguma consideração ao fato de que, no concurso, apresentaram-se 111 candidatos homens e nenhuma mulher?

[172] United States Supreme Court, *Ricci v. DeStefano* 557 U.S. 557 (2009) (supreme.justia.com/cases/federal/us/557/557). A opinião dissidente foi escrita pela juíza Ginsburg.

trata de cargos e funções de prestígio social. Ocorrendo discriminação indireta, o processo seletivo viola a legislação e/ou a Constituição.

Para evitar isso, os concursos e, em geral, as políticas públicas e as ações de empregadores particulares vinculados por leis como o *Civil Rights Act* de 1964 deveriam ser elaboradas de maneira que trate com sensibilidade certas minorias. Se isso ocorrer, teremos juridicamente tratamento diverso em desfavor dos brancos, violando-se também a legislação e/ou a Constituição. O que devia fazer o município? Discriminar diretamente os brancos ou discriminar indiretamente os negros? A maioria da Suprema Corte considerou que não podia ser ordenada a discriminação direta (dos Brancos) para evitar consequências de eventual discriminação indireta (dos Negros).

Não há saída jurídica clara. Enquanto os grupos dominantes puderem utilizar o argumento da discriminação racial em seu desfavor, o direito antidiscriminatório permanecerá nessa instabilidade fundamental, com resultados estruturalmente imprevisíveis e com potencial de renovados litígios.

Na base desse raciocínio está a concepção que apresentamos como aporia ou paradoxo da igualdade. Aquele que não discrimina e não quer discriminar (prova disso, a realização do concurso de maneira equânime e conforme sugestões de especialistas, versando sobre questões relacionadas à profissão de bombeiro) não pode ser condenado por discriminação. O caso *Ricci* mostra que quem pretende condenar o município por discriminação indireta, quer também obrigá-lo a discriminar abertamente um grupo. Se o bombeiro Ricci não foi promovido porque isso prejudicaria seus colegas Negros, Ricci não foi promovido pela única razão (*but for*) de ser Branco.

Um esclarecimento. Se o processo seletivo apresentasse vícios evidentes, como no caso *Griggs*, por terem sido aplicados exames não relacionados com a função que seria exercida ou por ter sido constatado desigual tratamento no acesso ao material ou na avaliação dos candidatos, a Corte poderia dar razão à minoria social afetada. Ora, no caso *Ricci* a maioria da Corte constatou que não houve tais defeitos[173] e viu-se obrigada a proibir a discriminação direta (dos Brancos).

[173] Em alguns votos foi questionada a objetividade e a pertinência temática do concurso, mas isso não foi aceito pela maioria e, se tivesse sido aceito, a base jurídica seria a discriminação indireta pura da minoria que todos rejeitam.

Trata-se de um debate recorrente, sendo que a Suprema Corte dos EUA não pensava de maneira muito diferente em 1880 quando, ao analisar um caso de discriminação de negros, fez questão de afirmar:

> If, in those States where the colored people constitute a majority of the entire population, a law should be enacted excluding all white men from jury service, thus denying to them the privilege of participating fully with the blacks in the administration of justice, we apprehend no one would be heard to claim that it would not be a denial to white men of the equal protection of the laws. Nor, if a law should be passed excluding all naturalized Celtic Irishmen, would there be any doubt of its inconsistency with the spirit of the amendment.[174]

Sem comentar a ingênua tese de que Estados com maioria aritmética negra poderiam discriminar os brancos, enquanto secularmente foi a minoria branca que subjugou socialmente os negros, a preocupação da corte com a sorte dos "Irlandeses Celtas" decorre de uma dupla *falácia*. Em primeiro lugar, se alguém perguntasse se é inconstitucional a lei que exclui da promoção os bombeiros com nome *John*, a resposta é que nunca uma lei fez ou faria isso, porque não há motivo de discriminar John e favorecer James. A suposta exclusão dos Celtas tem características semelhantes e por isso não merece consideração séria. É mencionada na decisão apenas para impressionar os leitores de 1890 (provavelmente todos brancos) e fazê-los concordar que as leis não podem tirar privilégio algum dos brancos.

A segunda falácia decorre da incorreta formulação da pergunta se o legislador pode discriminar os John, os Celtas ou os bombeiros com sobrenome italiano. O crucial não é saber se pode, mas *por que* um tratamento diverso é aplicado em cada caso. Se a resposta for que há discrepância estatística significativa (no caso *Ricci* 20 a zero!) entre maiorias e minorias sociais, a medida corretiva não prejudica os injustificadamente privilegiados, apenas procura estabelecer certo equilíbrio, impedindo o predomínio dos John e dos Celtas.

Equivoca-se quem diz que os vencedores do concurso foram preteridos pela única razão de ser Brancos. O que alarmou a prefeitura não

[174] United States Supreme Court, *Strauder v. West Virginia*, U.S. 100 (1880) 303 (supreme.justia.com/cases/federal/us/100/303).

foi a branquitude dos 20 vencedores, mas um resultado que mostrava claramente que, em 2003, cidadãos americanos que eram descendentes dos escravos tinham acesso deficiente a recursos educacionais e sociais. E isso ocorreu meio século após o fim da segregação racial nos EUA. O concurso deixou clara a discriminação dos Negros.

Em perspectiva histórica, se os concursos para oficiais de bombeiros sempre privilegiaram os Brancos, a única discriminação que pode ser constatada é a que prejudica os Negros. Não há dilema entre discriminação direta e indireta. Ou será decidido que o ordenamento constitucional impõe a manutenção de mecanismos de exclusão (o aplicador não "enxerga" cores nem gêneros, nem outros marcadores de minorias), logo a discriminação de impacto não é um problema jurídico, ou será decidido que tais mecanismos de exclusão violam a igualdade, devendo ser corrigidos. No segundo caso, não podemos chamar de discriminação (direta) um arranjo que combate a discriminação. Na substância, a autoridade municipal disse aos bombeiros aprovados: "Os Senhores foram aprovados não por mérito intrínseco, mas porque são brancos. O concurso tinha sido desenhado para que Brancos ganhassem. É necessário mudar a forma de seleção, para que essa discriminação não ocorra mais".

Um processo judicial deve decidir se a anulação de um concurso público viola legítimas expectativas dos administrados que confiaram no edital, se prepararam adequadamente e participaram da maneira prevista ao certame. Deve também examinar se realmente ocorreu discriminação indireta, evidenciada pelos resultados que favorecem os Brancos. Essas são questões importantes, mas em nada relacionadas com a problemática da discriminação e da igualdade. Chegando a essa última questão (o que significa propiciar igual tratamento nos termos da lei ou da Constituição), à qual efetivamente chegou a Suprema Corte dos EUA no caso *Ricci*, a resposta não pode ser que o direito tanto proíbe como permite a discriminação direta quando se está diante de uma comprovada discriminação indireta.[175,176]

[175] Cf. as convergentes críticas aos argumentos da maioria no caso *Ricci* em Norton 2010; Adams 2011; Graglia 2012; Corbo 2017: 125-128.

[176] Nosso objetivo não é interpretar o direito estadunidense, mas utilizar a riqueza e sutileza dos casos julgados nos EUA para discutir as dimensões jurídicas da igualdade e das vedações de discriminação. Em relação ao direito daquele país, observamos apenas que há *duplicidade* no tratamento judicial das reivindicações de igual tratamento. No caso *Ricci*, a Suprema

Em nossa opinião, a abordagem *simétrica-criterial* da discriminação (cap. 2, 4.4.1) seria plausível se tod@s tivessem os mesmos recursos e possibilidades, não existindo hierarquias preestabelecidas. Em tal caso, seria justificado vedar *qualquer* discriminação com base em critérios sem nexo com o campo regulamentado. A isenção tributária e a gratuidade nas piscinas não deveriam depender do sexo nem a promoção de bombeiros deveria depender da cor da pele dos candidatos, porque isso geraria discriminação no espaço neutro-igualitário da sociedade. Já na nossa realidade, a abordagem simétrica é politicamente reacionária, como forma jurídica de manter as desigualdades. Por trás da abordagem simétrica encontra-se a tese que foi criticamente apelidada "inocência branca". Ignorando o passado e sua incidência no presente, bem como a persistente exclusão dos Negros, os tribunais enxergam um candidato Branco que estudou bastante e que foi prejudicado por um prefeito mal-intencionado. O Branco "inocente" assume o lugar da vítima (AMPARO 2018: 99, 202).

Superadas as falácias dos Celtas ameaçados por Negros e dos Brancos que foram "surpreendidos" pela realidade da opressão racial, os grupos dominantes acabam dizendo o seguinte: "Nós discriminamos até recentemente minorias sociais. Isso está equivocado e a partir de agora o sistema jurídico não discriminará mais ninguém. *Mas* nós tampouco podemos ser prejudicados, perdendo posições e bens pelo fato de pertencermos ao grupo até agora dominante. Igualdade não significa perder o que nós temos, pois essa perda destruiria a democracia liberal-constitucional".[177]

Corte ignorou a patente e secular discriminação dos Negros perante a "descoberta" do direito dos Brancos à não discriminação racial. O caso *Espinoza*, julgado em 2020, é emblemático porque a Suprema Corte "descobriu" que a liberdade religiosa da minoria católica fica afetada se o Estado não conceder bolsas de estudo para alunos de escolas religiosas. Um dos argumentos do tribunal foi que a vedação (isonômica) de o Estado apoiar religiões, discrimina indiretamente os católicos de baixa renda. Se eles não ganharem bolsa para estudar em escola religiosa serão obrigados a estudar em escolas laicas de cultura protestante: United States Supreme Court, *Espinoza v. Montana Department of Revenue* 591 U.S. __ (2020) (supreme.justia.com/cases/federal/us/591/18-1195).

[177] SMITH (2011: 178-180) usa expressões mais cautelosas, mas considera que a igualdade não deveria permitir combater desigualdades causadas no passado para não prejudicar a "maioria".

Esse discurso aparentemente pede reciprocidade e igual tratamento, enquanto na verdade reivindica a manutenção de privilégios. O afastamento de privilégios não é simétrico com a sua manutenção, seja qual for a justificativa jurídica para tanto. Da mesma forma, dizer que todos sofrem com a divisão em grupos e tratamentos diferenciados significa não examinar o conteúdo de opressão e de *hierarquização* que escondem certos critérios.[178] Homens e mulheres não são dois grupos separados com base em um critério qualquer, como podemos diferenciar cinéfilos e teatrófilos. Foi por isso que na D4 e na D5 entendemos a discriminação como reprodução das *relações hierárquicas de poder*.

Porém, isso não resolve o problema jurídico. Nos EUA houve muitos precedentes na linha de *Moritz*, indicando que a discriminação direta não se justifica, mesmo contra membros do grupo dominante. E o caso *Griggs*, mesmo sendo um passo importante na tutela de vítimas de discriminações indiretas, não deixava de sublinhar que a justificativa interna de um critério de seleção (relação adequada entre o critério e os propósitos empresariais perseguidos) impõe a aceitação da discriminação por mais que ela seja socialmente escandalosa. Por essas razões o voto dissidente na decisão *Ricci* tentou apresentar a discriminação direta como correção voluntária de uma injustiça pelas autoridades responsáveis, mas juridicamente não convenceu.

Algo semelhante ocorre em países nos quais é adotado um padrão normativo por assim dizer universalista. Isso se verifica quando a Constituição ou a lei proíbem o desigual tratamento com termos classificatórios genéricos. Um exemplo é o art. 3º da Constituição brasileira, que veda a discriminação com base na origem, na raça, no sexo, na cor, na idade e "quaisquer outras formas de discriminação", sem diferenciar entre grupos dominantes e dominados. Isso também ocorre no art. 5º, I, que determina que "homens e mulheres são iguais". Seria juridicamente permitido, em vista dessa norma, uma empresa ou um ente estatal decidir contratar apenas mulheres nos próximos cinco anos?

A *Universidade Tecnológica de Eindhoven* decidiu em 2019 contratar por dezoito meses apenas mulheres para vagas de docente, após ter constatado que, apesar de tentativas de correção, as mulheres perfaziam

[178] Cf. Fredman (2011: 9), citando a decisão da Suprema Corte dos EUA *Powers v. Ohio*, sobre segregação racial dos presos nos anos 1980 invocando "razões de segurança".

apenas 16% das docentes de dedicação exclusiva e 29% das assistentes, oferecendo também a Universidade financiamentos especiais para pesquisas que essas professoras iam desenvolver. O programa teve o nome, altamente simbólico, "bolsas Irène Curie",[179] lembrando da vencedora de prêmio Nobel de Química, filha de Marie Curie que sabidamente recebeu prêmio Nobel tanto de Física como de Química. Em 2021, o programa foi renovado, sem excluir plenamente os homens, mas oferecendo a mulheres metade das vagas e também as bolsas Curie.[180]

Houve protestos por parte de universitários de sexo masculino, que se sentiram excluídos e fizeram valer seus direitos individuais a participar de concursos públicos para os quais tinham todas as qualificações exigidas, menos a de sexo. Em termos políticos e morais, é irritante ouvir queixas formuladas pelo sexo que, através uma variedade de arranjos, quase monopoliza vagas de ciências exatas nas universidades.[181] Se homens conseguem aprovação (também) porque são homens, como ouvir com seriedade reclamações de sexismo que prejudicaria o sexo masculino, quando se pensa em medidas para equilibrar a composição de uma instituição? Contudo, são juridicamente problemáticas as normas que estabelecem uma clara, duradoura e programática discriminação com base no sexo.[182] A título de exemplo e de maneira muito semelhante ao art. 3º da Constituição brasileira, a Constituição dos Países Baixos proíbe a discriminação com base em religião, filosofia de vida, opiniões políticas, raça, sexo ou qualquer outro motivo.[183] A universidade procedeu a uma discriminação proibida?

179 tue.nl/en/working-at-tue/scientific-staff/irene-curie-fellowship.

180 tue.nl/en/news-and-events/news-overview/03-03-2021-tue-to-resume-modified-irene-curie-fellowship-program.

181 O departamento de Engenharia Naval e Oceânica da Escola Politécnica da USP ostentava, em 2022, 20 professores homens e nenhuma mulher (ppgen.poli.usp.br/sample-page/corpo-docente).

182 Houve protestos, mas não encontramos disputa judicial (dutchnews.nl/news/2019/06/eindhoven-university-opens-academic-jobs-to-women-only; dutchnews.nl/news/2019/09/eindhoven-university-summoned-to-explain-discriminatorywomen-only-jobs-policy). O Instituto de direitos humanos dos Países Baixos emitiu parecer afirmando que a radicalidade da medida ultrapassava os limites de uma ação afirmativa (oordelen.mensenrechten.nl/oordeel/2020-53). A forma atenuada do programa a partir de 2021 foi confirmada em novo parecer do Instituto (oordelen.mensenrechten.nl/oordeel/2021-19).

183 "Discriminatie wegens godsdienst, levensovertuiging, politieke gezindheid, ras, geslacht of op welke grond dan ook, is niet toegestaan" (wetten.overheid.nl/BWBR0001840/201812-21).

Um dos mais relevantes elementos da crítica é que o critério do sexo ou da raça indica característica atribuída socialmente desde o nascimento. Se eu não posso fazer nada para deixar de ser socialmente percebido como homem e branco, como se justifica minha exclusão de certos benefícios de maneira absoluta, do tipo "proibição de entrada"?

Esse argumento não é definitivo e, como dissemos, pode ser relacionado à hipocrisia ou ao cinismo dos dominantes com base na falácia dos Celtas supostamente ameaçados pelos Negros, mas indica as dificuldades, incertezas e possíveis retrocessos da "terra nova" que é o direito antidiscriminatório.[184]

O debate foi introduzido no Brasil em 2020, após os anúncios de grandes empresas que abriram vagas de estagiários apenas para negr@s.[185] Estamos, politicamente e socialmente, bem longe do tempo de anúncios como o "*pref. branca*" que deu ensejo ao caso Diniz (cap. 2, 5.2). Mas essa iniciativa apresenta fortes limitações. Trata-se de empresas privadas que parecem preocupadas com a sua imagem e por isso fazem propagandas sobre o recrutamento, além de serem poucas vagas, de curta duração e baixa remuneração.[186]

Tudo isso torna o movimento afirmativo mais simbólico do que real. É uma oportunidade de tematizar e discutir os pressupostos e meios que permitiriam eliminar a discriminação racista, partindo de um caso que teve impacto e foi midiaticamente promovido, sensibilizando a opinião pública. Seus desdobramentos judiciais poderão oferecer uma resposta substancial e socialmente progressista, problematizando e mesmo rejeitando o uso jurídico do argumento da simetria.[187]

[184] Cf. as importantes reflexões em Somek 2005.

[185] https://revistaforum.com.br/brasil/empresas-abrem-vagas-exclusivas-para-negros-mulheres-e-pessoas-com-deficiencia-veja-a-lista.

[186] A empresa Magazine Luiza informou que o processo seletivo para estagiários negros que recebeu grande publicidade selecionou apenas 33 pessoas entre as 40 mil que se candidataram (15ª Vara do Trabalho de Brasília, *Ação civil pública n. 0000790-37.2020.5.10.0015*; https://pje.trt10.jus.br/consultaprocessual/detalhe-processo/0000790-37.2020.5.10.0015/1#1095f9d).

[187] Foi alegada discriminação dos brancos e "racismo". Cf. os argumentos da petição inicial da Defensoria Pública da União em: conjur.com.br/dl/acao-dpu-magalu.pdf. O pedido foi indeferido em primeira instância, invocando a juíza a legitimidade e necessidade de ações de promoção das minorias. 15ª Vara do Trabalho de Brasília, Ação civil pública n. 0000790-37.2020.5.10.0015, sentença da juíza Laura Ramos Morais, julg. 3-11-2022.

Em termos de técnica legislativa (que expressa opções políticas substanciais), a utilização, pelo constituinte e pelo legislador, de termos como "qualquer discriminação é proibida" ou "não é permitido utilizar o critério de raça ou sexo" pode esvaziar o direito à igualdade. Pagar um centavo a mais a trabalhadoras de sexo feminino trata diferentemente, "discrimina" os homens com base no critério do sexo (já que o texto legal não se refere a discriminação de mulheres, mas ao uso discriminatório do critério "sexo").

Uma solução seria adotar interpretação *teleológica*. Considerando que, em vista da finalidade dessas normas, apenas o grupo minoritário pode alegar o direito a não sofrer tratamento prejudicial, não sendo concebível se referir a discriminação, exclusão ou até "racismo" contra os dominantes, os que sempre praticaram essas formas de tratamento inferiorizante.

Conforme a visão teleológica, os Senhores Moritz e James deveriam aceitar que as mulheres recebam certos benefícios por razões compensatórias, ainda que a ampliação e generalização desses benefícios possa causar distorções, risco esse inerente em todas as abstrações normativas que sustentam o sistema jurídico. Entre as mulheres que recebem um benefício financeiro haverá por certo algumas que são ricas, assim como entre os homens haverá alguns necessitados, mas isso não modifica a realidade social, evidenciada por incontáveis estatísticas, da maior carga de trabalho doméstico das mulheres e sua menor remuneração laboral. A finalidade das normas que introduzem tratamento diverso é justamente modificar esse panorama e não manter o *status quo* que inferioriza as mulheres.

A visão teleológica desemboca na proposta da *igualdade transformativa* (*transformative equality*), abandonando a concepção simétrica (criterial):

> the expectation that equality is transformative: that it arises from and changes our constitutive social norms and arrangements. (Siegel 2013: 270)

A teleologia é sempre arriscada, por permitir que o intérprete "leia" na norma o que ele deseja ler, invocando para tanto necessidades, exceções, bons propósitos. Ora se entende sexo como sinônimo de mulher (proposta da abordagem da igualdade transformativa), ora se entende "união estável de homem com mulher" como "união estável sem consideração de sexo".[188] A teleologia faz depender o resultado do interesse.

Essa flexibilização configura uma típica descida escorregadia, que não consegue estabelecer limites à modificação da aplicação da norma conforme interesses do momento e considerações subjetivas do julgador.[189] Em nossa opinião, a solução mais satisfatória seria problematizar a questão na doutrina e na jurisprudência, pressionando os legisladores para que criem normas que atendam as demandas sociais de igualdade. Isso deveria ocorrer ao especificar que a vedação de discriminação diz respeito apenas a minorias sociais. Em paralelo, deveriam ser expressamente *autorizadas* as ações afirmativas, algo que o constituinte brasileiro evitou fazer, com uma modesta exceção para pessoas com deficiência (art. 37, VII, da Constituição Federal). Isso eterniza a ambiguidade e as polêmicas no direito e na política. Enquanto essa mudança normativa não ocorre, a doutrina e a jurisprudência devem encontrar soluções casuísticas, procurando interpretar a palavra "discriminação" de maneira não simétrica, sabendo que isso gera reações e fortes dúvidas interpretativas.

4.4.6. *Situações ambíguas: "Não aceitamos brancos nem mulheres", "discriminamos homens e mulheres tanto heterossexuais como homossexuais" e a técnica da separação de queixas*

Há casos simples de discriminação *empoderadora*, como o exemplo de uma banda de música feminina que exclui o grupo dominante, posicionando-se de maneira contrária à tendência de formar grupos musicais *de facto* masculinos (Somek 2006: 228-229). A norma produz basicamente um efeito simbólico, sem real prejuízo para os homens que, de qualquer maneira, continuam dominando o mundo da música.[190]

[188] Decisão do STF sobre união homoafetiva: *Ação direta de inconstitucionalidade 4.277*, rel. Min. Carlos Britto, julg. 5-5-2011.

[189] Críticas da teleologia objetiva em Dimoulis 2018a: 148-151.

[190] Cf. uma pesquisa sobre a escandalosa sub-representação das mulheres na música popular: assets.uscannenberg.org/docs/aii-inclusion-recording-studio-20200117.pdf.
A vida de Antonia Brico, que lutou para ser diretora de orquestra clássica na primeira metade do século XX e fundou orquestra exclusivamente feminina para combater o preconceito contra mulheres na música é retratada no filme *De Dirigent* (dir. Maria Peters, 2018).

Uma situação mais complexa surge quando uma decisão discrimina grupos dominantes, mas não apenas eles. Por mais de dez anos, a "Comissão de frente" formada para o desfile de carnaval da escola de samba paulistana Vai-Vai foi composta por homens negros, todos de porte atlético e de altura acima de um metro e noventa.[191] Esses requisitos excluem a maior parte da população brasileira, reservando a atividade a um grupo numericamente ínfimo: são elegíveis apenas negros (para lembrar que a opressão dos negros marca a história do samba), homens (sem que se possa entender bem qual a utilidade da exclusão das mulheres), altos e fortes (o que pode ser considerado uma escolha artística).

Do ponto de vista jurídico, a formação de um grupo artístico constitui atividade privada, em grande parte não remunerada e certamente protegida pela liberdade artística. Uma agremiação pode "montar" o espetáculo que quiser, sendo a situação juridicamente semelhante à da pessoa que escolhe amigos, sem que sejam cogitáveis "cotas" ou requisitos de objetividade na escolha.

A objeção é que, quando se organiza um espetáculo público, subvencionado com fundos públicos, com grande projeção e transmitido ao vivo pela televisão, são produzidas e divulgadas mensagens significativas que, nesse caso, são contraditórias. A resposta só pode ser dada após estudo das circunstâncias concretas (finalidades do espetáculo), da atuação dos envolvidos, das justificativas que poderão ser apresentadas e das consequências sociais e artísticas de certas escolhas. Via de regra, tais situações permanecem invisíveis, pois não há reclamações formais, mas podem dar ensejo a medidas do poder público, por exemplo, excluindo o financiamento de eventos com viés de discriminação.

Decisões discriminatórias não podem ser compensadas com o acesso privilegiado concedido a membros de outras minorias, nesse caso os negros. Não se trata de fazer uma espécie de balanço de custos e benefícios (perdemos mulheres e os de menor estatura, mas é dado destaque aos homens negros). O que é relevante é o tratamento discriminatório de certa minoria social.

191 Caso mencionado em *site* de internet e que o autor dessas linhas vivenciou (http://comissaodefrente.blogspot.com/2012/06/sou-componente-com-marlon-barros.html).

Assim sendo, a resposta jurídica deve basear-se na *técnica da separação*. A exclusão programática de mulheres e a mensagem ultracapacitista devem ser examinadas cada uma em separado e em vista de suas finalidades, pois nada indica que a "Comissão de frente" deve ter características semelhantes às de uma equipe de basquete masculino. O exame de cada queixa em separado mostrará quais são as consequências jurídicas e quais as justificativas da situação. Isso oferece clareza sobre os sujeitos de direito que sofrem prejuízo, assim como sobre a natureza da discriminação imposta.

Um exemplo: a técnica da separação de queixas permite enfrentar as discriminações geradas pela legislação que obriga indicar "nome da mãe e nome do pai" nos registros de nascimento e atribui maior relevância jurídica à mãe.[192] Essas normas, já objeto de questionamento de constitucionalidade,[193] discriminam claramente casais homoafetivos e seus filhos. A lei trata genitores do mesmo sexo como uma irregularidade em comparação com o exigido pelo Estado, que é o registro de genitores de sexo diferente. Sendo os genitores do mesmo sexo, o formulário exige que um deles insira seu nome na linha que o indica com sexo biológico inexato: uma das mães deve constar como "pai" ou um dos pais como "mãe". Isso contraria o direito a igual tratamento independentemente da sexualidade incluído no direito à igualdade geral (art. 5º, *caput*, da Constituição Federal; cf. cap. 6, 2).[194]

Mais desafiador é o exame dessa legislação sob a ótica de discriminação das mulheres. A lei estabelece que a mãe-mulher possui maiores deveres no momento do cadastro e seu nome é mais relevante do que o do pai-homem, devendo ser escrito de maneira a não permitir dúvidas sobre sua identidade, sendo também utilizado como característica

[192] "A Declaração de Nascido Vivo deverá conter [...] V – nome e prenome, naturalidade, profissão, endereço de residência da mãe e sua idade na ocasião do parto; VI – nome e prenome do pai" (Lei n. 12.622, art. 4º).

[193] STF, *Arguição de descumprimento de preceito fundamental 899*, rel. Min. Gilmar Mendes. Sobre o tema, agradeço as observações da Profa. Lívia de Meira Lima Paiva.

[194] Poderíamos pensar, com ousadia desconstrutiva, que a lei não se refere ao sexo biológico dos pais, e sim aos papéis de mãe e de pai que podem ser exercidos independentemente da identidade biológica. Mas esse pensamento obriga os genitores a assumir apenas um dos dois papéis, mantendo o modelo discriminatório da família heterossexual que necessita da lei do pai e do trabalho gratuito da mãe, ainda que seja família homoafetiva e antipatriarcal.

central para a identificação do filho ao longo de sua vida, não servindo para tanto o nome do pai. As mulheres podem se queixar por atribuir-lhes a lei deveres específicos maiores, impondo um vínculo mais intenso com o bebê pela única razão de serem mulheres.

Em paralelo, os pais-homens podem questionar a razão da diferenciação que expressa a lei, ao tratar seu vínculo com a criança como secundário. Isso ocorre quando o art. 54 da Lei n. 6.015 estabelece que a inserção do nome do pai não é necessária na Declaração de nascido vivo, sendo, ao contrário, imprescindível identificar a mãe. Por que não ambos ou apenas o primeiro em ordem alfabética?

Tanto os homens como as mulheres utilizarão como base constitucional o art. 5º, I, da Constituição Federal, que estabelece a igualdade dos sexos (cap. 6, 3.2). Isso significa que as normas sobre registro de mãe e pai não são inconstitucionais em geral. Geram discriminações:

a. contra os homossexuais de ambos os sexos que registram um filho, tanto para o genitor, que é obrigado a se cadastrar como pai ou mãe, de maneira que não corresponde ao seu sexo biológico, e, eventualmente, seu papel na família, como para @ companheir@, que vê a lei tratar a família de pais homoafetivos como irregularidade;
b. contra os homens-pais que registram o filho junto com uma mulher-mãe, vendo seu papel de genitor menosprezado pelo legislador;
c. contra as mulheres-mães que registram o filho junto com um pai-homem, esperando delas a lei um papel especial pela única razão de serem mulheres.

Temos aqui um exemplo da necessidade de *separar* as queixas e os argumentos, formulando cada problema jurídico em sua especificidade.

4.5. A natureza do nexo causal nos casos de discriminação

Esta seção sistematiza questões de imputação da discriminação. Trata-se de determinar os critérios que permitem imputar a alguém, em geral a empresas ou a autoridades estatais, a responsabilidade por efeitos discriminatórios. É a pergunta do nexo causal que se examina quando há tratamento que usa critérios suspeitos e torna plausível a alegação de discriminação ilícita.

O direito antidiscriminatório estadunidense apresenta três concepções sobre o nexo causal.[195]

– O primeiro critério é o *but for*. Deve-se comprovar que a verdadeira razão-causa da discriminação foi o uso de critério classificatório ilícito. Se eliminarmos o uso desse critério e o resultado for o mesmo, não há responsabilidade por discriminação. Exemplo: comprova-se que o candidato branco aprovado em processo seletivo tinha maior titulação e mais longa experiência do que os concorrentes negros. Membro da comissão tinha dito que não desejava contratar um Negro. Mesmo assim, chega-se à conclusão de que não houve discriminação imputável: o candidato Negro não teria sido contratado, ainda que sua pele fosse branca, pois não tinha qualificação para tanto.

O critério *but for* tem estrutura hipotética. Substitui a pessoa que alega discriminação por outra que não tem a característica suspeita. *Se* o resultado da operação tivesse sido o mesmo para um imaginário candidato branco com as mesmas características do negro (*ceteris paribus*), então a diferença racial não tem relevância para a seleção. Nega-se a causalidade.

Em nível de consequências jurídicas, é suficiente para evitar a responsabilização com base no teste *but for* provar que a decisão foi motivada por um propósito legítimo. Isso restringe a probabilidade de responsabilização. No nosso caso, titulação e experiência são dados objetivos que influenciam justificadamente o processo seletivo e permitem negar a responsabilidade de quem teve conduta discriminatória contra candidatos menos qualificados.

Esse critério tem duas vantagens: é fácil em sua aplicação e limita os litígios, pois o litigante sabe que deve provar o caráter determinante do preconceito e não apenas sua presença. Mas há também objeções. A primeira é que não devemos descartar um fato ilícito, já que o combate às discriminações tem também finalidades preventivas. Afirmar que a vítima de claro preconceito não teria sido escolhida por outras razões acaba legitimando o preconceito "acessório". É como se o ordenamento jurídico aplaudisse quem diz: "sou racista, mas nesse caso não tive motivo para decidir de maneira racista".

[195] Sobre o conteúdo e as críticas a esses critérios, cf. o estudo de Bavli 2021, com o qual convergimos em muitos pontos.

O pensamento *but for* apresenta também um problema *lógico*. Segundo a metáfora usada pela Suprema Corte dos EUA, se um corpo for submetido a duas forças que só o movimentam se forem exercidas em conjunto, alguém pode dizer que o movimento do corpo não teve causa, pois nenhuma das forças podia gerar por si só o movimento.[196]

Adaptando a metáfora, se duas forças exercidas conjuntamente geram o movimento, mas cada uma podia gerá-lo sozinha, não parece adequado dizer que nenhuma o causou, pois o objeto teria se deslocado mesmo na ausência dela. Em mecanismos de imputação, os fatores devem ser considerados concomitantemente e não excluir nem os *per se* insuficientes, nem os suficientes, mas supérfluos. Todos estiveram presentes e exerceram força (Bavli 2021: 494-499).

A terceira objeção é que, em processos de avaliação, raramente possuímos métricas exatas sobre a influência de fatores e critérios. Há muitos pontos de vista, subjetivos e objetivos, que podem concorrer (Connolly 2011: 89-93). Mesmo critérios claros como "gênero" ou "raça" raramente exercem influência uniforme. Não se pode ter certeza de que, se houvesse 100 candidatos Negros, todos teriam sido tratados com a mesma intensidade de preconceito, sendo arriscado atribuir valor causal à cor da pele. Diante disso, a interferência de um fator de discriminação é relevante, ainda que o acusado possa tentar apagar o preconceito, invocando outras razões.

Em sua forma mais geral, a objeção da multiplicidade e opacidade dos critérios aplicados relaciona-se ao risco da natureza hipotética do argumento *but for*. Podemos fazer suposições sobre qual seria o andamento e resultado de um processo se o candidato fosse de outra cor de pele, gênero, idade. Mas isso será baseado em indícios e raciocínios analógicos, mostrando que o critério *but for* não tem a clareza que seus adeptos lhe atribuem.

– O segundo critério é o *teste do fator substancial*. Sua base é a abordagem da *complexidade ou multifatoriedade*. É suficiente constatar a presença de intuito ou prática de discriminação ilícita para que esta seja imputada ao responsável, ainda que não seja decisiva-imprescindível para produzir

[196] Opinião da maioria em: United States Supreme Court, *Price Waterhouse v. Hopkins*, 490 U.S. 228, p. 241 (1989) (supreme.justia.com/cases/federal/us/490/228).

o resultado (*motivating-factor-test*). É o que admite a Corte constitucional austríaca, discorrendo sobre a causalidade no direito eleitoral:

> Para anular uma eleição questionada não é necessário provar que as ilegalidades que a Corte constitucional considerou provadas tiveram efetiva influência no resultado das eleições. É, ao contrário, suficiente mostrar que as ilegalidades comprovadas podiam ter influência no resultado das eleições.[197]

Nos Estados Unidos, essa teoria é vista com ceticismo pela jurisprudência, mas há também referências à concomitância de razões importantes:

> In saying that gender played a motivating part in an employment decision, we mean that, if we asked the employer at the moment of the decision what its reasons were and if we received a truthful response, one of those reasons would be that the applicant or employee was a woman.[198]

Parte da doutrina antidiscriminatória considera que, em casos de *multifatoriedade*, deve ser levado em consideração todo fator discriminatório detectado, ainda que não tenha sido decisivo. Como dissemos, isso se recomenda em razão da vagueza dos juízos que impedem dizer qual foi o fator decisivo, assim como pela necessidade de responsabilizar quem discrimina, ainda que de maneira velada (efeito preventivo).

A crítica central ao teste do fator substancial consiste em dizer que, se o resultado foi produzido por fatores independentes da conduta discriminatória, não se deve responsabilizar quem não influenciou o resultado. Isso permite evitar um contrassenso: deturpar o conceito de "causa", considerando que o evento foi causado por algo que, na verdade, não o causou. No nosso exemplo, a reprovação deve-se à conduta da vítima que não alcançou a qualificação e experiência profissional do concorrente, independentemente da mentalidade racista do recrutador.

[197] Corte constitucional da Áustria, *n. 888*, 9-11-1927 (ris.bka.gv.at/Dokument.wxe?Abfrage=Vfgh&Dokumentnummer=JFT_19271109_27W00I_2_00).

[198] United States Supreme Court, *Price Waterhouse v. Hopkins*, 490 U.S. 228, p. 241 (1989) (supreme.justia.com/cases/federal/us/490/228).

Em outros casos, pode ter sido decisiva a ação de terceiros, por exemplo, de concorrente que impugna com sucesso a candidatura do Negro que perdeu um prazo. Podem também intervir acontecimentos naturais, por exemplo, um acidente que impediu a participação do candidato negro, antes que ele enfrente hostilidade racista.

Do ponto de vista das consequências, esse teste amplia as probabilidades de responsabilização, o que alguns saúdam como tomada de consciência antidiscriminatória e outros criticam, observando que aumentará a insegurança jurídica dos administradores e também os custos de empresas com seguros para cobrir riscos de condenação (Bavli 2021: 538-539).

– O terceiro critério procura conciliar os anteriores, sugerindo estabelecer um quadro de fatores causais. Haverá discriminação ilícita se o fator discriminatório for elemento necessário do quadro de fatores atuantes, ainda que sozinho cada fator não possa causar o resultado. É o *necessary element of a suficient test* (*NESS*) (Bavli 2021: 488, 514-516).

A principal crítica é que a "necessidade" é utilizada de maneira imprecisa, estando-se diante de um dilema. Se o fator discriminatório era imprescindível para o resultado, basta aplicar o teste *but for*. Se o resultado teria sido produzido mesmo sem a presença do fator discriminatório, então esse fator não é necessário. A conclusão é de que não há via intermediária entre o fator imprescindível e o fator substancial.

A adoção do critério *NESS* teria consequências jurídicas moderadas para quem perpetra a discriminação, superando as limitações do *but for*, sem chegar ao amplo sancionamento da discriminação com base no fator substancial.

A apresentação dessas três propostas nos permite concretizar o debate sobre as causas de discriminação. Em perspectiva metodológica, a busca pela teoria "correta" não depende de nossa intuição ética sobre o adequado, nem de argumentos lógicos sobre o significado da "responsabilidade". É necessária a clareza normativa sobre as formas de imputação de condutas a certos agentes. Se houver normas regulando a causalidade/imputação, os argumentos teóricos não serão aplicáveis. Segue-se o sistema de imputação endossada pelo direito vigente.

Sabemos que no ordenamento brasileiro faltam tais previsões. A primeira providência é verificar o que é considerado nexo causal em certo ramo do direito. A doutrina e a jurisprudência nacionais não discutiram ainda o problema. Como proposta para o futuro debate, consideramos mais convincente a concepção ampla que expressa o critério do fator substancial (*motivating-factor-test*). A postura discriminatória contra minorias sociais deve gerar responsabilidade se apresentou relevância e possivelmente afetou a minoria. Isso permite proteger as potenciais vítimas, eliminando a racionalização que exige provas "matemáticas" em um mundo complexo, e possui efeito preventivo que pode surgir da responsabilização de quem utilizou critérios ilícitos, como os proibidos pelo art. 3º, IV, da Constituição Federal (cf. cap. 5).

4.6. A imposição social das "diferenças antropológicas" e a dificuldade de combater discriminações naturalizadas

O problema central do direito antidiscriminatório é constatar a discriminação, pois há múltiplas opiniões a respeito. É o que concluímos ao tratar da discriminação indireta e de várias disputas judiciais. Aqui examinaremos um problema diferente. Supondo que tenha sido comprovado um tratamento diverso em detrimento de uma minoria. Quais são os obstáculos no processo de enfrentar a discriminação? Não nos referimos a problemas técnico-jurídicos, mas a uma dificuldade jurídico-filosófica que decorre do fenômeno que o filósofo francês Étienne Balibar denominou *diferença antropológica*.[199]

O conceito dos direitos humanos (ou fundamentais) decorre de duas proposições:

- a identidade essencial dos seres humanos enquanto portadores dos mesmos atributos fundamentais que se resumem na mesma dignidade-valor;
- o dever do Estado de tratá-los como iguais, isto é, a imposição normativa de que todos os humanos sejam tratados como portadores da mesma essência no mesmo grau e intensidade.

Essas proposições foram formuladas para combater as hierarquizações e exclusões institucionais do passado. Ora, ao mesmo tempo em que adotam o ideário universalista dos direitos humanos, as sociedades capitalistas classificam constantemente os indivíduos, sendo obcecadas pela constatação e avaliação de sua "diferença".

[199] Seguimos os esquemas conceituais desenvolvidos em Balibar 2011; cf. Balibar 2020. Assumimos a responsabilidade pela interpretação e as conclusões.

São realizadas constantes avaliações em todos os aspectos da vida (ensino, esportes, *ranking* de empresas, produtos e países). Criam-se regimes especiais com direitos diferenciados (estrangeiros, menores, presos, "loucos"), assim como há tratamentos diferenciados em todos os aspectos da vida. Alguns usam como critério a capacidade econômica, outros o *status* social, outros dados biológicos para atribuir "notas" e "conceitos" e fazer depender disso o tratamento dispensado às pessoas.

Quando essas classificações assumem contornos permanentes, criam minorias sociais. O indivíduo não recebe apenas uma avaliação médica quantitativa, mas é declarado, por exemplo, deficiente visual. Em outros casos, a classificação é feita de maneira praticamente inapelável desde o nascimento (sexo, raça, nacionalidade).

Essas classificações expressam o fenômeno de *diferenciação estrutural dos seres humanos*, que os pensadores procuram descrever criticamente com distinções como sobrecidadãos *vs.* subcidadãos (Neves 2011: 184) ou visíveis *vs.* invisíveis (Vieira 2011). Outros descrevem os excluídos do exercício de direitos humanos como portadores de "natureza humana defeituosa" (Balibar 2011: 467) ou mesmo como "não pessoas" (Lago 2005: 208-228).

Os múltiplos processos sociais (e jurídicos) que geram e estabilizam as diferenças, dando-lhes efeitos sociais de exclusão, acabam cristalizando diferentes tipos humanos. Balibar procura descrever isso com o termo "diferença antropológica". O discurso dos direitos humanos pode insistir que somos todos iguais, por possuirmos a mesma dignidade e participarmos da mesma essência. Mas isso se contradiz pelo funcionamento do sistema jurídico.

A partir do momento em que o homem seja é radicalmente diferente da mulher e o branco algo radicalmente diferente do negro, não há apenas uma prática de discriminação que poderia ser combatida da mesma forma como aumentamos o salário do funcionário discriminado para equipará-lo a seu colega. Nesse caso, discutimos apenas a justificativa do tratamento, mas nunca se pensa e muito menos se discute juridicamente se os funcionários são diferentes.

O processo que cristaliza diferentes tipos humanos e torna isso ideologicamente convincente assume tamanha evidência social que as próprias minorias assumem existencialmente essa identidade. Autorreconhecem-se nela e formulam reivindicações de melhor tratamento sem abdicar daquela peculiaridade que justamente torna certos grupos inferiores. Ao contrário do trabalhador que apenas deseja que cesse a discriminação, mulheres, negros e outros grupos que são construídos com base na diferença antropológica não desejam apagar sua peculiaridade nem conseguem se autocompreender sem ela. Não se enxergam como potencialmente andróginos ou humanos sem cor. A inferioridade intrínseca na diferença é carregada no imaginário social de todos.

O mais pernicioso na compreensão diferencial da humanidade é a combinação de fatores biológicos e culturais que a sustentam. Cada vez que alguém argumenta que são construções sociais opressoras sem substrato biológico, responde-se que as minorias recebem e assumem uma identidade cultural diversa que não pode ser expurgada com a simples menção da falta de base biológica. Já quando se argumenta que essas diferenças culturais devem ser desconstruídas e que, em parte, já foram desconstruídas na atualidade, resistindo as pessoas à opressão, a resposta é que há suporte biológico da diferença, não passível de desconstrução. O observador externo classificará essa mistura de argumentos como contraditória. Mas, até hoje, ela é aceita pelo senso comum social.

Fizemos essa incursão na antropologia política porque o tema está na raiz de um obstáculo na realização da igualdade. Diante de tratamentos discriminadores, não só os tribunais, mas mesmo os porta-vozes das vítimas discutem o tema com base em diferenças antropológicas. De tanto repetir que identidades de homens *vs.* mulheres, de brancos *vs.* negros são biologicoculturalmente diferentes, quando se examina um caso de discriminação, muitas vezes, responde-se que o tratamento diverso é justificado por essa diferença anterior ao direito e à mente de quem discrimina.

O exemplo mais comum são as menções a peculiaridades biológicas e psicológicas das mulheres no direito do trabalho, como forma de justificar tratamentos diversos que correspondem a "essências humanas" diversas. É indicativo que, mesmo os movimentos antidiscriminatórios que apresentam reivindicações, como o maior número de mulheres em altos cargos políticos e empresariais, confundem três demandas e caem na armadilha da diferença antropológica.

A primeira demanda consiste na retirada de obstáculos impostos às mulheres porque são mulheres. Para remediar essa situação, examinamos as razões que fazem com que cargos de elevado prestígio social e remuneração sejam quase monopolizados por homens. Obstáculos relacionados ao sexo devem ser imediatamente removidos. O motivo é justamente que o fato de ser mulher não deve ser levado em consideração como elemento para tratamento inferiorizante. Ela deve ser tratada exatamente como um homem, afastando qualquer alegação de diferença antropológica usada para justificar sua exclusão.

Já a segunda demanda parte do pressuposto de que as mulheres representariam seu gênero. Essa crença, expressa pelo termo "sub-representação feminina", decorre da aceitação da diferença antropológica que criticamos aqui. A "essência" diversa só pode ser representada por seres que comungam dela. Isso não resiste à mais elementar crítica, pois se espera e se impõe que as mulheres em altos cargos expressem uma "feminilidade" contra orientações da própria empresa. Além disso, há ingenuidade política em acreditar que a motivação de lutar por certos interesses decorra de uma característica sociobiológica, determinada desde o nascimento. Se as mulheres defendessem interesses não patriarcais pela mera razão de terem nascido mulheres, já não haveria mais opressão feminina, pois elas são a maioria da população. O *slogan* "queremos mais mulheres" pressupõe que todas as mulheres estejam defendendo certa causa... Na verdade, os processos de socialização política permitem se conscientizar pelas demandas de uma minoria social e, a seguir, engajar-se por essas demandas contra a política dominante, correndo riscos (inclusive o da demissão). Fazer isso não é nem fácil, nem comum e certamente não tem relação linear com o sexo da pessoa.

A terceira demanda (ou expectativa) é que as mulheres, ao "representar" seu gênero, também trariam pontos de vista próprios à "essência" feminina que os homens não possuem nem conseguem articular. A meta seria a participação feminina decisiva transformar o Estado/direito masculino em feminino. Acreditar que a minoria oprimida tem o poder de eliminar sua opressão não é apenas ingênuo. Expressa uma curiosa aliança entre o pensamento reacionário das diferenças antropológicas e os movimentos em prol das minorias.

Cabe à doutrina do direito antidiscriminatório compreender o fenômeno da construção de diferenças antropológicas como suporte de práticas de opressão, encontrar os pontos em que se expressa no sistema jurídico (leis que impõem a diferença feminina, argumentações judiciais com base na diferença) e, a seguir, pensar em fórmulas antidiscriminatórias na perspectiva da unidade, logo do igual tratamento, dos seres humanos.

5. Direito antidiscriminatório

5.1. Surgimento e características

O termo "discriminação" possui história relativamente longa nos sistemas jurídicos, pertencendo ao *campo semântico da igualdade.* Quando uma norma jurídica proíbe a discriminação entende vedar e sancionar um tratamento que contraria mandamentos da igualdade. Se todos são iguais é obvio que não se pode diferenciar alguns. E os tribunais fulminam discriminações que consideram injustificadas invocando alguma norma que garante a igualdade. Para citar apenas um exemplo, em 1897, a Suprema Corte dos EUA, ao examinar práticas administrativas que discriminavam imigrantes chineses, concluía:

> The fact of this *discrimination* is admitted. No reason for it is shown, and the conclusion cannot be resisted that no reason for it exists except hostility to the race and nationality to which the petitioners belong, and which, in the eye of the law, is not justified. The discrimination is, therefore, *illegal*, and the public administration which enforces it is a denial of the *equal protection* of the laws and a violation of the Fourteenth Amendment of the Constitution.[200]

Assim sendo, a história jurídica da (não) discriminação como conjunto de regras jurídicas e práticas forenses confunde-se com a história da igualdade.

No campo semântico da igualdade, a palavra discriminação teve papel insignificante até a década de 1960. Apenas encontramos normas que garantem certos direitos "sem discriminação", mencionando, a seguir, critérios de discriminação proibida. A discriminação é um sinônimo da "distinção", do tratamento diverso, logo desigual, sem assumir papel próprio como objeto de norma do tipo "É vedada a discriminação"

[200] United States Supreme Court, *Yick Wo v. Hopkins*, 118 U.S. 356 (1886), p. 374 (supreme.justia.com/cases/federal/us/118/356). Os itálicos são nossos.

ou "A minoria X tem direito a não ser discriminada", no modelo do art. 3º da Constituição Federal brasileira.

No primeiro texto normativo de relevância que usa o termo, a Declaração Universal dos Direitos do Homem, de 1948, a vedação da discriminação aparece quatro vezes em inglês como uma espécie de reforço do direito à igualdade e confirmando seu papel secundário:

> Art. 7. All are equal before the law and are entitled *without any discrimination* to equal protection of the law. All are entitled to equal protection *against any discrimination* in violation of this Declaration and *against* any incitement to *such discrimination.*
> Art. 23, 2. Everyone, *without any discrimination,* has the right to equal pay for equal work.[201]

Já o art. 2 da Declaração Universal utiliza duas vezes o termo *distinction* no mesmo sentido:

> Art. 2. Everyone is entitled to all the rights and freedoms set forth in this Declaration, without *distinction* of any kind, such as race, colour, sex, language, religion, political or other opinion, national or social origin, property, birth or other status. Furthermore, no *distinction* shall be made on the basis of the political, jurisdictional or international status of the country or territory to which a person belongs, whether it be independent, trust, non-self-governing or under any other limitation of sovereignty.[202]

É indicativo que a tradução desses artigos para o português e o alemão utiliza apenas duas vezes a palavra discriminação/*Diskriminierung* e quatro vezes a palavra distinção/*Unterschied.*[203,204] Isso confirma seu uso apenas instrumental, não tendo sentido quem traduzia a necessidade de uniformizar seu uso enquanto termos jurídicos.

201 ohchr.org/EN/UDHR/Documents/UDHR_Translations/eng.pdf. Os itálicos são nossos.

202 ohchr.org/EN/UDHR/Documents/UDHR_Translations/eng.pdf. Os itálicos são nossos.

203 nacoesunidas.org/wp-content/uploads/2018/10/DUDH.pdf; un.org/depts/german/menschenrechte/aemr.pdf

204 Formulações semelhantes que relacionam a igualdade com a vedação da distinção/discriminação encontramos na Declaração Americana de Direito e Deveres de 1948 (art. II) e na Declaração Europeia de 1950 (art. 14).

Entre os infinitos tratamentos diversos que a sociedade e o direito adotam todos os dias, há alguns que podem ser considerados típicos de "discriminação"? Não conhecemos estudo sobre as mudanças semânticas do termo nos séculos XX e XXI nem podemos fazer essa reconstrução. Mesmo assim, parece-nos, pela leitura de textos jurídicos, que o fato que permitiu a transformação da "discriminação" em conceito jurídico com significado diverso do "tratamento desigual", logo sua autonomização, foi a criação e rápida consolidação de um *campo de estudos* que se designa como *direito da antidiscriminação, direito antidiscriminatório* ou (mais raramente) *direito da discriminação*[205] e seus equivalentes em outros idiomas.

A necessidade de refletir sobre ferramentas jurídicas que permitiriam combater a discriminação surgiu historicamente no *direito do trabalho*. É nesse campo que a discricionariedade do empregador (recrutamento, avaliação do rendimento, remuneração, despedida) pode gerar discriminações de certa pessoa ou grupo em razão de suas características. Como principais grupos minoritários foram identificadas as mulheres, os negros, as pessoas com deficiência e, em menor medida, as minorias étnicas, incluindo os povos originários, e os imigrantes.

A partir dos anos 1960 surgem legislações que tematizam e combatem a discriminação de algumas minorias sociais. O *Civil Rights Act*, promulgado em 1964 nos Estados Unidos, costuma ser indicado como legislação mundialmente pioneira em questões de antidiscriminação (Solanke 2016: 44).

Já antes, na década de 1940, começou a publicação de obras jurídicas que examinam normas e práticas voltadas a evitar a discriminação no direito do trabalho. A Biblioteca do Congresso dos EUA acusa pela primeira vez o termo "antidiscrimination" em 1947. Trata-se de relatório apresentado ao Senado com o título *Antidiscrimination in employment. Hearings before a subcommittee of the Committee on Labor and Public Welfare* (U. S. Government Print 1947).

Entretanto, a consolidação da disciplina jurídica "direito da antidiscriminação" deu-se nos anos 2000 com a publicação e rápida multiplicação de estudos sistemáticos. Trata-se de manuais que comentam as leis sobre a questão e dão ênfase na jurisprudência, tornando a proble-

[205] Referem-se a *discrimination law* Ellis e Watson 2012; Nikolaidis 2015; Mulder 2017; Muir 2018.

mática da antidiscriminação objeto de estudo próprio.[206] De igual relevância são estudos monográficos de inspiração jurídico-filosófica sobre o conceito, as espécies de discriminação e suas relações com teorias da justiça.[207] A maioria dessas publicações refere-se ao Reino Unido e aos EUA. São também relevantes as publicações e a jurisprudência no direito da União Europeia e da Convenção europeia de direitos humanos.[208]

Indicativo da consolidação acadêmica foi a publicação, em 2013, de seis estudos que tratam de seis campos diferentes de discriminação. É a coleção *The Library of Essays on Equality and Anti-Discrimination Law*, dirigida por Suzanne Goldberg na editora Routledge.[209] Em 1995, foi fundada a revista *International Journal of Discrimination and the Law*.[210] Desde 2015, é publicada a *European Equality Law Review*, que surgiu da fusão de duas publicações anteriores da União Europeia sobre antidiscriminação e igualdade entre homens e mulheres.[211] Desde 2017 circula também a revista *Brill Research Perspectives in Comparative Discrimination Law* (na verdade uma coletânea de monografias com periodicidade de revista), dirigida por Laura Carlson.[212] Em paralelo, escolas de Direito ensinam o direito antidiscriminatório como disciplina regular.[213]

206 Estudos sistemáticos: Loenen e Rodrigues 1999; Ronalds e Papper 2004; McColgan 2005; Schiek *et al.* 2007; Bamforth *et al.* 2008; Schiek e Chege (orgs.) 2009; Fredman 2011; Connolly 2011; Ellis e Watson 2012; Ronalds e Raper 2012; Rutherglen 2016; Lawson e Schiek (orgs.) 2016; McColgan 2016; Gaze e Smith 2017; Carlson 2017; Sargeant 2017; Mercat-Bruns *et al.* (orgs.) 2018; Muir 2018; Oppenheimer *et al.* 2020; Connolly 2022.

207 Precursoras, as pesquisas de Owen Fiss (1976) – com clara inspiração marxista, expressa em conceitos do constitucionalismo liberal – e de Alan Freeman (1978), com clara inspiração na indignação sociopolítica do movimento pelos direitos civis dos Negros nos EUA.
Cf. em ordem cronológica, sem pretensão de exaustividade: McCrudden (org.) 1991; Epstein 1992 (forte crítica ao direito antidiscriminatório em perspectiva radicalmente individualista); Alexander 1992; Post *et al.* 2001; De Schutter 2006; Lawson 2008; Hellman 2008; Smith 2011; Schulze (org.) 2011; Lippert-Rasmussen 2014 e 2017; Khaitan 2017; Collins e Khaitan (orgs.) 2017; Moreau 2010; Hellman e Moreau (orgs.) 2013; Mercat-Bruns 2016; Solanke 2016; Moreau 2017 e 2020; Amparo 2018; Hellman 2021.

208 Ellis e Watson (orgs.) 2012; Nikolaidis 2015; Mulder 2017; Muir 2018.

209 routledge.com/The-Library-of-Essays-on-Equality-and-Anti-Discrimination-Law/bookseries/ASHSER-1374.

210 O 22º volume foi publicado em 2022 (journals.sagepub.com/home/jdi).

211 equalitylaw.eu/publications/law-reviews.

212 brill.com/view/journals/rpcd/rpcd-overview.xml.

213 Exemplos:
– Direito e discriminação, Universidade de São Paulo (https://edisciplinas.usp.br/course/view.php?id=78601);

Por fim, nos anos 2000, houve ampla produção normativa que determinou os conceitos básicos e estabeleceu técnicas e regras de prova, assim como remédios específicos de combate à discriminação. Surgiu assim um *tripé normativo*:

- normas de direito material para tratar da discriminação de maneira concreta em seus diversos aspectos;
- normas processuais para regulamentar (e facilitar) a prova a cargo da alegada vítima em um campo novo e disputado por visões políticas diversas e marcado por dificuldades probatórias, notadamente quando se discutem formas de discriminação indireta;
- estabelecimento de meios processuais que permitam efetivamente tutelar os grupos discriminados, notadamente com a coletivização das ações, a garantia de sua gratuidade, a ampliação das possibilidades de mediação e negociação e a configuração de litígios ditos estruturais que ampliam os poderes do Judiciário para supervisionar políticas públicas.

Podemos citar como exemplos expressivos de legislação antidiscriminatória:

- A produção normativa da União Europeia inclui as Diretivas sobre igualdade racial (2000/43/CE), laboral (2000/78/CE) e de gênero (2004/113/CE e 2006/54/CE).[214] Essas normas foram utilizadas como base para a legislação antidiscriminatória em vários países. Um exemplo de lei nacional que segue o padrão antidiscriminatório da União Europeia é a "Lei geral sobre tratamento igual" (*Allgemeines Gleichbehandlungsgesetz*) de 2006, na Alemanha.[215]

– Anti-discrimination and Equality Law, University of Adelaide (adelaide.edu.au/course outlines/105058/1/sem-2/2018);
– Diritto antidiscriminatorio, Universitá degli Studi di Milano (unimi.it/it/corsi/insegna menti-dei-corsi-di-laurea/2021/diritto-antidiscriminatorio);
– Employment Discrimination Law, University of California, Los Angeles (law.ucla.edu/academics/curriculum/course-list);
– Intersectionalities: Theorizing Multiple Discrimination, Identity and Power, University of California, Los Angeles (law.ucla.edu/academics/curriculum/course-list);
– European Anti-Discrimination Law, Central European University (courses.ceu.edu/courses/2020-2021/european-anti-discrimination-law).

[214] Apresentação e comentários oficiais em: European Union Agency For Fundamental Rights And Council Of Europe 2018. Cf. Ellis e Watson 2012; Mulder 2017; Muir 2018.

[215] https://www.gesetze-im-internet.de/agg.

- A Irlanda possui leis antidiscriminatórias, destacando-se o *Employment Equality Act* de 1998 e o *Equal Status Act* de 2000.[216]
- O *Equality Act* de 2010 do Reino Unido sistematizou e ampliou leis anteriores que tutelavam notadamente a igualdade de raça e de gênero.[217]
- Nos Estados Unidos, tramita desde 2015 no Congresso o *Equality Act*,[218] que objetiva ampliar a proteção dada pelo já mencionado – e precursor – *Civil Rights Act*, de 1964.
- No México, foi promulgada em 2003 a Lei federal para prevenir e eliminar a discriminação. É um texto normativo extenso, inspirado em tratados internacionais com definições completas das várias formas de discriminação, incluindo remédios legais à disposição das vítimas e garantindo ações afirmativas.[219]
- O Chile promulgou em 2012 a lei 20.609.[220] Entre suas normas, destaca-se a definição da discriminação ilícita como medida que "carece de justificativa razoável" e prejudica minorias sociais, sendo considerada "razoável" a justificativa que decorre do exercício de direito fundamental ou outra norma constitucional (art. 2º).
- A Noruega é país de vanguarda em temas de discriminação de gênero. Em 2006, foi criado um "Tribunal de igual tratamento e discriminação" (*Likestillings- og diskrimineringsnemnda*),[221] funcionando no âmbito do Poder Executivo para examinar queixas de discriminação ilegal que não tinham sido resolvidas em instâncias administrativas inferiores. Em 2018, o órgão passou a ser denominado "Tribunal de discriminação" (*Diskrimineringsnemnda*), expressando a relevância e a autonomização do direito antidiscriminatório.[222] Observe-se que a Noruega editou, em 2017, lei contra a discrimi-

216 www.irishstatutebook.ie/eli/1998/act/21; www.irishstatutebook.ie/eli/2000/act/8.

217 legislation.gov.uk/ukpga/2010/15/pdfs/ukpga_20100015_en.pdf.

218 congress.gov/bill/114th-congress/house-bill/3185.

219 https://www.conapred.org.mx/userfiles/files/LFPED%286%29.pdf.

220 https://www.bcn.cl/leychile/navegar?idNorma=1042092.

221 *Nemnda* significa literalmente Comissão. Mas esse órgão possui competências decisórias vinculantes que o aproximam dos tribunais, fazendo parte das denominadas "Comissões judicantes" (*domstollignende nemnd*).

222 O tribunal é regido por lei de 2017: *Lov om Likestillings- og diskrimineringsombudet og Diskrimineringsnemnda* (Lei sobre a Ouvidoria de igualdade e discriminação e o Tribunal da Discriminação) (lovdata.no/dokument/NL/lov/2017-06-16-50). Na Dinamarca, atua órgão com

nação direta e indireta, de louvável detalhamento e próxima ao modelo da EU. É a "Lei sobre igualdade e proibição da discriminação" (*Lov om likestilling og forbud mot diskriminering*),[223] que substituiu normas anteriores sobre discriminações em vários temas, regulamentando a matéria de forma completa e pertinente. É a legislação que mais se aproxima à nossa ideia de garantia legislativa da antidiscriminação e encontra-se traduzida no Anexo 4.

A essas legislações devemos acrescentar as numerosas convenções internacionais que estabelecem metas antidiscriminatórias e incentivam os Estados a adotar legislações e práticas nesse sentido. Temos como exemplos desse tipo de *soft law* a *Convenção sobre a discriminação (emprego e profissão)* de 1958 (OIT); a *Convenção internacional sobre a eliminação de todas as formas de discriminação racial* de 1965 (ONU); a *Convenção interamericana contra o racismo, a discriminação racial e formas correlatas de intolerância* de 2013 (OEA).

Na bibliografia brasileira, há estudos pioneiros sobre discriminação de Seguin (2002) e Rios (2008). Foram também publicadas obras que estudam a discriminação trabalhista, dando ênfase à legislação e à jurisprudência sem muita preocupação com a elaboração e as dificuldades dos conceitos antidiscriminatórios.[224] Desde os anos 2010, foram publicadas coletâneas e monografias,[225] sem contar a profusão de artigos, tanto acadêmicos como jornalísticos, mantendo-se a ênfase no direito do trabalho. Entre as publicações nacionais, possuem abrangência, densidade e fecundidade os estudos de Adilson Moreira (2016, 2017, 2020). Foi ele que operou a consolidação doutrinária da disciplina no Brasil. Já no campo legislativo, apesar da promulgação de leis e tratados internacionais importantes para a tutela de certas minorias sociais, o Brasil mostra uma preocupante inércia. *Falta obra legislativa geral*[226] que permi-

competências semelhantes, o Conselho de Igualdade (*Ligebehandlingsnævnet*), regulamentado por lei de 2016, a *lov om Ligebehandlingsnævnet* (retsinformation.dk/eli/lta/2016/1230).

[223] lovdata.no/dokument/NL/lov/2017-06-16-51.

[224] Nascimento (org.) 2004; Lima 2010; Peres 2014; Cruz *et al.* (orgs.) 2021.

[225] Rios e Silva 2015 e 2017; Jubilut *et al.* (orgs.) 2014; Ferraz e Leite (orgs.) 2015; Silva 2016; Corbo 2017; Ommati 2017; Mazzuoli (org.) 2018; Luiz 2019.

[226] O contrário é afirmado por Amparo (2018: 50): "the Racial Equality Statute from 2010 or the Statute of the Persons with Disabilities from 2015 are super statutes which compose the general law of antidiscrimination law".

tiria padronizar os conceitos, as práticas e os procedimentos de combate à discriminação de grupos vulneráveis. Uma obra legislativa ao mesmo tempo abrangente e concreta na parte material e processual permitiria controlar o subjetivismo aleatório do Judiciário perante casos de discriminação, uniformizando as práticas decisórias.

5.2. Direito antidiscriminatório e a divisão entre direito público e privado

Em sua versão inicial, o direito antidiscriminação elaborava respostas sobre problemas de direito privado, no intuito de aplicar regras de igual tratamento, incluindo a promoção de minorias com ênfase no direto do trabalho. Para tanto, ocorreu transposição, em âmbito privado, de regras e remédios processuais que impunham o tratamento igual no direito público.

Podemos ilustrar isso com um *desafio jurídico* que se divide em três perguntas:

- O edital de um concurso público pode exigir que os candidatos sejam apenas brancos?
- Um particular que busca empregada doméstica para sua residência pode excluir as candidatas negras apenas por serem negras (ou comprovando-se que a cor da pele foi razão presente, mas não decisiva, para a reprovação)?
- Um branco pode publicar anúncio em aplicativo, dizendo que quer conhecer pessoa branca para namoro?

A resposta é incontroversa na primeira questão. Isso seria inconstitucional e, eventualmente, configuraria crime, tanto hoje como no início do Império no Brasil.[227]

Já na terceira pergunta, a resposta seria claramente positiva, como já dissemos, em razão da livre escolha de parceiros como essência da vida privada, garantida como direito fundamental.

A segunda pergunta não permite dar resposta fácil. Estamos no setor privado ou no setor público? Ao tratar do *caso Diniz*, a Comissão Interamericana de Direitos Humanos considerou, em 2006, que a busca

[227] Art. 179, XIV: "Todo o cidadão pode ser admittido aos Cargos Publicos Civis, Politicos, ou Militares, sem outra differença, que não seja dos seus talentos, e virtudes".

por empregada doméstica branca causou prejuízo a uma das interessadas pelo cargo, a Sra. Diniz, que era negra e por essa razão foi excluída da seleção.[228] O anúncio de jornal dizia: "pref. branca, s/filhos, solteira, maior de 21a". A empregadora excluía da vaga, de maneira pouco disfarçada ("pref."): os homens; as mães; as mulheres com companheiro; as menores de 21 anos; as não brancas. Assim sendo, o anúncio excluía a maior parte da população brasileira. Há ilegalidade?

Tal anúncio expressa postura de extrema arrogância e de instrumentalização da empregada doméstica em clara inspiração escravocrata. E muito provavelmente configura conduta punível como crime de racismo com base na Lei n. 7.716, de 1989.[229] A Comissão Interamericana respondeu a parte mais óbvia da queixa, corroborando que o Estado brasileiro deveria ser diligente na apuração de eventual crime de racismo, ainda mais em caso tão extremo.

Mas a questão realmente desafiadora, para quem reflete sobre igualdade e discriminação, é outra. É obrigatório para os particulares escolher empregados domésticos com critérios de imparcialidade? Podem exigir requisitos que não têm estreita relação com o cargo, como fez o anúncio em comento? Dessa pergunta decorre uma segunda. Eventual constatação de padrões de impacto diverso gera discriminação indireta? Por exemplo, ao constatar que em um bairro de classe alta as empregadas domésticas são quase exclusivamente brancas ou, mais desafiador ainda, quase exclusivamente negras, deve ser tomada alguma providência em razão de discriminação, e qual exatamente?

A esse respeito, a Comissão Interamericana fez uma afirmação enigmática: "excluir uma pessoa do acesso ao mercado de trabalho por sua raça constitui um ato de discriminação racial".[230] Mas não quis tirar as *consequências jurídicas* dessa afirmação. Pode-se dizer que, juridicamente, a empregadora era *obrigada* a não levar em consideração a cor da pele no momento da entrevista? Deveria também ignorar o sexo, a idade, o

[228] Comissão Interamericana de Direitos Humanos, *Relatório 66/2006, caso 12.001, Simone André Diniz v. Brasil*, 21-10-2006 (cidh.org/annualrep/2006port/brasil.12001port.htm).

[229] Art. 4º Negar ou obstar emprego em empresa privada. Pena: reclusão de dois a cinco anos. Art. 20. Praticar, induzir ou incitar a discriminação ou preconceito de raça, cor, etnia, religião ou procedência nacional. Pena: reclusão de um a três anos e multa.

[230] Comissão Interamericana de Direitos Humanos, *Relatório 66/2006, caso 12.001, Simone André Diniz v. Brasil*, 21-10-2006, n. 99 (cidh.org/annualrep/2006port/brasil.12001port.htm).

estado civil e outras características pessoais? Poderia ser responsabilizada se fosse constatado que nos últimos 30 anos contratou apenas empregadas brancas, apesar de nunca ter tematizado isso? A última pergunta é por qual razão a Comissão considerou mais grave excluir as mulheres negras do que as casadas (ponto esse silenciado no relatório)? Se a resposta é porque apenas interessou o crime e não a discriminação trabalhista, concordaremos, mas em tal hipótese o caso Diniz nada substancial representa ao ordenar punir uma pessoa racista.

Examinando o problema trabalhista, a pergunta é se a busca por um funcionário remunerado com base em regras de direito privado deve se transformar em concurso público. A Lei n. 9.029 estabelece em seu art. 1º:

> É proibida a adoção de qualquer prática discriminatória e limitativa para efeito de acesso à relação de trabalho, ou de sua manutenção, por motivo de sexo, origem, raça, cor, estado civil, situação familiar, deficiência, reabilitação profissional, idade, entre outros.

A norma oferece base jurídica inquestionável quando a discriminação é, segundo o conceito de Deborah Hellman, *direta-final* (cap. 2, 4.4.3.1.2) Exemplo: Não contratar ou demitir pessoas que se penteiam de maneira que expressa identidade negra é uma clara discriminação que enseja as devidas consequências legais. Em uma exemplar decisão da Justiça do Trabalho, foi considerada discriminação ilegal a demissão sem justa causa de funcionária negra que se negou a desfazer seus *dreadlocks*, apesar de ordem da empregadora. A decisão fez a seguinte afirmação:

> A inadequação que a primeira reclamada percebeu nas tranças da trabalhadora traduzem uma perspectiva de desajuste quanto ao modo de ser e de existir da pessoa negra, que deveria, assim, abster-se de revelar seus símbolos de autoafirmação em benefício de uma pretensa padronização aos modelos impostos pelo grupo que reclama e exerce a hegemonia cultural.[231]

Contudo, o caráter vago da formulação "qualquer prática discriminatória e limitativa" pelos critérios indicados "entre outros" permite

231 2ª Vara do Trabalho de Nova Lima, *Ação trabalhista 0010433-49.2020.5.03.0165*, sentença do juiz do trabalho Henrique Macedo de Oliveira, julg. 7-10-2020.

também uma interpretação maximalista. Além das dificuldades probatórias e decorrentes da liberdade dos particulares que mencionamos neste capítulo, a compreensão *maximalista* da norma enfrenta um *limite lógico*.

O processo seletivo necessariamente procura identificar e avaliar as diferenças entre candidat@s. Sem essa comparação e a preferência pelo mais apto para a função a critério do empregador, não teríamos processo seletivo, e sim sorteio. Muitos desses critérios têm relação estatística, se não diretamente causal com características mencionadas na lei como discriminatórias, logo proibidas. Para permanecer no caso *Diniz*, a eliminação de candidatas negras com justificativa explícita que menciona a cor da pele seria considerada ilegal mesmo pelo "jurista branco". Mas isso ocorreria pela inexistência de nexo entre a cor da pele e a atividade de empregada doméstica.

No mesmo caso, seria muito mais difícil considerar ilegal a eliminação de homens ou de mulheres com filhos pequenos. Apesar de a lei mencionar todos esses critérios como ensejadores de discriminação proibida, podemos afirmar que foram utilizados como formas lícitas de escolher candidata que seria mais apta para a função.

O debate fica mais complexo se examinarmos o caso *Achbita*. Uma funcionária muçulmana desejava trabalhar com lenço na cabeça. A empresa alegou que havia uma regra "não escrita" de neutralidade que ficava prejudicada pela ostentação de um símbolo de pertença religiosa. A Sra. Achbita foi demitida e o Tribunal da União Europeia considerou em 2017 que a empresa tinha razão. Não havia discriminação direta, pois a proibição era geral e não atingia apenas os muçulmanos, além do que há mulheres muçulmanas que não usam véu, sendo difícil mostrar que a pertença religiosa causou a demissão da Sra. Achbita. Alegação de discriminação indireta dificilmente prosperaria, pois, segundo a Corte, a discriminação estaria "objetivamente justificada por um objetivo legítimo, como a prossecução por parte do empregador, nas suas relações com os seus clientes, de uma política de neutralidade política, filosófica e religiosa".[232]

[232] Tribunal de Justiça da União Europeia, *Achbita*, C-157/15 (2017) (eur-lex.europa.eu/legal-content/PT/TXT/?uri=CELEX:62015CJ0157).

Consideramos a decisão equivocada e preconceituosa. Quem entra em uma loja na Bélgica sabe que 95% da população nasceu em famílias de tradição cristã, sendo que os muçulmanos perfazem 5% da população.[233] A probabilidade estatística de ser atendido por uma mulher muçulmana na Bélgica é de 2,5%, entre as quais muitas não usam véu! Quem avistar uma das raríssimas funcionárias com lenço não pensará que o estabelecimento promove o islamismo, exatamente como não pensa que é de zelotes cristãos pelo fato de quase todos os funcionários terem crença ou, pelo menos, cultura cristã. A funcionária com lenço sinaliza apenas o espírito liberal-cosmopolita da empresa, que admite que minorias religiosas sinalizem sua identidade em um ambiente dominado pela maioria cristã. Alguns vão aprovar, outros não. Fato é que a empresa que proíbe o lenço, dizendo-se religiosamente neutra, mostra-se intolerante porque não quer desagradar clientes preconceituosos que ficariam incomodados com a ostentação de símbolos de uma religião professada quase exclusivamente na Bélgica por imigrantes e seus descendentes. Logo, trata-se de empresa que satisfaz demandas xenófobas, não sendo preocupada com a neutralidade.

O Tribunal de Justiça da União Europeia considerou que o interesse econômico das empresas se sobrepõe ao direito do funcionário de viver segundo os mandamentos culturais e religiosos que fazem parte de sua identidade.[234] Se o poder de decisão dos particulares em seu espaço de propriedade é respeitado mesmo em casos de discriminação, isso não oferece um argumento para que a empregadora que discriminou a Sra. Diniz exija que sejam respeitadas suas preferências, inclusive quando geram discriminações?

A Suprema Corte dos EUA enfrentou questão semelhante no caso *Runyon* de 1976. Alunos Negros não foram admitidos em escolas privadas que tinham como política aceitar apenas membros da "raça caucasiana". A Suprema Corte considerou que a conduta das escolas era

[233] Cf. os dados em: nl.wikipedia.org/wiki/Religie_in_België.

[234] O Tribunal europeu considera difícil impor a particulares as regras antidiscriminatórias que vinculam o setor público, mas não descarta essa possibilidade. Cf. as oscilações na decisão: Tribunal de Justiça da União Europeia, *Bauer* C-569/16 (2018) (curia.europa.eu/juris/document/document.jsf?text=&docid=207330). Apresentação da jurisprudência em Fredman 2011: 148-152; Frantziou 2019.

contrária à legislação federal que proibia discriminação racial nos contratos, ao impedir, em razão da raça, que um aluno contratasse serviços educacionais.

Dispõe a lei:

> All persons within the jurisdiction of the United States shall have the same right in every State and Territory to make and enforce contracts, to sue, be parties, give evidence, and to the full and equal benefit of all laws and proceedings for the security of persons and property as is enjoyed by white citizens.[235]

A escola invocou o direito dos pais (racistas) de educar sua prole em escola "livre" de regulação estatal, de se associar apenas com Brancos e de exercer dessas duas formas o "direito à privacidade", considerando que violaria esses direitos a imposição de admitir alunos Negros. A maioria da Corte negou a possibilidade de esses direitos invalidarem uma regulação estatal que era razoável, como ocorre no caso de normas que impedem a discriminação racial por escolas privadas.[236]

O voto da minoria insistiu em uma questão importante. Pode o Estado obrigar alguém a celebrar contratos quando não o deseja ou obrigá-lo a justificar porque não celebrou esse contrato? Pode ser traçada, perguntamos nós, uma linha de separação jurídica entre quem não aluga sua casa a um interessado com histórico de despejos por inadimplência e quem nega o contrato pela razão de o interessado ser Negro? Não há risco de os negócios privados serem regidos por normas impessoais, típicas da administração pública? A minoria da Suprema Corte insiste nesse espaço de liberdade dos particulares. Se o Branco não pode ser obrigado a celebrar contrato com pessoas que não o agradam, a norma que garante aos Negros acesso "as is enjoyed by white citizens" não se aplica, já que os Brancos não podem obrigar alguém a assinar contrato com eles.

O voto da minoria termina dizendo que o legislador poderia proscrever critérios de discriminação racial nos processos seletivos das escolas, como explicitamente o fez em relação ao mercado de trabalho. Mas o

235 U.S. Code, 42, § 1981 (law.cornell.edu/uscode/text/42/1981).

236 United States Supreme Court, *Runyon v. McCrary*, 427 U.S. 160 (1976) (supreme.justia.com/cases/federal/us/427/160).

Judiciário não deveria aplicar em todo o direito privado uma regra que vale para o direito público.[237]

A questão é complexa e não há resposta jurídica definitiva enquanto não houver *legislação antidiscriminatória* específica que estabeleça listas completas de critérios de discriminação proibidos. Isso oferece um guia seguro para os particulares e diminui os litígios, já que as distinções entre tratamento diverso lícito e ilícito foram elaboradas pelo legislador.

Citemos como exemplo de discriminações permitidas e proibidas a lei irlandesa sobre Igualdade de 2000:[238]

> Art. 7 (2) An educational establishment shall not discriminate in relation to
> (a) the admission or the terms or conditions of admission of a person as a student to the establishment;
> (b) the access of a student to any course, facility or benefit provided by the establishment;
> (c) any other term or condition of participation in the establishment by a student, or
> (d) the expulsion of a student from the establishment or any other sanction against the student.
> (3) An educational establishment does not discriminate under subsection (2) by reason only that
> (a) where the establishment is not a third-level institution and admits students of one gender only, it refuses to admit as a student a person who is not of that gender;
> (b) where the establishment is an institution established for the purpose of providing training to ministers of religion and admits students of only one gender or religious belief, it refuses to admit as a student a person who is not of that gender or religious belief;
> (c) where the establishment is a school providing primary or post-primary education to students and the objective of the school is to provide education in an environment which promotes certain religious values, it admits persons of a particular religious denomination in preference to others or it refuses to admit as a student a person who is not of that

237 Opinião do Juiz White compartilhada pelo Juiz Rehnquist. United States Supreme Court, *Runyon v. McCrary*, 427 U.S. 160 (1976) (supreme.justia.com/cases/federal/us/427/160).

238 *Equality Status Act* 2000 (www.irishstatutebook.ie/eli/2000/act/8/enacted).

> denomination and, in the case of a refusal, it is proved that the refusal is essential to maintain the ethos of the school [...].

Como já dito, no Brasil falta legislação antidiscriminatória que permita traçar semelhantes linhas com segurança. Mas parece necessário distanciar-se de uma compreensão ampla dos sujeitos passivos do dever de não discriminação. Na perspectiva da teoria dos direitos fundamentais, a dificuldade jurídica de argumentações com base na discriminação desemboca em uma questão fundamental. Os particulares *estão vinculados por direitos fundamentais de terceiros (efeito horizontal) e, no caso aqui examinado, pelo princípio da impessoalidade*? A resposta é difícil e controvertida.[239] Quem responde, sem ressalvas, "sim" enfrentará insuperáveis problemas dogmáticos, pois, no afã de satisfazer expectativas antidiscriminatórias, chegará a soluções coletivistas, incompatíveis com um ordenamento liberal-capitalista.

Um processo seletivo de direito privado envolve avaliações subjetivas variadas, entre outras, relacionadas ao que o entrevistador entende como inteligência, preparo, empatia, experiência prévia e honestidade do candidato. Se um candidato se considerar prejudicado porque foi preterido em algum desses quesitos ou se considera que o exame de tais quesitos é discriminatório e/ou sem nexo com o cargo pretendido, poderia impugnar judicialmente o processo seletivo?

A resposta negativa é mais plausível. Isso interessa a parte mais difícil do caso *Diniz*. Se a empregadora não tivesse formulado no anúncio requisitos discriminatórios, mas tivesse aplicado, nas entrevistas, filtros tácitos que correspondiam às suas expectativas (branca, solteira, sem filhos, etc.), provavelmente não haveria problema jurídico (sem prejuízo das avaliações morais e políticas de sua conduta). A Sra. Diniz foi vítima de racismo, mas podemos argumentar que não foi vítima de discriminação trabalhista. E a nossa resposta seria categórica se outro candidato tivesse alegado discriminação com base no gênero, na situação familiar ou na idade.[240] Há também casos de maior complexidade,

[239] Análises e bibliografia propugnando pela vinculação dos particulares apenas indiretamente (vinculação mediada por leis aplicáveis em suas relações e interpretadas à luz da Constituição) em Dimoulis e Martins 2020: 133-147; Martins 2022: 171-177.

[240] Fizemos um exame *simplificado* do caso para discutir formas de aplicação e limites do direito antidiscriminatório e não para opinar sobre problemas concretos de direito traba-

como o de escola particular que admite apenas alunos com alto desempenho e, ao mesmo tempo, cobra altíssima mensalidade. A combinação desses requisitos, na prática, impede o acesso de estudantes negr@s brasileir@s. Teríamos caso de discriminação indireta?

A jurisprudência brasileira não vê discriminações em conflitos de direito privado. Exemplo: Uma transexual negociou a locação de um *flat*, pagou a fiança, recebeu as chaves e pernoitou no imóvel. O proprietário negou-se a assinar o contrato quando soube da identidade social da interessada. O TJSP condenou o proprietário a pagar danos morais causados à imagem e à honra por ter discriminado uma pessoa em razão de sua identidade. Mas considerou que a negativa de assinatura, ainda que motivada pelo preconceito, está na esfera da liberdade contratual, logo é lícita.[241]

Independentemente do problema de traçar linhas de separação juridicamente plausíveis, há um dado metodológico. O direito antidiscriminatório pertence ao direito privado "publicizado", seguindo a tendência de enrijecimento do direito privado com a intervenção do Estado na vida dos particulares. Parte da doutrina vislumbrou a formação de um *terceiro campo ou setor jurídico*, ao lado dos direitos público e privado. É o denominado direito misto ou social. Considerou-se sua característica preponderante a regulamentação das relações entre grupos sociais (produtores e consumidores; trabalhadores e empregadores) e não das relações entre Estado e indivíduos, como tradicionalmente faz o direito público. O direito antidiscriminatório seria um típico exemplo de campo de direito social, junto ao direito do consumidor ou o direito agrário.

Em nossa opinião, a tese de existência de um direito social cria a falsa impressão de que as categorias do direito público e privado são, na maioria dos casos, satisfatórias, e a introdução da nova categoria resolve

lhista. Uma análise completa deve diferenciar entre exigências do emprego e demais requisitos que funcionam apenas como obstáculos ou barreiras definitivas. Exigir conhecimento de inglês é óbvio para comissários de voo, pode se justificar para recepcionistas de um hotel no Rio de Janeiro, mas não se justifica para atendentes de uma padaria, ainda que esses últimos atendam ocasionalmente clientes que não falam português.

O exame torna-se mais delicado em relação a requisitos que para alguns são relevantes e para outros não. Haverá famílias religiosas querendo que a babá compartilhe sua crença, enquanto, para a maioria, esse dado é irrelevante.

241 TJSP, 31ª Câmara de direito privado, *processo 1033092-79.2019.8.26.0100*, rel. Des. Rosângela Telles, julg. 22-6-2021.

problemas fronteiriços. Na verdade, a distinção entre os dois setores do direito é aproximativa e esse problema não pode ser suprido pela introdução de uma terceira categoria que se revela mais vaga que as existentes.

Assim sendo, o direito antidiscriminatório deve ser qualificado de *três* maneiras:

- Em seu conteúdo é público, desenvolvendo (e testando) conceitos e limites do direito fundamental à igualdade, isto é, faz parte do *direito constitucional* (Moreira 2020: 53).
- Do ponto de vista temático, normas ou decisões judiciais antidiscriminatórias seriam em tese aplicáveis em todos os ramos do direito e em variadas relações contratuais. Por essa razão, é possível fazer exposições sistemáticas do direito antidiscriminatório por ramos: trabalho, funcionalismo público, contratos, consumidor. Podem também ser feitos estudos do ponto de vista dos grupos envolvidos: direito antidiscriminatório das mulheres, das minorias raciais, das pessoas com deficiência.
- No que diz respeito às fontes do direito, há uma distinção básica. Quando há legislações específicas sobre um setor e/ou minoria, a referência central é a lei ordinária (ou as normas supranacionais, como no caso da União Europeia). Na ausência de tal legislação, algo que se verifica no Brasil, recorre-se aos direitos fundamentais, notadamente ao direito à igualdade.

Feitos esses esclarecimentos sobre a classificação disciplinar do direito antidiscriminatório, devemos responder à pergunta: Por que se trata de um campo do direito que surgiu nos últimos anos, se a presença e a opressão de minorias são seculares, no caso das mulheres, milenares? O direito antidiscriminatório consolidou-se apenas em sociedades nas quais adquirem visibilidade e forte presença política demandas de grupos estruturalmente e institucionalmente excluídos. Isso permitiu questionar mecanismos que permaneciam invisíveis na política oficial e recebiam variadas justificativas jurídicas. A justificativa mais corriqueira consistia em invocar a garantia constitucional das liberdades e da propriedade dos grupos mais fortes que, politicamente, se apresenta como meritocracia.[242]

[242] Grande parte do ideário utilizado por teóricos do direito antidiscriminatório encontra-se com todas as letras no *Manifesto do Partido Comunista* e na sociologia do início do século XX.

O estudo da antidiscriminação ampliou-se de maneira a abranger programas de políticas públicas nas quais havia discriminação de acesso. Isso permitiu que o direito antidiscriminatório pudesse virtualmente abranger todos os campos do direito, desde que a prática de exclusão fosse relacionada a minorias sociais juridicamente reconhecidas e tuteladas. Independentemente de sua classificação disciplinar, o que lhe dá interesse é sua função como uma espécie de bandeira ou alerta. *Reúne experiências, decisões judiciais, trabalhos legislativos, esboços de políticas públicas e reflexões político-filosóficas sobre situações de opressão e exploração, tornando-as visíveis como problemas jurídicos.*[243]

A discriminação aparece como produto constante e regular do funcionamento do direito liberal-capitalista. Se isso não se deve sempre ao conteúdo de suas normas, deve-se com certeza às práticas de aplicação. Longe de triunfalismos e retóricas sobre a "prevalência dos direitos humanos" (quais exatamente? onde? por quê?), os estudos sobre discriminação funcionam como *loci* que mostram *problemas*, conscientizando o operador do direito e pressionando por mudanças nas políticas do Estado.

Sem ignorar os debates teóricos-filosóficos sobre o que seria discriminação e quais normas pertenceriam ao direito antidiscriminatório,[244] podemos formular a seguinte definição.

> *D9 O direito antidiscriminatório é o conjunto de normas jurídicas que a) impedem o tratamento desfavorável de grupos historicamente inferiorizados (opri-*

Essa consciência histórica evitaria a ingenuidade de quem se refere, por exemplo, ao estudo de Fiss (1976) com essas palavras: "Fiss's 1976 article is pathbreaking partly because it so boldly insisted that legal reasoning and political morality should recognize the existence of social groups and take the group status of persons into account in describing harms" (Young 2002: 4).

243 "Antidiscrimination law seeks to neutralize widespread forms of prejudice that pervasively disadvantage persons based on inaccurate judgments about their worth or capacities" (Post in Post *et al.* 2001: 11). O autor critica essa pretensão, argumentando que é impossível tratar alguém sem levar em consideração suas características sociais, sob pena de tratá-lo como instrumento despersonalizado, considerar, por exemplo, o músico como instrumento musical.

244 Exemplos: Hellman 2008 e 2016; Shin 2013; Lippert-Rasmussen 2014; Khaitan 2017. Destacamos a definição lapidar dada por Adilson Moreira (2020: 50): "campo jurídico composto por uma série de normas que pretendem reduzir ou eliminar disparidades significativas entre grupos".

midos e/ou explorados) ou b) impõem o tratamento compensatório em favor desses grupos, independentemente da relação jurídica subjacente e da origem dessas normas.

Essa definição mostra que o direito antidiscriminatório não abrange todos os casos de aplicação do direito fundamental à igualdade. A esse último pertencem também casos de desigualdades pontuais (um funcionário não recebeu o aumento que os demais receberam), assim como o tratamento de grupos que mesmo possuindo característica unificadora não são historicamente discriminados (professores estaduais pedindo equiparação salarial com professores federais).[245] A referência a "grupos historicamente inferiorizados" oferece sua identidade ao direito antidiscriminatório.

5.3. O direito antidiscriminatório como disciplina agonística, separatista e doutrinariamente aberta

a. *Disciplina agonística.* Os direitos sociais constituem, no Brasil e em muitos outros países, importantíssima ferramenta para a redistribuição estatal de recursos, apoiando as camadas mais fragilizadas e retirando do desigual e seletivo império do mercado bens essenciais. Mas do ponto de vista jurídico, os direitos sociais apresentam-se como problemas de mera subsunção. Define-se o exato conteúdo da pretensão e o titular, para decidir se alguém possui o direito de receber gratuitamente certo remédio. Já no campo do direito antidiscriminatório reina, ao menos no momento, absoluta incerteza. Uma estudiosa da área inicia seu trabalho com a frase "Equal Protection jurisprudence is a mess" (HELLMAN 2016: 895). A intenção da autora é "ordenar" o campo, mas em nossa opinião a constatação indica uma característica produtiva do direito antidiscriminatório. Por questionar estruturas sociais e argumentações jurídicas consolidadas, introduzindo, entre outros, a figura teórica d@ jurista de minorias sociais, o "caos" do direito antidiscriminatório deve-se à tentativa de mudar padrões de decisão jurídica. Tem natureza experimental, forte coloração política e potencial de receber questionamentos.

[245] STF, *Medida cautelar na Ação direta de inconstitucionalidade 6.257*, decisão do Min. Dias Toffoli, julg. 18-1-2020: "os professores que exercem as atividades de ensino e pesquisa nas universidades estaduais devem ser tratados em direito (*sic*) e obrigações de forma isonômica aos docentes vinculados às universidades federais".

Afirmar que um tribunal deve decidir que um vestibular elaborado e aprovado por renomados especialistas tem resultados racistas, sexistas e de seletividade de classe foi, em décadas passadas, uma heresia jurídica. No entanto, essa heresia impulsionou gradativamente mudanças legislativas e jurisprudenciais, a ponto de sistemas de cotas serem considerados hoje no Brasil e em outros países aceitos e até impostos pela Constituição. No vocabulário de jurista branco parece inaceitável que o candidato que obteve nota menor que a de corte possa ser admitida na universidade em razão da cor de sua pele ou de outra característica que não se relaciona com o desempenho na prova. É justamente a frase "não se relaciona" que está no centro dos pressupostos jurídicos que o direito antidiscriminatório questiona, mostrando sua característica *agonística*, que gera instabilidade, mutabilidade e constantes controvérsias.

b. *Disciplina "separatista"*. O direito antidiscriminatório não foi criado para atender necessidades de um novo campo da vida social, tal como surgiu o direito aeronáutico ou o direito da *internet* após a difusão das respectivas tecnologias. O direito antidiscriminatório separou conteúdos de campos tradicionais, introduzindo tratamento diverso por razões políticas.

Essa característica *separatista* caracterizou historicamente o direito do trabalho, o direito do consumidor, o direito ambiental. Talvez o mais semelhante, em sua heresia, seja o campo dos direitos difusos,[246] hoje consolidado no Brasil, dotado de normas materiais e processuais próprias, mas que algumas décadas atrás pareceria inconcebível, sendo que até hoje o termo "direitos difusos" é praticamente desconhecido em muitos países.

O *processo de autonomização conceitual e normativa do direito antidiscriminatório* está longe de ser concluído. E não se pode excluir que ocorra, futuramente, um encolhimento ou até o abandono da disciplina por razões políticas, tal como parece acontecer no Brasil dos últimos anos com o direito do trabalho, que se torna sempre mais semelhante ao direito contratual ordinário.

De todas as formas, é visível no presente momento a sensibilização jurídica pelos problemas das discriminações indiretas, assim como

[246] Agradeço a observação da Profa. Luisa Moraes Abreu Ferreira.

a preocupação de estudantes e juristas com o tratamento subalternizante de minorias sociais, sendo claro que a simples aplicação do direito de igualdade não conseguiu (e nem mesmo desejou) enfrentar esses problemas.

A reflexão sobre a peculiaridade política do direito antidiscriminatório pode ser ajudada por uma reflexão metodológica sobre as características da matéria. Podemos indicar os princípios que Deborah Hellman denomina *motivated scepticism* e *sameness commitment* (2021: 160-161, 163-165):

- O imperativo de desconfiar de todas as generalizações que envolvem grupos subalternizados porque a probabilidade de um viés preconceituoso é maior em relação a eles.
- A consciência de que as alegadas diferenças e fraquezas das minorias sociais não são características genuínas desses grupos, mas produto de discriminações anteriores que geraram sua subalternização.

c. *Disciplina doutrinariamente aberta*. A abertura doutrinária do direito antidiscriminatório decorre das duas anteriores características, o agonismo e o separatismo. Por ser um campo em expansão e transformação, há múltiplos questionamentos dogmáticos e fortes desacordos, mesmo entre seus mais fervorosos adeptos. Controvérsias de princípio parecem impossíveis em disciplinas consolidadas, onde as diferentes perspectivas acabaram se aproximando e, mesmo havendo divergências, elas são conhecidas e basicamente repetem-se no tempo.

A leitura dos livros publicados nos últimos anos sobre os fundamentos filosóficos, éticos e políticos do direito antidiscriminatório deixa claro que posições incompatíveis entre si são apresentadas como plausíveis e que ocorrem constantes mudanças nos conceitos e nas práticas decisórias.[247]

Atualmente, o direito antidiscriminatório oscila entre o individual e o coletivo; entre a demanda de intervenção estatal e de autonomia de

[247] O presente estudo utilizou construtivamente a doutrina, evitando controvérsias sobre questões pontuais ou mesmo de princípio com autora-es da área. Mesmo assim, criticamos compreensões que nos parecem equivocadas, por serem miopicamente liberais, como as de Sophia Moreau e de Deborah Hellman, e outras que consideramos indevidamente abrangentes e sem fundamentação jurídica, como as de Wallace Corbo.

grupos; entre o aperfeiçoamento de mecanismos "inclusivos" do mercado e a retirada de bens e processos do mercado; entre a discriminação dos fortes e dos fracos; e, principalmente, entre a compreensão dos direitos fundamentais com base na igualdade ou na liberdade. Torna-se necessário explicitar os pontos de partida e a perspectiva teórica de cada estudo para melhor organizar o debate.

6. Igualdade e discriminação na prática. Um teste de teorias e conceitos na jurisprudência da Suprema Corte dos EUA. Casos *Hoyt*, *Peters*, *Taylor*

6.1. *Hoyt*

Em 1961, a Suprema Corte dos EUA examinou a constitucionalidade de lei do estado da Flórida, prevendo que as mulheres não têm o dever de comparecer como juradas após escolha por sorteio, mas que podem se inscrever voluntariamente no rol dos jurados.[248] A reclamação vinha da Sra. Hoyt, processada por matar seu marido com taco de beisebol após saber da infidelidade do marido, que também disse que abandonaria a esposa e o filho pequeno. A acusada compareceu perante júri exclusivamente masculino e foi condenada.

A Suprema Corte respondeu que a lei que isentava as mulheres do dever de ser juradas não violava o direito daquelas mulheres que preenchiam os requisitos de atuar como juradas. Quem quisesse exercê-lo, podia inscrever-se para tanto. A lei apenas liberava as mulheres de um dever, levando em consideração seus múltiplos compromissos de trabalho doméstico.

Ao argumento que um júri com participação feminina seria mais compreensivo ou caridoso com a acusada em razão das circunstâncias do assassinado (*understanding or compassionate*) e que a lei sobre a escolha de jurados impedia isso, o tribunal respondeu que os acusados não têm direito a um júri adaptado às características do caso e dos envolvidos. É suficiente que nenhum grupo de cidadãos seja excluído de maneira "arbitrária e sistemática". A lei da Flórida não excluía as mulheres, logo

[248] United States Supreme Court, *Hoyt v. Florida*, 368 U.S. 57 (1961) (supreme.justia.com/cases/federal/us/368/57).

não violava imperativos do devido processo legal. Isso foi decidido, mesmo tendo perguntado criticamente o juiz Black: "What would think about a law that said, 'No men should serve on the jury unless they come up and say they want to do so'?".[249]

Restava o argumento dos efeitos simbólicos que gera o fato de diferenciar entre homens e mulheres em relação a um cargo público, fazendo com que os homens decidam sobre vida e morte de cidadãos enquanto as mulheres lavam a louça em casa. Foi demonstrado que, no ano de realização do júri da Sra. Hoyt, apenas 0,5% das eleitoras da Florida tinham se voluntariado como juradas, sendo estatisticamente esperado que os júris tivessem 99,5% de homens em sua composição. O tribunal respondeu que a razão pela qual foram excluídas as mulheres era plausível (*reasonable classification, rational foundation*), já que as mulheres continuam sendo "o centro da vida doméstica e familiar" e o legislador tinha razões para isentá-las de um ulterior dever.

6.2. *Peters*

Passados mais de dez anos, a mesma Corte examinou, em 1972, o recurso de Peters, homem branco, condenado por um júri de brancos.[250] O réu alegou que o júri foi constituído com base em processo de seleção que intencionalmente excluía os negros, considerando-o inconstitucional por não representar a população. Ainda que ele não tenha sofrido discriminação ao ser julgado por brancos, o órgão era irregular e a decisão nula.[251]

A maioria da Corte considerou que o processo deveria ser anulado pelas seguintes razões:

Primeiro. A sistemática exclusão *de facto* dos negros não só priva certos indivíduos do direito de exercer uma função pública, mas também estigmatiza um grupo social como inferior e incapaz, sendo inconstitucional por essa razão.

[249] Sustentações orais do caso *Hoyt* perante a Suprema Corte, disponíveis em: oyez.org/cases/1961/31. A frase do juiz Black é dita aos 40' e 30".

[250] Uma análise mais detida deveria comparar essa decisão com as soluções dadas nos casos: United States Supreme Court, *Batson v. Kentucky* 476 U.S. 79 (1986) (supreme.justia.com/cases/federal/us/476/79); United States Supreme Court, *Flowers v. Mississippi* 588 (2019) (supreme.justia.com/cases/federal/us/588/17-9572).

[251] United States Supreme Court, *Peters v. Kiff*, 407 U.S. 493 __ (1972) (supreme.justia.com/cases/federal/us/407/493/#tab-opinion-1949809). Apresentamos aqui a opinião vencedora.

Segundo. O réu tem direito de ser julgado por um júri legalmente constituído. Se não for satisfeita essa condição, viola-se o direito ao devido processo legal, ainda que o réu não prove nem mesmo pareça provável que tenha sido vítima de discriminação (branco julgado por brancos): "Illegal and unconstitutional jury selection procedures cast doubt on the *integrity* of the whole judicial process".

Terceiro. A organização de um sistema de seleção que abrange todos os cidadãos, independentemente de suas características, garante a diversidade/representatividade que é constitucionalmente imposta:

> When any large and identifiable segment of the community is excluded from jury service, the effect is to remove from the jury room qualities of human nature and varieties of human experience the range of which is unknown, and perhaps unknowable.[252]

6.3. *Taylor*

Em 1975, a Corte enfrentou novamente a questão da constitucionalidade de lei que, ao declarar facultativa a inscrição das mulheres no rol dos jurados, as excluía *de facto* do Tribunal do Júri.[253] Diversamente do caso *Hoyt*, no qual a acusada era mulher, Taylor era homem, acusado de sequestro e estupro de uma mulher. Sua queixa sobre a ausência de mulheres no júri parecia protelatória e mesmo cínica. A Corte retomou os argumentos do caso *Peters* sobre o direito fundamental a ser julgado por um júri representativo da comunidade e não apenas por um Júri que não lhe seja hostil.

A exclusão *de facto* das mulheres que constituíam naquele momento 53% do corpo eleitoral distorce gravemente a representação do povo estadunidense no Júri. Essa exclusão não se justifica pela consideração abstrata de as mulheres realizarem a maior parte do trabalho doméstico. Cabe ao legislador estabelecer exceções fundamentadas e apenas para grupos com especial sobrecarga de trabalho, tal como isentou do dever de participar ao Júri certas profissões sem recorrer a critérios discriminatórios como o sexo e a raça.

252 O voto da maioria dos juízes que inclui essa afirmação foi escrito por Thurgood Marshall, primeiro juiz negro da Suprema Corte dos EUA.

253 United States Supreme Court, *Taylor v. Louisiana* (1975) 419 U.S. 522 (supreme.justia.com/cases/federal/us/419/522).

Para chegar a essa conclusão, a Corte considerou que a exclusão não poderia ser justificada com argumento de razoabilidade, invocando a liberdade de conformação do legislador. Devia ser submetida a um teste de igualdade mais rigoroso (presença de *weighter reasons*, e não apenas de *rational grounds*).[254]

6.4. Resultados

Esses três casos são fáceis no aspecto fático e normativo. Ninguém duvidou dos relatos sobre práticas discriminatórias. Tampouco houve discordância sobre a situação legal (características sociais dos litigantes, provas inequívocas do crime e da autoria, efetiva composição do júri, estatísticas, normas estaduais vigentes).

A dificuldade foi saber quais são as consequências jurídicas que surgem do direito de todos de receber igual tratamento pelas leis e pelas autoridades estatais. Isso se torna mais difícil nos EUA, já que o direito a igual tratamento não resulta de norma constitucional específica, mas mobiliza normas "paralelas", em particular o significado do devido processo legal.

A igualdade "fluida". O tribunal mudou de opinião com facilidade, ainda que, nos quatorze anos que se passaram entre 1961 e 1975, não se possa dizer que a posição das mulheres tenha se modificado radicalmente. Talvez seja decisivo o fato de que apenas três dos nove magistrados que tomaram a decisão de 1961 permaneciam na Corte em 1975 (Douglas, Stewart e Brennan).

O processo como campo de lutas políticas. O elemento central desses três casos não era a falta de representatividade do júri que poderia prejudicar o réu. Pensemos que o processo de escolha de seis ou doze membros do Júri entre milhões de pessoas é aleatório e, necessariamente, repleto de regras de exclusão. O fundamental era a questão política da atuação das duas minorias mais visíveis e numericamente mais importantes nos EUA: negr@s e mulheres. Papéis sociais, opressão e exclusão, lutas e mudanças foram discutidos nas entrelinhas de questões de processo penal, sendo a Suprema Corte palco de disputa sobre projetos e problemas sociais. Podia o tribunal, na década de 1970, aceitar que a legislação

[254] "The right to a proper jury cannot be overcome on merely rational grounds. There must be weightier reasons if a distinctive class representing 53% of the eligible jurors is for all practical purposes to be excluded from jury service".

permitisse a formação de júris que expressassem a supremacia branca e masculina nos EUA no centro mesmo e na "vitrine" do sistema judicial, sendo retratados nos jornais e na televisão tribunais de *homens brancos*?

As grandes mudanças na compreensão da igualdade e sua utilização como argumento jurídico para discutir questões que transcendem os direitos fundamentais de certos indivíduos são recorrentes na jurisprudência sobre a igualdade. Isso pode prejudicar a objetividade da decisão e a qualidade da fundamentação.

Nesse campo minado, cabe ao intérprete mostrar rigor jurídico na argumentação, evitando as armadilhas e confusões do senso comum, as tentações de adaptar "teleologicamente" o direito vigente com base em considerações subjetivas de adequação e, principalmente, separando as disputas políticas sobre projetos de sociedade dos problemas estritamente jurídicos, relacionados à lesão de um direito subjetivo a certa conduta ou omissão estatal.

Em apreciação geral, as três decisões conseguiram discutir o problema específico sem se perder em considerações gerais de política e mudança social. Isso permitiu que o Tribunal corrigisse seu evidente equívoco no caso *Hoyt*, criando a seguir uma jurisprudência plausível e coerente contra a discriminação de mulheres e negros.

Referências

Adams, Michelle. Is Integration a Discriminatory Purpose? *Iowa Law Review*, v. 96, 2011: 837-884.

Alexander, Larry. What Makes Wrongful Discrimination Wrong. Biases, Preferences, Stereotypes, and Proxies. *University of Pennsylvania Law Review*, v. 141, 1992: 149-219.

Almeida, Silvio. *O que é racismo estrutural*? São Paulo: Letramento, 2018.

Althusser, Louis. *Sur la reproduction*. Paris: PUF, 1995.

Amparo, Thiago de Souza. *Harming Constitutional Change*. The Role of Countermovements in Constitutional Equality Litigation. Ph. D. Thesis. Budapest: Central European University, 2018.

Anderson, Elizabeth. What is the Point of Equality? *Ethics*, v. 109/2, 1999: 287-337.

Anjos Filho, Robério Nunes. A proteção jurídica dos grupos vulneráveis e das minorias. *Revista brasileira de estudos constitucionais*, n. 13, 2010: 31-73.

Assis Jr., Luiz Carlos de. *O direito fundamental à adaptação razoável na convenção internacional sobre os direitos das pessoas com deficiência*. Tese de doutorado em direito. Salvador: Universidade Federal da Bahia, 2019.

Ávila, Humberto. *Teoria da igualdade tributária*. São Paulo: Malheiros, 2008.

Balibar, Étienne. *La proposition de l'égaliberté*. Essais politiques 1989-2009. Paris: PUF, 2010.

Balibar, Étienne. Universalité bourgeoise et différences anthropologiques. *In:* Balibar, Étienne. *Citoyen sujet et autres essais d'anthropologie philosophique*. Paris: PUF, 2011: 465-515.

Balibar, Étienne. Ontological Difference, Anthropological Difference, and Equal Liberty. *European Journal of Philosophy* 28/1, 2020: 3-14.

Bamforth, Nicholas *et al.* (orgs.). *Discrimination Law*. Theory and Context. London: Sweet and Maxwell, 2008.

Bavli, Hillel. Cause and Effect in Antidiscrimination Law. *Iowa Law Review*, v. 106, 2021: 483-554.

Bragato, Fernanda; Adamatti, Bianka. Igualdade, Não Discriminação e Direitos Humanos: são legítimos os tratamentos diferenciados? *Revista de Informação Legislativa*, v. 204, 2014: 91-108.

Burri, Susanne; Schiek, Dagmar. *Multiple Discrimination in EU Law*: Opportunities for Legal Responses to Intersectional Gender Discrimination? European Network of Legal Experts in the Field of Gender Equality 2009 (eige.europa.eu/docs/3028_multiplediscriminationfinal7september2009_en.pdf).

Caldas, Camilo. *A teoria da derivação do Estado e do Direito*. São Paulo: Expressão popular, 2015.

Carlson, Laura. *Comparative Discrimination Law*. Leiden: Brill, 2017.

Carmo, Cláudio Márcio do. Grupos minoritários, grupos vulneráveis e o problema da (in)tolerância: uma relação linguístico-discursiva e ideológica entre o desrespeito e a manifestação do ódio no contexto brasileiro. *Revista do Instituto de Estudos Brasileiros*, n. 64, 2016: 201-223.

Castellino, Joshua (org.). *Global Minorities Rights*. London: Taylor and Francis, 2017.

Castro, Matheus Felipe de. *Capitalista coletivo ideal*. O Estado, o mercado e o projeto de desenvolvimento na Constituição de 1988. Rio de Janeiro: Lumen Juris, 2017.

Chemerinsky, Erwin. *Constitutional Law*. New York: Aspen, 2006.

Christopoulos, Dimitris. *Droit, Europe et Minorités*. Critique de la science juridique européenne. Athènes: Sakkoulas, 2000.

Christopoulos, Dimitris. *I eterotita os schesi exousias* (A alteridade como relação de poder). Athènes: Kritiki, 2002.

Christopoulos, Dimitris. Discurso institucional sobre os direitos das minorias pelas organizações europeias no limiar do século 21. *Revista Brasileira de Estudos Constitucionais*, n. 1, 2007: 187-199.

Collins, Hugh. Justice for Foxes. *In:* Collins, Hugh; Khaitan, Tarunabh (orgs.). *Foundations of Indirect Discrimination Law*. London: Hart, 2018: 249-278.

Collins, Hugh; Khaitan, Tarunabh. Indirect discrimination law. *In:* Collins, Hugh; Khaitan, Tarunabh (org.). *Foundations of Indirect Discrimination Law*. London: Hart, 2018: 2-26.

Conaghan, Joanne. Commentary on James v Eastleigh Borough Council. Introduction. *In:* Hunter, Rosemary *et al.* (eds.). *Feminist Judgments*. From Theory to Practice. Oxford: Hart, 2010: 414-419.

Connolly, Michael. *Discrimination Law*. London: Sweet and Maxwell, 2011.

Connolly, Michael. *Equality, Discrimination and the Law*. London: Routledge, 2022.

Corbo, Wallace. *Discriminação indireta*. Rio de Janeiro: Lumen Juris, 2017.

Corbo, Wallace. O direito à adaptação razoável e a teoria da discriminação indireta. *Revista da Faculdade de Direito da UERJ*, n. 34, 2018: 201-239.

Crenshaw, Kimberle. Mapping the Margins: Intersectionality, Identity Politics, and Violence against Women of Color. *Stanford Law Review*, v. 43, 1991: 1241-1299.

Crenshaw, Kimberle. Traffic at the Crossroads: Multiple Oppressions. *In:* Morgan, Robin (org.). *Sisterhood is Forever*: The Women's Anthology for a New Millennium. New York: Washington Square Press, 2003: 43-57.

Cruz, Maíra Guimarães de la; Hermes, Manuela; Vale, Silvia Teixeira do. *Direito antidiscriminatório do trabalho*. Aspectos materiais e processuais. Salvador: Escola Judicial TRT-5, 2021.

D'Amato, Anthony. Is Equality a Totally Empty Idea? *Michigan Law Review*, v. 81, 1983: 600-603.

De Schutter, Olivier. Three Models of Equality and European Anti-Discrimination Law. *Northern Ireland Legal Quarterly*, v. 57, 1, 2006: 1-56.

Degener, Theresia. Intersections between Disability, Race and Gender in Discrimination Law. *In:* Lawson, Anna; Schiek, Dagmar (orgs.). *European Union Non-Discrimination Law and Intersectionality*. Investigating the Triangle of Racial, Gender and Disability Discrimination. London: Routledge, 2016: 29-46.

Dersso, Solomon; Palermo, Francesco. Minority Rights. *In:* Tushnet, Mark *et al.* (orgs.). *Routledge Handbook of Constitutional Law*. New York: Routledge, 2013: 159-175.

Dimoulis, Dimitri. I nomiki prostasia ton ethnikon meionotiton. Kritiki filosofikon kai politikon proypothesseon tou dikaiou (A tutela jurídica das minorias étnicas. Crítica dos pressupostos filosóficos e políticos do direito). *In:* Christopoulos, Dimitri; Tsitselikis, Constantinos (orgs.). *To meionotiko fainomeno stin Ellada* (O fenômeno minoritário na Grécia). Athènes: Kritiki, 1997: 119-169.

Dimoulis, Dimitri. I chimaira tis isotitas. Apospasmata kritikis ton antropinon dikaiomaton (A quimera da igualdade. Fragmentos de uma crítica dos direitos humanos). *Theseis*, n. 90, 2005: 13-38.

Dimoulis, Dimitri. Características e consequências da justiça transicional no Brasil. *Revista Brasileira de Estudos Constitucionais*, v. 41, 2018a: 173-190.

DIMOULIS, Dimitri. *Positivismo jurídico*. Porto Alegre: Livraria do Advogado, 2018b.

DIMOULIS, Dimitri. O conceito constitucional de minoria. *In:* Rothenburg, Walter Claudius (org.). *Direitos fundamentais, dignidade, Constituição*. Londrina: Thoth, 2021: 857-875.

DIMOULIS, Dimitri; LUNARDI, Soraya. The Law of Capital: Functions of the Legal System from Marx's Capital, to the European Debt Crisis. *In:* Milios, John (org.). *150 years Karl Marx's Capital*. Reflections for the 21st century. Athens: Rosa Luxemburg Stiftung, 2018: 155-179.

DIMOULIS, Dimitri; MARTINS, Leonardo. *Teoria geral dos direitos fundamentais*. São Paulo: Revista dos Tribunais, 2020.

DORF, Michael. A Partial Defense of an Anti-Discrimination Principle. *In*: *Issues in Legal Scholarship*, vol. 2/1, 2002.

DWORKIN, Ronald. *Sovereign Virtue*. The Theory and Practice of Equality. Cambridge Mass.: Harvard University Press, 2002.

ELLIS, Evelyn; WATSON, Philippa. *EU Anti-discrimination Law*. Oxford: Oxford University Press, 2012.

EPSTEIN, Richard. *Forbidden Grounds*. The Case Against Employment Discrimination Laws. Cambridge: Harvard University Press, 1992.

ERIBON, Didier. *Réflexions sur la question gay*. Paris: Flammarion, 2012.

European Union Agency for Fundamental Rights and Council of Europe. *Handbook on European Non-discrimination Law*. Luxembourg: Publications Office of the European Union, 2018.

FENET, Alain; SOULIER, Gérard (orgs.). *Les minorités et leurs droits depuis 1789*. Paris: L'Harmattan, 1989.

FERRAGAMO, Patrizia. *Le formule dell'eguaglianza*. Torino: Giappicchelli, 2004.

FERRAJOLI, Luigi. I fondamenti dei diritti fondamentali. *In:* Ferrajoli, Luigi (org.). *Diritti fondamentali*. Roma: Laterza, 2001: 279-370.

FERRAZ, Anna Candida da Cunha; Baptista, Fernando Pavan. O direito das minorias na Constituição da República Federativa do Brasil de 1988. *In:* FERRAZ, Anna Candida da Cunha *et al.* (orgs.). *Direitos das minorias na América Latina e no Caribe*: perspectiva convencional e jurídico-constitucional. Osasco: EdiFieo, 2016: 59-89.

FERRAZ, Carolina Valença; LEITE, Glauber Salomão (orgs.). *Direito à diversidade*. São Paulo: Atlas, 2015.

FISS, Owen. Groups and the Equal Protection Clause. *Philosophy and Public Affairs*, v. 5/2, 1976: 107-177.

FRANTZIOU, Eleni. *The Horizontal Effect of Fundamental Rights in the European Union*. A Constitutional Analysis. Oxford: Oxford University Press, 2019.

FREDMAN, Sandra. *Discrimination Law*. Oxford: Oxford University Press, 2011.

FREDMAN, Sandra. Enfrentando o futuro. Igualdade substantiva sob os holofotes. *Revista da AJURIS*, n. 130, 2013: 443-482.

FREEMAN, Alan David. Legitimizing Racial Discrimination through Antidiscrimination Law. A Critical Review of Supreme Court Doctrine. *Minnesota Law Review*, 1978, v. 62, 1049-1119.

GAZE, Beth; SMITH, Belinda. *Equality and Discrimination Law in Australia*. An Introduction. Cambridge: Cambridge University Press, 2017.

GHIRARDI, José Garcez. Igualdade como conceito sintático: notas linguísticas para o debate jurídico sobre igualdade. *Revista brasileira de estudos constitucionais*, n. 48, 2021a.

GHIRARDI, José Garcez. A qualidade rara de sereia. Novos paradigmas interpretativos e desafios para a Constituição. *In:* LUNARDI, Soraya *et al.* (orgs.). *Desafios à estabilidade constitucional*. Belo Horizonte: Arraes, 2021b: 7-23.

GIANFORMAGGIO, Letizia. Protecting Minorities in a Liberal Attitude. *In:* KOTSIRIS, Lambros (org.). *Law at the Turn of the 20th Century*. Thessaloniki: Sakkoulas, 1994: 293-304.

GALLIE, William. Essentially Contested Concepts. *Proceedings of the Aristotelian Society*, v. 56, 1956: 167-198.

GOMETZ, Gianmarco. *La certezza giuridica como prevedibilità*. Torino: Giappichelli, 2005.

GRAGLIA, Lino. Ricci v. Destefano. Even Whites are a Protected Class in the Roberts Court. *Lewis & Clark Law Review*, v. 16, 2012: 573-603.

GREENWALD, Anthony; KRIEGER, Linda Hamilton. Implicit Bias: Scientific Foundations. *California Law Review*, v. 94, 2006: 945-967.

GREENAWALT, Kent. *Discrimination and Reverse Discrimination*. New York: Knopf, 1983.

HANNETT, Sarah. Equality at the intersections. The legislative and judicial failure to tackle multiple discrimination. *Oxford Journal of Legal Studies*, v. 23, n. 1, 2003: 65-86.

HELLMAN, Deborah. Two Types of Discrimination. The Familiar and the Forgotten. *California Law Review*, v. 86/2, 1998: 315-362.

HELLMAN, Deborah. *When Is Discrimination Wrong?* Cambridge: Harvard University Press, 2008.

HELLMAN, Deborah. Two Concepts of Discrimination. *Virginia Law Review*, v. 102/4, 2016: 895-952.

HELLMAN, Deborah. The Epistemic Commitments of Nondiscrimination. *Oxford Studies in Philosophy of Law*, v. 4, 2021: 156-181.

HELLMAN, Deborah; MOREAU, Sophia (orgs.). *Philosophical Foundations of Discrimination Law*. Oxford: Oxford University Press, 2013.

JACKSON-PREECE, Jennifer. *Minority Rights*. Cambridge: Polity Press, 2005.

JHERING, Rudolf von. Im juristichen Begriffshimmel. Ein Phantasiebild. *In:* Jhering, Rudolf von. *Scherz und Ernst in der Jurisprudenz.* Leipzig: Breitkopf und Hartel, 1884: 247-333.

JELLINEK, Georg. *Das Recht der Minoritäten.* Wien: Hölder, 1898.

JOUANJAN, Olivier. Egalité. *In:* ALLAND, Denis; RIALS, Stéphane (orgs.). *Dictionnaire de la culture juridique.* Paris: Puf-Lamy, 2003: 585-589.

JUBILUT, Liliana Lyra; Bahia, Alexandre; Magalhães, José Luíz Quadros de (orgs.). *Direito à diferença.* 3 volumes. São Paulo: Saraiva, 2014.

KÄSTNER, Karl-Hermann. Hypertrophie des Grundrechts auf Religionsfreiheit? *Juristen-Zeitung* 1998: 974-982.

KELSEN, Hans. *O problema da justiça.* São Paulo: Martins Fontes, 2003.

KELSEN, Hans. *O que é Justiça?* São Paulo: Martins Fontes, 2001.

KERSTING, Wolfgang. *Kritik der Gleichheit.* Über die Grenzen der Gerechtigkeit und der Moral. Weilerswist: Verbrück, 2002.

KHAITAN, Tarunabh. *A Theory of Discrimination Law.* Oxford: Oxford University Press, 2017.

KHAITAN, Tarunabh. On Scholactivism in Constitutional Studies: Skeptical thoughts. *International Journal of Constitutional Law,* v. 20/2, 2022: 547-556.

KINGREEN, Thorsten; POSCHER, Ralf. *Grundrechte.* Staatsrecht II. Heidelberg: Müller, 2017.

KLOEPFER, Michael. *Verfassungsrecht II.* Grundrechte. München: Beck, 2010.

KREBS, Angelika. Einleitung: die neue Egalitarismuskritik im Überblick. *In*: KREBS, Angelika (org.). *Gleichheit oder Gerechtigkeit.* Texte der neuen Egalitarismuskritik. Frankfurt: Suhrkamp, 2000: 7-37.

KRIEGER, Linda Hamilton. The Content of Our Categories. A Cognitive Bias Approach to Discrimination and Equal Employment Opportunity. *Stanford Law Review,* v. 47, 1995: 1161-1248.

KYMLICKA, Will. *Multicultural Citizenship.* A Liberal Theory of Minority Rights. Oxford: Clarendon Press, 1998.

LAGO, Alessandro dal. *Non-persone.* L'esclusione dei migranti in uma società globale. Milano: Feltrinelli, 2005.

LAPONCE, Jean. *The Protection of Minorities.* Berkeley: University of California Press, 1960.

LAWSON, Anna. *Disability and Equality Law in Britain.* The Role of Reasonable Adjustment. Oxford: Hart Publishing, 2008.

LAWSON, Anna. Disadvantage at the Intersection of Race and Disability: Key Challenges for EU Non-Discrimination Law. *In*: LAWSON, Anna; SCHIEK, Dagmar (orgs.). *European Union Non-Discrimination Law and Intersectionality.* Investigating the Triangle of Racial, Gender and Disability Discrimination. London: Routledge, 2016: 47-62.

LAWSON, Anna; SCHIEK, Dagmar (orgs.). *European Union Non-Discrimination Law and Intersectionality*. Investigating the Triangle of Racial, Gender and Disability Discrimination. London: Routledge, 2016.

LE TRÉHONDAT, Patrick; SILBERSTEIN, Patrick. *Plaidoyer pour une république des égaux*. Paris: Syllepse, 2004.

LEVINE, Raleigh Hannah; PANNIER, Russell. Comparative and Noncomparative Justice. Some Guidelines for Constitutional Adjudication. *William & Mary Bill of Rights Journal*, v. 14, 2005: 141-192.

LIMA, Firmino Alves. *Contribuições para uma teoria da discriminação nas relações de trabalho*. Tese (Doutorado em Direito do Trabalho). São Paulo: USP, 2010.

LIPPERT-RASMUSSEN, Kasper. *Born free and equal?* A Philosophical Inquire into the Nature of Discrimination. Oxford: Oxford University Press, 2014.

LIPPERT-RASMUSSEN, Kasper. *Relational Egalitarianism*. Living as Equals. Cambridge: Cambridge University Press, 2017.

LOENEN, Titia; RODRIGUES, Peter (orgs.). *Non-discrimination Law*. Comparative Perspectives. The Hague: Kluwer Law International, 1999.

LOPES, Ana Maria. Desafios e perspectivas dos direitos das minorias no século XXI. *Revista do Curso de Mestrado da UFC*. 2008. repositorio.ufc.br/bitstream/riufc/12098/1/2008_art_amdlopes.pdf.

LUHMANN, Niklas. *Das Recht der Gesellschaft*. Frankfurt/M.: Suhrkamp, 1997.

LUHMANN, Niklas. *Grundrechte als Institution*. Ein Beitrag zur politischen Soziologie. Berlin: Duncker & Humblot, 1999.

LUIZ, Marley Sidnei. *Direito antidiscriminatório à luz da Constituição Federal*. Trabalho de conclusão do curso de direito. Florianópolis: UFSC, 2019.

MACKINNON, Catharine. Substantive Equality. *Minnesota Law Review*, v. 96, 2011: 1-27.

MAGNOLO, Stefano. Re-Description: l'osservazione dell'uguaglianza giuridica. *In*: De Giorgi, Raffaele (org.). *Il diritto e la differenza*. v. 1. Lecce: Pensa, 2002: 131-151.

MAKKONEN, Timo. Multiple, Compound and Intersectional Discrimination: Bringing the Experiences of the Most Marginalized to the Fore. Turku: Åbo Akademi University, 2002 (web.abo.fi/instut/imr/norfa/timo.pdf).

MARTÍNEZ, George. Latinos, Assimilation and the Law. A Philosophical Perspective. *Chicano-Latino Law Review*, v. 20/1, 1999: 1-34.

MARTINS, Leonardo. Lei de biossegurança e controle de sua constitucionalidade pelo STF na ADI 3.510-DF. *In*: MARTINS, Leonardo (org.). *Bioética à luz da liberdade científica*. São Paulo: Atlas, 2014: 3-179.

MARTINS, Leonardo. Direito fundamental à igualdade. *In*: CANOTILHO, José Joaquim Gomes *et al.* (orgs.). *Comentários à Constituição do Brasil*. São Paulo: Saraiva, 2018: 223-242.

MARTINS, Leonardo. *Direitos fundamentais*. Conceito permanente, novas funções. Rio de Janeiro: Pons, 2022.

MARX, Karl. Randglossen zum Programm der deutschen Arbeiterpartei. *In: Marx Engels Werke*, v. 19, Berlin (Ost): Dietz, 1989: 13-32.

MASCLET, Olivier. *Sociologie de la diversité et des discriminations*. Paris: Collin, 2017.

MAZZUOLI, Valerio de Oliveira (org.). *Direitos humanos das minorias e grupos vulneráveis*. Belo Horizonte: Arraes, 2018.

MCCLOSKEY, Henry John. Egalitarianism, Equality and Justice. *Australasian Journal of Philosophy*, 44/1, 1966: 50-69.

MCCOLGAN, Aileen. *Discrimination Law*. London: Hart, 2005.

MCCOLGAN, Aileen. *Discrimination, Equality and the Law*. London: Hart, 2016.

MCCRUDDEN, Christopher (org.). *Anti-Discrimination Law*. New York: New York University Press, 1991.

MEDEIROS, Marcelo; SOUZA, Pedro Herculano Ferreira de. Estado e desigualdade de renda no Brasil. Fluxos de rendimentos e estratificação social. *Revista Brasileira de Ciências Sociais*, n. 83, 2013: 141-150.

MELLO, Celso Antônio Bandeira de. *Conteúdo jurídico do princípio da igualdade*. São Paulo: Malheiros, 2003.

MENEZES, Cintia de Paula Borges. Professores homens na educação infantil. Masculinidades, docência e desconstrução de lugares fixos. *Perspectivas em diálogo*, v. 9, n. 20, 2022: 74-90.

MERCAT-BRUNS, Marie. *Discrimination at Work*. Comparing European, French and American law. California: University of California Press, 2016.

MERCAT-BRUNS, Marie *et al.* (orgs.). *Comparative Perspectives on the Enforcement and Effectiveness of Antidiscrimination Law*. New York: Springer, 2018.

MOREAU, Sophia. What Is Discrimination? *Philosophy & Public Affairs*, v. 38, n. 2, 2010: 143-179.

MOREAU, Sophia. *Equality and Discrimination*. 2016. https://ssrn.com/abstract=2815048.

MOREAU, Sophia. *Faces of Inequality*. A Theory of Wrongful Discrimination. Oxford: Oxford University Press, 2020.

MOREIRA, Adilson José. Miscigenando o círculo do poder. Ações afirmativas, diversidade racial e sociedade democrática. *Revista da Faculdade de Direito da UFPR*, v. 61, 2016: 117-148.

MOREIRA, Adilson José. *O que é discriminação?* São Paulo: Letramento, 2017.

MOREIRA, Adilson José. *Racismo recreativo*. São Paulo: Pólen, 2019a.

MOREIRA, Adilson José. *Pensando como um negro*. Ensaio de hermenêutica jurídica. São Paulo: Contracorrente, 2019b.

MOREIRA, Adilson José. *Tratado de direito antidiscriminatório*. São Paulo: Contracorrente, 2020.

MUIR, Elise. EU *Equality Law*. The First Fundamental Rights Policy of the EU. Oxford: Oxford University Press, 2018.

MULDER, Jule. *EU Non-Discrimination Law in the Courts.* Approaches to Sex and Sexualities Discrimination in EU Law. London: Hart, 2017.

NASCIMENTO, Grasiele Augusta Ferreira (org.). *Direito das minorias.* Proteção e discriminação no trabalho. São Paulo: Alínea, 2004.

NEVES, Marcelo. *A constitucionalização simbólica.* São Paulo: Martins Fontes, 2011.

NIKOLAIDIS, Charilaos. *The Right to Equality in European Human Rights Law.* The Quest for Substance in the Jurisprudence of the European Courts. New York: Routledge, 2015.

NINO, Ezequiel. Efecto o intención. Cuál debería ser el requisito en los casos de discriminación. *In*: ALEGRE, Marcelo; GARGARELLA, Roberto (orgs.). *El derecho a la igualdad.* Aportes para un constitucionalismo igualitario. Buenos Aires: LexisNexis, 2007: 227-251.

NORTON, Helen. The Supreme Court's Post-Racial Turn Towards a Zero-Sum Understanding of Equality. *William and Mary Law Review*, v. 52, 2010: 197-259.

OMMATI, José Emílio Medauar. *Os fundamentos constitucionais do direito à diversidade.* Belo Horizonte: Initia Via, 2017.

OPPENHEIMER, David *et al. Comparative Equality and Anti-discrimination Law.* New York: Elgar, 2020.

PERES, Célia Mara. *A igualdade e a não discriminação nas relações de trabalho.* São Paulo: LTr, 2014.

PAN, Christoph; PFEIL, Beate Sybille; VIDESOTT, Paul. *National Minorities in Europe.* Handbook of European National Minorities, v. 1. Wien: Verlag Österreich, 2018.

PACHUKANIS, Evgeni. *Teoria geral do direito e marxismo* (1924). Rio de Janeiro: Renovar, 1992.

PASTOR, Thomas. *Die rechtliche Stellung der Sorben in Deutschland.* Bautzen: Domowina-Verlag, 1997.

PERES, Célia Mara. *A igualdade e a não discriminação nas relações de trabalho.* São Paulo: LTr, 2014.

PERNIA, Hermann Petzold. Igualdade. *In*: ARNAUD, André Jean (org.). *Dicionário enciclopédico de teoria e de sociologia do direito.* Rio de Janeiro: Renovar, 1999: 383-388.

PIEROTH, Bodo; Schlink, Bernhard. *Grundrechte.* Staatsrecht II. Heidelberg: Müller, 1999.

PIERRÉ-CAPS, Stéphane. Minorités. *In*: ALLAND, Denis; RIALS, Stephane (orgs.). *Dictionnaire de la culture juridique.* Paris: PUF, 1028-1031.

PIZZORUSSO, Alessandro. I diritti degli individui, dei gruppi e delle minoranze. *In*: VITALE, Ermanno (org.). *Diritti umani e diritti delle minoranze.* Torino: Rosenberg e Sellier, 2000: 68-82.

PÖSCHL, Magdalena. *Gleichheit vor dem Gesetz.* Wien: Springer, 2008.

POST, Robert *et al. Prejudicial Appearances*. The Logic of American Antidiscrimination Law. Durham: Duke University Press, 2001.

PUSTILNIK, Amanda. Violence on the Brain: A Critique of Neuroscience in Criminal Law. *Wake Forest Law Review* 2009: 183-287.

RENNEVILLE, Marc. *Le langage des crânes*. Une histoire de la phrénologie. Paris: La Découverte, 2020.

RICH, Adrienne. Compulsory Heterosexuality and Lesbian Existence. *Signs. journal of Women in Culture and Society*, n. 5/4, 1980: 631-660.

RICOEUR, Paul. L'usure de la tolérance et la resistance de l'intolerable. *Revue des Deux Mondes*, n. 50, 1999: 222-231.

RIOS, Roger Raupp. *Direito da antidiscriminação*. Porto Alegre: Livraria do Advogado, 2008.

RIOS, Roger Raupp; SILVA, Rodrigo da. Discriminação múltipla e discriminação interseccional. *Revista brasileira de ciência política*, n. 16, 2015: 11-37.

RIOS, Roger Raupp; SILVA, Rodrigo da. Democracia e direito da antidiscriminação. *Ciência e cultura*, v. 69, n. 1, 2017: 44-49.

ROBELIN, Jean. *La petite fabrique du droit*. Paris: Kimé, 1994.

ROBSON, Ruthann. *Dressing Constitutionally*. Hierarchy, Sexuality and Democracy from our Hairstyles to our Shoes. Cambridge: Cambridge University Press, 2013.

RONALDS, Chris; PAPPER, Rachel. *Discrimination Law and Practice*. Annandale: Federation Press, 2004.

RONALDS, Chris; RAPER, Elisabeth. *Discrimination Law and Practice*. New York: The Federation Press, 2012.

ROSS, Alf. *Direito e Justiça*. Bauru: Edipro, 2000.

ROTHENBURG, Walter Claudius. Igualdade material e discriminação positiva: o princípio da isonomia. *Novos Estudos Jurídicos* (UNIVALI), v. 13, 2009: 77-92.

ROTHENBURG, Walter Claudius. A igualdade é uma só: crítica à distinção entre igualdade formal e igualdade material. *In*: ANJOS FILHO, Robério Nunes (org.). *Direitos humanos e direitos fundamentais: diálogos contemporâneos*. Salvador: JusPodivm, 2013: 658-672.

ROTHENBURG, Walter Claudius. *Direitos fundamentais*. São Paulo: Método, 2014.

ROTHENBURG, Walter Claudius. *Direitos sociais são direitos fundamentais*. Simples assim. Salvador: JusPodivm, 2021.

RUTHERGLEN, George. *Employment Discrimination Law*. Visions of Equality in Theory and Doctrine. New York: Foundation Press, 2016.

SABADELL, Ana Lucia. Algunas reflexiones acerca de las violaciones sistemáticas de derechos humanos de las mujeres en América Latina y su relación con la problemática de la igualdad. *Anuario de derechos humanos*, n. Especial 2020: 187-211.

SARGEANT, Malcolm. *Discrimination and the Law*. London: Routledge, 2017.

SARLET, Ingo Wolfgang; SARLET, Gabrielle Bezerra. Igualdade Como Proibição de Discriminação e Direito à (e Dever de) Inclusão: o Acesso ao Ensino Superior e a Regulamentação do Estatuto Brasileiro das Pessoas com Deficiência. *RDU*, n. 78, 2017: 197-226.

SARTWELL, Crispin. *Against the State*. An Introduction to Anarchist Political Theory. New York: Suny, 2014.

SCHEUNER, Ulrich. Der Gleichheitsgedanke in der völkischen Verfassungsordnung. *Zeitschrift für die gesamte Staatswissenschaft*, v. 99/2, 1939: 245-278.

SCHIEK, Dagmar *et al.* (orgs.). Materials, Cases and Text on National, Supranational and International Non-Discrimination law. London: Hart, 2007.

SCHIEK, Dagmar; CHEGE, Victoria (orgs.). *European Union Non-Discrimination Law*. Comparative Perspectives on Multidimensional Equality Law. London: Routledge, 2009.

SCHOENBAUM, Naomi. The Case for Symmetry in Antidiscrimination Law. *Wisconsin Law Review*, 2017: 69-103.

SCHULZE, Reiner (org.). *Non-Discrimination in European Private Law*. Tübingen: Mohr Siebeck, 2011.

SEGUIN, Elida. *Minorias e grupos vulneráveis*. Uma abordagem jurídica. Rio de Janeiro: Forense, 2002.

SEN, Amartya. *Desigualdade reexaminada*. Rio de Janeiro: Record, 2001.

SHAW, Malcolm. The Definition of Minorities in International Law. *In*: DINSTEIN, Yoram; DOMB, Fania (orgs.). *The Progression of International Law*. Leiden: Brill, 2011: 45-72.

SHIN, Patrick. Is There a Unitary Concept of Discrimination? *In*: HELLMAN, Deborah; MOREAU, Sophia (orgs.). *Philosophical Foundations of Discrimination Law*. Oxford: Oxford University Press, 2013: 163-181.

SIEGEL, Reva. Equality's Frontiers. How Congress's Section 5 Power Can Secure Transformative Equality. *Yale Law Journal Online*, 267 (2013), http:// yalelaw journal.org/2013/02/21/siegel.html.

SILVA, Rodrigo da. *Discriminação múltipla como discriminação interseccional*. Rio de Janeiro: Lumen Juris, 2016.

SMITH, Nicholas Mark. *Basic Equality and Discrimination*. Reconciling Theory and Law. Syrrey: Ashgate, 2011.

SOLANKE, Iyiola. *Discrimination as Stigma*. A Theory of Anti-discrimination Law. London: Hart, 2016.

SOMEK, Alexander. *Rationalität und Diskriminierung*. Zur Bindung der Gesetzgebung an das Gleichheitsrecht. Wien: Springer, 2001.

SOMEK, Alexander. Antidiscrimination and Decommodification. University of Iowa Legal Studies, Research Paper n. 05/03 (2005). papers.ssrn.com/sol3/papers.cfm?abstract_id=651441.

Somek, Alexander. *Rechtliches Wissen*. Frankfurt: Suhrkamp, 2006.

Supremo Tribunal Federal. *Diversidade*. Jurisprudência do STF e bibliografia temática. Brasília: STF, Secretaria de Documentação, 2020.

Tavares, André Ramos. Minorias e Justiça constitucional. *Revista Brasileira de Estudos Constitucionais*, n. 13, 2010: 11-30.

Thürer, Daniel (org.). *International Protection of Minorities*. Challenges in Practice and Doctrine. Zurich: Schulthess, 2014.

Tooley, Michael (1972). Abortion and infanticide. *Philosophy and Public Affairs*, 2, 1972: 37-65.

Tsitselikis, Konstantinos. *Old and New Islam in Greece*. From Historical Minorities to Immigrant Newcomers. Leiden: Martinus Nijhoff, 2012

Tyler, Tom. The Quiescent Ass and the Dumbstruck Wolf. *Configurations*, 2006, 14: 9-28.

Van Parijs, Philippe. Por que os surfistas devem ser alimentados: o argumento liberal em defesa de uma renda básica incondicional. *Revista brasileira de ciência política*, n. 15, 2014: 229-269.

Vecchiatti, Paulo Roberto Iotti. *Manual da homoafetividade*. Bauru: Spessotto, 2019.

Vieira, Oscar Vilhena. A desigualdade e a subversão do Estado de Direito. *In*: Vieira, Oscar Vilhena; Dimoulis, Dimitri (orgs.). *Estado de Direito e o desafio do desenvolvimento*. São Paulo: Saraiva, 2011: 207-232.

Vieira, Oscar Vilhena. *A Constituição e sua reserva de justiça*. São Paulo: Malheiros, 1999.

Vitale, Ermanno (org.). *Diritti umani e diritti delle minoranze*. Torino: Rosenberg e Sellier, 2000.

Watson, Irene. *Indigenous Peoples as Subjects of International Law*. Abingdon: Routledge, 2018.

Westen, Peter. *Speaking of Equality*. An Analysis of the Rhetorical Force of "Equality" in Moral and Legal Discourse. Princeton: Princeton University Press, 1990.

White, Rebecca Haner; Krieger, Linda Hamilton. Whose Motive Matters? Discrimination in Multi-Actor Employment Decision Making. *Louisiana Law Review*, v. 61/3, 2001: 495-538.

Wieviorka, Michel. *La diversité*. Paris: Laffont, 2008.

Young, Iris Marion. Status Inequality and Social Groups. *Issues in Legal Scholarship*, v. 2/1, 2002: 1-10.

3
Determinações Constitucionais das Minorias

Nos próximos capítulos, interpretaremos normas da Constituição Federal brasileira que tratam de minorias sociais, conforme o significado que atribuímos ao termo no cap. 2. Esse trabalho de *interpretação constitucional* parece-nos necessário, pois a doutrina nacional mostrou pouco interesse na questão[255] em comparação com os cuidados doutrinários dispensados aos direitos fundamentais da propriedade e da liberdade.

A Constituição de 1988 não utiliza o termo "minoria", a não ser em dois contextos com significado aritmético que não se relaciona com a nossa pesquisa: trata-se da "minoria" de parlamentares (art. 89, IV e V) e "minoria" de acionistas (art. 173 § 1º, IV). Nessas hipóteses, a "minoria" não indica fraqueza ou desigualdade estrutural, mas apenas uma relação aritmética momentânea.

Ainda que não utilize o termo "minorias" para designar grupos vulneráveis e, via de regra, vítimas de exclusão, a Constituição dedica uma longa série de normas à tutela de tais grupos. Isso impõe a configuração doutrinária e o uso do termo "minoria social".

Recorrendo a um paralelo, a Constituição de 1988 não usa o termo "controle de constitucionalidade", mas não se pode negar que o conceito (e sua análise) seja imprescindível para o estudo do direito

[255] Análise panorâmica (e incompleta) das minorias no direito constitucional brasileiro em Sarmento *et al.* 2008; Ferraz e Baptista 2016.

constitucional brasileiro. Tal como precisamos compreender em quais circunstâncias, sob quais condições e com quais resultados políticos e jurídicos um tribunal pode afastar uma lei aprovada pelo Congresso Nacional e sancionada pelo Presidente da República (controle de constitucionalidade), precisamos saber *por que razões jurídico-políticas* os idosos têm gratuidade no transporte (direito antidiscriminatório). Isso não ocorre apenas porque a Constituição assim decidiu. Há construções teóricas com forte presença no mundo jurídico que relacionam o custeio da passagem (gratuidade, descontos, tarifa plena) com certos critérios, entre os quais o da idade. Essas normas decorrem de uma forma de pensamento que só se entende se for utilizado o conceito de "minoria social".

Disso resulta que o *conceito de minoria social deve ser construído pela doutrina para compreender a função das normas que tratam de minorias sociais sem conceituação normativa adequada*. Esse trabalho conceitual foi realizado no cap. 2, ao definir as minorias em sua relação com várias formas de discriminação.

Ao estabelecer critérios de pertença a certo grupo e ao prescrever determinado tratamento, o direito *constitui* esse grupo que, a seguir, adquire dinâmica própria e gera consequências sociais. Na natureza não há pessoas separadas pela cor da pele e muito menos existem "afro-brasileiros", conforme o termo utilizado pelo art. 215 § 1º, da Constituição Federal. Mesmo no contexto social, no qual atuam ideologias de atribuição de identidades ("marcadores de diferença"),[256] os conceitos de grupo são extremamente variáveis em suas definições e consequências sociais. Não é o mesmo ser Negro em Camarões, no Brasil, nos EUA e na Suécia. E, obviamente, os termos, as definições e as percepções sociais variam fortemente no tempo; porém, o direito consegue, com sua imperatividade, "fechar" espaços definitórios e constituir certas minorias sociais.

[256] Denominar a raça "marcador de diferença" não indica como e *por que* foi criado o marcador e quais suas mudanças no tempo. Do ponto de vista descritivo, esse marcador existe hoje no Brasil, onde determinadas pessoas são consideradas negras e tratadas de maneira discriminatória. A sociedade produz supostos saberes e normas sobre elas ("os negros são X; fazem Y; devem ser tratados dessa maneira"), mas isso nada diz sobre o que mais interessa: as condicionantes e as consequências políticas da comunicação que utiliza o marcador "raça".

Vejamos isso em um exemplo. Não há dúvida que: a) existe um grupo de transexuais, permitindo que uma pessoa que vive *hoje no Brasil* possa dizer se alguém é ou não é transexual; b) o grupo d@s transexuais é objeto e vítima de fortes preconceitos e sofre discriminações sociais e violência; c) @s transexuais têm consciência de sua pertença e apresentam reivindicações.

Assim sendo, o grupo d@s transexuais, *hoje no Brasil*, é uma realidade social, definida e atuante independentemente de opiniões ou condutas e do que ocorreu no passado ou ocorre em outros países. Diríamos que é um fato tão objetivo quanto a existência de prédios na cidade de São Paulo em 2020, independentemente da preferência de alguém pela vida no campo ou pela valorização das casas de madeira, e do fato que a cidade era completamente diferente em 1920.

Em razão dessa objetividade social, todos relacionam causalmente certas discriminações a esse grupo. Isso significa que podemos, por exemplo, explicar a agressão sofrida por um transexual com menção a características sociais desse grupo. Se a vítima não fosse transexual e tivesse sofrido a mesma agressão, a explicação seria diferente. O que interessa aqui é o reconhecimento geral e objetivo, *hoje no Brasil*, da existência e da peculiaridade de certas categorias: "X foi espancado em um bar porque é transexual" e "Y foi espancado em um bar porque houve uma briga de bar" oferecem interpretações diferentes de acontecimentos semelhantes, as quais são dadas consensualmente, independentemente da opinião do locutor sobre os transexuais.

Em um próximo passo constatamos que a Constituição brasileira se refere a várias minorias, mas nada diz sobre os transexuais, apesar da patente existência e discriminação desse grupo. Isso significa, de maneira só aparentemente paradoxal, que os transexuais "não existem" juridicamente. E não existirão até que o poder constituinte reformador, a legislação e/ou os tribunais atribuam relevância jurídica a essa categoria.

O paradoxo é só aparente porque não se nega a existência objetiva do grupo, mas a possibilidade de @s transexuais reivindicarem algo por pertencer a essa categoria. Sem reconhecimento jurídico e determinação normativa do conceito, as demandas devem utilizar outras justificativas e identidades, por exemplo, invocar os direitos fundamentais garantidos a tod@s, a tutela dada a vítimas de atos violentos e/ou discriminatórios ou recorrer a analogias (proteção de certos transexuais com normas que tutelam mulheres).

A *invisibilidade* jurídica de certa categoria tem consequências sociais, sendo mantido o respectivo grupo em situação de inferioridade, agravada pelo fato de não poder expressar com vocabulário adequado e mediante normas específicas suas demandas. Um exemplo expressivo é a demanda e tentativa de transexuais de obter judicialmente a mudança de seu prenome para evitar a exposição ao ridículo. Tratava-se da tentativa de aplicação analógica de normas criadas para mudar nomes que objetivamente geram reação de estranhamento, sendo vexatórios para o portador.

Diante dessa tentativa de transposição, houve decisões judiciais, alegando que nomes comuns no Brasil como "João" nada podem ter de vexatório. Segundo esse raciocínio, se a pessoa que recebeu nome masculino comum, tendo nascido biologicamente homem, opta por adotar comportamentos e aparência feminina (e vice-versa), sentindo-se discriminado em razão da reação social perante sua conduta, ao ser, por exemplo, chamada por um atendente com nome masculino, provocando estranhamento geral e até ironias, o problema decorre das opções de vida que fez "João" e não de seu nome. "Prenomes suscetíveis de expor ao ridículo os seus portadores" no sentido do art. 55 da Lei n. 6.015 de 1973 são aqueles que, em razão de certas conotações ou da dificuldade de ser pronunciados, geram uma reação que nunca é provocada por nomes comuns.[257]

Tais decisões são socialmente insensíveis, mostrando um formalismo hipócrita e contrapondo à evidência social um apego à biologia como fonte de verdade.[258] Mas não deixa de ser verdade que, ao silenciar sobre características e demandas dos transexuais, o legislador deixou-os sem tutela adequada, sendo os operadores do direito obrigados a recorrer a analogias ou mesmo a acrobacias, como ocorreu ao decidir punir a homofobia e a transfobia como formas de racismo.[259]

Um outro exemplo permite pensar a forma de constituição das minorias. Mencionamos o caso dos nudistas como indício da complexidade do debate sobre a igualdade (cap. 2, 3.1). Examinando melhor a questão, percebemos que @s nudistas não são apenas "pessoas sem roupa". Comparados aos textilistas, não são definidos por uma ausência, mas por

[257] Exemplo: 4ª Turma Cível do TJ-MG, *processo 1.0000.00.296076-3/000*, rel. Des. Almeida Melo, julg. 20-3-2003.

[258] Análise crítica de julgados brasileiros homofóbicos em Paiva 2018.

[259] STF, *Mandado de Injunção 4.733*, rel. Min. Edson Fachin, julg. 13-6-2019.

um elemento que os textilistas não possuem (não querem possuir). @s nudistas possuem visibilidade social como grupo que reivindica atitudes de vida minoritárias, adota valores próprios, expressos em Códigos de ética do "naturismo" e, ao menos implicitamente, questiona crenças e práticas da maioria que não aceitariam ficar nuas em uma praia após os cinco anos de idade. Além disso, os nudistas possuem organização[260] e formulam reivindicações jurídicas para tratamento igualitário com os textilistas (Cooper 2011), sendo sua história e atuação objeto de pesquisas científicas (Baubérot 2004). Seriam os nudistas uma minoria social?

Parece-nos que a sociedade brasileira, mesmo conhecendo os nudistas enquanto grupo, não possui opiniões claras sobre eles e nem chega a tematizar sua presença, como ocorre com os transexuais, que são reconhecidos como grupo social com peculiaridades. Para a opinião pública, o nudismo parece algo excêntrico que recebe uma vaga reprovação moral.

O interessante é que, do ponto de vista constitucional, os transexuais são tão inexistentes (não tutelados enquanto grupo) quanto os nudistas, sendo que no presente momento o reconhecimento jurídico ocorre de forma parcial e puramente jurisprudencial.[261] Para os nudistas há um projeto de lei,[262] tramitando também vários projetos de lei para tutela dos transexuais.[263]

As classificações das minorias baseiam-se na realidade. Há um fato social (existência de um grupo) e a reivindicação de seu reconhecimento. Isso é a causa remota do surgimento da regulamentação jurídica, mas a causa próxima é a própria norma, seguindo a distinção entre fontes materiais e fontes formais do direito (Dimoulis 2020: 181-183).

Isso permite formular a seguinte proposição:

M4 O sistema jurídico constitui as minorias ao estabelecer critérios para tanto.

O direito estabelece tais critérios com variados graus de precisão. Em alguns casos, a definição é taxativa. Exemplo: o art. 2º do ECA considera criança "pessoa até doze anos de idade incompletos".

260 Rico material é produzido pela "Federação brasileira de naturismo" em *sites* da internet (que incluem fotografias de pessoas nuas).

261 Apresentação de jurisprudência em Lima 2018.

262 Um projeto de lei tramita no Congresso Nacional (www.25.senado.leg.br/web/atividade/materias/-/materia/133571). Há leis municipais, vagas e de duvidosa constitucionalidade.

263 Exemplo de projeto de lei é o de n. 5.002 de 2013, apelidado "Lei João W Nery".

Em outros casos há vagueza. Para o art. 3º, I, do Estatuto do Índio:

> Índio ou Silvícola – É todo indivíduo de origem e ascendência pré-colombiana que se identifica e é identificado como pertencente a um grupo étnico cujas características culturais o distinguem da sociedade nacional.

Como determinar a ascendência pré-colombiana? Alguém conseguiria dizer quais são exatamente as características da "sociedade nacional"? O que ocorre em caso de dúvidas e como pode um operador do direito racionalizar e fundamentar a classificação de alguém como "índio"?

Há também situações intermediárias em que a determinação jurídica da pertença a grupo minoritário é abstrata, prevendo a legislação a emissão de laudo que utilizará critérios científicos ou técnicos.[264]

Independentemente do grau de precisão e do acerto dos critérios, a enunciação jurídica que reconhece/institui certa categoria e a possibilidade de classificar indivíduos nesta têm consequências estabelecidas em normas jurídicas que independem da consciência da pessoa ou da opinião de terceiros. Mesmo nos casos da denominada "autodeclaração", utilizada para a participação de candidatos em processos seletivos reservados a minorias sociais, não é o interessado que "se declara". Estamos diante de norma jurídica que permite isso e também prevê consequências jurídicas em caso de questionamento da autodeclaração.

Para o direito brasileiro, ninguém pode dizer "eu sou negro porque me considero negro" ou "porque meus amigos me consideram negro", mas apenas: "eu sou negro no sentido (e conforme os procedimentos) da legislação vigente (que em alguns casos considera suficiente a autodeclaração)". Fora dessas previsões, a declaração "eu sou negro" é juridicamente tão irrelevante quanto a declaração "eu sou Rom/cigano", ocorrendo referência a grupo socialmente conhecido, mas juridicamente invisível.[265] Não decorrem, obviamente, direitos e obrigações do fato de alguém se considerar algo que o direito não regulamenta.

[264] Exemplo de definição vaga do grupo que goza de isenção de IPVA e que deve ser concretizada por laudo médico: "d) adotar-se-á a definição dada no ato conjunto [cita legislação], para fins de conceituação de pessoas portadoras de deficiência mental severa ou profunda, ou autistas, bem como as normas e requisitos para emissão dos laudos de avaliação delas" (art. 14, V, d, da Lei n. 14.260, de 2003, do estado do Paraná).

[265] Sobre os Roma ou povos ciganos, cf. Rothenburg e Stroppa 2020.

A nossa leitura jurídica das minorias sociais permite rejeitar a tese de que as minorias se situariam "fora do direito" e seus membros seriam "excluídos do direito" (Corbo 2017: 81). As minorias sociais estão sempre e necessariamente *incluídas* no sistema jurídico em uma das duas modalidades que mencionamos. Ou são regidas pelas normas gerais, silenciando o direito sobre suas peculiaridades e necessidades, ou são regidas por normas especiais, constituindo uma minoria social em sentido jurídico, o que no direito atual oferece quase sempre tutela especial, mas não podemos conceber que uma minoria esteja fora do direito.

O papel constitutivo do direito gera um *paradoxo*. Se a minoria social é definida com base em fatos (práticas) sociais de menosprezo, dominação, marginalização, a minoria no direito constitucional brasileiro é definida no intuito de enfrentar esse problema social. Podemos dizer que a minoria social é regulamentada pelo direito em vista de sua *gradual extinção enquanto grupo que sofre discriminação.*

> *M5 O conceito de minoria no direito constitucional brasileiro objetiva eliminar a discriminação do grupo e, em alguns casos, extinguir o próprio grupo (compensação e transformação). É funcionalmente oposto ao conceito social de minoria (conservação e reprodução das práticas de discriminação do grupo).*

Três esclarecimentos. Como aludimos neste capítulo, a história do direito tem infinitos exemplos e tradições de definição de minorias no intuito de manter sua inferioridade, institucionalizando a discriminação. Essa tendência, que provavelmente se iniciou com a discriminação institucional das mulheres, continuou com a divisão da sociedade em castas e com os fenômenos da escravização que culminaram na configuração do direito colonial.

No século XX, essas práticas continuaram com os regimes fascistas e de *apartheid*. Podemos denominar essa tendência institucional de tratamento das minorias de *conservacionista*. O direito desempenha papel semelhante ao de um arqueólogo especializado em museologia e que procura preservar o passado. Ele faz as necessárias adaptações e "modernizações", mas seu objetivo é manter, na medida do possível, o legado do passado, seguindo rigorosos procedimentos em vista de sua preservação (Doumas 2013).

Em segundo lugar, a tese M5 parece ser contrariada por normas que proclamam e fortalecem a preservação da identidade de certos grupos, notadamente seus costumes. Mas, na verdade, essas normas não obrigam o grupo a seguir certos padrões tradicionais. Apenas procuram impedir que pressões externas alterem a identidade, impondo a assimilação, que equivale a violência psicológica e mesmo física. Nesse sentido, tomar providências, *v.g.*, para preservar a cultura afro-brasileira não significa reproduzir o racismo e a submissão, mas apoiar a continuação de tradições ameaçadas.

Isso significa que o atual direito constitucional das minorias rejeita plenamente o conservacionismo, adotando perspectiva *transformadora* que inclui compensações. A continuação de práticas e situações sociais de discriminação e dominação não altera, obviamente, o intuito das normas de tutela. O atual direito das minorias é sinônimo de mudança social.

Para tanto, a tutela das minorias segue três etapas.

- *Constatação*. É identificada a existência de uma minoria social, suas características, a formação histórica do grupo e as formas de opressão e dominação.
- *Abolição da discriminação jurídica*. Em muitos casos, constata-se também que o direito trata de maneira desfavorável uma minoria social. Isso pode ocorrer tanto de maneira direta, por exemplo, na proibição do casamento homoafetivo, como indiretamente, por exemplo, emitindo alvará para construção de prédios sem rampa ou permitindo, como liberdade de expressão e artística, afirmações racistas apresentadas como piadas. O direito deve abolir essas discriminações, substituindo as normas discriminadoras, sanando omissões e mudando interpretações que geram discriminação. É o que costuma ser indicado com o termo (equivocado) "igualdade formal" (cap. 2, 3.6).
- *Ações afirmativas e tutela especial*. A abolição das discriminações jurídicas não tem, em muitos casos, como consequência, a eliminação de práticas sociais e jurídicas de opressão e dominação. A partir desse momento deve-se pensar em ações para mudar a situação, tendo como objetivo não apenas a igualdade como ideia geral, mas a *tentativa de equiparação a médio prazo dos grupos*. Isso ocorre com a criação de normas especiais que promovem a inclusão da minoria em cargos e processos dos quais estava de fato excluída no passado.

As cotas em benefício de minorias são um drástico exemplo de "ação afirmativa", incluindo também iniciativas de promoção exclusiva de membros das minorias, como constatamos no exemplo de processos seletivos destinados apenas a membros de certas minorias (cap. 2, 4.4.5.5).

Referências

Baubérot, Arnaud. *Histoire du naturisme*. Le mythe du retour à la nature. Rennes: Presses universitaires de Rennes, 2004.

Cooper, Davina. Theorizing Nudist Equality. An Encounter Between Political Fantasy and Public Appearance. *Antipode*, v. 43, 2011: 326-357.

Corbo, Wallace. *Discriminação indireta*. Rio de Janeiro: Lumen Juris, 2017.

Dimoulis, Dimitri. *Manual de introdução ao estudo do direito*. São Paulo: Revista dos Tribunais, 2020.

Doumas, Christos. Managing the Archaeological Heritage. The Case of Akrotiri, Thera (Santorini), *Conservation and Management of Archaeological Sites*, v. 15/1, 2013: 109-120.

Ferraz, Anna Candida da Cunha; Baptista, Fernando Pavan. O direito das minorias na Constituição da República Federativa do Brasil de 1988. *In:* Ferraz, Anna Candida da Cunha *et al.* (orgs.). *Direitos das minorias na América Latina e no Caribe*: perspectiva convencional e jurídico-constitucional. Osasco: EdiFieo, 2016: 59-89.

Lima, Francielle Elisabet Nogueira. *Tutela jurídica de pessoas trans*. Rio de Janeiro: Lumen Juris, 2018.

Paiva, Lívia de Meira Lima. Espelhos de uma realidade discriminatória: a produção de verdade sobre o sexo no discurso do Poder Judiciário em ações de retificação do registro civil de pessoas transexuais e transgênera. *In: Gênero e Direito*: desafios para a despatriarcalização do sistema de justiça na América Latina. Rio de Janeiro, 2018.

Rothenburg, Walter Claudius; Stroppa, Tatiana. Estatuto dos povos ciganos no projeto de lei do Senado n. 248/2015. *Revista de estudos institucionais*, v. 6/2, 2020: 600-624.

Sarmento, Daniel *et al.* (dir.). *Igualdade, diferença e direitos humanos*. Rio de Janeiro: Lumen Juris, 2008.

4
Tratamento Constitucional das Desigualdades Sociais Estruturais: O Art. 3º da Constituição Federal e a "Transformação da Realidade Brasileira" (Bercovici)[266]

A Constituição Federal de 1988 inclui *quatro* comandos relativos às desigualdades sociais *estruturais*. Utilizamos o termo "estrutural" para indicar diferenças na renda e no poder (em geral concomitantes) que se devem à reprodução de estruturas sociais e possuem longa duração sem significativas variações com extensão intergeracional.

Sempre há casos fortuitos que podem mudar repentinamente a posição social de uma pessoa ou família: loterias, casamentos, crises financeiras, doenças. Mas o que é relevante em perspectiva macrossociológica e constitucional são as desigualdades que possuem causas identificáveis e se reproduzem no tempo, permitindo que seja feita uma dupla "profecia" pessimista.

Primeiro, as desigualdades de variada natureza apontadas no art. 3º da Constituição permanecerão no tempo. O estado do Maranhão, com 58% de sua população em situação de pobreza,[267] continuará tendo baixos índices de desenvolvimento e problemas sociais extremamente graves nas próximas décadas. Segundo, as pessoas que nascem em famílias

[266] A frase entre aspas encontra-se em Bercovici 2008: 45.

[267] https://www.gov.br/cidadania/pt-br/noticias-e-conteudos/desenvolvimento-social/noticias-desenvolvimento-social/auxilio-brasil-chega-a-marca-inedita-de-20-65-milhoes-de-familias-contempladas-em-setembro.

pobres, marginalizadas e/ou pertencentes a classes populares continuarão sofrendo dos mesmos problemas, e isso será transmitido à próxima geração (discriminação intergeracional: Moreira 2020: 474-480).

Assim sendo, é possível identificar as causas e fazer previsões que se verificam estatisticamente. Podemos prever o que ocorrerá em vinte anos com a grande maioria dos que nasceram em 2020 no sertão ou como filh@s de operári@s em uma grande cidade. Pode-se até prever qual será a espantosa diferença na expectativa de vida entre quem mora em bairros pobres e em bairros ricos da cidade de São Paulo. Em 2022, a expectativa de vida era de 80 anos no Jardim Paulista e de 59 no Jardim Ângela, bairros da mesma cidade, separados por uma distância de menos de 25 quilômetros, que representa perda de 21 anos de vida.[268]

A Constituição Federal de 1988 se refere a quatro indicadores de desigualdade estrutural que analisaremos a seguir: pobreza, marginalização, desigualdades sociais e desigualdades regionais.

1. Erradicação da pobreza

> *Art. 3º Constituem objetivos fundamentais da República Federativa do Brasil: [...] III – erradicar a pobreza.*
>
> *Art. 23. É competência comum da União, dos Estados, do Distrito Federal e dos Municípios: [...] X – combater as causas da pobreza, [...] promovendo a integração social dos setores desfavorecidos.*

1.1. Conceito de pobreza e dados

Entendemos a *pobreza* como grave insuficiência de acesso a recursos econômicos e, por extensão, culturais e políticos. Considera-se pobreza a "falta do necessário para sobreviver dignamente".[269] Preferimos evitar a referência à dignidade, já que ninguém perde sua dignidade por enfrentar penúria (nem se torna mais digno por ter uma poupança que lhe garante conforto). De maneira objetiva, é pobre quem não possui

[268] www.nossasaopaulo.org.br/wp-content/uploads/2022/11/Mapa-da-Desigualdade-2022_Tabelas.pdf.

[269] Maia (2012: 288), em uma das poucas referências à pobreza no direito constitucional brasileiro. Entre a bibliografia internacional cf. Young *et al.* (orgs.) 2008; Ruotolo 2011 e 2012; Ringelheim 2020; Piergigli 2020.

recursos para satisfazer suas necessidades básicas definidas biológico-culturalmente em determinado momento.

Isso indica que o conceito de pobreza é *absoluto*, independente da estrutura do resto da sociedade. Uma vez definido o mínimo necessário para satisfazer necessidades biológico-culturais em uma sociedade, a falta de acesso a esse mínimo define os indivíduos como pobres, independentemente da distância social que os separa dos demais.[270] Os pobres serão pobres, ainda que o resto da sociedade duplique sua renda ou que um *crash* multiplique repentinamente os pobres. Essa é uma leitura *estática* que objetiva deixar clara a definição da pobreza, que é absoluta. Na realidade social, mudanças paulatinas e significativas na estratificação social têm como resultado a mudança do mínimo de satisfação das necessidades, deslocando para cima ou para baixo o limiar da pobreza, logo, mudando o número de pessoas pobres.

Isso mostra a coexistência de uma definição *absoluta* da pobreza (a fotografia tomada em certo momento da sociedade e mostrando quem está aquém do limite da pobreza) com a *relatividade* de seus limites, assim como a constante mudança do número de pessoas que são pobres. A Constituição Federal de 1988 utiliza o termo pobreza sem oferecer indicação de seu significado. Assim sendo, devemos atribuir o significado que possui atualmente nas ciências sociais, recorrendo aos indicadores de pobreza que estabelecem limites ou "linhas". A linha da pobreza é dada pelo valor necessário para satisfazer as necessidades básicas ordinárias (X para alimentação) e extraordinárias (Y para casos de doença ou acidente), assim como atender despesas com bens duradouros proporcionalmente divididas no tempo (Z para vestuário, móveis, moradia).

Não interessa para a definição do conceito de que forma serão adquiridos os recursos: trabalho, assistência pública, doações, crimes. Importante é apenas o *resultado*. Saber quem é pobre é questão de verificação concreta que ocorre em três fases. Inicialmente, observam-se os processos

270 O conceito de pobreza relativa compara grupos de pessoas de acordo com a sua renda. Em nossa opinião é um disfarce do conceito de desigualdade social e nada indica sobre a situação de pobreza em si. Quando alguém não consegue acesso a remédios pouco (lhe) importa o fato de poucos ou muitos vivenciarem o mesmo problema. Do ponto de vista dinâmico, a mobilização de grande número de pessoas excluídas pode trazer mudanças, mas em determinado momento (visão estática) a comparação é irrelevante.

sociais, identificando padrões de vida, inclusive com comparações internacionais, verificando necessidades biológicas e culturalmente determinadas e custos de vida. Isso permite, em uma segunda etapa, estabelecer critérios quantitativos para classificar ou não uma pessoa na categoria da pobreza em razão da renda necessária para que alguém não seja considerado pobre. Por fim, verifica-se quais pessoas estão nessa situação.

A legislação define em 2022 como famílias em situação de extrema pobreza as que têm renda *per capita* de até 105 reais e como "pobres" as famílias com renda mensal *per capita* de até 210 reais.[271] Isso não chega a um terço do valor indicado pelo Banco Mundial: considera-se pobre quem possui renda até 2,15 dólares por dia (com equivalência de 2022: 340 reais por mês).[272]

Em 2018, viviam no Brasil 50 milhões de pessoas em situação de pobreza, sendo que esse número chegou a *62,5 milhões* em 2021. A porcentagem aumentou gradativamente de 2014 a 2021,[273] como decorrência de políticas neoliberais, notadamente da restrição dos direitos trabalhistas e da ampliação do trabalho informal, pior remunerado e precário. Também expressivo é o fato de que entre a população pobre 18 milhões enfrentam extrema pobreza.[274]

Isto significa que *quase um terço (29,4%) da população brasileira se encontra em situação de pobreza*. Nacionais brasileir@s, formalmente livres e iguais aos demais, formam uma *minoria social, com constância no tempo e no espaço e cuja característica fundamental é a ameaça da própria existência*, as constantes privações que se relacionam com a exclusão social, as doenças e a morte. A categoria sociológica da pobreza é importante não somente para definir necessidades de intervenção estatal, mas também para as políticas de saúde pública: indica a parcela da população submetida a sofrimentos múltiplos e constantes, ameaçada de doenças

[271] Art. 4º da Lei n. 14.284 (versão vigente em 2022).

[272] www.worldbank.org/en/news/factsheet/2022/05/02/fact-sheet-an-adjustment-to-global-poverty-lines#4.

[273] Dados do IBGE: agenciadenoticias.ibge.gov.br/agencia-noticias/2012-agencia-de-noticias/noticias/25882-extrema-pobreza-atinge-13-5-milhoes-de-pessoas-e-chega-ao-maior-nivel-em-7-anos; portal.fgv.br/noticias/mapa-nova-pobreza-estudo-revela-296-brasi leiros-tem-renda-familiar-inferior-r-497-mensais; https://www1.folha.uol.com.br/mercado/2022/12/pobreza-no-brasil-alcanca-recorde-de-625-milhoes-em-2021.shtml.

[274] https://www1.folha.uol.com.br/mercado/2022/12/pobreza-no-brasil-alcanca-recorde-de-625-milhoes-em-2021.shtml.

causadas pelas condições de vida (moradia insalubre, alimentação inadequada) e pela falta de tratamento adequado.

1.2. Causas da pobreza

O art. 23 da Constituição refere-se à necessidade de "combater" as causas da pobreza. Causas centrais da pobreza são as ações e omissões dos detentores de capital e das autoridades estatais. Na medida em que eles cometem ilegalidades, devem ser responsabilizados, mas na medida em que a pobreza é causada por ações e omissões legais, não se pode pensar em "combater" pessoas e autoridades estatais que atuam dentro da legalidade, exercendo competências ou direitos. O empresário que paga um salário mínimo a um empregado, respeitando todas as normas trabalhistas, e demite outros 1.000, seguindo as regras vigentes, é uma das causas da pobreza na sociedade brasileira. Mas seria juridicamente equivocado dizer que o Estado deve "combater" a atividade empresarial, impondo aumento de salários ou proibindo demissões ditadas por interesses das empresas.

Não se trata de combater pessoas, ainda que elas sejam as efetivas causas da pobreza,[275] mas de *mudar regras* jurídicas do sistema econômico para que a pobreza possa recuar, sendo, como diz a Constituição, um dia erradicada. Esse deve ser o objetivo de atuação do Estado e o critério que permite verificar se o comando constitucional está sendo respeitado. Esse comando resulta da combinação dos mencionados arts. 3 e 23 da Constituição Federal, pois a pobreza só se erradica se forem identificadas e eliminadas suas causas. Assim sendo, para o aplicador do direito constitucional surge um comando que fixa um objetivo fundamental do Estado (OFE).

> *OFE1 É objetivo fundamental do Estado brasileiro erradicar a pobreza mediante ação de todos os entes da Federação que devem tentar eliminar suas causas.*

A Constituição incorpora em seu vocabulário normativo o termo "causas da pobreza", mas não indica, nem mesmo alusivamente, as possí-

[275] Escreveu ironicamente Bertolt Brecht (1973: 443): "Um homem velho e rico (o especulador cerealista Weil) morre com preocupações sobre a miséria no mundo. Em seu testamento destina grande quantidade de dinheiro à fundação de um Instituto que deverá pesquisar a causa da miséria. A causa é, evidentemente, ele mesmo".

veis causas, deixando essa tarefa aos intérpretes. Podemos definir as causas da pobreza em dois níveis.

O primeiro é *descritivo*. A pobreza deve-se à falta de recursos necessários para a adequada reprodução da vida. Bastaria completar a renda de quem esteja abaixo da linha de pobreza. Ser pobre significa pertencer a uma minoria determinada por *circunstâncias externas*. Primeiro, pela discrepância entre a renda da pessoa e a renda média. Segundo, pelo fato de a sociedade não oferecer recursos à parcela mais pobre.

Isso diferencia os pobres de minorias que apresentam características biológicas e/ou sociais intrínsecas. Sabemos que tais características "intrínsecas" foram tornadas relevantes pela sociedade com suas ideologias e processos de dominação, porém, o resultado é que acompanham a pessoa, fazendo parte de sua identidade social. Um dia pode melhorar a situação social e jurídica dos indígenas. Também ocorre a assimilação individual de certos indígenas. Mas os índios continuarão a se definir por características sociais intrínsecas e visíveis para a sociedade. Já os pobres podem sair dessa condição imediatamente, se lhes for garantida renda acima da linha de pobreza.

Essa é a abordagem que adota o programa "Bolsa família", ao considerar que a pobreza se combate completando a renda. O Bolsa família recebeu em 2019 1,2% do gasto público total: 30 bilhões de reais em 2019[276] para distribuir a pessoas que estão abaixo da linha da pobreza, completando sua renda. Seu objetivo é extremamente *limitado*. Alivia parcialmente as consequências da pobreza, pois a legislação não permite que o beneficiário supere a linha de pobreza. Conforme as normas vigentes em 2020, o teto de subsídio que a pessoa pode receber limita-se a 220 reais.[277]

O programa "Auxílio Brasil", que sucedeu o Bolsa Família em 2021, mantém a mesma concepção. Com previsão orçamentária de 114 bilhões para 2022, corresponde a 2% do gasto público[278] e oferece auxílio apenas

[276] portaltransparencia.gov.br/programas-e-acoes/programa-orcamentario/2019?ano=2019; g1.globo.com/politica/noticia/2018/09/05/governo-recua-e-decide-recompor-orcamento-do-bolsa-familia-para-2019.ghtml.

[277] Cf. os valores estabelecidos no art. 19 do Decreto n. 5.209, de 2004, na versão vigente em 2020.

[278] portaltransparencia.gov.br/programas-e-acoes/acao/21DP-transferencia-de-renda-para-pagamento-dos-beneficios-e-auxilios-do-programa-auxilio-brasil?ano=2022.

a pessoas cuja renda mensal não ultrapasse 210 reais, sendo o benefício médio recebido por família em torno dos 600 reais.[279]

Ainda que o valor dedicado à erradicação da pobreza fosse maior e os benefícios aumentassem a renda, permitindo que muitos ultrapassassem a linha de pobreza, os resultados não seriam estruturalmente diferentes. Essa perspectiva relaciona causalmente a pobreza com a insuficiência de renda, que é um resultado e não algo relacionado a causas. Mesmo o mais generoso programa de complementação da renda não elimina as causas que analisaremos a seguir no nível substancial.

Prova dessa limitação é que o programa Bolsa Família atende 13 milhões de famílias e o número *não diminui no tempo*.[280] O programa Auxílio Brasil chegou a contemplar 20 milhões de famílias em 2022.[281] É evidente que não se trata de política pública que permite que os beneficiados possam sair da pobreza.[282] Combatem-se apenas os sintomas, que são a fome e o desamparo social, deixando intacta a causa que os provoca.

Mesmo a meta urgente de combater a fome não é alcançada por essa política pública. Em 2022, havia 33 milhões de pessoas (15,5% da população) vivenciando insegurança alimentar grave (passar fome e não fazer mais de uma refeição por dia), tendo essa porcentagem aumentado significativamente nos últimos anos (de 17,5% em 2004, tendo caído para 6% em 2018 e voltado a 15,5% em 2022).[283] Lembrando que, pelo critério oficial no Brasil, viviam, em 2021, 18 milhões de pessoas em situação de extrema pobreza,[284] fica claro que ampla parcela dos "apenas pobres" enfrenta a ameaça da fome. Ser pobre no Brasil significa mesmo estar privado de alimentação adequada.

279 Cf. os valores estabelecidos na Lei n. 14.284, de 2021, e no Decreto n. 10.852, de 2021, ambos na versão vigente em 2022. Cf. os dados em: www.gov.br/cidadania/pt-br/noticias-e-conteudos/desenvolvimento-social/noticias-desenvolvimento-social/auxilio-brasil-chega-a-marca-inedita-de-20-65-milhoes-de-familias-contempladas-em-setembro.

280 g1.globo.com/politica/noticia/2018/09/05/governo-recua-e-decide-recompor-orcamento-do-bolsa-familia-para-2019.ghtml.

281 https://www.gov.br/cidadania/pt-br/noticias-e-conteudos/desenvolvimento-social/noticias-desenvolvimento-social/auxilio-brasil-chega-a-marca-inedita-de-20-65-milhoes-de-familias-contempladas-em-setembro.

282 Programas sem "porta de saída" (Paiva *et al.* 2021).

283 Pesquisa do consórcio de ONG "Rede Penssan": https://olheparaafome.com.br.

284 https://www1.folha.uol.com.br/mercado/2022/12/pobreza-no-brasil-alcanca-recorde-de-625-milhoes-em-2021.shtml.

Com base em critério de definição da insegurança alimentar, pesquisa mostrou que os brasileiros que tiveram falta de dinheiro para se alimentar chegou a 36% em 2021.[285] Quando um terço dos nacionais convive com a ameaça da fome, é patente o não atendimento do comando constitucional.

Na perspectiva da história política, podemos relembrar um fato. Em seu discurso de posse em 1-1-2003, o Presidente da República Luiz Inácio Lula da Silva disse solenemente:

> A gente vai garantir que todo brasileiro e brasileira possa, todo santo dia, tomar café, almoçar e jantar, porque isso não está escrito no meu programa. Isso está escrito na Constituição brasileira, está escrito na Bíblia e está escrito na Declaração Universal dos Direitos Humanos.[286]

Passados vinte anos e tendo governado quatro Presidentes da República de variadas orientações políticas, o problema da fome permanece. É o maior indício do caráter vão das promessas políticas e do descaso dos governos com os mandamentos constitucionais. Os programas dos governos brasileiros pós-1988 nunca atenderam ao comando constitucional de erradicar a pobreza.[287] Apenas permitem que parte da população pobre tenha um consumo individual mais elevado. Do ponto de vista da eficácia da norma constitucional, o comando constitucional que corresponde ao OFE1 permanece *letra morta*, gerando permanente *inconstitucionalidade por omissão* dos legisladores.

O *segundo* nível de análise da pobreza é *substancial*. Devemos identificar e eliminar causas relacionadas à estrutura econômica. É pobre a pessoa que nasceu em família pobre e cresce em ambiente social desfavorecido, mas pode também ser pobre um comerciante abastado que, em razão de doença ou falência, encerrou suas atividades com muitas dívidas. Mesmo sendo variadas as razões, a principal causa da pobreza encontra-se no *triângulo vicioso*:

- exclusão educacional (sendo os pobres analfabetos ou não tendo completado o 5º ano do Ensino fundamental);

[285] Pesquisa da FGV social: cps.fgv.br/FomeNaPandemia.

[286] http://www.radiobras.gov.br/integras/03/integra_010103_4.htm.

[287] Inexplicável a apresentação elogiosa do programa Bolsa Família como instrumento central para o desenvolvimento social em Pereira 2016, que nos convida até à "celebração" do programa (p. 160).

- desemprego ou trabalho precário;
- ambiente social de privações crônicas.

1.3. Dever de atuação do Estado e "integração social"

Os artigos da Constituição reproduzidos anteriormente estabelecem dois comandos. Primeiro, a erradicação da pobreza como objetivo fundamental do Estado, isto é, como dever estatal perante pessoas pobres. Segundo, a competência de todos os entes da Federação para combater as causas da pobreza. O verbo *combater* do art. 23 é de cunho retórico. Em 1964 iniciou-se, nos EUA, a campanha do presidente Johnson, declarando guerra à pobreza (*war against poverty*). Repercutiu em vários países como forma de mostrar sensibilidade política pela situação dos desfavorecidos: "a nação inteira terá a oportunidade de fazer um ataque conjunto contra a pobreza".[288] Nunca saberemos quem era o inimigo que a "nação" deveria combater e por que a nação inteira, incluindo as camadas ricas, ansiava combater a pobreza. Inimigos eram os americanos ricos? Era o Estado que lhes garantia a propriedade e a atuação empresarial? Ou pensava-se em alguma força sobrenatural que impôs a divisão da "Nação" entre ricos e pobres?

Além da pitoresca menção ao "combate" da pobreza, é curioso que a Constituição não faça referência à extrema pobreza, tão discutida na política atual como meta prioritária. O constituinte teve em mente (e procurou enfrentar) a *pobreza como fenômeno unitário*. Não deu prioridade aos extremamente pobres, porque entendia que não se trata de amenizar sofrimentos extremos e enfrentar crises alimentares no exemplo de programas como o "Fome Zero", que muitos governantes preferem porque custam pouco e têm grande impacto real e midiático. Tais programas não enfrentam o problema da pobreza, que persiste mesmo quando se eliminam suas piores consequências, como a carência alimentar, a falta de saneamento básico e de assistência médica. Para o constituinte, há uma meta simples e clara: "erradicar a pobreza". Para tanto, o Estado deve atuar em duas frentes de transformação social:

[288] nytimes.com/1964/03/17/archives/text-of-president-johnsons-special-message-onpoverty-presented-to.html. Cf. o discurso que Johnson proferiu ao Congresso dos EUA no mesmo ano (americanrhetoric.com/speeches/lbj1964stateoftheunion.htm).

1. Amenização. A tarefa mais urgente é implementar programas de assistência social, voltados a amenizar sintomas. É obrigação constitucional do Estado, que resulta dos arts. 3º e 23 da Constituição, *intervir aos processos que geram pobreza.* Em 2000, a Emenda Constitucional 31 instituiu o Fundo de Combate e Erradicação da Pobreza (art. 79 do ADCT). Estabeleceu também a obrigação dos estados e dos municípios de criar semelhantes fundos (art. 82 do ADCT). O fundo federal[289] e os estaduais[290] foram concebidos como transitórios, mas passaram a ser *permanentes* a partir da Emenda Constitucional 67, de 2010 (art. 1º).

Seu financiamento básico provém de percentual de impostos arrecadados pelo respectivo ente federativo. A Constituição estabeleceu como objetivo "viabilizar a todos os brasileiros acesso a níveis dignos de subsistência, cujos recursos serão aplicados em ações suplementares de nutrição, habitação, educação, saúde, reforço de renda familiar e outros programas de relevante interesse social voltados para a melhoria da qualidade de vida" (art. 79 do ADCT).

Semanticamente, a denominação desse Fundo reúne a formulação do art. 3º, III, (erradicar a pobreza) e do art. 23 da Constituição Federal (combater suas causas). Isso mostra a identidade normativa do conteúdo desses artigos. O preocupante é que, apesar do nome, o Fundo não foi concebido para erradicar a pobreza. Utilizar uma parcela ínfima da arrecadação tributária para melhorar o acesso a bens e serviços não enfrenta as causas do problema, seguindo-se o modelo de combate aos sintomas que caracteriza o programa Bolsa Família.

2. Integração social. O segundo dever de atuação do Estado relaciona-se à "integração social", mencionada no art. 23 da Constituição como dever de todos os entes da Federação: promover "a integração social dos setores desfavorecidos". A referência a "setores desfavorecidos" é eufemística, logo destituída de relevância normativa. O objetivo é melhorar a situação da população pobre, aqui designada como setor desfavorecido.

O termo "integração social" é incomum no direito. A Lei complementar n. 7, de 1970, é a única que usou o termo antes de 1988. Essa lei criou o "Programa de integração social", conhecido com as iniciais PIS.

[289] Lei Complementar n. 111, de 2001.

[290] Exemplo: O Fundo criado em São Paulo pela Lei estadual n. 16.006, de 2015 (Fundo Estadual de Combate e Erradicação da Pobreza no Estado de São Paulo).

Essa lei atribui ao termo significado apenas financeiro, estabelecendo um auxílio de importância secundária para trabalhadores com carteira de trabalho regularmente assinada. Dessa maneira, a lei não só deu ao termo um significado extremamente limitado, como também procurou "integrar" pessoas já plenamente integradas na sociedade.

A precisão terminológica não é uma das virtudes da Constituição de 1988, repleta de termos inexatos e com uso de sinônimos e variados recursos retóricos. Mesmo assim, deve ser feita uma concretização. Nas ciências sociais, a referência à integração social é muito comum. Em sua acepção geral, "social integration refers to the interrelation of elements in a social system" (Strobl 2007: 4437). É a possibilidade de alguém ser parte de um sistema social. Mas o termo adquiriu nas últimas décadas o significado específico de integração de imigrantes e de minorias nacionais na cultura e nas formas de comportamento da maioria (Gerhards e Lengfeld 2015). Para outros casos, as ciências sociais e a política fazem referência à *inclusão social*.[291]

Em sociedades altamente fragmentadas e funcionalmente especializadas, em tese todos podem participar de tudo. Nenhuma norma jurídica impede que um desempregado seja astronauta, padeiro e cantor de ópera ao mesmo tempo. Tampouco há impedimento para que ele invista valores milionários em indústrias. Contudo, essas afirmações "de princípio" escondem o fato de que as pessoas pobres permanecem estruturalmente excluídas dos circuitos de êxito econômico. Sem habilidades especiais, redes de colaboração e com acesso a recursos escassos e seletivamente controlados, nada disso pode ser feito.

Há outras possibilidades de pensar a integração na perspectiva do indivíduo. Quais são os vínculos sociais, por que nos empenhamos em algo, se somos solidários ou egoístas, por que tentamos viver o máximo possível ou nos suicidamos na adolescência, como a integração pode ser sinônimo da felicidade... São incontáveis as perspectivas sociológicas e psicológicas que procuram pensar o vínculo social, suas formas e intensidade.

Na perspectiva constitucional, tais descrições não são relevantes, pois o que interessa é a situação objetiva que propicia a integração, ainda que determinadas pessoas, por razões pessoais, por problemas psicológicos

291 "Inclusion means that specific competences and actions of a person are relevant for a social system" (Strobl 2007: 4.438). Tratamento monográfico em Schnapper 2007.

ou por qualquer outro motivo, decidam afastar-se do conjunto social, de seus processos e valores.

Tendo em vista o imperativo de superação da pobreza, podemos definir a integração social como *possibilidade de um indivíduo ter acesso a bens e processos de comunicação social,* podendo aproveitar dos recursos sociais, satisfazendo necessidades reais e simbólicas e ser efetivamente reconhecido como membro da comunidade, em sua capacidade de exercer a cidadania no sentido material. A exclusão do acesso a bens tem como consequência a pobreza. Já a exclusão de processos de comunicação social é característica da marginalização que analisaremos a seguir.

Assim sendo, o *dever estatal* de promover a integração social indica os *processos* que permitem oferecer acesso a bens e processos de comunicação de forma duradoura. Ao mencionar a integração social, a Constituição deixa claro que o objetivo não é apenas amenizar a pobreza, mas eliminar o fenômeno, ao permitir a efetiva e objetiva integração social de famílias, moradores de certos bairros e até municípios inteiros na sociedade.

Reiteramos que, nas sociedades capitalistas, não há pessoas literalmente excluídas da sociedade, a não ser os que vivem na selva ou em ilhas desertas. Os demais estão integrados nas regras jurídicas e sociais, exercendo um papel, por mais que seja subalterno. Podem vender sua força de trabalho e possuem os direitos legalmente garantidos. O problema encontra-se na forma de integração que obriga alguém a trabalhar como catador de lixo e viver em condições insalubres e perigosas. Ele possui trabalho juridicamente regulamentado, recebe remuneração e tem os direitos e deveres de qualquer outro cidadão, mas é fácil entender que essa integração é duplamente problemática.

Por um lado, essa pessoa carece de acesso a bens e processos socialmente relevantes e, por outro, ocupa uma posição social-produtiva relacionada com gravíssimas discriminações. Dito de outra forma, a questão é de que maneira ocorre a integração de certo grupo, devendo ser examinado não apenas o fato da "integração", mas sua qualidade e características. Nessa perspectiva, integração social significa remover barreiras de acesso. Entendemos o art. 23 da Constituição Federal como imperativo de *transformar* processos sociais-produtivos e formas de tratamento dos indivíduos, ao oferecer, a todos que o desejarem, acesso a bens e processos sociais de comunicação dos quais usufrui o *membro médio* da sociedade.

A ação conjunta dos entes da Federação deve permitir que as pessoas escapem da condição de pobreza, com suas múltiplas exclusões. É a *missão transformadora típica do direito* antidiscriminatório (Rigelheim 2020: 7) e da Constituição brasileira de 1988. É precisa a observação que o *art. 3º é a mais relevante cláusula de transformação da realidade social brasileira* (Bercovici 2008: 45). Como observa texto de coautoria de Bercovici, "o artigo 3º da Constituição de 1988 foi entendido como um instrumento normativo que transformou fins sociais e econômicos em jurídicos, atuando como linha de desenvolvimento e de interpretação teleológica de todo o ordenamento constitucional" (Bello *et al.* 2019: 1772).[292]

Não se trata apenas de expressar metas de política social e econômica em linguagem jurídico-normativa, tornando-as constitucionalmente obrigatórias, mas também de estabelecer objetivos abrangentes que influenciam variadas áreas da vida constitucional, oferecendo argumentos para escolhas interpretativas em temas que não se relacionam diretamente com o combate às desigualdades, mas que podem afetar relações sociais entre grupos, classes e regiões.

Um plano federal para a criação de novas universidades pode ser considerado ato discricionário do poder central. Mas pode também ser questionado com o argumento de que certas decisões agravam as desigualdades regionais e sociais, ao privilegiar, por exemplo, a expansão universitária em metrópoles do Sudeste. Em termos mais amplos, os debates sobre as finanças públicas devem estar relacionados a esses fins, não sendo uma área "técnica" ou apenas limitada pelos direitos dos contribuintes (cf. Bercovici e Massonetto 2004).

O Estado deve fazer isso com políticas próprias, assim como guiando o setor privado em ações de integração social. O planejamento em relação ao setor privado pode incluir normas vinculantes (exemplo: reempregar porcentagem de desempregados de longa data), com incentivos para empresas (exemplo: isenções tributárias para empresas que contratam

292 A importância do art. 3º foi destacada no título desse capítulo: "o art. 3º da Constituição Federal e 'a transformação da realidade brasileira'". Isso não significa, contudo, que a norma seja o centro da Constituição ("these principles compose the basic structure of the constitution, its very core – Amparo 2018: 136). O texto constitucional possui muitos "centros" antagônicos, se não contraditórios, que objetivam manter estruturas tradicionais de opressão, imunizar o sistema representativo de contestações radicais e proteger interesses de grupos específicos.

negr@s), com negociações e acordos. De todas as formas, ponto de referência é o Estado que a Constituição determinou como "principal promotor do desenvolvimento".[293]

A teoria liberal considera como função das Constituições distribuir competências e garantir direitos com a finalidade de limitar o poder estatal. Quem adota essa teoria que equipara a Constituição a um instrumento de garantia da liberdade individual não consegue levar a sério comandos constitucionais de transformação social tendo como instrumento central o Estado que concentra recursos e meios de ação para tanto. Os adeptos da visão liberal acabam ironizando ou mesmo silenciando tais comandos, adotando uma postura de *seletividade interpretativa* (cap. 8, 1). A Constituição só pode dizer e querer aquilo que o intérprete espera de uma Constituição...

Acreditamos, no entanto, que os comandos de transformação social não apenas existem e devem ser interpretados e aplicados. Eles expressam a preocupação d@s constituintes de 1988 com situações que impedem sistematicamente o acesso a bens e processos essenciais. Para uma teoria social/socialista, tais obstáculos *corrompem* a ideia de sociedade enquanto projeto comum. Um critério que permite constatar a ocorrência de integração de qualidade é se certo titular de direitos fundamentais participa do *triângulo virtuoso* que elimina as causas da pobreza, já descritas como triângulo vicioso:

– *Educação satisfatória*, tendo o Estado eliminado obstáculos como o trabalho infantil em razão da necessidade da família e apoiado os jovens em situação de pobreza para que tenham capacidade e motivação para continuar seus estudos (aulas extras, acompanhamento especial, oferta de material...).

Há estudos econômicos que alegam, com sofisticadas projeções matemáticas, que a melhoria do nível educacional no Brasil não diminuirá a desigualdade social (Medeiros *et al.* 2019). Tal afirmação, ainda que seja considerada empiricamente sólida, não oferece argumentos em perspectiva constitucional. Possibilitar o estudo de tod@s até o fim da adolescência é um comando constitucional: "educação básica obrigatória e gratuita dos 4 aos 17 anos de idade" (art. 208, I), siste-

[293] Bercovici 2005: 51. Sobre o caráter estadocêntrico da ideia do desenvolvimento e da transformação social na Constituição de 1988, cf. Veira e Dimoulis 2018.

maticamente descumprido em razão de interesses políticos e leituras "liberais" da Constituição.

Além disso, as estatísticas mostram que o nível educacional baixo está relacionado com a pobreza. Respeitar o mandamento constitucional de sua erradicação passa também pelo combate à sua mais evidente causa, a exclusão educacional.

Por fim, a melhoria no nível educacional não oferece apenas habilidades técnicas aos beneficiados, mas também promove a conscientização social e política de quem pode estudar, permitindo a atuação política adequada de tod@s. A inclusão educacional, ainda que não melhore de imediato a renda dos mais pobres, certamente ajudará para que o sistema político seja mais controlado, mudando práticas de exclusão e violência social observáveis atualmente.

– *Trabalho assalariado formalizado*, em condições aceitáveis de salubridade, segurança e remuneração, que permite ao trabalhador adquirir o necessário para sua reprodução. A Constituição questiona as consequências da liberdade para o capital, que permitiu que mais de 40% dos trabalhadores sejam hoje "informais" no Brasil,[294] sendo a informalidade sinônimo não de flexibilidade e de liberdade, mas de ausência de direitos. Os informais executam seus deveres laborais de maneira absolutamente rigorosa/formal, mas não recebem a proteção que o legislador trabalhista quis garantir.

– Ambiente social que propicia a *participação* em processos de comunicação social e política, removendo obstáculos culturais que tornam as pessoas indiferentes para os processos políticos.

Esboçamos aqui um projeto de *solidariedade social* que pode eliminar as causas da pobreza, conforme ordena a Constituição, sendo central o papel da atuação estatal com base no conceito de desenvolvimento estadocêntrico do texto constitucional de 1988. O objetivo é impedir que parte da população viva com carências e que a remoção de obstáculos não ocorra apenas de maneira episódica e individual ("Pietra ganhou

294 agenciabrasil.ebc.com.br/economia/noticia/2020-03/informalidade-cai-mas-atinge-38-milhoes-de-trabalhadores; economia.uol.com.br/noticias/estadao-conteudo/2022/04/29/pais-teve-taxa-de-informalidade-de-401-no-trimestre-ate-marco-diz-ibge.htm.

milhões na loteria"). Trata-se da eliminação da pobreza em sua dimensão sistêmica: intergeracional e geográfica (bairros pobres).

Implementar o triângulo virtuoso é um projeto fácil na sua enunciação. Sua realização tampouco apresenta dificuldades técnicas. O principal empecilho é a resistência política por parte daqueles que se aproveitam da pobreza que oferece base para a dominação política e a exploração econômica. Essa resistência impede que recursos orçamentários sejam dedicados à erradicação da pobreza, tornando socialmente ineficazes as normas aqui analisadas, como indicam as estatísticas sobre os números da pobreza no Brasil (cap. 3, 1.1).

2. Erradicação da marginalização

> *Art. 3º Constituem objetivos fundamentais da República Federativa do Brasil: [...] III – erradicar [...] a marginalização.*
>
> *Art. 23. É competência comum da União, dos Estados, do Distrito Federal e dos Municípios: [...] X – combater [...] os fatores de marginalização, promovendo a integração social dos setores desfavorecidos.*

Segunda meta de transformação social prevista no art. 3º, III, é a erradicação da marginalização. Ela é mencionada nas mesmas normas que regulamentam a erradicação da pobreza, sendo a enunciação estruturalmente idêntica. Por isso remetemos às observações feitas no capítulo anterior (3, 1) sobre sua função jurídica, sua relação com a integração social e o papel dos entes estatais no seu enfrentamento. A pergunta que nos ocupará aqui é se a marginalização possui conteúdo próprio ou é apenas um reforço retórico do termo "pobreza".

Consideramos que a marginalização, ainda que conceitualmente muito próxima à pobreza, possui conteúdo normativo próprio, que permite formular a proposição:

> *OFE2 É objetivo fundamental do Estado brasileiro erradicar a marginalização, mediante ação de todos os entes da Federação que devem tentar eliminar suas causas.*

2.1. Conceito de marginalização

Para entender as dimensões da marginalização devemos fazer uma comparação com a pobreza. Constatamos que a pobreza só pode ser definida ao estabelecer um critério normativo, jurídico e/ou sociológico, que indica uma realidade objetiva. Há pessoas que vivem em certas condições (*problemáticas*), tendo certas relações profissionais e pessoais (*problemáticas*) e vivenciando certas formas de acesso a bens e processos de comunicação social (*problemáticas*). Elas podem ter as mais variadas percepções individuais sobre sua situação no mundo. Alguém pode se considerar pobre como pode se considerar inteligente ou de porte atlético, não havendo critério claro para tanto e nem consenso.

O conceito constitucional de pobreza não leva em consideração as percepções individuais nem as evidentes diferenças entre pessoas pobres em diferentes contextos de vida. O que unifica as inúmeras situações pessoais no conceito de pobreza é um *critério normativo*. Pode ser simples (renda de 2 dólares por dia) ou complexo (possibilidade de acesso a um leque de bens, situação de moradia, educacional, etc.), mas corresponde a algo que pode ser medido objetivamente. Tendo estabelecido tal critério, como constatamos que ocorre na legislação brasileira ("é considerado pobre quem tem renda abaixo de X"), saberemos quais pessoas são tidas normativamente como pobres, valendo para elas o objetivo de erradicar a pobreza.

Já a marginalidade indica situação que não depende de normatização objetiva-quantitativa. Ponto de partida é que a marginalização tradicionalmente foi – e de certa maneira ainda é – invisível para o direito. A pessoa que perdeu o trabalho e a moradia enfrenta problemas sociais e, provavelmente, problemas de saúde, mas possui exatamente os mesmos direitos e deveres dos demais. O fato de dormir na calçada, desesperado, com frio e dores não modifica a situação jurídica, não faz a pessoa mudar sua situação jurídica em comparação com quem descansa em sua residência de alto padrão a apenas alguns metros do indigente. Ambos estão juridicamente no centro do sistema de direitos. A marginalização é uma característica social que pode ser atribuída ao verificar a aparência e o contexto de vida de uma pessoa, permanecendo invisível para o direito e relacionando-se com a impossibilidade de exercer direitos por razões fáticas.

Estar na "margem" da sociedade significa, em abordagem sociológica, não participar dos processos de interação social.[295] Trata-se da

295 Panorama das abordagens do conceito em Alves e Escorel 2012.

exclusão de *processos de reconhecimento e participação social*, manifestada na limitada possibilidade de atuar na vida laboral, comunitária e política e na impossibilidade de influenciar decisões de interesse comum. Critérios de comparação são o *status* e o poder de influência do membro médio da comunidade. A falta de trabalho regular e socialmente reconhecido e as deficiências pessoais (doenças, falta de motivação, dependência química) ou relacionadas ao ambiente (moradia, família com problemas) são indícios da marginalização enquanto perda dos elos sociais. A marginalização consiste na *desfiliação* (Castel 1994).

A Constituição de 1988 refere-se à marginalização enquanto *processo* determinado por regularidades que independem do indivíduo. A marginalização interage constantemente com a *estigmatizarão* de certas pessoas.[296] Nas relações sociais, as pessoas com traços de marginalização enfrentam desprezo e desconfiança, o que reproduz o estigma. A reiterada negação de interação social adequada é consequência da exclusão social, mas se torna também sua causa secundária, pois confirma e intensifica o processo de marginalização. Cada dia vivido nas favelas ou nas calçadas aumenta a distância que separa os marginalizados das pessoas socialmente integradas, ocorrendo retroalimentação que fortifica os muros da segregação.

Podemos constatar quem é marginalizado com base em exame fático e objetivo em três etapas. Em primeiro lugar, observam-se os processos sociais, identificando padrões e modos de vida de pessoas que possuem parco acesso a recursos sociais. A seguir, estabelecem-se critérios *quantitativos* que permitem classificar certas pessoas nessa categoria (falta de trabalho, moradia inadequada, problemas de saúde, ausência de interações sociais igualitárias, etc.). A falta de moradia é o elemento mais relevante para determinar a marginalização, pois impede um descanso

[296] Uma noite saí de um supermercado carregando muitas sacolas na rua Voluntários da Pátria, no Rio de Janeiro. Tendo andando uns cinquenta metros, percebi que a minha carteira tinha caído do bolso devido a algum movimento brusco que fiz tentando segurar as sacolas. Voltei, buscando desesperadamente a carteira. Vendo-me procurando algo no chão, uma senhora, sentada na calçada com seus pertences e aparentando vida em situação de rua, me chamou gentilmente e me entregou a carteira. Sem pensar, abri a carteira, tirei as cédulas e entreguei-as à senhora, agradecendo efusivamente. Até hoje não superei a vergonha por ter estigmatizado essa pessoa duplamente. Não somente senti surpresa pelo fato de ela não ter decidido ficar com a carteira, mas também lhe dei o dinheiro, coisas que não teria feito se uma pessoa "integrada" tivesse me devolvido a carteira.

adequado e afeta globalmente a reprodução da vida (higiene, alimentação adequada, tranquilidade...). Por fim, decide-se se certa pessoa pode ser classificada entre as marginalizadas.

Em nossas sociedades, os marginalizados em grande parte coincidem com os pobres, sendo a Constituição redundante na medida em que os conceitos se referem às mesmas pessoas. Isso explica por que há estudiosos que usam os termos como sinônimos,[297] referindo-se a "pobreza, exclusão, marginalização, discriminação, desigualdade" como indicações de fenômenos que não se distinguem na substância.[298]

Discordando dessa visão, afirmamos a relevância normativa do conceito de marginalização por considerar a sobreposição apenas parcial. Há pessoas pobres que não são marginalizadas. Pensemos, no Brasil, em líderes comunitários e religiosos de favelas que têm presença e reconhecimento público, sem que isso mude suas condições materiais de vida. Muito mais comum é a marginalização sofrida por pessoas com recursos financeiros satisfatórios. Isso ocorre com idosos, pessoas com deficiência mental ou grave doença sem apoio familiar, "esquecidos" em casas e asilos, ou com minorias que sofrem fortes preconceitos, como os Roma. Por fim, no Brasil as pessoas analfabetas (6%) e analfabetas funcionais (19%)[299] são inexoravelmente marginalizadas, ainda que tenham renda acima da linha da pobreza. Um quarto da sociedade encontra-se marginalizado de maneira perene. Em termos gerais, são marginalizadas as pessoas *de facto* excluídas dos processos de comunicação social, enfrentando privações reais e simbólicas. A impossibilidade prática de exercício de muitos direitos fundamentais dos quais se tem a titularidade formal é o critério jurídico da marginalização.

2.2. Fatores da marginalização

As pessoas marginalizadas constituem uma minoria social à qual pertencem, no Brasil, milhões de pessoas, sem que seja possível fazer um cálculo exato em razão do caráter abstrato do critério indicado. A esmagadora maioria das pessoas em situação de pobreza é também margina-

[297] Exemplo: Silva 2010.

[298] Exemplo: Ringelheim 2020.

[299] educa.ibge.gov.br/jovens/conheca-o-brasil/populacao/18317-educacao.html; jornal.usp.br/atualidades/escolas-brasileiras-ainda-formam-analfabetos-funcionais

lizada, sendo a falta de recursos financeiros a principal *causa* da marginalização. Mas, como dissemos, outras causas podem gerar exclusões: idade, deficiência, toxicodependência.

Aqui encontramos a segunda diferença conceitual, logo normativa, entre a pobreza e a marginalização. A pobreza é quase sempre uma condição socialmente imposta pelo fato de alguém ter nascido em família pobre e que raramente poderá superar essa condição com seu trabalho. Bastaria que o recém-nascido fosse adotado por uma família abastada para que essa condição cessasse. Já a marginalização pode estar relacionada com fatores biológicos ou de trajetória de vida que não podem ser enfrentados de maneira, por assim dizer, mecânica, ao aumentar a renda da pessoa. Mas a marginalização compartilha com a pobreza a estabilidade no tempo e no espaço, pois as privações e os estigmas dificilmente podem ser apagados e se transmitem entre gerações.

A Constituição ordena *erradicar* a marginalização, logo *eliminar* essa minoria social: tal como não deve haver mais pobres, não deve haver mais marginalizados no Brasil, proclama o artigo 3º como objetivo fundamental da atuação do Estado. Nisso há diferença crucial com minorias que possuem identidade própria e o constituinte não deseja que sejam extintas por assimilação, mas que ocorra tão somente a eliminação de discriminações devidas a essa identidade. As mulheres negras devem receber tratamento igualitário, sendo absolutamente respeitada sua identidade pessoal/cultural. Já as mulheres marginalizadas devem deixar de existir como categoria social.

2.3. Dever de atuação do Estado e integração social

Os artigos da Constituição acima reproduzidos estabelecem dois comandos. Primeiro, a erradicação da marginalização como objetivo fundamental do Estado. Segundo, a competência de todos os entes da Federação para combater seus "fatores". Lembremos que, em relação à pobreza, @s constituintes referiam-se a causas e não a fatores, mas a variação parece-nos destituída de relevância normativa.

Podemos remeter ao que foi escrito em relação à pobreza (cap. 4, 1.3) dada a identidade do comando constitucional e a forte semelhança dos conceitos de pobreza e de marginalização. Em síntese, a erradicação da marginalização deve ser *substancial*. Devemos identificar e neutralizar fatores relacionados à estrutura econômica e social que, além da pobreza, impõe papéis marginais em razão de preconceitos e processos de exclusão.

A integração social dos marginalizados envolve:

- Políticas que identificam processos de marginalização de pessoas não pobres, como podem ser pessoas com grave dependência química, presos, idosos ou pessoas com problemas de saúde psíquica.
- Políticas que objetivam neutralizar os fatores da marginalização.

Aqui impõe-se uma dupla cautela. A determinação da pobreza e da marginalização decorrem de avaliações quantitativas. Medimos indicadores de acesso a bens essenciais e definimos a pobreza após condensação do quantitativo em qualitativo. A partir de certa linha, X não é apenas mais pobre do que Y e menos pobre do que Z. X passa a pertencer à categoria jurídica dos "pobres", que transforma o quantitativo em qualitativo. Isso também ocorre com a marginalização. Ao oferecer moradia decente e atendimento médico a pessoas em situação de rua é dado um passo decisivo para que elas deixem de ser marginalizadas, mas a Constituição não pretende apenas a melhoria quantitativa, e sim a mudança de patamar. A política de erradicação será exitosa se pessoas antes marginalizadas podem ter acesso *duradouro* a bens e processos dos quais participam os demais.

A segunda cautela diz respeito ao estabelecimento de padrões. Os estudos sobre marginalização usam conceitos como padrão de vida, pessoa média ou participação à coletividade. Esses conceitos avaliam os marginalizados com base na experiência dos "integrados". Isso pode gerar equívocos e até violências conceituais e sociais. No caso do Brasil, medir a população inteira com o padrão dos trabalhadores no setor secundário e terciário nas metrópoles distorce as expectativas e as necessidade de minorias culturais-nacionais como os Roma, os índios, os quilombolas e grande parte da população rural.

O Estado deve oferecer às pessoas marginalizadas prestações materiais e normativas que permitam superar a situação de exclusão no respectivo contexto biográfico, levando em consideração suas necessidades e aspirações. Isso deve ocorrer independentemente de padrões que universalizam experiências de vida e geram hierarquias ideológicas, como ocorre com a distinção entre cidade e campo, trabalho intelectual e trabalho manual.

O dever estatal de promover a integração social, no sentido que atribuímos ao termo, interpretando os mandamentos constitucionais relativos à pobreza, significa levantar *barreiras* de acesso que as pessoas enfrentam. O art. 23 deixa claro que a marginalização pode ser eliminada ao oferecer acesso a processos sociais de comunicação com base na comparação com as pessoas integradas em certa comunidade e situação de vida (critério comparativo mitigado).

O Estado deve fazer isso com políticas públicas (regulamentações "inclusivas" e prestações materiais aos necessitados), assim como incentivando ações de integração social do setor privado mediante incentivos, notadamente fiscais, ou imposições (obrigação das empresas com certo porte de empregar uma porcentagem de desempregados há muito tempo ou de pessoas com deficiência).

3. Redução das desigualdades sociais

> *Art. 3º Constituem objetivos fundamentais da República Federativa do Brasil: [...] III – [...] reduzir as desigualdades sociais.*

> *Art. 170. A ordem econômica, fundada na valorização do trabalho humano e na livre iniciativa, tem por fim assegurar a todos existência digna, conforme os ditames da justiça social, observados os seguintes princípios: [...] VII – redução das desigualdades [...] sociais.*

3.1. Definição

Não há nas Constituições vigentes, assim como não havia nas Constituições do passado, tendência de tematizar as desigualdades sociais como *problema* que impõe atuação estatal. Uma exceção encontra-se nas Constituições dos países socialistas, que incluem a meta de abolir a divisão de classes sociais, ao abolir o sistema capitalista e a exploração a ele imanente.

Entre as mais de duzentas Constituições que vigoram hoje, as desigualdades sociais são tematizadas apenas na Constituição brasileira e na Constituição angolana de 2010 (art. 89, 1, f),[300] que em muitos pontos inspirou-se na brasileira. Essa observação não se entende como crítica

[300] jurisprudencia.tribunalconstitucional.ao/wp-content/uploads/2020/07/Constituição-da-Republica-de-Angola.pdf.

a um suposto "romantismo" ou "hipocrisia" da Constituição brasileira, apenas sinaliza o descompasso entre um mandamento constitucional claro e os projetos das elites capitalistas que pressupõem a desigualdade social. Seja qual for a nossa opinião sobre os grupos dominantes, é fato que a Constituição brasileira introduz uma *contradição* instigante no texto constitucional. Trata-se da contradição entre normas que admitem e concretizam as regras do capitalismo e os mandamentos de igualdade substancial.

Vejamos o significado do comando normativo. A Constituição brasileira considera a desigualdade social de maneira ambivalente. É vista como problema social, sendo necessária a intervenção do Estado, mas em paralelo estabelece-se que o objetivo não é eliminar a desigualdade social, como se previa para a pobreza e a marginalização, mas apenas *reduzir* a distância entre classes.

A explicação jurídica é que @s constituintes consideraram que um mandamento de igualização social afetaria de maneira inaceitável os direitos fundamentais dos grupos mais favorecidos. Medidas drásticas de igualização seriam atentatórias da propriedade e da liberdade econômica, além da lesão reflexa a outros direitos.

A explicação mais abrangente encontra-se na decisão de garantir o sistema capitalista, que inclui em seu código genético as desigualdades sociais. Se o Estado garante o regime capitalista, sua Constituição não pode querer se autoanular, eliminando a regra fundamental de funcionamento do sistema. E ainda que o desejasse, seria condenada à ineficácia social.

A Constituição refere-se duas vezes, com termos idênticos e lacônicos, às "desigualdades sociais", sem determinar suas características ou as causas da desigualdade, das quais dependem os possíveis remédios. Cabe à doutrina indicar esses elementos, utilizando conhecimentos *sociológicos*.

Ponto de partida é que a desigualdade social apresenta aspecto matemático. Ocorre quando há significativa e duradoura diferença de recursos entre grupos sociais, sendo esses recursos principalmente, mas não apenas, econômicos. Tal como dissemos em relação às categorias da pobreza e da marginalização, devem ser estabelecidos temas e critérios para construir índices.

Na ausência de indicações constitucionais, o recurso às ciências sociais é necessário, mas não fácil. Na sociologia da estratificação social, as teorias sobre a criação, a reprodução e as características das classes sociais são múltiplas e contrastantes entre si (Wright 1989).

As teorias qualitativas que definem as classes com base na posição da pessoa no modo de produção (papel de capitalista, assalariado, camponês, pequeno comerciante, etc.) são binárias: ou o modo de produção será modificado, abolindo certas diferenças de classes, ou o capitalismo será mantido, permanecendo cada um em sua posição no sistema produtivo, ainda que com mudanças na renda e nas condições de vida.

A referência constitucional à redução das desigualdades sociais indica que deve ser adotada uma perspectiva *quantitativa* (concordando ou não o intérprete com ela). O que importa para a Constituição é examinar as diferenças de renda entre grupos sociais, com base em índices de desigualdade social, entre os quais o mais conhecido é o Gini. Se um grupo social tem renda média de 1.000 e outro de 10.000, teremos redução da desigualdade social ao diminuir essa distância. Segundo dados do Banco Mundial de 2019 a 2021, a Eslováquia tem índice Gini 23. Logo, as desigualdades sociais são muito mais atenuadas do que no Brasil, cujo índice Gini chega a 49,[301] situando-se constantemente o Brasil entre os 20 países mais desiguais do mundo. Isso ocorre apesar de a estrutura de classes (a situação qualitativa) não ser diferente nos dois países do ponto de vista marcossociológico (regime capitalista, democracia representativa, funções estatais semelhantes).

O dever constitucional de redução das desigualdades sociais é muito mais abrangente do que a eliminação da pobreza e da marginalização. No centro do interesse não está apenas um grupo que se encontra comparativamente na pior posição. Objetiva-se mudar a situação socioeconômica em sua totalidade.

O grupo social com renda mensal de 5.000 reais no Brasil não sofre de relevantes privações, como ocorre com os que ganham 1.000 reais, mas não deixa de ter uma relação de fortíssima desigualdade com os de renda média de 50.000 reais, em termos econômicos e, consequentemente, de poder político. A redução das desigualdades implica modificar todas essas relações, operando um certo nivelamento da curva.

[301] https://data.worldbank.org/indicator/SI.POV.GINI?most_recent_value_desc=false.

Se na posição inicial temos grupos com renda de 1.000, 5.000 e 50.000, na posição atingida após um programa de redução das desigualdades esses valores seriam, digamos, 2.000 (aumento de 100%), 7.500 (aumento de 25%), e 25.000 (diminuição de 50%).

A desigualdade continua forte, mas ocorreu aproximação com perdas e ganhos vagamente proporcionais à intensidade do privilégio e da desvantagem de cada grupo social. Uma tal mudança teria como consequência atenuar os conflitos sociais e, como resultado final, *melhorar a qualidade de vida e da participação democrática.* Com base nisso, podemos formular mais uma proposta de transformação social que conte com o dever de atuação do Estado.

> *OFE3 É objetivo fundamental do Estado brasileiro e da atuação econômica dos particulares reduzir as desigualdades sociais.*

3.2. Dever de atuação do Estado

Para reduzir as desigualdades sociais, o Estado tem o dever de elaborar programas de ação social. Reiterando o que foi dito em relação às demais metas de transformação, existe um amplo poder discricionário sobre a natureza e a intensidade desses programas. Algumas formas de atuação são tradicionais (Schapiro 2016: 318-319) e, a nosso ver, necessárias:

- Reformas da fiscalidade, com o Estado tributando mais intensamente os ricos. No Brasil, a Constituição Federal inclui normas orientadoras, como a obrigação geral de tributar conforme a capacidade financeira de cada um (art. 145, § 1º) e a previsão de tributar intensamente as grandes fortunas (art. 153, VII) e as grandes propriedades rurais (art. 153, § 4º, I).
- Tratamento das grandes propriedades de maneira que desencoraje a concentração, incluindo medidas de desapropriação. Na Constituição de 1988 encontramos elementos nesse sentido, como a cláusula da função social da propriedade (art. 5º, XXIII), *per se* pouco operante, e as normas que procuram restringir a grande propriedade rural (art. 186).
- Melhora da remuneração dos assalariados, que envolve incentivos políticos e econômicos para aumento de salários também no setor privado, atendendo ao comando da valorização e do "primado" do trabalho humano (arts. 170, *caput*, e 193, *caput*).

- Fortalecimento das políticas sociais que objetivam suprir necessidades dos grupos social e economicamente marginalizados, diminuindo a desigualdade social, conforme indica a garantia constitucional dos direitos sociais de maneira detalhada no Título VII da Constituição, que regulamenta a "ordem social".

Sobre essas propostas, há extensa bibliografia na qual se discutem as formas de elaboração das respectivas políticas públicas, seu custo e seus prováveis benefícios. Há também críticas por parte de quem apoia as forças políticas que levaram o Brasil a uma situação de anomia constitucional, seguindo políticas de redução do orçamento, logo do papel do Estado.

Optamos por não discutir essa bibliografia, pois as nossas propostas não decorrem de esquemas teóricos ou pesquisas empíricas. Decorrem apenas da Constituição vigente, que estabelece metas de transformação social. O que parece ser uma espécie de programa político da esquerda moderada, na verdade é a fiel tradução do programa constitucional que vincula, independentemente de sua fundamentação teórica e empírica.

Indo além da normatividade constitucional vigente, podemos dizer que o estudo de experiências estrangeiras e de propostas de reformas institucionais possibilita encontrar uma ampla gama de medidas que permitiriam configurar sociedades mais equilibradas. São concepções que correspondem ao *programa político da socialdemocracia europeia* (mudanças estruturais consensuais e guiadas pelo direito, sem maiores conflitos e com efetiva e duradoura melhoria da situação das classes populares). Seu estudo é fundamental, pois corresponde ao programa que a Constituição Federal de 1988 adotou. Os constituintes não pretendem mudar a estrutura social, o regime capitalista ou a democracia representativa. Determinam que o Estado realize mudanças *na* estrutura social, seguindo o art. 3º do texto constitucional, expressão do imperativo de transformação social parcial.[302]

4. Redução das desigualdades regionais

> *Art. 3º Constituem objetivos fundamentais da República Federativa do Brasil: [...] III – [...] reduzir as desigualdades regionais.*

[302] Referências e ampla bibliografia em Bello *et al.* 2019.

4.1. Definição

As desigualdades regionais são um fato empiricamente constatável no Brasil, havendo em particular uma clara e persistente linha que separa o Norte e o Nordeste das demais regiões em termos de renda e de desenvolvimento social. Constata um estudo empírico:

> O subconjunto Resto do País apresenta renda mais do que duas vezes superior à do subconjunto Norte/Nordeste. Quando ponderada pela população, essa diferença sobe para aproximadamente cinco vezes. (Figueiredo e Porto Jr. 2015: 202)

Não apenas temos uma fortíssima desigualdade como também se trata de um fenômeno que se reproduz no tempo e parece não ter fim:

> não há evidência significativa de uma real aproximação entre as regiões Norte/Nordeste e o Restante do País, e, se refizermos a análise e consideramos a relação entre a região Nordeste e a região Sudeste, por exemplo, o abismo em relação à renda per capita aumenta exponencialmente, revelando um quadro nítido de não existência de convergência e de polarização. (Figueiredo e Porto Jr. 2015: 205)

A Constituição de 1988, aqui também inovando em termos de direito comparado, constata esse fenômeno, transforma-o em *problema jurídico* e determina como um dos objetivos do Estado a redução das desigualdades. O que diferencia esse objetivo dos anteriores é a inexistência de grupo minoritário. Conforme constatamos, podemos ter uma ideia clara de quem é pobre, marginalizado ou explorado, havendo métricas para tanto. As pessoas vulneráveis tornam-se visíveis, devendo ser beneficiárias das respectivas políticas de eliminação de fenômenos extremos (pobreza, marginalização) e de redução das desigualdades.

De maneira diversa, a referência a desigualdades regionais apresenta aspecto geográfico vago, que torna impossível identificar nominalmente as vítimas da desigualdade, as quais seriam também beneficiárias de certas políticas. Nas regiões de baixo desenvolvimento há grupos privilegiados, "ilhas" de desenvolvimento econômico e centros de excelência. Habitar uma região de baixo desenvolvimento comparativo não exclui que certas pessoas sejam parte da classe dominante, gozem de privilégios e tenham acesso a bens e serviços típicos das elites nacionais.

Inversamente, nas metrópoles do Sudeste vivem milhões de pobres e marginalizados. O fato, por exemplo, de a renda *per capita* no bairro dos Jardins em São Paulo ser equiparável à de países da União Europeia não impede que milhares vivam nesse bairro em situação de rua ou ocupem moradias insalubres.

Assim sendo, inexiste um grupo minoritário. Há tão somente regiões de baixo desenvolvimento nas quais vivem pessoas de variada renda e posição social. Feitas a comparação e a classificação das regiões com base nos ideais de equilíbrio e de solidariedade federativas, cria-se um *foco de atenção constitucional*, ou uma *zona de urgência*.

Nessas zonas há maior probabilidade estatística de existência de grupos pobres, marginalizados e de vítimas da forte desigualdade social. Além de políticas para enfrentar esses problemas sobrepostos, são necessárias ações geograficamente determinadas para desenvolver as regiões prejudicadas, melhorando a infraestrutura, os serviços públicos e a atividade econômica (produção e emprego), em uma ação global que beneficie a totalidade da respectiva população.

Para identificar as zonas de urgência que devem se beneficiar do tratamento previsto no art. 3º, III, há critérios quantitativos como a renda *per capita* de cada região, os índices de produção industrial e de serviços, o avanço tecnológico, a qualidade de vida. Esses critérios, por mais que levem em consideração aspectos de qualidade de vida, como o acesso à educação, às estruturas de lazer, à situação ambiental e à oferta cultural, são de natureza fundamentalmente econômica, indicando a relação entre o desenvolvimento de várias regiões do país. Não se trata de diagnosticar a situação do estado do Maranhão, e sim de examinar qual a relação entre o desenvolvimento do Maranhão e o nível atingido nos Estados mais privilegiados. Sendo constatada relevante desigualdade regional, devem ser aplicadas políticas federais, visando à redução dessas desigualdades.

A Constituição adotou uma visão pragmática, impondo apenas a *redução* das desigualdades, e não a sua extinção. A esse respeito, devemos reiterar o que foi dito em relação à redução das desigualdades sociais (cap. 4, 3.1).

As desigualdades regionais se relacionam basicamente com causas sociais de raiz histórica que geraram desigualdades no desenvolvimento. As desigualdades de cunho geográfico apresentam *complexidade* por duas razões: sendo resultado da evolução histórica que criou estruturas políticas e econômicas, não é fácil erradicá-las. Não se trata apenas de atuar pontualmente, apoiando certos grupos sociais, como ocorre com a pobreza e a marginalização. O objetivo é executar a hercúlea tarefa de mudar as estruturas de certa região, assim como as formas de atuação do poder central.

Em paralelo, temos a multiplicidade dos atores que devem atuar. Um país pequeno e centralizado com tradição de planejamento pode enfrentar patologias sociais que geram desigualdades regionais com facilidade e eficiência. Isso tampouco pode ocorrer na polifonia institucional brasileira, com seus conflitos de interesses e processos de negociação e tramitação demorados. Uma Federação com a extensão, a densidade populacional e a complexidade do Brasil dificulta a tarefa de mudar o panorama regional. Essa é a principal explicação da persistência da desigualdade regional, mesmo não sendo uma justificativa constitucionalmente aceita.

4.2. Dever de atuação do Estado

> *OFE4 É objetivo fundamental do Estado brasileiro* e da atuação econômica dos particulares *reduzir as desigualdades regionais.*

O que se exige é a redução das desigualdades com base em um comando normativo que a Constituição formula quatro vezes. A redução é objetivo fundamental da República (art. 3º, III), é competência comum dos entes da Federação (art. 23), impõe a atuação administrativa da União em regiões menos desenvolvidas (art. 43),[303] além de constituir um dos "princípios" da atividade econômica (art. 170, VII).

Essas normas indicam a *duplicidade* do dever de atuação do Estado. Por um lado, a realização de prestações materiais e normativas diretas a agentes econômicos. Por outro, o direcionamento da economia privada, com incentivos e proibições que objetivam reduzir as desigualdades.

Conceito-chave para compreender e implementar esse objetivo é o desenvolvimento social. O Estado não deve apenas incentivar e consoli-

[303] Art. 43. Para efeitos administrativos, a União poderá articular sua ação em um mesmo complexo geoeconômico e social, visando a seu desenvolvimento e à redução das desigualdades regionais.

dar mecanismos de geração de riqueza – bens e serviços de quantidade e qualidade sempre maior –, mas criar um contexto-conjunto institucional que permita a apropriação dessas riquezas de maneira mais equilibrada. Os estudos constitucionais destacam os seguintes elementos:[304]

a. Os dados que mostram as diferenças no desenvolvimento tanto macroscopicamente como em relação a microrregiões ou cidades são cruciais. O intérprete do direito e quem elabora políticas econômicas deve possuir indicadores quantitativos que guiarão sua ação, desde os mais simples (renda *per capita*) até os mais complexos, como os índices de qualidade de vida, de acesso a serviços públicos, a evolução dos investimentos, a remuneração do trabalho e dos desempregados.

b. Por mais que a Constituição de 1988 tenha sido a primeira a problematizar juridicamente a questão, as desigualdades regionais encontram-se no centro das preocupações políticas brasileiras desde os anos 1920. Isso mostra a necessidade e utilidade de uma *historização* da questão.[305] O estudo de experiências do passado, dos casos de êxito ou de fracasso, permite pensar o desenvolvimento não no modelo do cientista que se depara com um problema novo; trata-se de continuar os esforços, aprendendo com a experiência institucional acumulada, por exemplo, com as políticas de investimentos estatais em regiões mais pobres, envolvendo a criação de bancos "de desenvolvimento".

c. Mencionamos o problema de polifonia institucional e a complexidade da realidade brasileira, que torna a questão do desenvolvimento fundamentalmente diferente e muito mais difícil do que em países pequenos e centralizados. Além disso, o termo "desenvolvimento social" inclui variados conceitos de desenvolvimento, com múltiplas combinações de atuação do setor público e das empresas privadas e com variadas formas de investimentos, incentivos e regulação da economia. Os debates entre economistas indicam que, para atender esse objetivo, as autoridades estatais não têm uma tarefa bem delimitada, como no combate à pobreza. Devem escolher certos modelos, experimentar e corrigir.

304 Bercovici 2005: 87-116. Com maior detalhamento, Bercovici 2003. Ver também Logroscino 2008. A classificação dos elementos é nossa.

305 Bercovici (2003) com ampla bibliografia, notadamente com análise das obras de Celso Furtado.

Isso está relacionado ao risco de falhas na implementação, algo recorrente na história econômica brasileira do século XX, caracterizada pelo tímido planejamento regional, pela falta de pensamento estratégico, pela preferência por incentivos pontuais a empresas e pela carência de recursos estatais.

Um outro risco está relacionado a "apostas" que se revelam equivocadas, como a confiança em estruturas burocráticas ou nas boas intenções de capitalistas que recebem incentivos e empréstimos, pouco se preocupando com sua destinação oficial ao combate das desigualdades.

Essas indicações não resolvem, evidentemente, o problema, nem mesmo apontam para uma direção clara, mas mostram que há *bases teóricas e históricas para perseguir o objetivo da redução das desigualdades regionais* que foi abandonado nos últimos anos, e que o caminho é incerto, dependendo da vontade política e do acerto das escolhas.

5. Consequências jurídicas em caso de omissões estatais na política de enfrentamento da pobreza, da marginalização, das desigualdades sociais e das desigualdades regionais

5.1. Natureza jurídica dos objetivos estatais: baixa densidade normativa e "matematicidade" da constatação de seu descumprimento

Ao examinar as consequências do descumprimento das quatro metas de transformação social do art. 3º, III, deve ser feita uma delimitação. Os objetivos fundamentais do Estado não proclamam direitos fundamentais de certos sujeitos. Dada a formulação da norma, ninguém possui direito individual à redução da desigualdade social. A Constituição não diz "as classes populares têm direito à redução da desigualdade" como diz "todos têm direito à saúde". A Constituição estabelece um dever do Estado de atuar sem correspondente direito subjetivo. Isso gera uma situação jurídica marcada pela *indeterminação*. É uma situação unilateral semelhante à que a doutrina alemã analisa ao se referir às "determinações de metas estatais" (*Staatszielbestimmungen*) na Lei Fundamental alemã (Kloepfer 2010: 15). A inexistência de direito fundamental impossibilita que um indivíduo acione judicialmente o Estado em relação ao cumprimento desses objetivos, por mais que possa comprovar que sua situação não melhorou.

A segunda característica das normas que fixam objetivos fundamentais é a abstração. Não descrevem uma conduta nem estabelecem obrigação ou proibição concreta. Só indicam metas que as autoridades estatais devem perseguir. São as normas que a doutrina brasileira analisa como *programáticas*, pois não detalham os meios necessários nem a intensidade do esforço que deve fazer o destinatário (Ferrari 2001: 153-240). Estabelecem apenas uma norma de obrigação abstrata com a estrutura:

> O destinatário X é *obrigado* a utilizar meios adequados para alcançar a finalidade Y.

Na Constituição de 1988 há muitas normas dessa natureza. Entre outros exemplos, os direitos sociais apresentam cunho programático por utilizar determinações vagas dos meios: garantir a saúde não é algo que indica quais medidas devem ser tomadas, com qual frequência e com quais critérios da avaliação. Um pronto-socorro promove a saúde dos usuários, mas não se pode dizer qual é o nível dos indicadores de um serviço adequado em termos de infraestrutura, pessoal especializado, cobertura territorial ou atualização científica e tecnológica. Não sabemos qual pronto-socorro implementa adequadamente o direito à saúde, porque o direito à saúde é relativamente indeterminado, ao contrário de um dispositivo dizendo que tod@s têm direito a um exame de sangue por ano.

Retomando a observação anterior, a situação é ainda mais vaga nos objetivos fundamentais se forem comparados com direitos fundamentais sociais, como o direito à saúde. Esses direitos, por mais que sejam indeterminados em seu conteúdo (quais prestações são devidas aos titulares do direito à saúde), criam pretensões individuais, permitindo um processo de implementação relativamente seguro, com demandas administrativas e eventual judicialização.

Já nos objetivos fundamentais nos deparamos com o amplíssimo poder discricionário das autoridades estatais em relação à conveniência de certas medidas que permitiriam atingir o fim estabelecido. Isso acrescenta à norma que cria o objetivo fundamental um componente de *permissão* implícito. A autoridade estatal não é apenas obrigada a perseguir os fins do art. 3º, III, da Constituição, mas lhe é também permitido escolher os meios que concretizarão esse fim. Cabe a ela escolher, conforme juízo discricionário censurável apenas em casos de inércia ou patente inadequação.

O terceiro elemento é a existência de discricionariedade em relação aos fins. Neste capítulo, procuramos oferecer elementos empíricos e argumentativos para determinar as quatro finalidades do art. 3º da Constituição. Mesmo assim, as finalidades permanecem abstratas na definição do objetivo (o que é "pobreza" ou "desigualdade social"), assim como na determinação dos parâmetros que indicam se a meta foi atingida (a partir de que ponto e com quais critérios constata-se a eliminação ou redução desses problemas sociais).

A indeterminação de meios e fins indica que a formulação geral da norma programática apresenta duas formas adicionais que expressam normas permissivas:

> Ao destinatário X é permitido concretizar a finalidade Y.
> Ao destinatário X é permitido decidir quais meios são adequados para alcançar a finalidade Y.

Combinando as três fórmulas que compõem as normas programáticas, podemos dizer que os dispositivos que estabelecem objetivos fundamentais no art. 3º, III, são configurados como normas de obrigação e de permissão:

> *OFE5 Os objetivos fundamentais possuem a forma: O destinatário X tem a obrigação de utilizar meios adequados para alcançar a finalidade Y, sendo a ele permitido concretizar essa finalidade e decidir quais meios são adequados para que seja alcançada.*

Essas características das normas programáticas podem ser analisadas com base no conceito da *densidade normativa*: "É a medida na qual os conceitos gerais e abstratos que compõem a norma possuem a capacidade de conformar a dimensão concreta e individual do caso específico que regulamentam".[306] Maior a densidade normativa, menor o poder discricionário do aplicador e o número de dúvidas interpretativas – e vice-versa.

306 Moor 2005: 29; Dimoulis (2018: 155-165), com ulterior bibliografia.

Pensando na textura de um filtro, podemos dizer que as normas de baixa densidade normativa, como são os objetivos fundamentais, são mais porosas e de menor espessura. Admitem várias decisões de concretização. A mensagem normativa é de baixa intensidade: normas inferiores concretizam as superiores com ampla discricionariedade.

Contudo, a baixa densidade normativa não é sinônimo da arbitrariedade e muito menos oferece desculpas pela inércia. Por mais que um comando seja abstrato, possui um núcleo normativo. A autoridade competente deve atendê-lo, sendo obrigada a justificar ações e omissões. Ainda que não se saiba o que significa reduzir as desigualdades sociais, pode-se responsabilizar a autoridade governamental que durante anos nada fez para tanto ou limitou-se a gravar uma mensagem de Natal, desejando felicidade aos necessitados.

Uma importante contrapartida da baixa densidade normativa dos objetivos fundamentais do art. 3º, III, é a clareza com a qual descrevem sua meta. Não é possível dizer a partir de que ponto é atingida a meta de redução das desigualdades, por ser essa meta quantitativa e vaga, mas o estudo dos indicadores sociais possibilita constatar o que foi feito ou omitido. Ao perceber que os níveis de pobreza são mantidos ou aumentam, há *descumprimento* da meta, independentemente das explicações que possam ser dadas em termos técnicos.

É isso que denominamos *matematicidade* dos objetivos fundamentais. Por mais que haja discricionariedade em relação à concretização dos fins e à escolha dos meios, os dados estatísticos indicam se a meta foi atingida ou as melhorias alcançadas, por exemplo, com significativa redução da pobreza.

A clareza matemática permite expressar em simples gráficos a evolução, no tempo, da pobreza, da marginalização, das desigualdades sociais e das regionais. Tais constatações de fatos dão força peculiar aos comandos do art. 3º, III. Se nada ou pouco foi feito, há violação do mandamento constitucional. A norma não impõe apenas envidar esforços e implementar políticas, mas exige *resultados*.

A matematicidade das metas é um ponto surpreendentemente forte em comparação com os direitos de liberdade tradicionalmente considerados mais "fortes" para o titular e mais cogentes para o Estado. No micronível, é fácil constatar a violação da liberdade de expressão de uma pessoa e impossível dizer se o fato de uma pessoa ser pobre descumpre o OFE1. Entretanto, no macronível das pesquisas empíricas de cunho estatístico é muito fácil constatar o cumprimento do OFE1.

Isso é digno de nota, levando em consideração a impossibilidade de dizer se a liberdade de expressão é respeitada, por faltarem índices quantitativos para tanto e, principalmente, porque as violações não podem ser quantificadas. Se um jornal reclamar de um ato de censura, a defesa do Estado não pode dizer que milhares de outros artigos do jornal não foram censurados. A violação não é de ordem quantitativa. Ocorre sem possibilidade de ser compensada pela livre expressão na esmagadora maioria dos casos. Já os objetivos do art. 3º, III, permitem uma quantificação que mostra se houve violação no macronível. Esse é o ponto forte dos objetivos fundamentais, muitas vezes encoberto pela constatação – *per se* correta – da ampla discricionariedade do Estado.

Esse é o argumento decisivo a favor da tese que os objetivos fundamentais "possuem caráter obrigatório com vinculação imperativa para todos os poderes públicos", configurando "verdadeiro programa de ação e de legislação" (Bercovici 2005: 105, 110; cf. Morais 2018: 132-133; Moreira 2020: 52).

5.2. Consequências jurídicas da violação de objetivos fundamentais

O não atendimento dos objetivos fundamentais em razão da inércia ou da atuação inadequada ou insuficiente das autoridades estatais tem como primeira consequência a *ineficácia social* do comando constitucional. Normas que, como dissemos, são vinculantes, ainda que de maneira peculiar, são violadas por autoridades estatais. O projeto transformativo da Constituição fracassa. É o que ocorre nos últimos anos no Brasil, como constatam juristas das minorias sociais, norteados pelo ideário transformador da Constituição:

> De um ponto de vista crítico e comprometido com a democracia e a igualdade materiais, cumpre asseverar que a principal questão das normas constitucionais no Brasil não é de efetividade, mas de seletividade. [Isso gera uma] dualidade entre as poderosas prerrogativas de quem já dispõe das vantagens materiais e imateriais de uma sociedade de consumo, e a fraca normatividade para quem pouco ou nada tem. (Bello *et al.*, 2019: 1796, 1792)

É o fenômeno que, em textos em coautoria com Soraya Lunardi, denominamos *eficácia seletiva* da Constituição de 1988. A eficácia seletiva segue a linha divisória entre dominados e dominantes, acentuando as diferenças sociais. Os direitos de liberdade, de propriedade e os políticos, que *grosso modo* correspondem aos interesses das camadas sociais dominantes, estão sendo respeitados, apresentando alto grau de eficácia social. Já os direitos sociais, completados e dinamizados pelos objetivos fundamentais do art. 3º, III, da Constituição, são objeto de violações constantes e deliberadas com "justificativas" como a "crise econômica" ou o "irrealismo" do projeto da Constituição.[307]

Tais escusas, prontamente abraçadas pelos Tribunais, não são, evidentemente, satisfatórias. Isso não é dito apenas em termos políticos em vista do fato que as "crises" aumentam a riqueza dos ricos e fazem crescer a desigualdade social.[308] É dito do ponto de vista jurídico, pois inverte-se a sequência hierárquica entre o poder constituinte e os poderes constituídos. Quando uma autoridade estatal diz que não pretende cumprir a Constituição porque há crise financeira e os tribunais concordam, citando notícias de jornal e artigos de economistas governistas,[309] temos clara violação da Constituição.

[307] Dimoulis e Lunardi 2016 e 2018; Lunardi e Dimoulis 2023. Cf. Pessoa 2019: 70-77; Bello *et al.* 2019. Alday (2016: 13) constata a "escasa atención que merece el *rule of law* cuando se trata de ajustar las normas jurídicas en favor de los capitales financieros y las grandes corporaciones. Estos no dudan en hacer cambiar las normas constitucionales de los Estados en favor de sus intereses oligopólicos y en detrimento de los derechos fundamentales de la ciudadanía, sin respetar principios tradicionales del constitucionalismo democrático como la soberanía popular, la participación ciudadana en la toma de decisiones que afecten a lo público o la protección de los derechos sociales".

[308] Souza 2018: 222-241. Sobre o aumento da desigualdade social nos últimos anos no Brasil, cf. as pesquisas da FGV noticiadas em: portal.fgv.br/noticias/desigualdade-rendabrasil-bate-recorde-aponta-levantamento-fgv-ibre; portal.fgv.br/noticias/pobreza-e-desigualdade-aumentaram-ultimos-4-anos-brasil-revela-estudo?utm_source=portal-fgv&utm_medium=fgvnoticias&utm_campaign=fgvnoticias-2019-05-22.

[309] Exemplos de convalidação judicial de descumprimentos da Constituição com alegações de "crise econômica" no STF: *Ação Civil Originária 2.972*, decisão da Min. Cármen Lúcia, julg. 2-1-2017; *Medida cautelar na Arguição de descumprimento de preceito fundamental 405*, rel. Min. Rosa Weber, julg. 14-6-2017; *Ação direta de inconstitucionalidade 5.735 e apensadas*, rel. Min. Gilmar Mendes, julg, 16-6-2020. É muito maior o número de casos nos quais decisões legislativas e executivas que contrariam a Constituição são convalidadas mediante o silêncio do STF. Valendo-se de argumentos processuais e da construção seletiva da pauta, o tribunal não decide sobre o mérito (Lunardi e Dimoulis 2021).

Valendo-se dos conceitos da sociologia jurídica, podemos examinar a ineficácia social das normas jurídicas em sua *dupla* dimensão (Sabadell 2005: 63-65, 198-213). Em primeiro lugar, a denominada eficácia do preceito, constatando se os destinatários da norma cumprem o mandamento. Nesse sentido, o Legislativo e o Executivo nos governos Michel Temer e Jair Bolsonaro violaram o art. 3º da Constituição de maneira constante, como evidencia o resultado estatístico do forte aumento da pobreza.

A situação é diferente no que diz respeito ao segundo aspecto da ineficácia social, que consiste na ineficácia da sanção. Há ineficácia da norma se as autoridades estatais não aplicarem as sanções previstas.

Enquanto motoristas que infringem regras do trânsito são rotineiramente sancionados, nada acontece com governantes que ignoram os objetivos fundamentais do Estado, sendo esses últimos rebaixados a meras sugestões políticas.

A partir desse momento, o problema da ineficácia social transforma-se em questão *jurídica*, devendo ser examinadas as possíveis sanções. A abstração das normas programáticas aumenta os poderes discricionários da autoridade competente, em particular dos legisladores chamados a concretizar as metas mediante programas de ação. Disso decorre a limitação das possibilidades de controle.[310] Ora, se a responsabilização dos governantes não tem a automaticidade do sancionamento de motoristas faltosos, há formas de responsabilização, isto é, meios jurídicos para garantir a eficácia social secundária das normas programáticas. Indicamos quatro formas de responsabilização.

a. *Responsabilidade política.* As vítimas da pobreza, da marginalização e das desigualdades sociais e regionais constituem a esmagadora maioria da população brasileira, logo também do eleitorado (cap. 8, 1). Governos e legisladores que não tratam adequadamente esses problemas deveriam ser derrotados nas próximas eleições. É a garantia política de cumprimento das metas. Esse é o raciocínio constitucional que impõe eleições periódicas para que os governantes que não tutelam os interesses da maioria ("governo para o povo") sejam afastados por decisão popular ("governo pelo povo").

A experiência das denominadas democracias liberais mostra que isso raramente ocorre. Isso acrescenta uma nota de pessimismo à principal

310 Schapiro (2016), com ampla bibliografia.

garantia de cumprimento dos objetivos fundamentais da Constituição. Mas não é motivo para que não seja cobrada a conscientização do eleitorado, deixando claro que os governos constitucionais violam constantemente seus deveres.

b. *Controles democráticos.* A Constituição e as leis que organizam a administração pública estabelecem múltiplas formas de controle das decisões discricionárias. Trata-se dos mecanismos de *accountability* dos agentes públicos que fiscalizam não somente a legalidade e a probidade, mas também o mérito das decisões, sendo esses mecanismos objeto de ampla produção doutrinária de direito material e processual.[311]

c. *Crimes de responsabilidade política.* As Constituições brasileiras, tanto a federal como as estaduais, estabelecem mecanismos de responsabilização da cúpula do Executivo e do Judiciário em caso de crime de responsabilidade. A sanção principal, como indica o termo *impeachment*, é a perda do cargo. Os crimes de responsabilidade tipificam condutas que constituem *violação da Constituição.*[312]

Utilizando como texto de referência a Lei Federal n. 1.079, de 1950, que regulamenta os crimes de responsabilidade, as omissões flagrantes em atingir os objetivos do art. 3º, III, da Constituição podem ser sancionadas com base no art. 7º, n. 9, da Lei: "violar patentemente qualquer direito ou garantia individual constante do art. 141 e bem assim os direitos sociais assegurados no artigo 157 da Constituição". A lei refere-se aos artigos sobre direitos fundamentais da Constituição de 1946, mas não há dúvida que abrange os direitos fundamentais de liberdade e os sociais previstos na Constituição de 1988.

Assim sendo, a queixa deve indicar: a) por que a omissão em relação aos objetivos fundamentais teve como consequência a violação de direitos de grupos que deveriam ser favorecidos por prestações estatais, normativas e materiais; b) por que a ausência de tais prestações afetou o exercício de direitos fundamentais, por exemplo, a possibilidade de

[311] Sobre as formas e os problemas de eficiência da responsabilização do Estado no campo das políticas públicas, cf. Mainwaring e Welna (orgs.) 2003; Arantes *et al.* 2010; Loureiro *et al.* 2012; Schapiro 2016: 320-337.

[312] Art. 85, *caput*, da Constituição Federal: "São crimes de responsabilidade os atos do Presidente da República que atentem contra a Constituição Federal".

exercer adequadamente o direito à saúde ou à educação em razão da situação de pobreza do titular ou do subdesenvolvimento de sua região.

Requisito realista dessa forma de responsabilização é a formação de maioria parlamentar disposta a discutir publicamente e a sancionar omissões governamentais.[313] Isso indica a dificuldade prática em operacionalizar esse controle, mas além de ser uma forma de responsabilidade e um importante indício do caráter vinculante dos objetivos fundamentais do Estado, constitui arma jurídica nas mãos da oposição parlamentar para exigir o cumprimento do programa constitucional.

d. *Inconstitucionalidade por omissão.* A Constituição Federal estabelece a possibilidade de as omissões estatais serem objeto de declaração de inconstitucionalidade. Isso ocorre mediante a Ação direta de inconstitucionalidade por omissão. Seu objeto é determinado com a cláusula: "omissão de medida para tornar efetiva norma constitucional" (art. 103, § 2º, da Constituição). A Lei n. 9.868 refere-se "ao cumprimento do dever constitucional de legislar" e à "adoção de providência de índole administrativa" (art. 12-B, I).[314]

Isso significa que para o conhecimento da ação não é necessária a lesão de direito fundamental nem a comprovação de sua titularidade. Tampouco é necessária falta de lei, podendo-se referir a omissão inconstitucional à falta de qualquer medida estatal. Mas, via de regra, será questionada a ausência de norma legislativa, por ser o Legislativo a autoridade que tem o dever primário de regulamentação.

O "dever constitucional de legislar" é dado pelo estabelecimento dos objetivos fundamentais do art. 3º, III, da Constituição, ocorrendo inconstitucionalidade em caso de inércia estatal. Os efeitos desse tipo de declaração de inconstitucionalidade não possuem grande alcance.

313 A doutrina nacional dedicou milhares de páginas e infinitos debates ao suposto problema de saber se o *impeachment* é de natureza política ou jurídica, ou algo entre os dois. A resposta é simplesmente que se trata de um procedimento juridicamente regulado e submetido a estritos limites de legalidade. Justamente essa regulamentação jurídica estabeleceu como elemento central a formação de uma maioria parlamentar. Isso é questão fática de natureza política, como ocorre com a aprovação de qualquer medida legislativa ou a eleição de qualquer representante popular.

314 Análise, jurisprudência e bibliografia em Dimoulis e Lunardi 2020: 148-167. Remédio constitucional muito parecido nos requisitos e nos efeitos é o Mandado de Injunção (Dimoulis e Lunardi 2020: 431-437).

O tribunal deve "dar ciência" da omissão ao poder competente para que ele adote as medidas necessárias para suprir a omissão (art. 103, § 2º, da Constituição e art. 12-H, *caput*, da Lei n. 9.868). A "ciência" pode ser ignorada pelo destinatário, como muitas vezes ocorre na experiência institucional. Não há, no sistema jurídico brasileiro, forma de execução de decisões que constatem inconstitucionalidade por omissão. Ainda que o Judiciário estabeleça prazos, eles podem ser descumpridos e eventuais multas não intimidarão os legisladores, sendo pagas com recursos de orçamentos públicos.

Uma garantia indireta é a pressão política que pode ser exercida se a opinião pública se sensibilizar após a decisão judicial. Além disso, as autoridades legislativas e executivas que descumprem mandamento de atuação estabelecido por decisão judicial violam seus deveres funcionais, podendo ser responsabilizadas por isso.

Em termos institucionais, a relativa ineficácia da Ação de inconstitucionalidade por omissão deve-se à preocupação constitucional em não substituir a decisão política do legislador pelo subjetivismo voluntarista dos julgadores. Essa delimitação de espaços tem como consequência o enfraquecimento das intervenções judiciais, mesmo quando é clara a inércia dos demais poderes.

Referências

ALDAY, Rafael Escudero. La anomia constitucional (o cómo la realidad ha acabado por desmontar el constitucionalismo). 2016. http://iusfilosofiamundolatino.ua.es/download/Escudero Rafael La anomia constitucional.pdf.

ALVES, Hayda; ESCOREL, Sarah. Massa marginal na América Latina: mudanças na conceituação e enfrentamento da pobreza 40 anos após uma teoria. *Physis: Revista de Saúde Coletiva*, v. 22, 2012: 99-115.

AMPARO, Thiago de Souza. *Harming Constitutional Change*. The Role of Countermovements in Constitutional Equality Litigation. Ph. D. Thesis. Budapest: Central European University, 2018.

ARANTES, Rogério *et al.* Controles democráticos sobre a administração pública no Brasil: Legislativo, Tribunais de Contas, Judiciário e Ministério Público. *In:* LOUREIRO, Maria Rita *et al.* (orgs.). *Burocracia e política no Brasil*. Rio de Janeiro: Editora FGV, 2010: 109-147.

BELLO, Enzo; BERCOVICI, Gilberto; LIMA, Martonio Mont'Alverne Barreto. O fim das ilusões constitucionais de 1988? *Direito e Práxis*, v. 10, n. 3, 2019: 1769-1811.

Bercovici, Gilberto. *Desigualdades regionais, Estado e Constituição*. São Paulo: Max Limonad, 2003.

Bercovici, Gilberto. *Constituição econômica e desenvolvimento*. São Paulo: Malheiros, 2005.

Bercovici, Gilberto. A Constituição de 1988 e o desenvolvimento regional no Brasil. *Revista brasileira de estudos constitucionais*, v. 8, 2008: 37-54.

Bercovici, Gilberto; Massonetto, Luis Fernando. A Constituição dirigente invertida. A blindagem da Constituição financeira e a agonia da Constituição econômica. *Revista de Direito Público*, v. 45, 2004: 79-89.

Brecht, Bertolt. *Arbeitsjournal*, v. II. Frankfurt: Suhrkamp, 1973.

Castel, Robert. La dynamique des processus de marginalisation. De la vulnérabilité à la désaffiliation, *Cahiers de Recherche Sociologique*, n. 22, 1994: 11-27.

Dimoulis, Dimitri. *Positivismo jurídico*. Porto Alegre: Livraria do Advogado, 2018.

Dimoulis, Dimitri; Lunardi, Soraya. Dimensões da constitucionalização das políticas públicas. *Revista de Direito Administrativo*, v. 276, 2016: 237-267.

Dimoulis, Dimitri; Lunardi, Soraya. Transformações do Estado e da Constituição brasileira na conjuntura da "crise econômica". *In:* Bolonha, Carlos *et al.* (org.). *30 anos da Constituição de 1988*. Belo Horizonte: Fórum, 2018: 207-222.

Dimoulis, Dimitri; Lunardi, Soraya. *Curso de processo constitucional*. São Paulo: Revista dos Tribunais, 2020.

Ferrari, Regina Maria Macedo Nery. *Normas constitucionais programáticas*. São Paulo: Revista dos Tribunais, 2001.

Figueiredo, Erik; Porto Junior, Sabino. Persistência das desigualdades regionais no Brasil: polarização e divergência. *Nova Economia*, v. 25, n. 1, 2015: 195-208.

Gerhards, Jürgen; Lengfeld, Holger. *European Citizenship and Social Integration in the European Union*. London: Routledge, 2015.

Kloepfer, Michael. *Verfassungsrecht*. Grundrechte. München: Beck, 2010.

Logroscino, Pierdomenico. A questão estrutural da desigualdade entre territórios e a intervenção do poder público para o reequilíbrio do Brasil. *Revista Brasileira de Estudos Constitucionais*. v. 5, 2008: 135-192.

Loureiro, Maria Rita *et al.* Do controle interno ao controle social: a múltipla atuação da CGU na democracia brasileira. *Cadernos Gestão Pública e Cidadania*, n. 60, 2012: 54-67.

Lunardi, Soraya; Dimoulis, Dimitri. O Supremo Tribunal Federal como arena de disputa no sistema democrático. Evidências do primeiro ano do governo Bolsonaro. *In*: Francisco, José Carlos; Bôas Filho, Orlando Villas (orgs.). *Crise democrática e (de suas) instituições de garantia*. São Paulo: Esene, 2021: 361-388.

Lunardi, Soraya; Dimoulis, Dimitri. *A desconfiguração da democracia*. Perda de substância normativa e eficácia seletiva da Constituição Federal Brasileira (2015-2020) (a ser publicado em 2023).

MAIA JR., Jairo. Pobreza. *In:* DIMOULIS, Dimitri (org.). *Dicionário brasileiro de direito constitucional.* São Paulo: Saraiva, 2012: 288-289.

MAINWARING, Scott; WELNA, Christopher. *Democratic Accountability in Latin America.* Oxford: Oxford University Press, 2003.

MEDEIROS, Marcelo *et al.* Educação, desigualdade e redução da pobreza no Brasil. *Ipea, textos para discussão 2447.* Rio de Janeiro: Ipea, 2019.

MOOR, Pierre. *Pour une théorie micropolitique du droit.* Paris: PUF, 2005.

MORAIS, José Luis Bolzan de. Objetivos fundamentais. *In:* ALVIM, Eduardo Arruda *et al. Curso de direito constitucional.* Florianópolis: Tirant lo Blanch, 2018: 130-136.

MOREIRA, Adilson José. *Tratado de direito antidiscriminatório.* São Paulo: Contracorrente, 2020.

PAIVA, Suzana Cristina Fernandes de; COLOMBO, Lucileia Aparecida; PAIVA, Claudio Cesar. Conditional Income Transfer and Poverty Reduction: The Crossroads of the Bolsa Família Program for Economic and Social Emancipation. *Global Journal of Human-Social Science Research,* 2021 (https://socialscienceresearch.org/index.php/GJHSS/article/view/102403).

PEREIRA, Saylon Alves. *Direitos sociais e Bolsa Família na ordem constitucional brasileira*: virtudes e fragilidades de um "metadireito". Dissertação de Mestrado em Direito e Desenvolvimento. São Paulo: Escola de Direito de São Paulo da FGV, 2016.

PESSOA, João Paulo. *A cultura constitucional no Brasil.* Tese de doutorado em Direito: PUC-SP, 2019.

PIERGIGLI, Valeria. Qual a proteção para os sujeitos vulneráveis em tempos de crise? Algumas respostas recentes da Corte Constitucional. *Revista Brasileira de Estudos Constitucionais,* n. 45, 2020: 253-269.

RINGELHEIM, Julie. Redecouvrir le droit de l'égalité. Condition necéssaire d'une prosperité sans croissance? *CRIDHO Working Paper* 2020/2. Louvain: UCL, 2020.

RUOTOLO, Marco. La lotta alla povertà come dovere dei pubblici poteri. Alla ricerca dei fondamenti costituzionali del diritto a un'esistenza dignitosa. *Diritto pubblico,* n. 2, 2011: 391-407.

RUOTOLO, Marco. *Sicurezza, dignità e lotta alla povertà:* dal diritto alla sicurezza alla sicurezza dei diritti. Napoli: ESI, 2012.

SABADELL, Ana Lucia. *Manual de sociologia jurídica.* São Paulo: Revista dos Tribunais, 2005.

SCHAPIRO, Mario Gomes. Discricionariedade desenvolvimentista e controles democráticos: uma tipologia dos desajustes. *Revista Direito GV,* v. 12, n. 2, 2016: 311-344.

SCHNAPPER, Dominique. *Qu'est-ce que l'intégration?* Paris: Gallimard, 2007.

SILVA, Maria Ozanira da Silva e. Pobreza, desigualdade e políticas públicas: caracterizando e problematizando a realidade brasileira. *Katálysis,* v. 13, n. 2, 2010: 155-163.

SOMEK, Alexander. *Rationalität und Diskriminierung*. Zur Bindung der Gesetzgebung an das Gleichheitsrecht. Wien: Springer, 2001.

SOUZA, Pedro Ferreira de. *Uma história de desigualdade*. A concentração de renda entre os ricos no Brasil 1926-2013. São Paulo: Hucitec, 2018.

STROBL, Rainer. Social Integration and Inclusion. *In:* RITZER, George. *The Blackwell Encyclopedia of Sociology*. London: Blackwell, 2007: 4.437-4.440.

VIEIRA, Oscar Vilhena; DIMOULIS, Dimitri. Transformative Constitutions as a Tool for Social Development. *In:* LIMA, Maria Lucia; GHIRARDI, José Garcez (orgs.). *Global Law*. Curitiba: Juruá, 2018: 15-31.

WRIGHT, Erik Olin (org.). *The Debate on Classes*. London: Verso, 1989.

YOUNG, Margot *et al.* (orgs.). *Poverty*. Rights, Social Citizenship and Legal Activism. Vancouver: UBC Press, 2008.

5
A Não Discriminação como Objetivo Fundamental do Estado

1. Vedação geral de discriminações

> *Art. 3º Constituem objetivos fundamentais da República Federativa do Brasil: [...] IV – promover o bem de todos, sem preconceitos de origem, raça, sexo, cor, idade e quaisquer outras formas de discriminação.*

O art. 3º, IV, estabelece uma norma geral de *vedação da discriminação*. Devemos entender como discriminação proibida não a diferenciação no tratamento de pessoas nem mesmo a mera desvantagem imposta a alguém, mas apenas o tratamento *desfavorável e ilícito* de uma pessoa ou grupo, conforme formulado nas proposições D4 e D5.

No direito comparado, há três maneiras de formular *vedações de discriminação* (Fredman 2011: 112-130).

- Proibir a discriminação com critérios não pertinentes e preconceituosos, sem especificar quais são os critérios banidos.
- Enumerar os critérios de discriminação proibidos (lista taxativa). O modelo funciona melhor se forem especificados os requisitos e as consequências de cada forma de discriminação. É o modelo das legislações específicas para tutela de certo grupo discriminado.
- Estabelecer lista dos critérios de discriminação vedados, acompanhando-a de uma cláusula de abertura (lista apenas exemplificativa).

O art. 3º, IV, da Constituição brasileira segue o terceiro modelo, "misto". Indica cinco critérios de discriminação proibida, vetando também "quaisquer outras formas de discriminação" (cf. Martins 2022: 362-363).

1.1. Significado dos critérios de origem, raça, sexo, cor e idade

O artigo nomeia a origem, a raça o sexo, a cor e a idade como motivos de discriminação explicitamente proibidos.

– A *origem* indica, nesse contexto, o lugar de nascimento e a situação familiar que pode ser relevante para um ato de discriminação. Ora, ter nascido em Juazeiro dificilmente será base para um preconceito "de origem" em Petrolina. A discriminação em razão da origem deve estar acompanhada de um preconceito coletivo contra quem nasce em determinadas regiões e em famílias pobres. Sem essa delimitação, o termo pode perder seu significado em um mundo no qual bilhões de pessoas nasceram em diferentes lugares.

Assim sendo, a alegação que X foi preterido ou discriminado em razão de sua origem deve estar acompanhada não só da comprovação do ocorrido, mas também de um significado especial de certa origem, que faz a sociedade criar uma hierarquia imaginária das pessoas. Esse tipo de discriminação tem consequências individuais (ironizar X em razão de seu lugar de nascimento, seu sotaque, costumes, etc.), mas a verdadeira razão é o preconceito *coletivo* contra habitantes de certa localidade. Ao discriminar X porque é nordestina, na verdade são discriminadas todas as pessoas que nasceram ou vivem no Nordeste.

Normas semelhantes em outras Constituições fazem menção a grupos étnicos como forma de discriminação proibida. A Constituição brasileira silencia. Dada a amplitude do conceito de origem, parece-nos aceitável entendê-la também como origem étnica, protegendo os índios e outros grupos étnicos brasileiros, a exemplo dos Roma. Essa ampliação semântica encontra seu limite na nacionalidade, sendo constitucionalmente permitido o tratamento diverso de quem não possui a nacionalidade brasileira (cf. cap. 6, 2.6.2).

O constituinte menciona a origem entre as razões de discriminação não justificada porque, assim como as demais, não depende de opções ou da atuação da pessoa discriminada, mas decorre de um acontecimento fortuito e imutável. "Ninguém escolhe se aprenderá a andar nas calçadas de Manila, de Paris ou de Argel", diz uma bela canção francesa.

– A dupla menção à "*raça*" e à "*cor*" (da pele humana) deve ser entendida como tentativa de abranger todos os possíveis casos de discriminação com motivação racista. Não há necessidade de argumentar longamente para mostrar que a referência a raças humanas não possui substrato biológico, indica apenas os resultados sociais nefastos da crença na existência de raças e na inferioridade de algumas. A hierarquização que gera relações de dominação entre os grupos classificados como raças é o elemento crucial. Não se discute uma diferença entre tantas outras (cor da pele, que varia como a cor do olho ou do cabelo), mas a relação de dominação entre grupos racializados que surgiu em razão do colonialismo e fortaleceu-se durante as migrações para países prósperos (cuja prosperidade deve-se em grande parte ao colonialismo). Esses fenômenos sociopolíticos construíram as ideologias da inferioridade dos "outros", notadamente dos negros, dos índios e dos asiáticos, a depender do país. A "cor" é um indício de diferença complementar que procura impedir alegação de não racismo contra pessoas não brancas com a desculpa que não seriam "raça" (judeus, árabes, latinos).

A Constituição seria mais precisa (e politicamente mais oportuna) se utilizasse o termo *racismo*, deixando claro que não importa a cor da pele de uma pessoa ou a classificação em certa "raça" por um burocrata, mas uma prática social constante que discrimina pessoas em razão de crenças sobre sua pertença racial.

– O critério do *sexo* possui suporte biológico que indica a binariedade da maioria dos seres humanos, ao contrário da construção puramente social da "raça". Aqui é suficiente lembrar a construção que atribui a certas características biológicas significado social, gerando um sistema de crença sobre os gêneros, às vezes delirantes ("homem não chora", "mulher é vaidosa"), e sempre reproduzindo a *submissão* feminina. A vedação constitucional da discriminação decorre, aqui também, da aleatoriedade do sexo biológico que, para a grande maioria, permanecerá imutável durante a vida. Interessa também a relação de dominação que se estabelece no âmbito da ideologia machista. Não há apenas as XX e os XY, com algumas diferenças biológicas, mas uma relação de submissão das mulheres que gera os preconceitos.

– De maneira semelhante ao que constatamos no critério da origem, a *idade* não indica apenas a diferença de tratamento de pessoas nascidas em datas diferentes. Ninguém discrimina os de 36 anos nem protege os de 37. O preconceito diz respeito à discriminação em razão da pertença a certa faixa etária tradicionalmente discriminada, sendo principais vítimas dessa discriminação os idosos e, em algumas situações, as crianças e os adolescentes. Aqui também temos uma discriminação que pode ter repercussão individual (excluir uma pessoa da participação em concurso público por ter ultrapassado a idade máxima estipulada), mas seu fundamento é coletivo. Essa coletivização opera uma generalização arbitrária, vedada pela Constituição.

A idade foi incluída na lista das discriminações proibidas em razão de seu caráter aleatório (constante mudança), que independe da vontade das pessoas. Não podemos mudar a nossa idade biológica, ainda que nos esforcemos para ter boa saúde e vida ativa. A peculiaridade desse critério em relação aos anteriores é que a discriminação de uma idosa antecipa a discriminação de todas as jovens, enquanto a origem, a raça e o sexo discriminam sempre de maneira assimétrica.

OFE6 É objetivo fundamental do Estado brasileiro não discriminar ninguém com base em preconceitos.

1.2. Alcance constitucional da vedação de discriminação com base na origem, raça, sexo, cor e idade

Em relação aos quatro critérios explicitamente mencionados[315] pergunta-se se é sempre proibido seu emprego ou se há exceções. A pergunta se desdobra em duas. Pergunta-se, inicialmente, se é proibido o emprego dos critérios apenas quando prejudica o grupo mais fraco. No conceito amplo de discriminação entram opções políticas do legislador, que protege certas atividades e grupos com incentivos e benefícios. Consequência natural é tratar de maneira mais gravosa outras atividades e grupos (tratamento tributário dos livros e das bebidas alcoólicas), impedir certas atividades (venda de tabaco *vs.* venda de *cannabis sativa*) ou estabelecer restrições (profissões controladas). São essas discriminações no sentido etimológico do termo (discriminação *lato sensu*).

A escassa doutrina constitucional brasileira sobre o significado da discriminação segundo o art. 3º, IV, deixa claro que seu objetivo é proteger os grupos sistematicamente discriminados (Martins 2018: 231).

[315] Reunimos os critérios da raça e da cor.

Isso significaria que a norma veda a discriminação dos idosos (e eventualmente de crianças e adolescentes), dos não brancos, das mulheres (incluindo pessoas que não se reconhecem na identidade de "homem"), das pessoas de regiões menos desenvolvidas e de grupos étnicos que enfrentam preconceitos.

Nessa direção interpretativa, o objetivo de garantir o *bem de todos* indica que a norma almeja a igualização de cunho compensatório e não proíbe qualquer diferenciação legislativa com base nos quatro critérios (cf. Martins 2018: 231-232). Incentivar a contratação de mulheres em um campo de atividade tradicionalmente masculino é uma medida de equilíbrio, pois combate preconceitos existentes que geram exclusão. "Promover o bem de todos" sem discriminações pressupõe a intervenção ativa do Estado, para compensar desigualdades sociais, sendo sempre decidido que o que se aplica para X (idoso) não se aplica para Y (quadragenário).

A nossa análise sobre o "argumento da simetria" no manuseio de critérios discriminatórios (cap. 2, 4.4.5) mostrou que a interpretação restritiva dos critérios como instrumentos exclusivos de tutela das minorias é plausível. Foi o que registramos na proposição D4, adotando a formulação de Adilson Moreira (2017: 195):

> *D4 "Atos discriminatórios são práticas individuais ou sociais [...] que produzem desvantagens sociais para membros de certos grupos que são culturalmente construídos como inferiores [...]. Esses atos produzem desvantagens por causa do funcionamento de instituições estatais, entes que operam de acordo com os interesses dos grupos majoritários, reproduzindo assim as relações hierárquicas de poder existentes na sociedade".*

Diante de práticas sistemáticas de prejuízo e da hierarquização/subalternização das minorias sociais, carece de fundamento sociológico e moral alegar discriminação de grupos dominantes por leis que promovem as minorias. Quando, contudo, interpreta-se o direito constitucional positivo, a referência abstrata (simétrica ou criterial) da Constituição aos critérios de discriminação indica que podem ser invocados também por grupos que se consideram prejudicados por medidas que favorecem minorias sociais. Consideramos equivocada a "neutralidade" do art. 3º, IV, e necessária a reforma constitucional, para indicar como beneficiários apenas as minorias sociais. Isso oferecerá base constitucional sólida a políticas compensatórias e reparatórias ("afirmativas"). Mas devemos manter uma posição de cautela jurídica perante a tentativa teleológica de reduzir o teor literal do art. 3º, IV, a critérios que só favorecem as minorias.

Isso fica claro em um exemplo de norma que denota preconceito contra grupos dominantes. A Assembleia Legislativa de São Paulo examina desde 2019 o Projeto de Lei n. 1174, de 2019,[316] apresentado por deputadas de extrema direita, com destaque na seguinte previsão:

> Art. 1º Na Educação Infantil, os cuidados íntimos com as crianças, com destaque para banhos, trocas de fraldas e roupas, bem como auxílio para usar o banheiro, serão realizados exclusivamente por profissionais do sexo feminino.

A norma discrimina os homens, mostrando claro preconceito, ao determinar que servidores públicos considerados aptos para atuar na educação infantil sejam excluídos de uma função profissional, sendo vistos como inaptos a bem cuidar de crianças e globalmente suspeitos de agressões sexuais, conforme consigna a exposição de motivos.

Estamos diante de discriminação de homens pela única razão de seu sexo, assim como de preconceito contra eles por ocorrer a exclusão sem procedimento algum de verificação de aptidão para essa atividade, do histórico funcional, etc. Consideramos que, nessa hipótese, o legislador não pode se defender da crítica de discriminação preconceituosa, invocando a discriminação sistemática das mulheres, que seria razão para aceitar uma discriminação masculina de limitada extensão.[317]

Disso resulta que a vedação de discriminação preconceituosa pode ser invocada também a favor de grupos dominantes quando fica claro que a norma os prejudica, desde que satisfeitas as demais condições de discriminação ilícita que examinamos a seguir.

[316] al.sp.gov.br/propositura/?id=1000292074. O projeto recebeu contundentes críticas de deputadas e deputados progressistas e muito provavelmente será arquivado.

[317] Essa proposta de lei discrimina também as mulheres, vistas como predestinadas a cuidar de crianças, convalidando uma prática social de discriminação por sexo, mas aqui examinamos tão somente as consequências da discriminação do sexo masculino.

A segunda pergunta indaga se o tratamento diferenciado de minorias sociais é sempre proibido ou há exceções. Há duas posições possíveis:

- inexiste justificação, já que o constituinte quis proibir qualquer discriminação fundamentada nos critérios expressamente mencionados;
- a justificação pode decorrer do controle da proporcionalidade entre o tratamento desigual e o fim almejado pelo tratamento.[318]

Um argumento a favor da vedação absoluta é oferecido pelo texto do art. 3º, IV, em sua relação sistemática com o art. 5º, *caput*, da Constituição, que garante "a igualdade". O art. 3º, IV, é uma norma de densidade normativa maior do que o art. 3º, III, que indicava o fim sem mencionar os meios (cap. 4, 5.1). O art. 3º, IV, estabelece o propósito da promoção do "bem de todos" e, a seguir, indica o *meio* que permite alcançar essa finalidade, qual seja, a proibição de discriminações preconceituosas. O uso dos critérios banidos contra minorias sociais constituiria discriminação proibida independentemente de justificativa.

Já a tese da possibilidade de examinar justificativas da discriminação baseia-se na *abertura interpretativa* que caracteriza o termo "discriminação" (baixa densidade normativa). Não se pode excluir que certas discriminações sejam justificáveis, como indica o exemplo da limitação dos direitos fundamentais das crianças, sendo indicativa a impossibilidade de exercício de direitos políticos para os menores de 16 anos. Podemos também considerar que a fraqueza física e os problemas mentais, muito mais frequentes nos idosos, sejam motivos de cautela que pode envolver limitações em seus direitos, por exemplo, exigir que para a renovação da carteira de motorista os maiores de 70 anos façam exames específicos de aptidão. Tais limitações podem se revelar inconstitucionais como discriminatórias, mas não se pode afirmar que sempre o sejam.

Isso indica que é mais plausível a tese da necessidade de examinar cada caso de alegada discriminação. Esse argumento é completado pela formulação do art. 3º, IV, que não proíbe a "discriminação" em geral no sentido do tratamento diverso. A norma não se refere apenas ao emprego de certos critérios, mas ao seu uso *preconceituoso*: "sem

[318] A primeira posição foi sustentada por Leonardo Martins (2022: 361). A segunda faz parte do senso comum da doutrina constitucional que tem predileção por "ponderações".

preconceitos de...". O termo pode ser discutido no que diz respeito à sua pertinência,[319] mas como norma de direito positivo impõe duas observações.

Primeiro. É necessário examinar a razão pela qual o critério é utilizado, podendo revelar-se aceitável por não ser preconceituoso. Haverá uso preconceituoso se se constatar:

a. uma generalização não passível de fundamentação ("Negros são X");
b. prejuízo causado a pessoas abrangidas pela generalização.

Segundo. Não haverá responsabilidade por discriminação se a generalização preconceituosa:

a. não causou prejuízo para membro de minoria (nenhuma mulher candidatou-se a processo seletivo feito por pessoas preconceituosas);
b. se for comprovado o nexo causal entre o critério utilizado e o objetivo da norma e/ou da conduta (norma de cotas de gênero impõe presença mínima de 30% de deputad@s de cada sexo no Parlamento).

1.3. Alcance constitucional da vedação de "quaisquer outras formas de discriminação"

Adotando o modelo misto, a Constituição brasileira enumera critérios de discriminação e veda "quaisquer" outras discriminações. Essa *cláusula de abertura* é o ponto forte e a fraqueza da norma. É forte porque proíbe a discriminação como fenômeno em todas as suas formas, inclusive as que não eram percebidas como problemáticas no passado, mas a cláusula é também fonte de incertezas sobre os critérios de discriminação e seu funcionamento. Debates sobre discriminação são sempre arriscados, porque o que se discute é o "valor" de cada grupo e, por extensão, os "valores" sociais. Quando falta indicação jurídica do motivo de discri-

[319] O termo tem carga psicológica que pode ser utilizada para desculpar o preconceituoso, subjetivando a discriminação (cf. cap. 2, 4.4.4). Além disso, não se trata de preconceito que determina posturas por desconhecimento da realidade (como as nossas ideias sobre países que não conhecemos). A discriminação que interessa à Constituição e à sociedade brasileira diz respeito a práticas reiteradas de discriminação por parte de quem conhece perfeitamente a situação e tem interesse em reproduzir a discriminação.

minação, surge o risco da banalização. Se os nudistas, os fumantes e os vegetarianos podem se apresentar como vítimas de discriminação jurídica e social, o risco será diluir em um oceano de posturas e práticas de diferenciação a urgência de enfrentar discriminações fortes que geram múltiplos sofrimentos, incluindo maus-tratos, humilhações e agressões contra a vida, no Brasil contra mulheres, negros e índios.

Por isso consideramos preferível o modelo da regulação específica e exaustiva dos vários tipos de discriminação com legislação que atenderia as peculiaridades de cada tipo, indicando as formas específicas que permitiriam eliminar a discriminação.

Ao contrário dos critérios explícitos, a alegação de discriminação por outras razões gera um ônus maior para comprovar a ilicitude da discriminação. Deve ser demonstrado que o critério utilizado *equivale*, em seus efeitos discriminadores, aos explicitamente mencionados na Constituição.[320]

Alguns critérios são considerados atualmente discriminadores. Isso ocorre com o tratamento diverso das pessoas em razão de sua orientação sexual, mudança ou fluidez de sexo, da religião, da deficiência física, do peso corporal ou da ideologia política. São formas de discriminação amplamente tematizadas e rejeitadas no debate público e na jurisprudência, assim como no direito de outros países. Nos demais casos, deve ocorrer uma comprovação específica (nudistas, fumantes, vegetarianos...), sendo necessário insistir no fato de que a diferenciação de grupos de pessoas pelo legislador é inerente à atividade de criação de regras, proibindo-se tão somente a utilização *injustificada* da distinção.

2. Vedação específica da discriminação salarial

> *Art. 7º, XXX – proibição de diferença de salários, de exercício de funções e de critério de admissão por motivo de sexo, idade, cor ou estado civil.*

Essa norma é exemplo de vedação de discriminação limitada no que diz respeito tanto aos sujeitos como ao campo de aplicação. No âmbito das normas que tutelam direitos d@ trabalhador/a, o art. 7º, XXX, da Constituição proíbe discriminações em relação aos processos de seleção, à atribuição de funções e à remuneração (Peres 2014: 106-121). Essa limi-

[320] Cf. as considerações em Martins 2018: 231-232.

tação no objeto aumenta a força vinculante da norma em comparação com a vedação de discriminação geral do art. 3º, IV. Constatando-se diferença na remuneração de homens e mulheres, é muito mais fácil questionar as normas que a instituem do que com base na referência geral à vedação de discriminações.

No que diz respeito aos sujeitos da norma, são beneficiados todos os que trabalham com vínculo empregatício que envolve submissão às ordens de um empregador. A forma jurídica do vínculo trabalhista é indiferente, pois a norma silencia a esse respeito.

Comparando essa norma com o art. 3º, IV, constatamos quatro peculiaridades. Primeiro, a inexplicável ausência do critério da "origem", apesar de ser provável que uma empresa adote práticas discriminadoras em certas regiões ou atribua sistematicamente trabalhos menos remunerados a "boias frias".

Igualmente curiosa – e indicativa da falta de sistematicidade – é a menção ao "estado civil". Há notícias de empresas que exigem que os funcionários sejam solteiros (ou sem filhos), mas não há explicação de por que esse critério é relevante no campo trabalhista e não também no contexto geral do art. 3º, IV.

A terceira peculiaridade é a ausência da menção à raça. A referência à cor é suficiente para tutelar interesses dos não brancos, mas gera a dúvida de por que essa simplificação não foi adotada no art. 3º, IV. A explicação deve estar na falta de uniformização do texto que permitiu essas oscilações.

A última observação comparativa se refere à taxatividade da enumeração de critérios proibidos, faltando a cláusula de abertura do art. 3º, IV.[321] Pode-se dizer que demais casos de discriminação permitem ser tratados com invocação do direito geral à igualdade. Essa observação é correta, mas vale para todas as possíveis formas de discriminação trabalhista, deixando dúvidas sobre a utilidade do art. 7º, XXX, enquanto cópia aproximativa do art. 3º, IV.

Ao proibir a "diferença" no tratamento de trabalhadoras/es, a norma utiliza uma formulação hiperbólica, sem conexão com o mundo do trabalho. A diversificação de funções na divisão social do trabalho não

[321] A lista do art. 7º, XXX, é considerada paradoxalmente exemplificativa por Mallet e Fava 2018: 678.

apenas pulveriza os grupos de assalariados, como também indica que a regra básica da seleção trabalhista e da atribuição de funções é o exame do perfil de cada vaga e candidat@. Entre os critérios mencionados no art. 7º, XXX, os da idade e do sexo são comuns na estruturação do trabalho. Seria paradoxal alguém invocar a norma para jogar em time de futebol profissional aos 60 anos, tal como não seria aceitável um homem pretender vaga em um time de basquete feminino, por mais que suas habilidades sejam superiores às das candidatas mulheres. Por mais que se possa lamentar a estruturação do esporte profissional com base nessas segregações, não se pode considerar que há inconstitucionalidade nessa organização de uma atividade econômica.

Os exemplos de segmentação do trabalho podem ser multiplicados. Há diferenças na remuneração dos mais velhos, levando em consideração a experiência e maior dedicação ao emprego, assim como há preferência dos que possuem maior disponibilidade para viagens necessárias a certas profissões, o que favorece os mais jovens, ou preferência por mulheres em certas profissões que envolvem cuidados pessoais. O anúncio da vaga pode não mencionar os critérios vedados pelo art. 7º, XXX, mas o resultado da seleção muitas vezes os confirma, mediante análise de "perfil".

A consequência jurídica é que a "proibição de diferença" deve ser considerada relativa, tal como constamos ao interpretar o art. 3º, IV. Não se admitem *práticas diferenciadoras que não se justificam* pela natureza da função. Um forte argumento para tanto é o fato de a própria Constituição mencionar dezenas de vezes limites de idade tanto para o início de direitos, como para a aposentadoria. Os limites de idade podem ser rediscutidos e alterados, mas sua utilização para fins de diferenciação é uma necessidade.

Entre os critérios do art. 7º, XXX, o que raramente receberá justificativa plausível é o da "cor", sendo tal distinção indicação de preconceito. Para os demais é necessário um exame rigoroso para evitar práticas preconceituosas apresentadas como necessárias ("segurança homem", "secretária mulher"), incluindo-se na vedação as discriminações que analisamos como indiretas-indiretas ou de critério interposto (cap. 2, 4.4.3.2).

O art. 7º, XXX, garante o direito fundamental d@s trabalhadores/trabalhadoras a tratamento não discriminatório. Eventual norma que diferencia a admissão, os salários ou as funções com base nos critérios proibidos é inconstitucional, podendo as pessoas afetadas pedir a declaração de inconstitucionalidade.

Observe-se, por fim, que a legislação trabalhista concretizou de maneira satisfatória a vedação constitucional e ampliou seu alcance:

– A Lei n. 9.029, de 1995, concretiza as vedações de discriminação (PERES 2014: 123-185). Seus dispositivos descrevem e proíbem práticas diferenciadoras, preveem sanções, inclusive criminais, estabelecem uma lista muito mais extensa de critérios proibidos em comparação ao art. 7º, XXX, e incluem a cláusula de abertura que faltou nesse artigo:

> Art. 1º É proibida a adoção de qualquer prática discriminatória e limitativa para efeito de acesso à relação de trabalho, ou de sua manutenção, por motivo de sexo, origem, raça, cor, estado civil, situação familiar, deficiência, reabilitação profissional, idade, entre outros.

A Convenção n. 111 da Organização Mundial do Trabalho, incluída na Consolidação das leis trabalhistas pelo Decreto n. 10.088, de 2019, define a discriminação proibida, concretizando e ampliando o alcance da tutela em comparação com o art. 7º, XXX, da Constituição. A Convenção esclarece oportunamente que não são discriminatórias diferenciações que decorrem de "qualificações exigidas para um determinado emprego" (art. 1º, 2). Isso é um elemento normativo que confirma nossa interpretação sobre o caráter *relativo* da vedação de diferenciação no mundo do trabalho, sendo necessário, contudo, oferecer justificativa objetiva e não decorrente de preconceitos.

3. Vedação específica de discriminação dos brasileiros

> *Art. 19. É vedado à União, aos Estados, ao Distrito Federal e aos Municípios: [...] III – criar distinções entre brasileiros ou preferências entre si.*

Essa vedação possui dupla função. Equipara o tratamento de todas as pessoas que possuem a nacionalidade brasileira, proibindo distinções de qualquer natureza, e, ao mesmo tempo, estabelece, especularmente, o princípio de tratamento privilegiado dos brasileiros em comparação com os estrangeiros.

O art. 19, III, da Constituição limita os poderes dos entes federativos, proibindo que nacionais brasileir@s sejam tratad@s de maneira diferente. Por mais que o artigo inclua aos destinatários passivos dessa obrigação a União, é evidente que a vedação se endereça aos estados e municípios, proibindo-lhes tratar de maneira privilegiada seus naturais ou domiciliados em comparação aos demais.

Isso indica a opção pela igualdade de tod@s @s nacionais, não havendo espaço para criação de identidade jurídica subnacional. Ser "catarinense" em nada afeta os direitos e as obrigações decorrentes da nacionalidade brasileira e não autoriza o estado de Santa Catarina a tratar de maneira privilegiada seus naturais.

Diante da formulação taxativa, o art. 19, III, garante também um *direito especial de igualdade* para os nacionais brasileiros. Eventual norma que cria preferências seria inconstitucional por violar direito fundamental de seus titulares e não apenas por contrariar uma limitação da competência dos entes federativos (Weingartner Neto 2018: 776).

A categoricidade desse dispositivo impede relativizar a vedação em vista de eventuais justificativas. Sem autorização constitucional, o direito de igualdade dos nacionais não é passível de limitação, ainda que, por exemplo, certa entidade da Federação possa invocar interesse em tratar diferentemente seus naturais, *v.g.*, para fomentar o desenvolvimento local ou apoiar quem sempre pagou impostos locais.[322]

Em relação à área de proteção desse direito, devemos partir, mais uma vez, da observação de que as normas jurídicas quase sempre estabelecem distinções entre pessoas, considerando certa qualidade decisiva para que seja imposta obrigação, proibição ou permissão. Interpretando literalmente a oração "criar distinções entre brasileiros", fica claro que incontáveis normas vigentes criam tais distinções, usando critérios como idade, profissão, conduta, vínculo trabalhista, desempenho em exames, estado de saúde, patrimônio.

A interpretação plausível do artigo pressupõe admitir que não pode ser estabelecida distinção entre brasileiros no sentido de gradação de direitos que decorrem de sua nacionalidade *e* de maneira não autorizada

322 "A concessão de vantagem ao licitante que suporta maior carga tributária no âmbito estadual é incoerente com o preceito constitucional desse inciso III do artigo 19." STF, *Ação direta de inconstitucionalidade 3.070*, rel. Min. Eros Grau, julg. 29-11-2007.

pela Constituição. Proíbe-se a diferenciação feita no *status* que decorre da nacionalidade.

Quando a lei diferencia entre médicas e enfermeiras relativamente ao adicional de insalubridade, faz logicamente uma diferenciação entre nacionais brasileiras. Mas o critério decisivo não é a nacionalidade, e sim a ocupação. A remuneração é diferente não porque a lei quer tratar de maneira diversa duas brasileiras, mas porque diferencia por outra razão duas pessoas que, coincidentemente, possuem a nacionalidade brasileira, podendo também ter outros pontos em comum (sexo, idade). Ora, critérios como a profissão não estão cobertos pela vedação do art. 19, III, da Constituição.

Essa compreensão restritiva condiz com a formulação do artigo em anteriores Constituições que especificavam que é proibida a diferenciação entre nacionais *em razão* de sua naturalidade. Diz, por exemplo, a Constituição de 1946:

> Art. 31. À União, aos Estados, ao Distrito Federal e aos Municípios é vedado: I – criar distinções entre brasileiros ou preferências em favor de uns contra outros Estados ou Municípios.

Admitida a restrição da área de proteção, encontramos um caso complexo quando a lei retira de uma categoria de brasileiros um direito com base no lugar de moradia. Conforme o art. 9º de Lei n. 9.504, "para concorrer às eleições, o candidato deverá possuir domicílio eleitoral na respectiva circunscrição pelo prazo de seis meses".

Ao proibir que pessoa domiciliada na cidade A concorra para o cargo de vereador em B, parece que a lei diferencia entre brasileiros, proibindo que alguns exerçam seu direito político de ser eleitos em certas localidades. Parece surgir a categoria de brasileiros que possuem um direito em razão de seu lugar de moradia e os demais ficam excluídos. Essa impressão não é correta. O art. 9º da Lei n. 9.504 não exclui alguém de seus direitos políticos. Prevê apenas que todos os brasileiros com capacidade eleitoral podem se candidatar apenas na circunscrição que eles mesmos elegeram como domicílio eleitoral. No exemplo das eleições municipais, cada cidadã pode se candidatar em um Município, sendo vedada sua candidatura nos demais 5.567 atualmente existentes. Não há tratamento diverso, mas uma medida ordenatória de aplicação universal. Em relação aos titulares, esse direito especial de igualdade abrange todos os nacionais brasileiros independentemente da forma de aquisição do vínculo e de sua situação jurídica. Salvo diferenciação constitucional, como a referente ao número de representantes eleitos em cada estado-membro (cap. 6, 2.1.3), o tratamento deve ser igual para tod@s (Weingartner Neto 2018: 775-776).

Não são, por óbvio, titulares desse direito os estrangeiros, dando a Constituição implicitamente autorização para que as leis estabeleçam distinções entre brasileiros e estrangeiros, assim como entre estrangeiros, a depender do tipo de vínculo com o Brasil. Tratamentos desiguais, *v.g.*, entre gregos e portugueses ou entre estrangeiros com visto permanente e temporário devem ser avaliadas com base no direito geral de igualdade, sendo a margem discricionária do legislador muito maior do que ocorre com a vedação categórica formulada no art. 19, III.

4. Remédios

4.1. Dever do legislador e eventual inconstitucionalidade

Constatamos que as duas vedações especiais de discriminações constituem direitos fundamentais de igualdade, podendo sua violação ensejar as consequências de inconstitucionalidade que analisaremos nos caps. 6 e 7.

A situação normativa é radicalmente diferente com a vedação geral do art. 3º, IV. A vagueza de seu conteúdo e sua autodesignação como objetivo fundamental do Estado, e não como direito fundamental, mostra que se endereça apenas aos legisladores e não oferece argumentos a eventuais vítimas de discriminação. A esse respeito valem as observações sobre a função jurídica dos objetivos fundamentais, feitas no cap. 4, 5.1.

Já as autoridades estatais possuem, em razão dessa norma, o dever de atuar em duplo sentido: negativamente, para evitar discriminações não justificadas ("preconceitos"); positivamente, para tentar reparar e compensar discriminações com ações específicas que favoreçam a efetivação dos direitos das minorias sociais ("ações afirmativas").

Destinatários desse duplo dever de atuação são todos os órgãos da República. Suas normas e ações devem permitir a não discriminação, inclusive regulando a atividade dos particulares de maneira a evitar discriminações. Dando um exemplo, o empregador não tem a obrigação constitucional de contratar pessoas com deficiência e muito menos estabelecer reserva de vagas para essa categoria. Contudo, a partir do momento em que uma lei trabalhista estabelecerá incentivos fiscais ou previdenciários em caso de contratação de pessoas com deficiência, ou mesmo obrigará empresas de certo porte a terem porcentagem mínima de funcionários com deficiência, os particulares tornam-se reflexivamente destinatários do dever de evitar discriminações.

O legislador como destinatário primário da vedação geral de discriminação deve concretizar essa norma. Deve estabelecer regras gerais sobre programas de ação antidiscriminatória, assim como legislações específicas, regulamentando o tratamento de certa categoria de pessoas.

Podemos indicar, como exemplo, a *Convenção sobre os direitos das pessoas com deficiência* de 2007, internalizada no Brasil pelo Decreto Legislativo n. 186, de 2008. A Convenção define de maneira mais concreta do que a Constituição Federal o conceito de discriminação:

> Art. 2º [...] "Discriminação por motivo de deficiência" significa qualquer diferenciação, exclusão ou restrição baseada em deficiência, com o propósito ou efeito de impedir ou impossibilitar o reconhecimento, o desfrute ou o exercício, em igualdade de oportunidades com as demais pessoas, de todos os direitos humanos e liberdades fundamentais nos âmbitos político, econômico, social, cultural, civil ou qualquer outro.

É interessante nessa definição a adoção do conceito de discriminação *indireta*, ao vedar práticas que sem ter finalidade discriminatória levam a tal *efeito*. Igualmente interessante é a compreensão da discriminação como obstáculo ao exercício do direito "em igualdade de oportunidades". A norma não se refere à igualdade no resultado, mas permite afirmar que configura discriminação a situação na qual membros das minorias sem ser formalmente impedidos do acesso a um bem não possuem as mesmas oportunidades de alcançá-lo. Podem participar de processo seletivo, mas as chances de aprovação são desproporcionalmente limitadas.

Essa Convenção adota a perspectiva da *interseccionalidade* enquanto forma mais intensa de discriminação:

> Art. 6, 1. Os Estados Partes reconhecem que as mulheres e meninas com deficiência estão sujeitas a múltiplas formas de discriminação e, portanto, tomarão medidas para assegurar às mulheres e meninas com deficiência o pleno e igual exercício de todos os direitos humanos e liberdades fundamentais.

A Lei n. 12.288, de 2010, sobre a igualdade racial, retoma a definição da discriminação formulada na *Convenção sobre os direitos das pessoas com deficiência* de 2007 (art. 1º, parágrafo único),[323] assim como a referência dessa Convenção à discriminação interseccional (art. 1º, parágrafo único, III).[324] Isso estabelece um novo padrão de concretização e ampliação das normas antidiscriminatórias no Brasil.

A violação dos deveres do legislador, tanto dos negativos como dos positivos, enseja as consequências que mencionamos em relação ao descumprimento do objetivo fundamental do art. 3º, III: responsabilidade político-eleitoral; crime de responsabilidade; controle democrático; inconstitucionalidade por omissão (cap. 4, 5.2).

4.2. Responsabilidade criminal

O art. 5º, XLI, estabelece: "a lei punirá qualquer discriminação atentatória dos direitos e liberdades fundamentais". Estamos diante de um *mandamento de criminalização explícito*. Seu objetivo é fortalecer, mediante ameaça de sanção penal, os imperativos antidiscriminatórios na atuação da administração pública e dos particulares.

Os mandamentos de criminalização na Constituição de 1988 são abstratos. Cabe ao legislador configurar o tipo penal – nesse caso as condutas e omissões consideradas discriminatórias –, assim como as sanções. Dessas decisões depende o efeito social da norma constitucional que estabelece um dever de criminalização (DIMOULIS 2016: 95-99).

323 "Toda distinção, exclusão, restrição ou preferência baseada em raça, cor, descendência ou origem nacional ou étnica que tenha por objeto anular ou restringir o reconhecimento, gozo ou exercício, em igualdade de condições, de direitos humanos e liberdades fundamentais nos campos político, econômico, social, cultural ou em qualquer outro campo da vida pública ou privada."

324 "Desigualdade de gênero e raça: assimetria existente no âmbito da sociedade que acentua a distância social entre mulheres negras e os demais segmentos sociais."

Uma definição da discriminação que exige ato doloso é diferente de uma definição objetiva, baseada nos efeitos da conduta. Da mesma forma, a inclusão da discriminação indireta amplia a criminalização (e os eventuais efeitos de proteção) em comparação com normas que exigem comprovação de discriminação direta.

No direito brasileiro, a lei mais relevante para fins de criminalização da discriminação é a n. 7.716, de 1989, desde então reformada e ampliada. Seu cerne é a repressão de atos racistas dolosos, além de tipificar condutas discriminatórias que excluem pessoas do acesso a bens e processos por razões racistas.

Pesquisas jurisprudenciais constatam a limitadíssima eficácia social da norma, encontrando os tribunais formas para não constatar a ocorrência de atos racistas (Machado *et al.* 2015 e 2019). Isso pode ser criticado como comprovação de uma postura conservadora dos tribunais. A norma, no entanto, não deixa de desenvolver efeitos simbólicos, permitindo a sensibilização da opinião pública, por mais que o direito penal não seja o instrumento mais adequado para promover debates de conscientização.[325]

Acrescentemos que, diante da falta de normas que sancionam discriminações perpetradas em razão da orientação sexual, o STF considerou que a lei contra o racismo (n. 7.716) se aplica também a condutas homofóbicas.[326]

Essa decisão desafia, em nosso entendimento, a proibição de analogia em matéria penal, mas mostra a necessidade de elaborar normas para coibir atos de discriminação em todos os âmbitos da vida. Não faltam no direito estrangeiro exemplos de legislações que poderiam ser adaptadas às necessidades brasileiras. O que falta é a vontade política do Congresso Nacional em promover interesses de minorias sociais.

[325] Escreve com ironia (e realismo) Carlos Fuentes: "Herrera promueve leyes de tres clases: las que pueden practicarse, las que jamás se pondrán en práctica y las que le dan esperanza a la gente, practíquense o no, sean más para mañana que para hoy. Es nuestro más excelente ministro y político" (*La Silla del Águila*).

[326] "Até que sobrevenha lei emanada do Congresso Nacional destinada a implementar os mandados de criminalização definidos nos incisos XLI e XLII do art. 5º da Constituição da República, as condutas homofóbicas e transfóbicas [...], por traduzirem expressões de racismo, compreendido este em sua dimensão social, ajustam-se, por identidade de razão e mediante adequação típica, aos preceitos primários de incriminação definidos na Lei nº 7.716", *Ação Direta de Inconstitucionalidade por Omissão 26*, rel. Min. Celso de Mello, julg. 13-6-2019 (Ementa).

Referências

DIMOULIS, Dimitri. *Direito penal constitucional.* Belo Horizonte: Arraes, 2016.

FREDMAN, Sandra. *Discrimination Law.* Oxford: Oxford University Press, 2011.

MACHADO, Marta Rodriguez de Assis *et al.* Legislação antirracista punitiva no Brasil. Uma aproximação à aplicação do direito pelos Tribunais de Justiça brasileiros. *Revista de Estudos Empíricos em Direito,* v. 2, 2015: 60-92.

MACHADO, Marta Rodriguez de Assis *et al.* Anti-racism legislation in Brazil: the role of the Courts in the reproduction of the myth of racial democracy. *Revista de Investigações Constitucionais,* v. 6, 2019: 267-296.

MALLET, Estêvão; FAVA, Marcus. Art. 7º, XXXI. *In:* CANOTILHO, José Joaquim Gomes *et al.* (orgs.). *Comentários à Constituição do Brasil.* São Paulo: Saraiva, 2018: 676-679.

MARTINS, Leonardo. Direito fundamental à igualdade. *In:* CANOTILHO, José Joaquim Gomes *et al.* (orgs.). *Comentários à Constituição do Brasil.* São Paulo: Saraiva, 2018: 223-242.

MARTINS, Leonardo. *Direitos fundamentais.* Conceito permanente, novas funções. Rio de Janeiro: Pons, 2022.

MOREIRA, Adilson José. *O que é Discriminação?* São Paulo: Letramento, 2017.

PERES, Célia Mara. *A igualdade e a não discriminação nas relações de trabalho.* São Paulo: LTr, 2014.

WEINGARTNER NETO, Jayme. Art. 19, III. *In:* CANOTILHO, José Joaquim Gomes *et al.* (orgs.). *Comentários à Constituição do Brasil.* São Paulo: Saraiva, 2018: 775-776.

6
Direitos Fundamentais à Igualdade

1. Direito à igualdade perante a lei

Art. 5º Todos são iguais perante a lei, sem distinção de qualquer natureza.

Os constituintes de países capitalistas foram generosos em proclamar direitos de liberdade, compreendidos quase sempre como de titularidade individual, mas foram reticentes em garantir o direito à igualdade. Esse último foi percebido como antissistêmico em países que não somente reproduziam desigualdades, mas cujo sistema econômico baseava-se na desigualdade de acesso a recursos.

1.1. Determinação da área de proteção

Definimos como área de proteção o conjunto de situações e condutas que são tuteladas por uma norma de direito fundamental (Dimoulis e Martins 2020: 160). O que é garantido pela primeira oração do *caput* do art. 5º? Trata-se de um direito de defesa ou resistência. Tal como ocorre com os direitos de liberdade, a igualdade perante a lei permite que o titular resista a qualquer intervenção estatal em sua esfera que se materializa quando aplica leis de maneira não igual.[327]

[327] Kloepfer 2010: 202-204. Sobre a dimensão objetiva de todos os direitos, cf. Dimoulis e Martins 2020: 151-154.

A norma prevê a igualdade perante a lei "sem distinção de qualquer natureza". Isso situa o intérprete diante de uma dificuldade. Sabemos que os termos do campo da igualdade são redundantes e imprecisos, culminando a dificuldade na indeterminação da dupla igual/desigual. Isso ocorre também nesse caso. Porém, não é possível dar um passo no mundo sem estabelecer distinções (Café ou chá? Podemos preferir o chá por razões de gosto, de preço ou quaisquer outras, mas concordamos que *café não é chá*. Identificamos e utilizamos a diferença: não são iguais no gosto, no preço e em tantas outras coisas).

Diante dessa situação fática, a igualdade perante a lei é apenas retoricamente reforçada pela locução "sem distinção de qualquer natureza". Não se proíbem as distinções que devem ser feitas quando a lei prevê e se proíbem as distinções que a lei não autoriza. Dito de maneira mais simples, essa cláusula apenas indica que a aplicação das normas deve ser estrita, sem que o intérprete realize distinções próprias. Exemplo. Norma prevendo que os homens se aposentam aos 67 e as mulheres aos 65 anos deve ser aplicada conforme os limites de idade que dependem do sexo do trabalhador. É a lei que impõe a distinção com base no sexo, sendo essa não só permitida, como também obrigatória. Se o aplicador não a respeitar, estabelecendo uma "média" de 66 anos, estará aplicando a lei com distinções próprias, logo não permitidas. Não se pode tratar diferentemente por razões não normativas.

Vejamos um caso julgado pelo STF. Em 2002, foi determinado sequestro de valores do estado da Paraíba para pagamento de precatórios fora das hipóteses do art. 100, no § 2º da Constituição Federal na versão então vigente. Em Reclamação constitucional, o estado da Paraíba questionou perante o STF a licitude da medida, que não possuía amparo constitucional. O Min. Eros Grau optou por desconsiderar o texto constitucional e conceder o benefício diante do fato que a beneficiária estava acometida de grave moléstia.

> Ocorre, no entanto, que a situação de fato de que nestes autos se cuida consubstancia uma exceção. Com efeito, estamos diante de uma situação singular, exceção. [...] O estado de exceção é uma zona de indiferença entre o caos e o estado da normalidade, uma zona de indiferença capturada pela norma. De sorte que não é a exceção que se subtrai à norma, mas ela que, suspendendo-se, dá lugar à exceção – apenas desse modo ela se constitui como regra, mantendo-se em relação com a exceção. A esta

> Corte, sempre que necessário, incumbe decidir regulando também essas situações de exceção. Ao fazê-lo, não se afasta do ordenamento, eis que aplica a norma à exceção desaplicando-a, isto é, retirando-a da exceção [...]. Sendo assim, no quadro da exceção considerado, nego provimento ao agravo regimental e julgo improcedente a reclamação.[328]

O aplicador do direito diz que respeita a norma constitucional, mas insere uma exceção, pois, em sua opinião, há razões (médicas, éticas, humanitárias, etc.) para que a norma vigente não seja aplicada em casos nos quais deve incidir. Assim sendo, o aplicador reformula implicitamente a primeira oração do *caput* do art. 5º da Constituição, que compreende da seguinte maneira: "todos são iguais perante a lei, menos os que o julgador considera diferentes dos demais".

Esse exemplo de violação do imperativo da igualdade perante a lei mostra a importância da norma. Trata-se de garantia que não haverá administradores ou juízes que sigam seu "senso de justiça" e estabeleçam regras e exceções subjetivas, no caminho do "bom juiz Magnaud",[329] que se tornou célebre por não seguir as normas, mas fazer o que sua consciência determinava.

A igualdade perante a lei foi considerada "quintessência do direito positivo" por ser princípio estruturante da tomada de decisões estatais (Luhmann 1999: 178). O que se protege, como direito de tod@s, é a aplicação da lei da exata maneira como é formulada. Isso estabiliza expectativas sociais, tornando o direito impessoal atemporal, conforme as necessidades de uma sociedade capitalista massificada e regida por princípios formais (liberdade de ação de todos, igualdade como princípio das trocas comerciais). As circunstâncias concretas e as características da pessoa, assim como o momento de aplicação, tornam-se irrelevantes em razão desse princípio (cf. Luhmann 1999: 165).

Os autores que consideram a igualdade vazia de conteúdo, na esteira de Kelsen, cometem o equívoco de identificar a igualdade perante a lei com a legalidade. Se isso fosse verdade, a igualdade perante a lei seria desnecessária. Não precisamos de norma constitucional lembrando que a lei vigora (objeção da redundância – Somek 2001: 597).

328 Voto do Min. Eros Grau, STF, *Agravo Regimental na Reclamação 3.034*, rel. Min. Sepúlveda Pertence, julg. 21-9-2006.

329 gallica.bnf.fr/ark:/12148/bpt6k701513q/f1.item.langFR.zoom.

Essa objeção não convence. Em vocabulário de teoria do direito, o que se garante é a coerência do ordenamento jurídico. Confirma-se a hierarquia das normas ao impedir que o aplicador, de maneira imprevisível, estabeleça distinções e exceções. Já em vocabulário de separação dos poderes, garante-se que o Executivo e o Judiciário não violarão a lei aprovada pelo Legislativo, que possui competência e legitimidade para tanto (Kelsen 2001: 14-18; Kelsen 2003: 51-62; Westen 1990: 229; Martins 2018a: 225). Dessa maneira, o direito limita o poder discricionário do administrador com base na regra que quanto mais arbitrária parece uma decisão, maior a evidência de que viola o princípio da igualdade perante a lei (Somek 2001: 597-598).

Isso também ocorre com as margens de liberdade decisória do juiz. O direito da igualdade perante a lei permite, por exemplo, que o interessado exija por mandado de segurança a aplicação da lei sem exceções. Já o princípio da legalidade, mais vago, encontra-se fragmentado entre vários dispositivos, sendo que a Constituição de 1988 não estabelece expressamente a submissão do Judiciário a esse princípio. Isso mostra a importância jurídica da igualdade perante a lei, ainda que seu núcleo normativo reitere o mandamento da legalidade.

A igualdade perante a lei tem também a função de proibir a discriminação de certos grupos com atos infralegislativos, por exemplo, excluindo os estrangeiros do acesso a certo serviço. Por mais que haja motivos para tanto, apenas uma lei poderá estabelecer essa distinção, sendo também submetida a controle de constitucionalidade com base no direito à igualdade geral (cap. 7). Dessa maneira, a igualdade perante a lei confirma a regra de que os ordenamentos modernos eliminam a discriminação das minorias sociais, pondo fim jurídico à existência dessas minorias (cap. 3).

Em perspectiva histórica, a igualdade perante a lei corresponde a uma reivindicação da burguesia desde o surgimento do Estado de direito: abolir privilégios juridicamente consolidados da nobreza, dos eclesiásticos e das corporações e determinar que os direitos fundamentais só podem ser limitados mediante decisão do Parlamento que representa os cidadãos (inicialmente: apenas os homens, ricos) e não por iniciativa de alguma autoridade do Executivo ou do Judiciário.[330]

[330] Cf. detalhadamente Dimoulis e Martins 2020: 27-33.

Essa origem histórica permite interpretar com segurança o significado do termo "lei". Indica a exigência de lei no sentido formal, discutida e aprovada pelo Parlamento; não as leis no sentido material, isto é, normas que possuem conteúdo geral e abstrato, mas não passaram pelo processo de aprovação dos representantes da soberania popular. Sem essa determinação restritiva do conceito de "lei", a lei mencionada no art. 5º como base necessária e suficiente para decidir sobre meios de tratamento igual ou diferente tornar-se-ia sinônimo de toda e qualquer norma. Perderia sua relevância como limite imposto aos demais poderes e, ao mesmo tempo, como uma confirmação da superioridade normativa do Legislativo. A "lei" que deve ser aplicada de maneira igual abrange todas as produções legislativas, independentemente de denominação e do processo de aprovação, podendo ser, no sistema das normas federais brasileiras, lei ordinária, lei complementar ou medida provisória que possui "força de lei" (art. 62, *caput*, da Constituição brasileira). "Lei" nesse sentido é também o tratado internacional (igual ou superior hierarquicamente à lei) e a Constituição com suas Emendas.[331]

1.2. Crítica da proposta de ampliar a área de proteção do direito à igualdade perante a lei

Desde os anos 1920, houve debates sobre a possibilidade de entender que a igualdade "perante" a lei vincula também o legislador. Não seria apenas a lei que deve ser aplicada de maneira igual, sendo destinatários de seus mandamentos os aplicadores, mas o próprio legislador deveria tratar os iguais de maneira igual (igualdade como dever do legislador).

Esse debate foi realizado com muito vigor durante a República de Weimar na Alemanha, dividindo-se os constitucionalistas da época entre os conservadores-liberais que defendiam a interpretação tradicional-literal e os socialmente progressistas que optavam pela substancialização do direito da igualdade perante a lei.[332]

Mesmo nos nossos dias há exemplos de ordenamentos em que, diante da falta de garantia de um direito à igualdade na Constituição, o

331 Panorama das fontes do direito com força igual ou superior à lei ordinária no direito federal brasileiro em Dimoulis 2020a: 181-205.

332 Referências em Dimoulis 2019: 361-363. Campos (1947) apresenta a discussão alemã com impressionante riqueza bibliográfica, mas distorce posições para apoiar a tese de seu parecer.

Judiciário sobreinterpreta a igualdade perante a lei, para transformá-la em dever do legislador.

Isso se observa na Alemanha, onde predomina a substancialização do art. 3 (1) da Lei Fundamental: "Todos os seres humanos são iguais perante a lei (*vor dem Gesetz*)". Com argumentos pouco convincentes, mas que se impuseram na prática, a jurisprudência e a doutrina entendem que o artigo vincula o legislador (igualdade na criação da lei – *Rechtssetzungsgleichheit*).[333]

Isso também ocorreu, nos últimos anos, na Áustria. "Todos os cidadãos são iguais perante a lei", diz o art. 2 da Lei fundamental do Estado de 1867, que vigora até hoje[334] e constitui a principal fonte normativa sobre a igualdade no direito austríaco. Os tribunais consideram que essa norma vincula também o legislador. Seriam admitidas apenas diferenciações que se justificam objetivamente por diferenças que se observam nos fatos.[335] De maneira semelhante, a doutrina refere-se à igualdade como "mandamento de objetividade" (*Sachlichkeitsgebot*) ou à proibição da "desproporcionalidade" (*Unverhältnismässigkeit*) (Walter *et al.* 2007: 651).

Na prática, contudo, a igualdade perante a lei tornou-se na Áustria questão casuística e pretexto para as mais variadas interpretações. Os tribunais decidem quais são as diferenciações justificadas, tendo surgido listas[336] que incluem curiosidades. Exemplo: decidiu-se que não viola o direito à igualdade uma lei que proíbe a estrangeiros residentes na Áustria convidar para fins de reunião familiar seus filhos maiores de 14 anos (Öhlinger e Eberhard 2019: 346). Por alguma razão, considerou-se que os jovens acima de 14 anos podiam ficar afastados de sua família, não sendo nesse quesito iguais aos menores de 14 anos. Não temos vinculação do legislador pela igualdade, mas apenas uma legislação judicial sob o pretexto da igualdade.

Na doutrina brasileira foi formulada semelhante proposta interpretativa (Corbo 2017: 28-34). Afirmou-se que uma interpretação ampliadora e material da igualdade perante a lei permitiria utilizar essa

[333] Cf., por todos, Kloepfer 2010: 205, 210-221.

[334] https://www.ris.bka.gv.at/GeltendeFassung.wxe?Abfrage=Bundesnormen&Gesetzesnummer=10000006. Análise em Pöschl 2008: 94-103.

[335] Doutrina e jurisprudência em Walter *et al.* 2007: 642-651; Pöschl 2008: 138, 205-302; Öhlinger e Eberhard 2019: 338-365.

[336] Cf. centenas de decisões austríacas em: Öhlinger e Eberhard 2019: 342-353.

norma para censurar discriminações indiretas: "impede-se que a aplicação idêntica da lei a todos gere situações de desigualdade manifesta" (Corbo 2017: 33).

Isso não convence. Além do óbice semântico quando se tenta transformar a locução "iguais perante da lei" em "iguais no tratamento legislativo", tal interpretação extensiva não apresenta utilidade no Brasil. Não é necessário forçar a interpretação se a proteção das pessoas discriminadas pode ser obtida pela igualdade geral que o art. 5º garante em sua segunda oração (cap. 6, 2).

No Brasil, há tradição de dois séculos que entende a igualdade perante a lei como mandamento endereçado apenas ao Executivo e ao Judiciário. Dizia o artigo 179, XIII, da Constituição do Império:

> A Lei será igual para todos, quer proteja, quer castigue, e recompensará em proporção dos merecimentos de cada um.

Sabe-se que as leis "iguais" do Império permitiram consolidar a escravidão e reproduzir as exclusões e opressões da época: "a 'chancela legal' da escravidão [...] se revelava, por algum tempo e lamentavelmente para não poucos, compatível com a igualdade de todos" (Sarlet e Sarlet 2017: 204). A explicação jurídica era de que o legislador tinha legitimidade para decidir quem "merece" qual tratamento. Para citar apenas um exemplo doutrinário sobre a compreensão da igualdade em tempos passados, o tão admirado Rui Barbosa ensinava aos formandos em Direito em 1921:

> Nesta desigualdade social, proporcionada à desigualdade natural, é que se acha a verdadeira lei da igualdade. O mais são desvarios da inveja, do orgulho, ou da loucura. (Barbosa 1997: 26)

Até 1988, as Constituições brasileiras proclamavam, com pequenas variações, os direitos fundamentais da liberdade, da segurança e da propriedade. *Não* consagravam a igualdade como direito fundamental, limitando-se a garantir a igualdade perante a lei. Temos, como exemplo, a Constituição de 1967:

> Art. 150. A Constituição assegura aos brasileiros e aos estrangeiros residentes no País a inviolabilidade dos direitos concernentes à vida, à liberdade, à segurança e à propriedade, nos termos seguintes:

> § 1º. Todos são iguais perante a lei, sem distinção de sexo, raça, trabalho, credo religioso e convicções políticas. O preconceito de raça será punido pela lei.

As Constituições não diziam que as pessoas são livres e gozam de sua propriedade "conforme a lei". Garantiam plenamente a liberdade e a propriedade como conceitos jurídicos de conteúdo conhecido e estável, impondo ao legislador seu respeito. Mas não quiseram fazer o mesmo com a igualdade. Ela não foi considerada como direito fundamental, por ter conotação igualitarista. Se a Constituição de 1988 tivesse mantido essa tradição, a doutrina poderia discutir se a vedação de discriminações "perante a lei" pode ser aplicada também para limitar o legislador, como vimos que ocorreu na Alemanha e na Áustria.

Isso, todavia, não apresenta utilidade, diante do importante passo normativo que fez a Constituição de 1988 ao introduzir, pela primeira vez no Brasil, o direito fundamental à igualdade. Desde então, a igualdade pertence aos direitos fundamentais enunciados no início do Título II ("direitos e garantias fundamentais"). Por isso carece de utilidade a tentativa de interpretar extensivamente a igualdade perante a lei. Esse direito permaneceu no art. 5º, *caput*, da Constituição como herança histórica e também como reiteração da imparcialidade na aplicação das leis.

1.3. Titulares

Quem é titular (sujeito ativo) do direito à igualdade perante a lei? Algumas Constituições, de maneira nacionalista, dizem que apenas os nacionais são iguais perante a lei. Isso fizeram a apenas mencionada norma austríaca e a Constituição da Grécia de 1975 (art. 4, § 1). Já a Constituição brasileira, ao se referir a "*todos*", deixa claro que qualquer pessoa submetida à aplicação da legislação brasileira possui o direito de igual aplicação da lei. Isso confirma-se, *contrario sensu*, pelo fato de o art. 5º, *caput*, reservar os demais direitos fundamentais apenas a brasileiros e estrangeiros residentes no país (cf. cap. 6, 2.8) e não a "todos", como fez com a igualdade perante a lei.

A titularidade passiva limita-se às autoridades estatais. O Estado (auto)vincula-se no sentido de evitar qualquer intervenção ao direito de igual tratamento, gerando desequilíbrio entre interessados e ferindo a ideia de Estado de direito (aplicação de regras independentemente da vontade dos governantes). Enquanto os destinatários mais óbvios são os órgãos do Poder Executivo, não cabe dúvida que as autoridades do Judiciário devem aplicar a lei sem distinções de qualquer natureza e independentemente das consequências sociais. Mesmo desejando o Judiciário brasileiro "fazer o bem", por exemplo, com a mencionada decisão do STF que ordenou o pagamento de valores não devidos a pessoa fragilizada, constitui direito fundamental dos demais credores do Estado exigir o respeito da norma sobre a ordem de pagamento.

1.4. Consequências jurídicas em caso de violação do direito à igualdade perante a lei

A formulação clara e simples da igualdade perante a lei indica a possibilidade de o titular resistir a qualquer tentativa de aplicação desigual, valendo-se de vários remédios jurídicos. Havendo caso de não aplicação da lei por razões de discriminação, cabe mandado de segurança e qualquer outro meio processual que permita declarar a contrariedade do ato de aplicação à lei e, por extensão, à Constituição.

Em alguns casos, essa prova será fácil. Pensemos em invasão da polícia em uma favela, desrespeitando a inviolabilidade do domicílio dos moradores, com a justificativa de que uma construção improvisada e ilegal não é "casa" no sentido constitucional. As vítimas podem invocar seu direito de aplicação rigorosa da legislação sobre a inviolabilidade do domicílio, não podendo a autoridade policial interpretar o conceito de "casa" de maneira que discrimine quem possui moradia mais precária, sem cercas, muros, alarmes e portas de segurança.

Em outros casos, a prova será mais difícil, por exemplo, quando uma negra considera que foi eliminada na fase de entrevistas de concurso em razão de preconceito, não tendo sido aplicada da mesma maneira a norma que estabelece critérios de avaliação. Mas a dificuldade probatória não impede fazer valer esse direito, muito mais simples em seu manuseio que a norma geral de igualdade.

2. Direito (geral) à igualdade

> *Art. 5º*, caput: *[...] garantindo-se aos brasileiros e aos estrangeiros residentes no país [...] a igualdade.*

Adotando a distinção terminológica feita na doutrina alemã, referimo-nos ao direito "geral" à igualdade para indicar a norma da Constituição brasileira que reconhece a igualdade de tod@s sem especificações temáticas, condições ou previsão de tratamentos especiais. A segunda oração do *caput* do art. 5º menciona a igualdade de maneira inespecífica. Já os direitos especiais de igualdade proíbem a discriminação com base no critério de pertença a certo grupo ou atribuindo certo direito prestacional para fins de compensação.

Fato é que a constituinte de 1988 adotou "a técnica da redundância especificadora" (FREITAS JR. 1993: 166), referindo-se repetidamente à igualdade e especificando seu conteúdo em várias disposições. Examinaremos, nesta seção, as mais importantes manifestações do direito *geral* à igualdade.

A doutrina nacional oferece os profundos comentários que Leonardo Martins dedicou à igualdade, o trabalho de Humberto Ávila, centrado na igualdade tributária, assim como estudos de Walter Rothenburg sobre os conteúdos da igualdade. Foram também publicados nos últimos anos estudos detalhados e bem-informados que centram seu interesse no conceito da discriminação, em particular os de Adilson Moreira, Wallace Corbo e Rodrigo da Silva.[337]

Apesar da intensificação das publicações na década de 2010, parece-nos que há um déficit no debate interpretativo sobre as normas *constitucionais* que garantem a igualdade. Consequência disso é que nos debates nacionais continua sendo principal referência em temas de

[337] MARTINS 2018a e 2018b; ÁVILA 2008; ROTHENBURG 2009, 2013 e 2021: 42-116; MOREIRA 2017 e 2020; CORBO 2017; SILVA 2016.
Em seu manual de direito constitucional, Silva (2021) apresenta circunstanciado e minucioso relato sobre as desigualdades e discriminações no Brasil sob o título "igualdade", mas não analisa o conteúdo do direito à igualdade.
Por fim, obras que se apresentam como estudos da dogmática da igualdade limitam-se a considerações vagas sem delinear os contornos do direito ou enfrentar problemas hermenêuticos. Exemplos: ROCHA 1990 e 1996; SILVA 2003. Vejamos um trecho retórico: "O princípio da igualdade resplandece sobre quase todos os outros acolhidos como pilastras do edifício normativo fundamental alicerçado. É guia não apenas de regras, mas de quase todos os outros princípios que informam e conformam o modelo constitucional positivado, sendo guiado apenas por um, ao qual se dá a servir: o da dignidade da pessoa humana" (ROCHA 1996: 289).

igualdade um opúsculo publicado por Celso Antônio Bandeira de Mello quase meio século atrás.[338]

O direito (geral) à igualdade apresenta-se com terminologia variada, indicando a dificuldade de sua determinação doutrinária. Fala-se de "igualdade *da* lei", "igualdade *na* lei" ou "igualdade *pela* lei", sendo comum o recurso a adjetivos como material ou substancial (exemplo: MARTINS 2018a: 225). A questão terminológica remete às dificuldades conceituais que a doutrina debate ao se referir à dupla conceitual "igualdade formal" e "igualdade material" (cap. 2, 3.6). A seguir nos referiremos apenas à igualdade, objetivando interpretar o vocábulo solitário que encontramos na segunda oração do *caput* do art. 5º da Constituição.

2.1. Determinação da área de proteção do direito geral à igualdade

2.1.1. *Delimitações negativas (o que não é o direito à igualdade)*

2.1.1.1. *Crítica da tese da ausência de área de proteção*

A que tem direito o titular do direito à igualdade? A área de proteção de um direito fundamental (cap. 6, 1.1) pode ser determinada sem muita dificuldade quando se trata de direitos de liberdade. Nesses casos, temos uma ação ou omissão com claros contornos, indicados pela experiência comum. Sabe-se o que é locomoção, reunião ou religião. Também se sabe como o Estado pode afetar esses direitos, em particular proibindo certas condutas. Simetricamente, quando a liberdade consiste em uma omissão estatal, como no caso do sigilo da correspondência, sabemos quais condutas são protegidas de intromissões do Estado e quais ações estatais podem afetar essa esfera. Isso facilita o trabalho da doutrina, que determina a área de proteção com claras referências empíricas.

Isso também ocorre com os direitos sociais e políticos. Há clareza sobre o objeto da pretensão do titular (receber aposentadoria, cuidados médicos, participar de partido político), assim como sobre as ações e omissões estatais que permitem o exercício regular desses direitos.

Isso não se aplica em dois direitos fundamentais. Em primeiro lugar, no direito à *segurança* (arts. 5º, *caput*, e 6º). A segurança procura estabi-

[338] MELLO 2003, 1ª edição de 1978.

lizar os demais direitos, sendo, por assim dizer, um direito de *segunda ordem*:[339] Na maioria dos casos pode ser feita alegação do tipo "X tem *direito* de se locomover, logo a polícia não pode (*prima facie*) impedir que permaneça em praça pública durante a noite, fazendo parte da área de proteção do direito de locomoção a permanência em praça pública". Já no caso do direito à segurança a alegação é:[340] "X tem *direito* à segurança do *direito* de locomoção, logo a polícia não pode ameaçar e instabilizar o exercício desse direito como faz atualmente ao realizar controles de identidade e revistas corporais, intimidando pessoas que se encontram à noite em praça pública". Assim sendo, quem reivindica o direito à segurança deve especificar seu direito de primeira ordem que foi ameaçado. O direito à segurança possui área de proteção própria, mas necessariamente relacionada a outros.

O segundo direito ao qual não é possível a determinação simples e autônoma da área de proteção é a igualdade geral. Sua área de proteção não pode ser retratada como um conjunto de situações e condutas. Posso exigir permanecer na praça pública sem interferências policiais, sendo claro que isso faz parte da área de proteção da liberdade de locomoção. Esse direito pode ser reivindicado mesmo em uma noite de terça-feira fria e chuvosa, ainda que ninguém queira sair de casa. Ao contrário, ninguém pode exigir algo porque é "igual". A locução "eu sou igual" carece de sentido no nosso mundo jurídico (cf. VII, 2).

Isso faz a doutrina se referir à natureza *abstrata* do direito à igualdade (Kloepfer 2010: 205), tendo sido sustentada a opinião de que careceria de área de proteção: "Não garante o exercício de um direito, cuja área de proteção pudesse ser 'invadida' pelo Estado. *Não há de se falar, portanto, em área de proteção*".[341]

[339] Sobre a segurança enquanto direito fundamental: Baratta 2001; Baratta e Giannoulis 2001; Sabadell 2007; Lunardi 2009.

[340] Cf. Baratta 2001; Lunardi 2009: 269-270.

[341] Martins (2018a: 225; 2022: 98-106, 259-261), apoiado em significativa parte da doutrina alemã e criticando nossos argumentos. Para o prof. Martins, não é possível nem útil construir área de proteção para o direito à igualdade, já que seu funcionamento é sempre comparativo. Consideramos, ao contrário, que a determinação da área de proteção do direito à igualdade é imprescindível para utilizá-la como parâmetro no exame de constitucionalidade. Devemos saber em que consiste o direito de ser tratado de maneira igual a outrem. Para dizer que X tem direito a aumento de salário quando aumenta o salário de Y, precisamos saber se a Constituição lhe deu esse direito.

Uma variação da tese da ausência da área de proteção consiste em dizer que, enquanto os demais direitos fundamentais regulamentam condutas humanas (permissões, proibições, obrigações), a igualdade não indica o que deve ser feito. "Regula a própria produção do direito", impondo a criação de "regimes jurídicos [...] compatíveis com a igualdade" (Galkowicz 2014: 29). Se a igualdade for considerada apenas norma sobre produção de outras normas, isso significa que não pode ser diretamente violada (Galkowicz 2014: 29, 35).

Essas opiniões constatam, acertadamente, que a área de proteção da igualdade não permite uma determinação imediata:

I13 O direito fundamental à igualdade é fortemente indeterminado.

Porém, não convencem quando afirmam a ausência de área de proteção do direito. Segundo a mencionada perspectiva da teoria das normas kelseniana, o aplicador não pode diferenciar titulares de direitos fora das hipóteses legalmente previstas. Ao mesmo tempo, deve diferenciá-los nas hipóteses legalmente previstas. O agente estatal deve conceder aposentadoria ao funcionário de 75 anos e negá-la ao de 74 anos, porque a lei estabelece como limite os 75. A fazer isso, diria Kelsen (cap. 2, 3.4), respeita a igualdade porque trata ambos da maneira que a lei ordena. As razões biológicas e sociais que deram ensejo à norma geral (aposentadoria aos 75) não são examinadas, por mais que possam ser questionáveis. Tampouco interessa a opinião do aplicador para casos que ele considera "extremos".[342]

Se o funcionário de 74 anos iniciasse um litígio, alegando que a lei o discrimina porque ele é substancialmente igual aos de 75 anos (ou até mais merecedor em razão de sua situação de saúde ou familiar), o juiz rejeitaria a alegação (invocando a liberdade de conformação do legislador) ou mesmo faria comparações entre ambos, se decidisse adotar a perspectiva ativista que criticamos. Mas a igualdade *per se* não permite

342 Ezzeldin Bahader tornou-se famoso por ter participado em 2020 de jogo de futebol profissional com 74 anos e 4 meses e ainda mais tendo marcado gol (guinnessworldrecords.com/world-records/370408-oldest-active-football-soccer-player). Sua surpreendente força e motivação seriam razões para lhe negar assento especial no ônibus? Quem responde positivamente considera que a norma não diz que devemos tratar os acima de 60 anos de maneira diferente dos mais jovens, mas considera que ele tem a capacidade de decidir quem "merece" tratamento correspondente a idoso.

dizer quem deve receber aposentadoria com a mesma facilidade e clareza com que se pode afirmar que é permitido permanecer na praça pública porque isso faz parte do direito de locomoção.

O direito à igualdade possui peculiaridades se for comparado com a área de proteção dos direitos de liberdade. Mas a diferença não está na ausência de área de proteção da igualdade. Está no fato de a igualdade possuir *estrutura trilateral*.[343]

Nos direitos de liberdade é suficiente examinar se o Estado interveio na área de proteção do direito do titular, sendo indiferente se essa intervenção foi fato único ou ocorreu em outros casos também. O titular reivindica que o Estado faça ou deixe de fazer algo em relação a ele, sem que seja necessário investigar se outras pessoas sofreram violação ou se mesmo possuem esse direito (*estrutura bilateral*):

A ← Estado

Já a pergunta se uma ação ou omissão do Estado afeta a área de proteção do direito à igualdade necessita de comparação com tratamentos propiciados a terceiros. A decisão que indefere a aposentadoria do funcionário de 74 anos pode ser examinada em vista do direito à igualdade se soubermos como a administração e a legislação tratam outras pessoas, notadamente se alguém de 74 anos recebeu aposentadoria e mesmo como são fundamentadas decisões que concedem o direito aos de 75 anos.

A relação trilateral

A ← Estado → B

permite constatar se o direito que possui A para ser tratado igualmente a B foi afetado. Examinamos se A e B são efetivamente iguais em certo aspecto (o que interessa no caso) e se o Estado afetou a igualdade entre eles: "A tutela concreta oferecida pelo art. 3 (1) [direito geral à igualdade segundo a Lei Fundamental alemã] não é *per se* predeterminada constitucionalmente, mas se determina através da conduta estatal perante terceiros" (Kloepfer 2010: 201).

[343] Análise e bibliografia em Galkowicz (2014: 51-54) e Martins (2022: 104-105), que se referem à estrutura "tripolar" do direito de igualdade.

Com base nisso, a doutrina exige o estabelecimento de um *tertium comparationis*. Ao constatar que A recebeu tratamento menos favorável do que B[344] e para avaliar se a diferença é justificada, busca-se a característica que os diferencia e foi apresentada como razão para tanto. Para isso, argumenta-se, deve ser encontrado o gênero mais próximo (*genus proximum*) ao qual pertence a pessoa que alega discriminação e, ao menos, mais um indivíduo. A seguir, são comparadas as duas espécies, encontrando diferenças e semelhanças (Martins 2018a: 229; Ávila 2008: 27, 43-47). Digamos que A e B trabalham no mesmo regime funcional (*genus proximum*), diferenciando-se, no que interessa aqui, apenas pela idade.

A busca pelo *genus proximum* e pelas espécies que ele engloba apresenta utilidade pedagógica, mostrando como se estruturam juridicamente os grupos. Serve também para formar precedentes judiciais. Se o legislador concede adicional de insalubridade a médicas de hospitais e não a enfermeiras, a formação do gênero "profissional de saúde que trabalha em hospitais" permite decidir se a diferença na natureza da função e no nível de qualificação (médica *vs.* enfermeira) é razão suficiente para a diferença na remuneração ou se devemos decidir que "as profissionais de saúde que trabalham em hospitais devem receber o mesmo adicional de insalubridade", rejeitando a relevância jurídica da diferença de formação/função entre as duas espécies de profissionais.

No entanto, a identificação do gênero (*genus proximum*) *não tem relevância* para o exame da eventual violação da igualdade. A pergunta jurídica é se as evidentes e múltiplas diferenças entre médicas e enfermeiras justificam o tratamento diferenciado em relação ao adicional de insalubridade. Isso pode ser respondido com comparação direta do que fazem e do que recebem. Para esse juízo de semelhança carece de utilidade saber se ambas têm em comum o fato de ser profissionais de saúde, mulheres, servidoras públicas ou pessoas com saúde fragilizada.

A necessidade de comparação não significa, contudo, que o conteúdo do direito à igualdade de A resulte apenas dessa operação. Sabemos que a afirmação "se A for igual a B, então A deve receber o mesmo tratamento que recebeu B" tem a indefinição da estrutura hipotética.

[344] Na prática são comparados grupos de pessoas, mas é suficiente que haja duas pessoas com uma característica em comum e uma diferente para que a comparação seja possível.

Isso gera a impressão de ser vazio o direito de igualdade, por não indicar *quando* A e B são iguais.

Consequência imediata dessa visão é a tese da ausência de área de proteção da igualdade, algo que reduz a igualdade a uma mera regra técnica. Aceita-se qualquer tratamento desde que seja dada uma justificativa ("redução do direito geral à igualdade a um dever técnico de fundamentação", conforme a crítica de Pöschl 2008: 200). Ulterior consequência é ignorar a história dos ordenamentos constitucionais, que não se limita a exigir justificativas, mas reivindica certos *conteúdos*: desde a abolição dos privilégios feudais, até as lutas identitárias e antidiscriminatórias de nosso tempo (Pöschl 2008: 200-201).

Para que a verificação das eventuais violações do direito à igualdade seja feita de forma normativamente sólida devemos saber *o que é igualdade* em certo ordenamento constitucional. Se não, comparamos sem referência normativa, com elucubrações subjetivas sobre o justo e o adequado.

Consideramos que não há dificuldade e incerteza na escolha da medida de comparação.[345] Não se comparam dois grupos genericamente para constatar suas incontáveis semelhanças e diferenças. Busca-se apenas o critério utilizado para aplicar certo tratamento (em caso de omissão que gera desigualdade, busca-se o critério que deveria ser utilizado).

Não precisamos examinar se o trabalho da médica é mais difícil ou necessita de maior qualificação e dedicação em comparação com o da enfermeira. Procura-se apenas a razão pela qual foi dado o adicional de insalubridade somente às médicas. Se a justificativa foi que as médicas se expõem a maiores riscos de contaminação ou toxicidade, verificaremos se isso é verdade. Se for comprovado que em relação a esse critério não há diferença, há violação do direito das enfermeiras à igualdade, independentemente das demais diferenças entre as duas profissões, já que, por exemplo, a maior qualificação profissional das médicas não é razão para conceder o adicional.

O exame é facilitado pelos contornos processuais. Não se trata de decidir se, em geral, as enfermeiras enfrentam riscos. A tal pergunta seriam dadas respostas diferentes a depender da atuação específica de cada enfermeira e da semelhança de seu trabalho com o de uma médica. A pergunta é apenas se as enfermeiras que apresentam a reclamação

[345] O contrário é sustentado por Ávila 2008: 43-44.

enfrentam riscos semelhantes aos das médicas que recebem o adicional. Pode ser decidido que certas enfermeiras fazem jus ao adicional e outras não. A decisão dependerá da formulação do pedido e da configuração do adicional, podendo até ser decidido que não é aplicável nem para as médicas. O que interessa aqui é que deve ser buscado um *critério* de diferença ou semelhança do qual depende a decisão.

Nessa busca, alguns argumentam que devemos verificar se X tratou A da mesma maneira como Y trataria esse mesmo A. Imaginemos que o comerciante X, muçulmano, nega-se a vender a A bebida alcoólica. O cliente, frustrado, poderia dizer que o comerciante Y, católico, teria lhe vendido álcool, logo X discriminou, pois propiciou tratamento diverso do que Y e a esmagadora maioria dos comerciantes. Plausível para nossa sociedade é a prática de não vender bebida a pessoas fortemente alcoolizadas para proteger a ordem pública e essas mesmas pessoas, e não banir o consumo de álcool como elemento cultural.[346]

A comparação com alternância dos sujeitos e dos tratamentos não convence, pois o que se examina não são as várias posturas que se observam na sociedade, mantendo cada um uma postura coerente com suas convicções, e sim se a mesma pessoa teve posturas diferentes perante duas outras que são juridicamente iguais. O comerciante X, muçulmano, dirá que não vende a ninguém bebida alcoólica em razão de sua crença religiosa. Exerce seu direito à liberdade religiosa e professa certas opiniões, aplicando-as a todos igualmente, sem discriminar alguém. A situação muda se um cristão invocar suas crenças para não vender bolo de casamento a *gays*, pois aqui a mesma pessoa usa dois pesos e duas medidas para estigmatizar um grupo.[347]

A regra da *imutabilidade do destinatário do dever de igualdade* na relação tripartite aplica-se no nível constitucional, devendo manter inalterado o sujeito (autoridade estatal ou pessoa que exerce poder público) que propiciou tratamento diverso a A e B. O argumento de que outra autoridade adota (ou não) o padrão discriminatório não afeta o juízo sobre a justificativa desse tratamento. Isso deixa clara a falsa simetria

[346] Extraímos o exemplo e a argumentação de Connolly 2022: 108-111.

[347] Supreme Court of the United Kingdom, *Lee v. Ashers Baking Company* (2018) (www.bailii.org/uk/cases/UKSC/2018/49.html). A Corte decidiu que prevalecia a liberdade religiosa do doceiro cristão que não quis confeccionar bolo de casamento para casal *gay*.

nas comparações sobre igualdade. Enquanto é necessário comparar o tratamento propiciado à alegada vítima de discriminação com pessoa semelhante, é enganosa a comparação da conduta de dois possíveis perpetradores, pois a semelhança ou diferença nada diz sobre a licitude da conduta.

Aprofundando na comparação da estrutura dos direitos de liberdade e igualdade constatamos algo aparentemente curioso. No exercício do direito de igualdade, o titular se relaciona apenas com o Estado, pedindo certa ação ou omissão estatal ("peço adicional de insalubridade"), não sendo juridicamente relevante se o terceiro recebe essa vantagem. A referência ao terceiro é feita apenas para fundamentar a alegação ("eu, enfermeira, peço adicional de insalubridade *porque sou igual à médica que o recebe*"). Isso indica que o direito de igualdade tem também *aspectos bilaterais.*

Do ponto de vista *processual*, o litígio constitucional sobre igualdade apresenta estrutura bilateral. É um litígio entre o titular e o Estado e, mesmo se houver participação de terceiros interessados (os empregadores das enfermeiras que não desejam pagar o adicional), pede-se apenas que o Estado faça ou deixe de fazer algo (nesse caso emita uma norma que autorize o pagamento do adicional às enfermeiras litigantes. Também do ponto de vista *material*, será examinado se o titular tem direito (de igualdade) a receber uma prestação estatal. A trilateralidade detecta-se apenas na *argumentação* que inclui a comprovação fática e a avaliação jurídica do tratamento propiciado a terceiros.

Em compensação, os litígios relacionados a direitos de liberdade apresentam *aspectos trilaterais*. A polícia proíbe que uma pessoa permaneça na praça pública não por capricho, mas porque considera, com ou sem razão jurídica, que isso é necessário para preservar o sossego da vizinhança, garantir a segurança pública ou, em tempo de emergências sanitárias, a saúde pública. O direito é suspenso em nome de outro direito ou interesse, configurando-se relação trilateral. O Estado assume posição de intermediação, ora suspendendo ou restringindo um direito (proibição de permanência na praça pública geral ou somente no período da noite), ora permitindo seu exercício mesmo em detrimento dos demais interesses mencionados. Mas essa trilateralidade não afeta a bilateralidade do litígio e do pedido, sendo sempre o titular de um direito – ou os representantes de um grupo – que exigirão uma omissão ou intervenção estatal.

Nessa perspectiva, a diferença estrutural encontra-se apenas no fato que os direitos de liberdade são fundamentalmente bilaterais, podendo ocorrer intervenção justificada na área de proteção em vista de direitos de terceiros. Já os direitos de igualdade nascem a partir da comparação com terceiros, sendo fundamentalmente trilaterais, ainda que o litígio envolva apenas o titular do direito à igualdade e o Estado.

Retomando nossos exemplos, o direito de permanecer na praça pública *deixa* de poder ser exercido a partir da eventual proibição de circulação imposta em prol da tutela da saúde de terceiros. Já a enfermeira *começa* a poder exigir o adicional de insalubridade a partir do momento em que esse benefício foi dado a médicas.[348]

Isso confirma que o direito à igualdade *possui área de proteção* de cunho trilateral com aspectos de bilateralidade. A seguir faremos os passos argumentativos necessários para determinar sua área de proteção.

2.1.1.2. *Não se trata de tratar os iguais igualmente e os desiguais desigualmente*

A resposta mais comum ao examinar a área de proteção do direito à igualdade é que os iguais devem ser tratados igualmente, os desiguais desigualmente. É a compreensão do Tribunal constitucional federal alemão, à qual acrescenta-se o reconhecimento que, sendo sempre relativa a igualdade ou desigualdade de duas pessoas e não havendo possibilidade de medição exata, o tratamento igual ou desigual diz respeito a pessoas *substancialmente* (*wesentlich*) iguais ou desiguais:

> O princípio da igualdade proíbe de tratar desigualmente os substancialmente iguais e impõe tratar os substancialmente desiguais de maneira desigual correspondente às suas características particulares.[349]

Essa afirmação é compartilhada pela doutrina brasileira com o esclarecimento que devemos tratar os desiguais desigualmente, *na medida de sua desigualdade* (exemplos: Mello 2003: 37; Vieira 2017: 260).

348 Se a enfermeira exigisse o pagamento do adicional em virtude de lei ou norma contratual não teríamos exercício de direito de igualdade. Nessa situação, seria desnecessária a comparação com terceiros.

349 Entscheidungen des Bundesverfassungsgerichts, *v. 90, 145, 195-196* (servat.unibe.ch/dfr/bv090145.html). Estudo específico das interpretações do termo "substancialmente" (iguais) em Pöschl 2008: 172-194.

Discutimos essa determinação ao elaborar e comentar as proposições I3 e I4 (cap. 2, 3.5). Tal determinação da área de proteção foi considerada "tolice metafísica"[350] por ser normativamente vazia. Ainda que a crítica nos pareça injustificadamente severa, possui certa base que decorre das nossas análises no cap. 2. Os titulares do direito à igualdade A e B, homens com diploma universitário, perto dos 50 anos, exercendo o mesmo trabalho com a mesma carga horária, possuem essas características em comum, mas provavelmente se diferenciam em relação ao estado de saúde, ao patrimônio e ao número de dependentes. Quando se deseja determinar o salário que deve ser pago "na medida da desigualdade" de A e B, pergunta-se quais entre esses critérios serão decisivos, em qual combinação e em qual intensidade. Ou será que as diferenças são irrelevantes?

Digamos que A e B recebam salário de 10.000 reais. O tratamento igual seria aceito se eles fossem substancialmente iguais, se A=B, tal como 10.000=10.000. Já que não se pode saber o que eles são "essencialmente", diante da multiplicidade das determinações de sua possível igualdade e desigualdade, a decisão será controvertida e a área de proteção ficará novamente sob questionamento.

Caso A receba 10.000 e B 11.000, o tratamento desigual seria aceito se eles fossem substancialmente desiguais e a diferença remuneratória expressasse a medida de sua desigualdade. Essa fórmula é ainda mais incerta que a anterior. Não sabemos qual entre as características mencionadas é essencial e, ainda que soubéssemos, isso não indicaria a medida do tratamento adequado. Supondo que seja relevante o número de filhos menores de idade, não se pode saber qual deve ser o valor pago para cada filho. Um salário mínimo? Meio? Valor que lhe permita equiparar a família às condições de vida de colegas sem filhos? Muitas perguntas semelhantes podem ser feitas e permanecem sem resposta unívoca.

Há situações nas quais o tratamento questionado possui natureza qualitativa, cabendo respostas binárias, como no caso da promoção funcional. Isso simplifica a situação, havendo apenas a alternativa de tratamento igual ou desigual. Avalia-se tão somente a pertinência dos critérios que podem ser aritméticos (antiguidade) ou mais abertos (eficiência). Essa objetificação facilita as comparações, mas é sempre possível

[350] Somek 2006: 202 ("expressa disparates metafísicos").

questionar a pertinência dos critérios. Homens podem ser medidos com o mesmo critério de antiguidade que mulheres que passaram anos cuidando dos filhos? Como avaliar a produtividade de funcionários com deficiência ou problemas de saúde? Podemos atribuir a mesma pontuação a dois trabalhadores brasileiros pelo domínio de idiomas estrangeiros se A fala espanhol e italiano e B japonês e russo?

2.1.1.3. *Não se trata de proibir o tratamento desigual*

Somek formulou críticas detalhadas à definição da igualdade como imperativo de tratar os iguais igualmente e os desiguais desigualmente e sugeriu uma determinação da área de proteção da seguinte maneira. O direito à igualdade exige que uma pessoa seja tratada exatamente como outra se não houver razão para tratamento diferenciado (Somek 2001: 578). Essa definição não é satisfatória, pois contenta-se com a tese "na dúvida proporcionar tratamento igual", que criticamos no cap. 2, 3.7. O termo "tratamento desigual" teria significado claro apenas em um mundo unidimensional, em que há apenas pessoas iguais, da mesma maneira como dois segmentos de reta são iguais, não se admitindo uma consideração "desigual".

Isso ocorre em algumas situações, por exemplo, quando se estabelece que o voto é igual para todos. Quem possui a cidadania brasileira deve exercer seu direito político passivo de maneira absolutamente igual aos demais, sendo irrelevantes considerações de mérito e de *status* social. Se fosse atribuído peso maior ou menor a certa eleitora, ainda que a diferença fosse ínfima, ocorreria violação do imperativo da igualdade. O exemplo não pode ser generalizado, pois refere-se a situação específica e momentânea. Na maioria dos casos estamos diante de uma multiplicidade de necessidades e méritos.

Contudo, mesmo a igualdade "simples" no direito de voto é relativizada. A Constituição Federal, após proclamar que o voto possui "valor igual para todos" (art. 14, *caput*), introduz fortes relativizações. Segundo dados de 2022, o estado de São Paulo tem 47 milhões de habitantes e o estado de Roraima 650 mil. O art. 45, § 1º, da Constituição Federal prevê que o número de deputados federais deve ser proporcional à população, porém o menor estado deve ter 8 e o maior não mais que 70 representantes. Assim sendo, São Paulo tem 9 vezes mais deputados em comparação com Roraima, apesar de sua população ser 72 vezes maior. 9=72.

O art. 45, § 1º, equipara o 9 ao 72, dando ao voto do menor estado peso oito vezes maior, ainda que o art. 14, *caput*, proclame que o voto é igual. Já no Senado federal temos três representantes para cada estado. Com esse recorte, São Paulo devia ter 216 Senadores ou aceitar que o voto em Roraima tenha peso 72 vezes maior: 1=72, diz aqui a matemática constitucional.

Por mais que futuramente aumente a população de São Paulo, não haverá mudança no número dos representantes. Os que vierem a nascer ou a morar no estado impõem uma diminuição proporcional do peso do voto do eleitorado estadual.

Do ponto de vista jurídico, essas exceções são justificadas pela necessidade de preservar o equilíbrio institucional de uma Federação com estados de grande disparidade no tamanho e na população, além de serem, no Brasil, via de regra, os estados menos populosos também os menos desenvolvidos. Se fosse seguida a regra da igualdade do voto, Roraima deveria ter um deputado e nenhum senador. Além disso, as normas especiais de igualdade se sobrepõem à geral, não sendo permitido (nem logicamente possível) determinar o específico através do genérico (cf. cap. 6, 2.6). Nessa perspectiva, a norma geral da igualdade de voto adquire significado apenas quando uma lei muda o equilíbrio, determinando, *v.g.*, que o corpo eleitoral de zonas rurais teria peso de voto menor. Mas o direito à igualdade não pode impedir que a própria Constituição introduza exceções como a mencionada.

Essas considerações ilustram a tese que o direito à igualdade não consiste em igualizar as pessoas nem no dever de optar, na dúvida, pela aplicação da mesma regra. Quem mora em Roraima não é equiparável aos paulistanos porque Roraima deve receber um tratamento compensatório-equilibrante. Cabe à doutrina estabelecer critérios concretos e adequados para responder a questionamentos sobre o tratamento devido.

2.1.1.4. *Não se trata de elaborar uma teoria da igualdade como justiça*

Os temas relacionados à igualdade são discutidos por filósofos políticos que estabelecem fórmulas, princípios e sofisticados argumentos sobre seus significados. São teorias complexas, amadurecidas pelo debate de séculos, e de grande utilidade para a vida social.

Por mais que sejam dignas de estudo e reflexão, tais "teorias da justiça" parecem-nos sem utilidade para a interpretação jurídica, ao contrário do que costuma ser sustentado (exemplo: MOREIRA 2020: 141-143). Esse debate tem como característica central as controvérsias e a contraposição de modelos de igualdade, tanto na determinação de sua importância em comparação com outros princípios como internamente (finalidades e critérios). Quem defende, *v.g.*, a visão de Dworkin sobre a igualdade, encontrará resistências e críticas pelos seus variados contraditores. Isso também ocorrerá com qualquer outra teoria da justiça, já que o conceito pertence aos *essencialmente contestáveis*, exatamente como a igualdade (cap. 2, 1.2).

Isso impossibilita preencher a fórmula vazia/hipotética da igualdade ("se X for igual a Y") com a adesão a uma teoria da justiça. Se alguém afirmar ter encontrado a teoria "certa", será prontamente criticado pelos demais. A teoria de Rawls foi questionada por Habermas, logo a teoria de Habermas pode ser questionada com base em Rawls[351] e assim por diante.

Imaginemos que, apesar disso, alguém sustente a seguinte proposição:

> *I14 O titular X possui direito à igualdade, podendo exigir o tratamento igualitário que recomenda a teoria da justiça adequada.*

Em razão da inextricável contestabilidade, a fórmula I14 equivale a dizer: em virtude de seu direito à igualdade, X pode exigir o tratamento igualitário que elaborou e recomenda a teoria da justiça que certo autor prefere, mas não pode exigir o mesmo com base em outras teorias. A proposição I14 seria plausível apenas se fosse possível exigir que os aplicadores do direito brasileiro sigam uma única teoria da justiça. Mas a configuração do direito com base em autoridades nominalmente indicadas não é aceita hoje, ao contrário do que ocorria com as "leis das citações" em tempos romano-bizantinos. Rawls não é Papiniano.[352] Em razão disso, devemos estabelecer o conteúdo do direito de igual-

351 Sobre o debate entre RAWLS e HABERMAS, cf. NINO 1988.

352 Decreto do Imperador Valentiniano III (editado pela Regente Galla Placídia) determinou, em 426, que seriam vinculantes para os tribunais do Império Romano-bizantino somente as opiniões de cinco jurisconsultos romanos: Papiniano, Paulo, Ulpiano, Gaio e Modestino. Ficou conhecido como *lex citationum*, sendo incorporado ao Codex Theodosianus (1.4.3; https://droitromain.univ-grenoble-alpes.fr/Constitutiones/CTh01_mommsen. htm#4).

dade independentemente de teorias filosóficas, por mais que elas sejam predominantes ou gozem de grande consenso entre especialistas.

Oscar Vilhena Vieira fez um importante levantamento das teorias sobre o "justo" que a Constituição Federal utiliza para concretizar a igualdade: mérito, universalidade, necessidade (Vieira 2017: 263-268). Na classificação do autor, temos, em primeiro lugar, normas que utilizam o critério do *mérito*, seguindo a fórmula "todos têm direito a X, na medida de seus 'méritos'" (Vieira 2017: 264). Exemplos constitucionais: Concursos públicos para escolha de servidores ("vence o melhor"); tutela da propriedade privada, protegendo quem acumulou recursos na competição aberta do mercado.

O segundo critério é o da *universalidade*. Todos os membros da comunidade possuem direito a certa prestação: "todos têm direito a iguais parcelas de X" (Vieira 2017: 265). São exemplos os direitos à educação e à saúde, garantidos a todos pelo art. 6º da Constituição Federal.

O terceiro critério é o da *necessidade*, conforme a máxima "todos os que necessitarem têm direito a X, na medida de suas necessidades" (Vieira 2017: 266). Oferecem um exemplo os direitos à assistência social dos indigentes.

O autor indica a fragilidade teórica desses critérios, pois dificilmente podemos encontrar "mérito" nos filhos que herdam fortunas de pais ricos ou na pessoa que recebeu educação de qualidade e foi aprovada em um concorrido vestibular, o que não ocorreu com quem nasceu em família necessitada (Vieira 2017: 264-265). Da mesma maneira, consideramos que a universalidade nas prestações de saúde e de educação, abrangendo mesmo quem poderia pagar para tanto, agrava ainda mais a desigualdade social no Brasil. Se pessoas com renda acima da média podem usufruir gratuitamente de tratamentos caros propiciados pelo SUS ou do ensino oferecido por instituições públicas, isso indica uma má distribuição de recursos, podendo ser sustentado que para todos os direitos sociais deve ser aplicado o critério da necessidade.[353]

Além disso, há o problema da indefinição. Os critérios relatados foram escolhidos pela Constituição para ser aplicados em determinadas situações. Para o funcionalismo público importa o mérito, mas não

[353] Cf. a discussão sobre a titularidade universal ou não dos direitos sociais em Dimoulis e Martins 2020: 104-107.

costuma ser considerado mérito o fato de um candidato ter estudado muito mais que os outros ou ser oriundo de família de baixa renda.

Por fim, pergunta-se o que deve ocorrer na falta de critério explícito. Quando uma reivindicação de igualdade está fora das hipóteses regulamentadas mediante fixação dos critérios, qual abordagem deve prevalecer? Não sabemos e nunca saberemos. Os critérios mencionados, contraditórios entre si, não oferecem resposta.

Encontramos o que Somek denominou *segunda aporia do direito à igualdade*. Tribunais constitucionais (e doutrinadores) transformam a vedação de discriminação que possui um sentido matemático (igual-desigual) em um *mandamento de adequação* (*Sachgerechtigkeit*). Isso significa que o mandamento da igualdade foi compreendido como dever judicial de encontrar a decisão que melhor se adeque às "circunstâncias" (quais exatamente?) (Somek 2001: 8-9).

Prolongando a crítica do autor, diremos que essa opção faz o aplicador seguir uma teoria substancial sobre os critérios do justo que não decorre da Constituição, mas de crenças difundidas no ambiente social em que o juiz atua. Dessa maneira, o direito à igualdade é equiparado a representações vagas e contraditórias sobre o que é adequado. É uma opção teórica decorrente da visão moralista da interpretação constitucional, responsável pela maior arbitrariedade da interpretação jurídica que consiste no subjetivismo desejado (cap. 2, 4.4.2).

Feitas essas críticas, não deixa de ser verdade que, para determinar critérios de igualdade, precisamos ter uma teoria da justiça, no sentido da elaboração, discussão e verificação posterior de "critérios substantivos de justiça" (Vieira 2017: 259-261). Isso é pressuposto inescapável de qualquer decisão humana. Quando termina uma corrida e o taxímetro escreve "13,60", o passageiro deve decidir se pagará o exato valor, se arredondará para 14 (ou 15), se dará uma nota de 20, deixando que a motorista decida quanto devolverá, se vai pedir desconto ou mesmo se abre a porta e sai correndo sem pagar. Cada decisão tem consequências sociais e jurídicas diferentes, logo, para escolher, é necessária uma teoria sobre a transação "justa", por mais superficial e improvisada que seja.

Isso também ocorre quando o legislador ou o intérprete formulam uma proposta sobre o tratamento igual. Isso vale em questões de princípio, por exemplo, saber se deve existir ação afirmativa. Vale também para problemas específicos, quando se trata de determinar porcentagens, prazos ou procedimentos. Mas não podemos nos esquecer de que, a partir do momento em que o legislador estabeleceu seus critérios de decisão, adotando certa versão de teoria da justiça, essa teoria deixa de ser relevante por seus (sempre discutíveis) méritos filosóficos. A teoria da jurista *desaparece* por trás da autoridade de quem a adota. A transformação de uma teoria em direito vigente ocorre com base em critérios jurídicos (validade formal e concordância com normas superiores).

Temos aqui o fenômeno da *neutralização* das teorias da justiça que são, ao mesmo tempo, endossadas e apagadas pelo direito vigente, que constitui a única razão jurídica de sua validade.[354]

2.1.2. *Determinação "positiva" da área de proteção*

> *I15 A área de proteção do direito à igualdade geral consiste na exigibilidade de certas ações ou omissões estatais em razão da pertença do titular a um grupo substancialmente semelhante ou diferente de outro. As ações ou omissões estatais impostas pela igualdade não podem piorar e devem tentar eliminar as desigualdades sociais, respeitadas as limitações decorrentes de outros direitos fundamentais. Normas que não discriminam expressamente um grupo podem violar o direito à igualdade se possuírem impacto discriminador sobre esse grupo.*

O direito à igualdade é determinado pela Constituição, oferecendo embasamento a certa reivindicação em razão da conduta de autoridade estatal. O titular A não tem direito de receber adicional de insalubridade *porque* B o recebeu. Ele possui, pela Constituição, o direito individual de ser tratado como igual a B, tendo sido *esse* direito (e não o direito ao adicional) afetado pela decisão estatal de tratá-lo como inferior (não merecedor do adicional). Como dissemos ao analisar a estrutura, em parte trilateral e em parte bilateral, da igualdade, o titular A tem direito individual a igual tratamento, da mesma maneira como tem direito de locomoção em nome próprio.

Há aqui risco de incompreensão, pois os direitos fundamentais são invocados em processos a partir do momento de sua violação ou ameaça de violação. Exercemos constantemente o direito de locomoção "em silêncio", mas é apenas quando há privação ou ameaça de privação pela intervenção policial que haverá sua invocação, sem que isso signifique

[354] Sobre essa tese juspositivista, cf. Dimoulis 2018: 105-107.

que o direito não existia anteriormente, quando a pessoa passeava sem ser incomodada por ninguém.

Da mesma maneira, A pedirá para ser tratado de maneira igual a B, quando considerar violado seu direito à igualdade. Esse direito existia também quando A tinha remuneração igual a B. Quando B começa a receber o adicional de insalubridade, temos um fato que, alegadamente, afeta o direito de A em razão de uma intervenção do Estado, que causa tratamento desigual. Se o adicional for atribuído também a A, ele continuará sendo titular do direito à igualdade, mas não há mais razão para fazê-lo valer processualmente.

Especificando a área de proteção do direito à igualdade, distinguimos quatro situações.

– *Direito a ação normativa reparatória*: dar ao titular benefício que foi dado a terceiro, sendo o tratamento do terceiro utilizado argumentativamente para fins de comparação. Exemplo: conceder às enfermeiras o adicional de insalubridade das médicas.

– *Direito a ação normativa compensatória*: dar ao titular benefício não dado a terceiro, justificando-o com a desvantagem social do titular, que pertence a minoria social ou possui peculiaridades que justificam o tratamento especial. Exemplo: regime de propriedade fundiária especial para índios.

– *Direito a omissão normativa reparatória*: deixar de tratar de maneira desfavorável o titular por ser decisiva sua igualdade-semelhança a terceiro. Exemplo: declarar inconstitucional a tributação de livro eletrônico, considerando que se equipara ao livro impresso, que goza de imunidade tributária.

– *Direito a omissão normativa compensatória*: deixar de conceder benefício "igual" aos socialmente privilegiados. Exemplo: questionar o auxílio moradia dado a funcionários com casa própria ou imóveis equivalentes. Essa hipótese é a mais complexa. Quem recebe auxílio moradia não possui legitimidade processual para questionar o benefício de colegas, mas pode pedir acréscimo, alegando que o atual auxílio "moradia" é um complemento salarial concedido a todos, merecendo ele ajuda específica para pagar as despesas de moradia. Já terceiros e autoridades estatais podem exigir que deixe de ser pago dos cofres públicos o auxílio sem justificativa, pedindo que os privilegiados não sejam tratados de maneira igual aos não privilegiados. Nesse caso, a igualdade é utilizada apenas argumentativamente, e não como reivindicação de direito.

A igualdade é um direito individual, mas tem substância *coletiva*. Imaginemos que uma pessoa não foi aprovada em concurso e alega discriminação. Salvo improvável caso de inimizade pessoal, a discriminação terá justificativa coletiva. "Fui discriminada" significa "fui discriminada porque *sou* mulher", o que equivale à afirmação: "fui discriminada porque *pertenço ao grupo das mulheres*". A queixa pode ser examinada individualmente, mas do ponto de vista argumentativo, examina-se o tratamento de um grupo regularmente discriminado. O que está em jogo é o tratamento propiciado a esse grupo pelo Estado, ainda que o pedido seja de reparação individual.

Nas incisivas palavras de MacKinnon e Crenshaw (2019: 356): "*group hierarchy is the essence of inequality's injury*".

Há desigualdade no fato de que certos grupos são percebidos, estigmatizados e tratados como inferiores, sendo dominados e/ou explorados. O processo deve mostrar se esse tratamento pode ser imputado a ações ou omissões do Estado e por que contraria o direito fundamental à igualdade.[355] Isso permite formular a proposição:

> *I16 O direito à igualdade impede tratar de maneira mais gravosa (exclusão, discriminação) pessoas que pertencem a um grupo (via de regra, uma minoria social), se não houver justificativa decorrente de características reais do grupo e não da projeção de preconceitos.*

2.2. O direito à igualdade como direito de defesa ("negativo")

Os direitos fundamentais conferem aos indivíduos uma posição jurídica de direito subjetivo, limitando o raio de ação político-discricionária do Estado. São *normas de competência negativa do Estado*, indicando o que seus órgãos não podem fazer diante da existência de um direito fundamental. Dentro dessa concepção geral, os direitos fundamentais podem ser classificados com base na relação entre o Estado e os titulares. Segundo a

[355] O tratamento diferenciado não é sempre inconstitucional, mesmo tendo como consequência a exclusão social. Não permitir que pessoa com deficiência visual grave tenha carteira de motorista é objetivamente justificado – até que seja desenvolvida técnica que permita superar o problema. O contrário ocorre quando se projetam opiniões preconceituosas em fatos reais, por exemplo, discriminando deficientes visuais porque supostamente teriam menor capacidade de aprendizado ou produtividade.

classificação de Georg Jellinek, que até hoje fundamenta a compreensão dos direitos fundamentais,[356] devemos distinguir entre direitos de:

- *status negativus* que fundamentam o dever de abstenção do Estado da esfera do indivíduo;
- *status positivus* que fundamentam o dever do Estado de oferecer certa prestações, materiais ou normativas aos titulares, como ocorre com os denominados direitos sociais;
- *status activus* que fundamentam a pretensão do indivíduo de participar dos processos políticos de decisão estatal, tipicamente mediante participação em eleições, consultas populares e demais manifestações políticas.

O direito à igualdade geral constitui direito de *status negativus*. É direito de *defesa* ou resistência do indivíduo perante intromissões estatais.[357] O titular exige que o Estado deixe de afetar seu direito à igualdade com terceiros. Há doutrinadores que classificam o direito à igualdade como direito de defesa contra "interferências contrárias à igualdade", mas consideram que, de maneira excepcional ou indireta, esse direito pode fundamentar pretensões a prestações estatais, funcionando como direito social/prestacional (Kloepfer 2010: 202-203; Sarlet e Sarlet 2017: 206).

Essa abordagem não convence. O direito de igualdade do art. 5º, *caput*, da Constituição de 1988 tem inspiração política comum com os direitos sociais-prestacionais. Ambos são, segundo a mencionada frase de Somek, direitos que procuram empoderar os "socialmente fracos" (2001: 386), assim como ambos fazem parte do projeto constitucional de transformação social. Mas entre eles há forte *diferença* dogmática e funcional. O direito à igualdade geral, ao contrário dos sociais, não fundamenta expectativa do titular a uma prestação estatal. Consiste *apenas* na pretensão negativa (dever de pôr um fim) a ações e omissões estatais que prejudicam o *status* de igualdade do titular (Martins 2022: 103-106). Isso ocorre nas quatro dimensões da área de proteção apenas indicadas.

A invocação jurídica da igualdade pode envolver direitos sociais, no entanto, eles são utilizados como causa de pedir próxima que indica por

356 Apresentação, comentários e respostas aos críticos da classificação em Dimoulis e Martins 2020: 65-75. Proposta original em Jellinek 1892: 86-87, 95-186.

357 Sobre as questões terminológicas, cf. Dimoulis e Martins 2020: 66-68.

que foi violada a igualdade como causa de pedir remota (e fundamental). A enfermeira pede adicional de insalubridade (prestação material) não porque o Estado encontra-se em mora em relação ao pagamento, mas porque, ao negá-lo, afetou sua igualdade com pessoas que executam trabalhos semelhantes, correndo riscos semelhantes. Se o Estado nada tivesse dado às médicas não teria ferido o direito à igualdade das enfermeiras.[358] Assim sendo, ao afetar o direito a igual tratamento, o Estado invade a área de proteção da igualdade. O pagamento de adicional de insalubridade será apenas consequência da declaração de violação do direito à igualdade.

Isso pode ser melhor compreendido ao levar em consideração que os direitos de liberdade e propriedade, direitos por excelência "negativos", não exigem apenas a inércia estatal. Se o Estado cobrar imposto inconstitucional, a violação do direito de propriedade dos contribuintes não se resolve com a simples abstenção, e sim com a *devolução* dos valores cobrados. Isso envolve ação do Estado (edição de uma série de atos administrativos e atos materiais, como o pagamento) e tem evidente custo financeiro. Da mesma maneira, a violação do direto à igualdade da enfermeira impõe o pagamento do valor que o Estado lhe devia desde o momento em que criou o adicional de insalubridade para as médicas, afetando o *status* de igualdade das enfermeiras.

2.3. Diferenciação entre meios, fins e resultados

A indefinição das palavras igualdade/desigualdade e tratamento igual/desigual gera confusões e crenças "metafísicas". Para evitá-las, devemos *distinguir três planos de manifestação da igualdade.* Em todos esses planos é possível constatar a ocorrência ou não de uma situação de igualdade ou desigualdade de maneira clara e precisa (sim ou não).

Primeiro, o *plano dos meios.* Os meios empregados podem ser iguais no tratamento de X e Y – ou desiguais. Entregar (a mesma) cesta básica a todos os funcionários da empresa significa utilizar um meio igual. Isso não ocorre se oferecermos quantidades maiores de alimentos aos mais produtivos, aos que tiverem menor salário ou aos casados. Nesse

[358] Reitere-se que não examinamos eventual direito das enfermeiras de receber o adicional em virtude de norma legal ou contratual. O resultado material pode ser o mesmo, mas o fundamento jurídico é diferente.

plano, o meio utilizado pode ser igual ou desigual de maneira empiricamente constatável. 4kg > 3kg, independentemente da justificativa que será dada.

O segundo é o *plano dos propósitos*, isto é, da finalidade que se persegue ao prescrever certo tratamento. O emprego de um meio (igual ou desigual) pode atender o objetivo de propiciar o mesmo tratamento aos envolvidos ou gerar tratamento diverso. Imaginemos que uma empresa faz depender o salário da produtividade. Surgirá uma classificação entre o funcionário melhor remunerado que recebe salário 100 porque é o mais produtivo até o funcionário de menor remuneração, que recebe apenas uma unidade monetária por ser o menos produtivo:

maior salário 100 menor salário 100 – (100 –1)

Disso surge uma sequência de salários.
100, 100 – 1, 100-2, ..., 100 – (100 – 2), 100 – (100 – 1)

Se fosse determinado, por sentença judicial, desconsiderar a produtividade e igualar os salários (dispensar a todos o mesmo tratamento salarial), deveríamos dar aumentos, de maneira a compensar a diferença. O maior aumento seria, evidentemente, dado ao funcionário menos produtivo:

100 + 0, (100 – 1) + 1 ,..., 100 – (100 – 2) + (100 – 2),100 – (100 – 1) + (100 – 1)

A finalidade de igualizar pessoas antes tratadas com fins e meios desiguais obriga empregar meios proporcionalmente desiguais: do aumento zero ao aumento 100-1. Essa é a lógica que se manifesta, ainda que de maneira não tão formalizada, nas ações afirmativas: para promover a paridade entre o grupo dominante e o grupo minoritário (igual acesso para todos a certo bem, incluindo remuneração, serviço ou ofício) são utilizados meios desiguais para autorizar o acesso (reserva de vagas, nota de corte menor). Não é difícil encontrar também casos em que o propósito de igual tratamento se vale de meios iguais (mesma carga horária para todas as alunas, no intuito de propiciar a mesma formação).

A possibilidade de *combinar meios e fins* permite imaginar casos em que o propósito é diferenciar uma categoria, por exemplo, favorecer os nacionais em comparação com os estrangeiros. Nesse caso, devem ser utilizados meios desiguais, excluindo os estrangeiros de certos direitos. Em outros casos, o propósito diferenciador passa pelo uso de meios iguais. Exemplo: cobrar de todos os funcionários da empresa que remunerava de 100 a 1 uma taxa fixa no valor de 0,1 para manutenção do estacionamento. Todos pagam 0,1, mas os de menor salário terão um impacto proporcionalmente maior:

> 100 – 0,1 (desconto: 0,1%) < (100 – 1) – 0,1(desconto: 0,101%) < 100 – (100 – 1) – 0,1 (desconto: 10%)

Assim sendo, podem ser utilizados meios de tratamento igual ou de tratamento desigual tanto para dispensar o mesmo tratamento como para oferecer tratamento diverso. Lembrando das fórmulas anteriores:

Fi → Mi
Fi → Md

Fd → Mi
Fd → Md

O *fim* de tratamento desigual é logicamente possível e comum na prática jurídica, contudo, o direito de igualdade do art. 5º, *caput*, da Constituição Federal indica que ninguém pode alegar direito de ser tratado de maneira privilegiada *no plano dos propósitos*. O direito à igualdade foi proclamado justamente para *excluir* essa hipótese. Se A quer ser tratado como membro de um grupo privilegiado, deve invocar norma especial que lhe garanta esse direito, por exemplo, a norma que cria direitos exclusivos para brasileiros natos (cf. cap. 6, 2.6.2). Isso indica que *o propósito diferenciador não pertence à área de proteção do direito à igualdade.* A relação entre meios e propósitos se expressa tão somente pelas seguintes fórmulas:

Fi → Mi
Fi → Md

Pergunta-se o que ocorre se A reivindicar um direito a especial tratamento não para manter privilégios, mas porque é membro de minoria social. Ele pode invocar norma especial de igualdade (licença maternidade, direitos preferenciais de idosos, etc.) ou o direito geral à igualdade. O tratamento especial propiciado pela Constituição a uma minoria social, por exemplo, a gratuidade para idosos no transporte, objetiva, contudo, o tratamento igualitário, como mínimo a diminuição de sua desigualdade em comparação com o grupo dominante. Pode-se discutir a adequação do meio escolhido e sua intensidade, mas o meio será desigual porque o propósito é a igualdade.

Essa constatação permite dizer que a igualdade é um direito que cria uma *relação assimétrica* entre grupos (Somek 2001: 488). Protege os socialmente fracos e não qualquer pessoa que se incomoda com o tratamento diferenciado. Se o passageiro pagante discordar da gratuidade concedida aos idosos, nada pode fazer invocando a igualdade. Pode questionar esse direito apenas invocando outros direitos, por exemplo, o da propriedade, alegando a falta de justificativa de um imposto que financiaria o custo da viagem dos idosos.

> *I17 O Estado deve perseguir o propósito de propiciar o mesmo tratamento a pessoas que apresentam a mesma característica relevante. Os meios escolhidos devem fomentar o propósito de igual tratamento, podendo ser diversos para pessoas com características sociais diferentes.*

Temos, por último, o *plano dos resultados*. Ao comparar a situação atual das pessoas submetidas a tratamento igual ou desigual com o propósito de *manter* a igualdade, podemos constatar se se encontram em situação igual. No exemplo da ação afirmativa para ingresso em universidades, devemos examinar se, após aplicação de certo sistema de cotas por tempo razoável, foi alcançada a presença paritária do grupo minoritário. Se isso tiver ocorrido, diremos que foi alcançada a igualdade de resultados, confirmando o atingimento do fim de igual tratamento.

A importância dos *resultados sociais* na avaliação dos meios e dos fins foi indicada na proposição I6, que apresentamos no cap. 2 como juridicamente controvertida.

> *I6 Importa o resultado na igualdade.*

Procuraremos aqui fundamentar a relevância jurídica dos resultados. Pressuposto dessa tentativa é termos clareza sobre o *contexto* e a *finali-*

dade social dessa perspectiva de compreensão da igualdade. O conceito/reivindicação da igualdade está:

> diretamente relacionado com as lutas de contestação das práticas sociais responsáveis por diferenças de *status* entre grupos sociais. (Moreira 2020: 233)

A compreensão da igualdade como conflito que objetiva questionar e transformar a sociedade subjaz à compreensão jurídica do termo. Do ponto de vista específico (limitado) do direito, o que se examina é a *adequação* da norma à realidade social. Os problemas na aplicação podem estar relacionados com o descumprimento da norma (o edital estabelece cota menor que a legalmente prevista) ou com práticas administrativas que discriminam membros das minorias (discriminação velada, desvio de recursos, ineficiência dos administradores e docentes, atraso no pagamento das bolsas, etc.). Esses são problemas de *legalidade* que não fazem parte do nosso estudo e não envolvem o direito à igualdade. Tampouco fazem parte do estudo do direito à igualdade opções políticas que foram traduzidas em normas e objetivam, por exemplo, aumentar as desigualdades sociais, prejudicando de maneira desproporcional @s negr@s, que são estatisticamente mais pobres no Brasil. Esse resultado é lamentável e pode ser combatido politicamente, mas em nada ajuda invocar o direito à igualdade do art. 5º.

O relevante na discussão constitucional dos resultados é constatar se os meios escolhidos permitiram alcançar o fim pretendido. Se isso não ocorreu, há uma *inadequação pré-programada*, devida à inadequação dos meios, ainda que isso não tenha sido percebido no momento da elaboração da norma.

A doutrina jurídica examina se os resultados sociais e os problemas de adequação devem ser levados em consideração em democracias liberais que não pretendem nivelar as pessoas e nas quais o direito à igualdade tem natureza apenas negativa. Parece-nos que, ao garantir o direito à igualdade, a Constituição Federal não podia estar querendo impor o emprego de meios iguais para tratar grupos notoriamente desiguais.

Se o objetivo da igualdade é tratar o vestibulando X exatamente como a vestibulanda Y, a uniformidade diz respeito ao fim e não ao meio (aplicar a mesma prova). A consecução desse fim pressupõe que sejam aplicados meios desiguais para pessoas que, nesse exemplo, tiveram ofertas educacionais e contexto social radicalmente diversos em razão de práticas sistemáticas de discriminação. Se os resultados não forem satisfatórios, o fim não será atingido, tornando-se necessário ajustar os meios.

A escolha do meio empregado (igual ou desigual) depende da situação concreta. Para que X e Y tenham a mesma possibilidade efetiva de acesso ao vestibular, o Estado deveria oferecer cursos de apoio gratuitos e bolsas, melhorar a qualidade da educação oferecida nas escolas frequentadas preponderantemente por minorias sociais e tomar outras medidas de apoio para equiparar as condições de competição dos candidatos. Espera-se que tais medidas (empregando meios desiguais) permitam atingir o propósito do tratamento igual.

Se após um período experimental for constatado que as ações estatais não tiveram o resultado pretendido (e isso não seja devido a irregularidades na aplicação), constataremos que foi afetado o direito à igualdade do grupo de estudantes de ensino médio que sofreu exclusão. Isso só pode ser constatado se analisarmos os resultados. Quando, a título de exemplo, estatísticas de 2019 mostram, comparando negr@s e branc@s, que a taxa de analfabetismo d@s negr@s é aproximadamente três vezes maior e o número de negr@s que abandonam o ensino médio é 30% superior,[359] podemos concluir com certeza que há discriminação indireta e permanente da população negra e o Estado se mostra omisso em tratá-la igualmente.

É evidente que essa compreensão torna a interpretação da igualdade sensível ao tempo e às circunstâncias. O que *hic et nunc* leva a resultados satisfatórios, pode mudar no futuro. Essa necessária historicidade mostra que não há possibilidade de "sumular" a igualdade, afirmando que certa compreensão é correta, mas torna necessário sempre verificar suas consequências, que podem mostrar se a medida promove ou não a igualdade no sentido aqui especificado.

I18 Se o propósito de igual tratamento impõe empregar meios diversos para pessoas com características sociais diferentes (conforme I17) e for comprovado, pelos

[359] Dados do IBGE para 2019: agenciadenoticias.ibge.gov.br/agencia-sala-de-imprensa/2013-agencia-de-noticias/releases/28285-pnad-educacao-2019-mais-da-metade-das-pessoas-de-25-anos-ou-mais-nao-completaram-o-ensino-medio.

resultados, que um titular do direito à igualdade foi tratado de maneira menos vantajosa, ele possui o direito de exigir igual tratamento como resultado de novos arranjos normativos. Os meios escolhidos serão lícitos se permitirem que seja alcançado o propósito de igual tratamento.

A I18 pode gerar a impressão de que a igualdade consiste na igualização dos membros da sociedade. É o que alguns adeptos do liberalismo afirmam com expressões como "mandar crianças ao exército", "ter inveja de quem teve sucesso na vida" ou mesmo "cortar as pernas dos mais altos". Essa forma de pensar se condensa no argumento de Procrustes, que recorre à lenda do assaltante de beira de estrada que, em vez de roubar e matar os viajantes, tinha uma cama de ferro. Obrigava os viajantes a deitar, cortando as pernas de quem era maior que a cama e esticando violentamente quem era menor.[360]

Independentemente das intenções de Procrustes (e do eventual humor negro da lenda),[361] a igualdade dos resultados em nada se relaciona com a imposição de uma igualdade aritmética. Branc@s e Negr@s devem ter a possibilidade de estudar nas universidades se assim o desejarem e se tiverem feito preparação semelhante. O problema que os liberais não identificam é que as minorias ficam excluídas do ensino universitário em número expressivo e com constância no tempo. Aumentar o investimento público para que @s Negr@s tenham ensino de qualidade semelhante ao d@s Branc@s e estabelecer cotas são duas medidas de igual tratamento, e não de inveja ou autoritarismo.

Não estamos diante do pedido de sermos bons samaritanos[362] ou de oferecer aos necessitados uma das nossas túnicas.[363] Destinatários do dever de garantir a igualdade não são os particulares, mas as autoridades estatais (cf. cap. 6, 2.8). Quem possui duas túnicas deve apenas pagar mais tributos, conforme a previsão constitucional de tributação de acordo com a capacidade contributiva (art. 145, § 1º, da Constituição).

A questão pode também ser tratada a partir da proposição I8, mencionada no cap. 2.

[360] Sobre o argumento de Procrustes no contexto da interpretação do direito à igualdade, cf. Ávila 2008: 95.

[361] *One size fits all*, escreverá Frank Zappa.

[362] Lucas, cap. 10, versículos 25-37.

[363] Lucas, cap. 3, versículo 11.

18. O Estado deve reparar desigualdades existentes.

Há dever do Estado de mudar a sociedade afastando desigualdades? A resposta é dada pela interpretação sistemática dos artigos da Constituição Federal, notadamente os analisados nos caps. 4 e 5. Ao se auto obrigar o Estado a erradicar a pobreza e a marginalização e reduzir as desigualdades sociais e regionais, fez a opção constitucional de transformar a sociedade brasileira. O Estado deve promover a igualdade não apenas evitando o agravamento das desigualdades, mas também compensando/reparando as existentes. Isso também ocorre com a vedação constitucional das discriminações. Se o Estado permanecer normativamente inerte perante discriminações sistemáticas evidenciadas pelos resultados, *permite* a discriminação de minorias sociais, afetando a área de proteção do direito a igualdade mediante omissão. Escreve Adilson Moreira:

> A concepção do Estado como um agente de transformação requer que atribuamos ao princípio da igualdade uma função central: a combate contra a subordinação cultural e material de minorias.[364]

É o que reconheceu mesmo um tribunal profundamente individualista/liberal como a Corte Europeia de Direitos Humanos, ao interpretar o art. 14 da Convenção Europeia de 1950, que utiliza vocabulário neutro e simétrico estabelecendo:

> Art. 14. O gozo dos direitos e liberdades reconhecidos na presente Convenção deve ser assegurado sem quaisquer distinções, tais como as fundadas no sexo, raça, cor, língua, religião, opiniões políticas ou outras, a origem nacional ou social, a pertença a uma minoria nacional, a riqueza, o nascimento ou qualquer outra situação.

Decidiu a Corte Europeia em 2012:

> Article 14 does not prohibit Contracting Parties from treating groups differently in order to *correct 'factual inequalities'* between them. Indeed,

[364] MOREIRA 2019: 35. Cf. MOREIRA 2020: 155: "A teoria da igualdade dos resultados parte do pressuposto de que o Estado deve operar como um agente transformador, função presente em formulações constitucionais de igualdade substantiva".

> in certain circumstances a failure to attempt to correct inequality through different treatment may, without an objective and reasonable justification, give rise to a breach of that Article (...). The Court has also accepted that a general policy or measure that has *disproportionately prejudicial effects on a particular group may be considered discriminatory* notwithstanding that it is not specifically aimed at that group, and that discrimination potentially contrary to the Convention may result from a de facto situation.[365]

Cobrar impostos de quem possui mais recursos não é discriminação dos ricos. É um tratamento de acordo com a sua condição, ao contrário de uma norma que obrigaria pobres e ricos a pagar uma taxa fixa sem levar em consideração condições financeiras. Isso pode ser formalizado na seguinte proposição:

> *I19 Os membros de uma minoria possuem o direito a tratamento (emprego de meios) que objetive compensar desigualdade evidenciada nos resultados (fim), conforme os objetivos de transformação social indicados no art. 3º da Constituição Federal. Os meios escolhidos serão necessariamente desiguais, sendo lícitos se permitirem alcançar o propósito de igual tratamento como resultado.*

Essa proposição foi criticada com dois argumentos. Primeiro, por confundir a função do direito de igualdade com os direitos sociais-prestacionais, cabendo a esses últimos compensar desigualdades que se constatam na sociedade. Segundo, por restringir indevidamente o poder discricionário do legislador, que deve possuir ampla margem de apreciação política para decidir como fomentará os objetivos de combate às desigualdades conforme o art. 3º da Constituição de 1988 (Martins 2022: 102-103, 259-261).

Essas objeções parecem-nos plausíveis e nos ajudam a melhor delimitar a proposição *I19*, insistindo, contudo, em sua pertinência.

Direitos sociais e direito de igualdade são equivalentes funcionais? Do ponto de vista econômico, prestações materiais em atendimento a um direito social equivalem a prestações feitas em nome do direito à igualdade de minorias sociais, pois em ambos os casos temos uma despesa estatal

[365] Corte Europeia de Direitos Humanos, *Kuric and others v. Slovenia*, 2012, Application n. 26828/06 (hudoc.echr.coe.int/fre?i=001-111634). Os itálicos são nossos.

para atender necessidades populares. A mesma equivalência constata-se em abordagem política, pois a ajuda aos necessitados é percebida da mesma maneira (política de esquerda), independentemente de sua forma jurídica.

Já na perspectiva jurídica, uma prestação material concedida após queixa de violação do direito à igualdade se diferencia daquela dos direitos sociais por ser líquida e certa. Como se trata de propiciar a X o tratamento que recebeu Y, a prestação obriga o Estado a reduzir a zero sua discricionariedade. Já nos direitos sociais, a vagueza da área de proteção ("moradia", "transporte", etc.) indica que uma série de prestações que diferem na qualidade, quantidade, duração e custo podem ser consideradas adequadas, levando em consideração a liberdade de conformação das autoridades competentes.[366]

Isso explica por que devemos insistir dogmaticamente no exame de legalidade e constitucionalidade de certas ações e omissões na perspectiva do direito à igualdade e não nos satisfazer com o mecanismo de implementação dos direitos sociais.

Pretensões decorrentes do direito à igualdade nos resultados cerceiam a liberdade política do legislador? A questão não pode ser respondida de maneira geral. Ponto de partida é a constatação consensual de que existe direito a tratamento igual por parte do Estado. Eventual objeção de que isso limita o poder de apreciação da conveniência de certa medida não pode ser aceita quando se está diante de um direito subjetivo, por essência "minoritário".

Se não se pode enfrentar uma queixa de violação do direito de igualdade com invocação de margens de apreciação política, a dificuldade está em saber se a área de proteção do direito de igualdade abrange também a obtenção de resultados igualitários. Com a ressalva de que é necessário conhecer os contornos de um caso concreto antes de responder, a resposta geral deve ser dada em dois sentidos.

366 Foi dito que a prova de violação do direito à igualdade é mais complexa em razão da estrutura tripolar e da incerteza sobre os grupos de comparação, do que a comprovação de omissão inconstitucional nos direitos sociais que possuem estrutura bipolar (Martins 2022: 104). A observação é correta se permanecermos no plano abstrato de comparação de requisitos, por assim dizer, geométricos. Contudo, a vagueza da área de proteção de um direito social fada ao fracasso as alegações de inconstitucionalidade, enquanto queixas de violação da igualdade são claras, conforme analisamos nestas páginas.

Primeiro. Muitos casos de desigualdade nos resultados justificam-se como exercício de outros direitos fundamentais, notadamente dos patrimoniais. Não se pode, *v.g.*, alegar que o legislador gerou resultados de desigualdade social em vista das discrepâncias no patrimônio, porque essa discrepância é inerente aos direitos de liberdade com relevância econômica. Em tal hipótese, cabe ao Estado decidir politicamente se deve corrigir essa desigualdade com mudanças na tributação ou com políticas que facilitem o acesso dos mais pobres à propriedade.

Segundo. A desigualdade nos resultados muitas vezes indicará a inadequação de meios que parecem lícitos, mas, após reexame em vista dos resultados, revelam-se fomentadores de desigualdade. O mesmo pode ocorrer em relação às finalidades de uma norma que pode possuir uma face oculta que afeta a igualdade, como no exemplo de um vestibular que formula perguntas complexas com a finalidade de aferir o "mérito", mas se revela altamente discriminador sabendo que alunos de escolas públicas têm dificuldade muito maior em responder a tais perguntas.

Essas considerações permitem dizer que os resultados sociais desiguais podem indicar violação do direito à igualdade. Podem ser indícios de ilicitudes no estabelecimento dos meios ou dos fins de uma norma de igualdade. Cabe ao aplicador do direito se posicionar sobre a colisão de direitos mediante exame de proporcionalidade. Isso significa que o direito subjetivo à igualdade inclui em sua área de proteção também os resultados sociais desiguais.

Condensando as análises anteriores, podemos estabelecer uma proposição geral e abrangente sobre a igualdade:

I20 A igualdade deve ser interpretada na perspectiva dos dominados.

A afirmação se inspira nas análises de Alan Freeman sobre a discriminação racial, que facilmente estende-se a outras formas de discriminação. O autor contrapõe a perspectiva da vítima à perspectiva do agressor:

> From the victim's perspective, racial discrimination describes those conditions of actual social existence as a member of a perpetual underclass. This perspective includes both the objective conditions of life – lack of jobs, lack of money, lack of housing – and the consciousness associated with those objective conditions – lack of choice and lack of human

> individuality in being forever perceived as a member of a group rather than as an individual. The perpetrator perspective sees racial discrimination not as conditions but as actions, or series of actions, inflicted on the victim by the perpetrator. The focus is more on what particular perpetrators have done or are doing to some victims than on the overall life situation of the victim class. (Freeman 1978: 1052-1053)

Isso esclarece a nossa posição sobre a necessidade de despersonalizar o exame das discriminações, separando-o das intenções, crenças e motivações do agressor ou do beneficiário de privilégios e, em paralelo, personalizar/pscicologizar o exame de agressões e privações, ao indagar sobre a situação da vítima e as consequências de certas ações e omissões estatais na qualidade de vida das minorias sociais (cap. 2, 4.4.4).

2.4. A "ação afirmativa" como forma de igualdade de resultados

Não pretendemos explorar o rico campo das ações afirmativas que motivou a produção de uma enorme bibliografia e ocupou os legisladores e os tribunais de vários países há mais de meio século.[367] Nos referiremos a essa problemática como maneira de ilustrar a nossa concepção da igualdade geral.

A ação afirmativa deve ser entendida como adoção de políticas de promoção e compensação de minorias sociais sistematicamente prejudicadas. A objeção central a essas políticas diz respeito ao fato de que regras aparentemente neutras e objetivas, como a aferição dos conhecimentos e habilidades para o ingresso em um curso, sofrem distorção quando são admitidos membros de minorias sociais que não possuem o mesmo nível de conhecimentos e habilidades.

Além do incansável debate doutrinário, a questão deu ensejo a disputas judiciais. A justiça brasileira optou, via de regra, pela convalidação de iniciativas legislativas sobre ações afirmativas,[368] e o STF instituiu novas ações afirmativas, mesmo na ausência de base constitucional ou

[367] Cf. entre o debate nacional, Gomes 2001; Rothenburg 2009; Moreira 2016; levantamento bibliográfico em Kim e Tommasiello 2018: 285-294. Entre as discussões de filosofia política, cf. o panorama em Lippert-Rasmussen 2020.

[368] STF: *Arguição de descumprimento de preceito fundamental 186*, rel. Min. Ricardo Lewandowski, julg. 26-4-2012; *Ação direta de inconstitucionalidade 3.330*, rel. Min. Carlos Britto, julg. 3-5-2012; *Ação declaratória de constitucionalidade 41*, rel. Min. Roberto Barroso, julg. 8-6-2017.

legal.[369] Já em outros países, os tribunais rejeitaram formas drásticas de ação afirmativa, considerando-as violadoras dos direitos de quem possui "mérito" superior.[370] Três questões permitem entender a configuração e a função jurídica das ações afirmativas.

a. A primeira questão refere-se à necessidade de garantia constitucional. A ação afirmativa deveria ter sido transformada no Brasil em *direito especial de igualdade* de minorias sociais, com emenda constitucional que teria introduzido norma constitucional explícita. Não faltam exemplos estrangeiros para tanto.[371]

De maneira precursora, a Constituição da Índia de 1949 estabelece, no art. 15:

> (1) The State shall not discriminate against any citizen on grounds only of religion, race, caste, sex, place of birth or any of them [...].
> (3) Nothing in this article shall prevent the State from making any *special provision for women and children.*
> (4) Nothing in this article or in clause 2 of Article 29 shall prevent the State from making any *special provision for the advancement of any socially and educationally backward classes of citizens or for the Scheduled Castes and the Scheduled Tribes.*

À Declaração de Direitos canadense de 1960, que faz parte da Constituição do país, foi acrescentado em 1985 o seguinte dispositivo:

> Section 15. (1) Everyone has the right to equality before the law and to equal protection of the law without discrimination because of race, national or ethnic origin, colour, religion, age or sex.
> (2) This section *does not preclude any law, program or activity that has as its object the amelioration of conditions of disadvantaged persons or groups.*

[369] *Ação direta de inconstitucionalidade 5.617*, rel. Min. Edson Fachin, julg. 15-3-2018; *Medida cautelar na Arguição de descumprimento de preceito fundamental 738*, rel. Min. Ricardo Lewandowski, julg. 5-10-2020.

[370] Sobre as orientações jurisprudenciais em outros países, cf. Ityaso 2003; Stewart *et al.* (orgs.) 2012; Howard *et al.* (orgs.) 2020.

[371] Nas normas a seguir transcritas destacamos em itálico as partes mais relevantes e socialmente mais avançadas em comparação com a Constituição brasileira de 1988.

À Constituição da Argentina foi acrescentada, em 1994, a seguinte norma:

> Art. 75 Corresponde al Congreso [...] n. 23. Legislar y promover medidas de *acción positiva que garanticen la igualdad real de oportunidades y de trato*, y el pleno goce y ejercicio de los derechos reconocidos por esta Constitución y por los tratados internacionales vigentes sobre derechos humanos, en particular respecto de los niños, las mujeres, los ancianos y las personas con discapacidad.

A Constituição da África do Sul, ao tratar da igualdade, deixa clara sua substancialização pela necessidade de ações afirmativas e de combate à discriminação indireta, assim como a vinculação direta dos particulares pelas normas antidiscriminatórias:

> Art. 9 [...]. 2. Equality includes the full and equal enjoyment of all rights and freedoms. To promote the achievement of equality, *legislative and other measures designed to protect or advance persons, or categories of persons, disadvantaged by unfair discrimination may be taken.*
> 3. The state may not unfairly discriminate directly or indirectly against anyone on one or more grounds, including race, gender, sex, pregnancy, marital status, ethnic or social origin, colour, sexual orientation, age, disability, religion, conscience, belief, culture, language and birth.
> 4. *No person may unfairly discriminate directly or indirectly against anyone* on one or more grounds in terms of subsection (3). National legislation must be enacted to prevent or prohibit unfair discrimination.

A Constituição da Venezuela de 1999 estabelece:

> Art. 21 [...] 2. La ley garantizará las condiciones jurídicas y administrativas para que la igualdad ante la ley sea real y efectiva; adoptará *medidas positivas a favor de personas o grupos que puedan ser discriminados, marginados o vulnerables.*

Após a revisão de 2007, a Constituição de Luxemburgo estabelece:

> Art. 11 (2) [...]. O Estado cuida de promover ativamente a eliminação dos obstáculos que possam existir em questões de igualdade entre homens e mulheres.

Posterior na sequência cronológica, a Constituição do Equador de 2008 determina:

> Art. 70. El Estado formulará y ejecutará políticas para alcanzar la igualdad entre mujeres y hombres, a través del mecanismo especializado de acuerdo con la ley, e incorporará el enfoque de género en planes y programas, y brindará asistencia técnica para su obligatoria aplicación en el sector público.

No mesmo ano foi emendada a Constituição da França. Após longa controvérsia sobre ações afirmativas eleitorais a favor das mulheres, que envolveu debates acirrados, edição de leis e declarações de inconstitucionalidade, foi estabelecido, em nível constitucional, o dever legislativo de promover o igual acesso de homens e mulheres em cargos representativos:

> Art. 1 [...] A lei favorece o acesso igual de mulheres e homens aos mandatos e funções eletivas, assim como a cargos de gestão profissional e social.

No Brasil, após três décadas de vigência da Constituição e profusão de reformas constitucionais, a ação afirmativa ainda não possui sede constitucional. Há duas tímidas exceções. A primeira encontra-se na *Convenção sobre os direitos das pessoas com deficiência*, de 2007, que possui *status* de emenda constitucional (Decreto Legislativo n. 186, de 2008). A Convenção obriga os Estados-membros a

> promover o emprego de pessoas com deficiência no setor privado, mediante políticas e medidas apropriadas, que poderão incluir programas de ação afirmativa, incentivos e outras medidas (art. 27, 1, h).

Mais recentemente, foi internalizada a *Convenção Interamericana contra o racismo, a discriminação racial e formas correlatas de intolerância*, de 2013 (cap. 6, 3.3), que prevê a obrigação dos Estados-membros de

> adotar as políticas especiais e ações afirmativas necessárias para assegurar o gozo ou exercício dos direitos e liberdades fundamentais das pessoas ou grupos sujeitos ao racismo, à discriminação racial e formas correlatas de intolerância, com o propósito de promover condições

equitativas para a igualdade de oportunidades, inclusão e progresso para essas pessoas ou grupos (art. 5º).

Em registro simbólico, essas normas possuem grande relevância ao inserirem o conceito de "ação afirmativa" no edifício constitucional. Mas é também evidente seu alcance limitado. Primeiro, porque só se referem aos grupos vulneráveis em razão de deficiência ou preconceito racial. Segundo, porque a primeira norma menciona apenas o trabalho no setor privado, enquanto a segunda utiliza termos excessivamente vagos que não permitem entender quais são as ações afirmativas e como devem ser desenhadas, deixando aos Estados um espaço discricionário praticamente incontrolável. Assim sendo, permanece a urgência em constitucionalizar a ação afirmativa, segundo os mencionados exemplos, em particular as Constituições da Argentina e da África do Sul.

b. A segunda questão refere-se aos *tipos* de ação afirmativa, já que, sob o mesmo nome, encontramos medidas de diversa variada e efetividade. Indicamos os seguintes.

– Incentivos para promover minorias sociais: fortalecimento do sistema educacional em bairros populares, cursos de capacitação, auxílios financeiros, apoio psicológico, atendimento médico adequado, melhoria dos transportes e da qualidade da moradia. Trata-se de medidas necessárias que não encontram críticas jurídicas e fazem parte do programa constitucional de efetivação dos direitos sociais.

– Inclusão da denominada "diversidade" em critérios de seleção e promoção no setor público e privado, valorizando experiências e habilidades típicas dos grupos minoritários. Saber cozinhar e tricotar não é menos importante que conhecer todos os comandos do *Excel*.

– *Cotas de mero acesso*. Nas candidaturas para corpos de representação política são estabelecidas porcentagens para minorias. Exemplo: o art. 10, § 3º, da Lei n. 9.504, de 1997, prevê que 30% das candidaturas para cargos políticos serão reservadas ao sexo sub-representado. É uma forma de cotas de efeito principalmente simbólico. Ainda que nenhuma mulher tenha sido efetivamente eleita, a norma será cumprida.

– *Cotas de resultado*. Algumas das vagas são reservadas para membros de minorias, sem concorrência com os demais candidatos. Exemplo: a Lei n. 12.990, de 2014, reserva a Negr@s 20% das vagas oferecidas em concursos públicos federais.

– *Preferência* pelos membros de minorias. Exemplo: edital para vaga de docente universitário que determina escolher imperativamente mulheres se tiverem qualificação igual ou levemente inferior à de concorrentes homens. Isso deu ensejo à decisão *Abrahamsson*, do Tribunal de Justiça da União Europeia, que censurou a preferência incondicional por mulheres com qualificação inferior.[372]

– Processos seletivos *exclusivos* para membros das minorias ("cota 100%"). Em vista de obtenção de equilíbrio na composição de vários corpos, são selecionados por certo tempo apenas membros de minorias sociais. É uma medida com alta carga simbólica e forte eficácia real. Para evitar protestos e críticas de "injustiça", a cota 100% pode ser substituída por cotas preferenciais acima de 50% (cf. cap. 2, 4.4.5.5).

c. A terceira questão consiste no enfrentamento das objeções jurídicas formuladas às ações afirmativas. Ponto de partida das críticas é a contrariedade da ação afirmativa ao direito à igualdade de terceiros que podem ser membros de grupos dominantes ou de minorias não contempladas. Ao serem instituídas no Brasil cotas nos processos eleitorais para mulheres, pode haver reclamação tanto dos homens, que sofrem diminuição de seu espaço, como de minorias, que se acham discriminadas em relação às mulheres.

A resposta não pode ser dada de maneira unitária, havendo diversidade nas ações, nas características das minorias e em suas consequências. Promover o acesso de minorias ao ensino universitário com um programa de ação afirmativa tem impacto muito baixo a direitos de terceiros em comparação com o mesmo sistema em processos eleitorais.

Mais problemáticas se revelam as ações afirmativas quando se trata de selecionar profissionais para cargos com alto grau de especialização e responsabilidade. Não conhecemos, por exemplo, fixação de cotas para a seleção de cirurgiãs ou capitãs de navios, autorizando que pessoas de menor qualificação técnica-profissional exerçam tais funções.

O que nos interessa aqui é que o fim compensatório/reparatório da ação afirmativa pertence à área de proteção do direito à igualdade geral. A ação afirmativa não limita o direito à igualdade, mas integra seu atual

[372] Tribunal de Justiça da União Europeia, *Abrahamsson, C-407/98* (2000) (eur-lex.europa.eu/legal-content/PT/TXT/HTML/?uri=CELEX:61998CJ0407&from=PT).

conceito. O cerne da ação afirmativa consiste na remoção de obstáculos que, por mais que não sejam juridicamente visíveis, revelam sua presença na persistente diversidade dos resultados. Hoje, a grande maioria d@s estudantes pode participar do vestibular de maneira tecnicamente adequada. As matérias são conhecidas com antecedência, há objetividade na avaliação das provas, a taxa de participação no exame é modesta, podendo ser solicitada isenção. Mas isso não elimina os obstáculos, como mostra a fortíssima disparidade nos resultados, que prejudica certas minorias sociais (no Brasil, especificamente @s Negr@s). Sua remoção com meios adequados e necessários pertence à área de proteção do direito à igualdade, conforme analisamos, condensando essa determinação nas fórmulas I18 e I19.

É a tese que adota de maneira rotineira o STF quando são impugnadas leis que introduzem ações afirmativas. Referindo-se a cotas para Negr@s, o tribunal declarou:

> a desequiparação promovida pela política de ação afirmativa em questão está em consonância com o princípio da isonomia. Ela se funda na necessidade de superar o racismo estrutural e institucional ainda existente na sociedade brasileira, e garantir a igualdade material entre os cidadãos, por meio da distribuição mais equitativa de bens sociais e da promoção do reconhecimento da população afrodescendente.[373]

Em registro de dogmática jurídica, devemos diferenciar o direito antidiscriminatório do direito das ações afirmativas. Ao analisar o tratamento desfavorável das gestantes, Michael Connolly (2022: 39-49) observa que as empresas que não contratam gestantes, as demitem ou lhes oferecem menor remuneração podem provar que a eficiência e a dedicação trabalhista das mulheres durante e logo após a gravidez são comparativamente menores. Isso afeta o interesse empresarial e faz com que queixas de discriminação dificilmente prosperem.

Do ponto de vista moral e político, as gestantes são tratadas de maneira injusta e insensível, mas, na maioria das vezes, não há discriminação indireta (resultado da menor remuneração para trabalho

[373] STF, *Ação declaratória de constitucionalidade 41*, rel. Min. Roberto Barroso, julg. 8-6-2017 (Ementa).

semelhante – proposição *D7*) nem discriminação direta ilícita (não há posição semelhante que permitiria a comparação no sentido da proposição *D6*).

Em razão disso, uma política pública que tutela interesses das gestantes, compensando o tempo e a energia dedicados à reprodução humana, necessita de uma previsão legislativa explícita, determinando também como será repartido o ônus financeiro gerado pela licença-maternidade, as ausências e o menor rendimento das gestantes. Isso não faz parte do direito antidiscriminatório e sim da ação afirmativa com seus mecanismos de apoio a grupos vulneráveis.

Podemos ilustrar a diferença jusdogmática com base no caso *Briheche*. Lei francesa permitia que mulheres em estado de viuvez pudessem participar de concurso público independentemente de idade, não se aplicando para elas o limite geral dos 45 anos. Homem de 48 anos, viúvo e com filho menor, impugnou a norma como discriminatória. O Tribunal da União Europeia declarou a norma discriminatória e desproporcional sem oferecer fundamentação para tanto, além de referências de senso comum.[374]

A norma em questão diferencia propositalmente homens e mulheres. Isso não deve ser a conclusão, mas o ponto de partida, verificando as razões que levaram o legislador a estabelecer essa discriminação. A longa lista de normas que estabelecem limites de idade diferentes para homens e mulheres, notadamente em questões trabalhistas e previdenciárias, deve ser examinada em vista de sua possível justificativa material.

Homens de 48 anos não são, a princípio, nem mais nem menos aptos para o serviço público do que mulheres da mesma idade. Isso significa que o serviço público não se beneficia com o ingresso de mulheres de mais idade. Tampouco pode-se dizer que o legislador quis prejudicar os homens, as mulheres casadas, divorciadas ou solteiras. A medida constitui ação afirmativa para o grupo social "mulheres em estado de viuvez", devendo ser examinado se esse grupo é socialmente mais vulnerável que os demais que ficam fora da fronteira matemática do conjunto "viúvas": homens de todos os estados civis; mulheres casadas, divorciadas ou sol-

[374] Tribunal de Justiça da União Europeia, *Briheche* C-319/03 (2004) (eur-lex.europa.eu/legal-content/HR/TXT/?uri=CELEX:62003CJ0319).

teiras. O exame comparativo da vulnerabilidade permitirá decidir sobre a plausibilidade do tratamento diverso.

Isso torna necessária uma dupla indagação. Inicialmente, devem ser comparadas, em aspectos de renda e situação de vida, pessoas acima de 45 anos com diferente sexo e estado civil. Ninguém duvida de que haja viúvas em situação confortável e homens casados abaixo do limite da pobreza e vice-versa. O que interessa é a comprovação estatística da maior fragilidade social das viúvas acima de 45 anos na França. Deve também ser verificado se o critério da viuvez é realmente adequado para definir um grupo vulnerável ou se seria preferível adotar critérios como a renda, o histórico laboral ou o número de dependentes. Do ponto de vista jurídico, não interessa se os viúvos ou as mulheres divorciadas foram negativamente discriminados. A ação afirmativa será justificada se as viúvas forem grupo comparativamente vulnerável. Isso mostra a peculiaridade das ações afirmativas.

Em termos de estrutura dogmática, a ação afirmativa decorre de previsão legislativa e consiste em utilizar meios *diferentes* para promover interesses de um grupo vulnerável. Objeto de eventual litígio é a definição adequada do grupo (superinclusivo? subinclusivo? sem comprovação da vulnerabilidade?), assim como a adequação e necessidade da medida afirmativa, em vista de alternativas ou de uso mais parcimonioso do mesmo meio. Como dissemos, em tais casos, a queixa será proveniente do grupo socialmente privilegiado ou de uma minoria não contemplada pela ação afirmativa. Já nas queixas sobre discriminação, o objeto da impugnação é muito mais amplo. Pode ser questionada norma ou omissão legislativa ou prática estatal ou empresarial. As alegações podem também ser múltiplas: discriminação direta ou indireta, questionamento dos fins, dos meios ou dos resultados de uma conduta. Segundo a opinião que nos parece convincente, a queixa só pode ser formulada por minorias sociais, impugnando tratamento que mantém privilégios do grupo dominante. Caso se aceite a tese simétrico-criterial (cap. 2, 4.4.1), as queixas podem também ser provenientes do grupo dominante, impugnando práticas que o prejudicam, apesar de utilizar meios iguais. Como dissemos, se o meio instituído consistir em tratamento prejudicial dos dominantes, teremos ação afirmativa, e não queixa geral de discriminação.

2.5. Tratamento desigual de minorias sociais imposto pelo ordenamento jurídico. Observação geral

Ao se referir aos problemas da igualdade do voto (cap. 6, 2.1.1.3), constatamos que a Constituição Federal estabelece tratamentos diferenciados de algumas categorias de pessoas. No caso do voto nas eleições gerais, que é inversamente ponderado pelo número de habitantes de cada unidade da Federação, a justificativa é plausível, ainda mais por serem as unidades menos povoadas, via de regra, também as de menor desenvolvimento socioeconômico. Em outros casos, a justificativa oferecida é duvidosa, se não claramente preconceituosa.

Sendo qual for a opinião política do intérprete, o tratamento desigual imposto por norma constitucional *não pode ser questionado com invocação do direito geral à igualdade*. Entre a norma geral do tratamento igual e as normas especiais que definem o tratamento de certo grupo há relação de especialidade. Prevalece sempre a norma específica (Martins 2018a: 230). É o que decide o STF ao confirmar a equivalência hierárquica de todas as normas do poder constituinte originário, esclarecendo que as cláusulas pétreas não podem ser usadas como espécie de supernorma para modificar a vontade do constituinte originário.[375]

Isso ocorre porque o constituinte de 1988, no mesmo ato deliberativo e decisório, por um lado, considerou que há igualdade geral entre brasileir@s, e, por outro lado, considerou que certos eleitores devem ter voto de peso maior, assim como fez com as outras normas que examinaremos a seguir. Não há argumento jurídico para questionar essa vontade normativa. O contrário pressuporia que a opinião do aplicador, fortalecida por alguma teoria moral e política, devesse prevalecer sobre a manifestação do constituinte.[376]

[375] STF, *Ação direta de inconstitucionalidade 815*, rel. Min. Moreira Alves, julg. 28-3-1996.

[376] A situação seria diferente se uma emenda constitucional introduzisse privilégios contrários às "cláusulas pétreas" do art. 60 da Constituição Federal, entre as quais se encontra o direito à igualdade. Tal emenda seria inconstitucional se fosse considerada tendente a abolir o direito à igualdade para certos titulares. Cf. STF, *Ação direta de inconstitucionalidade 815*, rel. Min. Moreira Alves, julg. 28-3-1996.

2.6. Tratamento desigual de minorias sociais imposto pela Constituição de 1988. Casuística

2.6.1. *Discriminação constitucional das empregadas domésticas*

> *Art. 7º, par. único. São assegurados à categoria dos trabalhadores domésticos os direitos previstos nos incisos IV, VI, VII, VIII, X, XIII, XV, XVI, XVII, XVIII, XIX, XXI, XXII, XXIV, XXVI, XXX, XXXI e XXXIII e, atendidas as condições estabelecidas em lei e observada a simplificação do cumprimento das obrigações tributárias, principais e acessórias, decorrentes da relação de trabalho e suas peculiaridades, os previstos nos incisos I, II, III, IX, XII, XXV e XXVIII, bem como a sua integração à previdência social.*

Por mais que a Constituição se refira, pudicamente, a "trabalhadores domésticos", usaremos a seguir o termo "empregada doméstica". Como é de conhecimento geral, trata-se de categoria profissional composta quase exclusivamente por mulheres na atualidade brasileira, chegando a porcentagem feminina a 94% da categoria (Margarido 2020: 20).

Essas profissionais são designadas, nas conversas comuns, como (apenas) "empregadas", diferenciando-as esse termo dos "trabalhadores", dos "funcionários" e mesmo dos "empregados", indicando esse termo no masculino um trabalhador regido pela legislação trabalhista comum, e não uma "trabalhadora doméstica". Dizer que essas mulheres são trabalhadoras como tod@s @s demais, significa ignorar a realidade (secular) de seu tratamento como categoria socialmente inferior, inclusive, no caso do Brasil, havendo clara sobrerrepresentação de *mulheres-negras* na categoria, e sendo elas pobres, pior remuneradas e de baixa escolaridade (Margarido 2020: 20-34). Podemos nos insurgir contra isso, mas é um fato constantemente confirmado. Além disso, fingir que não há diferença terminológica e real significa ocultar o fato de que a própria Constituição "cidadã" sempre tratou as "domésticas" como categoria socialmente e juridicamente inferior, com a explicação, cínica e inexata, de que não oferecem lucro aos empregadores e que nunca houve maioria parlamentar capaz de eliminar essa discriminação.

A norma constitucional acima reproduzida é resultado da Emenda Constitucional n. 72, de 2013, que reconheceu certos direitos trabalhistas às empregadas domésticas, mas não fez o passo da plena equiparação dessa categoria com as demais: "dos 34 direitos elencados no artigo 7º, 18 passariam a ser assegurados à categoria das trabalhadoras domésticas".[377] Resultado é que o art. 7º, parágrafo único, assim como todas as normas que discriminam deliberadamente um grupo social, apresenta *duplo* significado constitucional (e político).

Primeiro, apresenta relevância material, sendo possível calcular o que perde a categoria discriminada, por exemplo, por não possuírem as empregadas domésticas direito a piso salarial, conforme o art. 7º, V, que se aplica a todos os demais trabalhadores. Podemos chamar isso de *efeito de não proteção*, imposto pelo constituinte originário e reformador. Se a tutela deficiente das empregadas domésticas fosse estabelecida por lei ordinária, seria possível alegar sua inconstitucionalidade. Agora temos uma reiteração da decisão constitucional de direta discriminação dessa categoria de pessoas vulneráveis sem possibilidade de intervenção judicial.

Seria recomendável para os constituintes proceder à leitura da corajosa decisão da Corte constitucional sul-africana que declarou inconstitucional a discriminação, social e jurídica, sofrida pelas empregadas domésticas por serem mulheresnegras, pobres e exercendo profissão precária e mal remunerada.[378] Essa decisão é exemplo de incorporação da problemática interseccional no direito constitucional, ampliando os efeitos de proteção real.[379]

[377] Margarido 2020: 113. A autora estuda com detalhes a tramitação parlamentar da Emenda Constitucional n. 72 nos anos 2010. Comenta os discursos parlamentares, preconceituosos e hipócritas em sua maioria e tentando esconder a decisão pela manutenção da discriminação. A autora descreve o protagonismo da deputada Benedita da Silva e dá o devido destaque negativo à postura do deputado Jair Messias Bolsonaro, o único que discursou contra a aprovação da Emenda (127-175).

[378] Pesquisas sociológicas e antropológicas deveriam indicar se está cristalizada no Brasil a categoria *mulheres negras pobres* como classificação interseccional que apresenta significado autônomo no direito antidiscriminatório.

[379] A decisão ocorreu em relação ao afogamento de empregada doméstica na piscina da residência de uma família rica. A justiça comum negou indenização à filha da vítima, dependente da mãe, com a justificativa de que acidentes de empregadas domésticas não são considerados legalmente acidentes de trabalho. A Corte declarou a inconstitucionalidade dessa exclusão de responsabilidade *ratione officii* em uma decisão longa e bastante didática. Constitutional Court. *Mahlangu and Another v. Minister of Labour and Others* (CCT306/19) [2020] ZACC 24 (www.saflii.org/za/cases/ZACC/2020/24.html).

Em segundo lugar, a norma do art. 7º da Constituição gera *efeitos simbólicos* com consequências reais. Trata-se de uma mensagem constitucional a favor da discriminação que confirma a tese de existência de cidadãs de segunda categoria, não dignas do mesmo tratamento que os demais. Imaginemos que um empresário rico reúna as domésticas de sua mansão e informe que pretende atribuir a elas os mesmos direitos dos trabalhadores de sua fábrica que cuidam da limpeza e da alimentação. O nosso empresário pode acrescentar que faz isso em feminagem ao princípio da igualdade. Ainda que o efeito de proteção seja o mesmo para as domésticas, muda a base jurídica. As domésticas recebem o benefício apenas em razão da vontade do empregador, e o benefício é uma liberalidade. Permanecem em *status* jurídico de inferioridade, sendo ato de filantropia aquilo que para @s demais trabalhadora/es é direito judicialmente exigível.

2.6.2. *Discriminação constitucional dos estrangeiros e de categorias de brasileiros*

Art. 5º, LI – nenhum brasileiro será extraditado, salvo o naturalizado, em caso de crime comum, praticado antes da naturalização, ou de comprovado envolvimento em tráfico ilícito de entorpecentes e drogas afins, na forma da lei.

Art. 12, § 3º São privativos de brasileiro nato os cargos:
I – de Presidente e Vice-Presidente da República;
II – de Presidente da Câmara dos Deputados;
III – de Presidente do Senado Federal;
IV – de Ministro do Supremo Tribunal Federal;
V – da carreira diplomática;
VI – de oficial das Forças Armadas;
VII – de Ministro de Estado da Defesa.

Art. 89 O Conselho da República é órgão superior de consulta do Presidente da República, e dele participam: [...] VII – seis cidadãos brasileiros natos.

Art. 222. A propriedade de empresa jornalística e de radiodifusão sonora e de sons e imagens é privativa de brasileiros natos ou naturalizados há mais de dez anos, ou de pessoas jurídicas constituídas sob as leis brasileiras e que tenham sede no País.

§ 1º Em qualquer caso, pelo menos setenta por cento do capital total e do capital votante das empresas jornalísticas e de radiodifusão sonora e de sons e imagens deverá pertencer, direta ou indiretamente, a brasileiros natos ou naturalizados há mais de dez anos, que exercerão obrigatoriamente a gestão das atividades e estabelecerão o conteúdo da programação.
§ 2º A responsabilidade editorial e as atividades de seleção e direção da programação veiculada são privativas de brasileiros natos ou naturalizados há mais de dez anos, em qualquer meio de comunicação social.
§ 3º Os meios de comunicação social eletrônica, independentemente da tecnologia utilizada para a prestação do serviço, deverão observar os princípios enunciados no art. 221, na forma de lei específica, que também garantirá a prioridade de profissionais brasileiros na execução de produções nacionais.

Art. 14, § 2º Não podem alistar-se como eleitores os estrangeiros e, durante o período do serviço militar obrigatório, os conscritos.
§ 3º São condições de elegibilidade, na forma da lei:
I – a nacionalidade brasileira;
II – o pleno exercício dos direitos políticos;
III – o alistamento eleitoral;
IV – o domicílio eleitoral na circunscrição;
V – a filiação partidária
VI – a idade mínima de:
a) trinta e cinco anos para Presidente e Vice-Presidente da República e Senador;
b) trinta anos para Governador e Vice-Governador de Estado e do Distrito Federal;
c) vinte e um anos para Deputado Federal, Deputado Estadual ou Distrital, Prefeito, Vice-Prefeito e juiz de paz;
d) dezoito anos para Vereador.
§ 4º São inelegíveis os inalistáveis e os analfabetos.

Art. 37 [...] I – os cargos, empregos e funções públicas são acessíveis aos brasileiros que preencham os requisitos estabelecidos em lei, assim como aos estrangeiros, na forma da lei.

Art. 190 A lei regulará e limitará a aquisição ou o arrendamento de propriedade rural por pessoa física ou jurídica estrangeira e estabelecerá os casos que dependerão de autorização do Congresso Nacional.

Art. 227, § 5º A adoção será assistida pelo Poder Público, na forma da lei, que estabelecerá casos e condições de sua efetivação por parte de estrangeiros.

Art. 5º, caput: garantindo-se aos brasileiros e aos estrangeiros residentes no País a inviolabilidade do direito à vida, à liberdade, à igualdade, à segurança e à propriedade.

Resultado doutrinário dessa profusão de normas é que a Constituição divide as pessoas que se encontram sob jurisdição brasileira em *seis* categorias com base no critério de sua nacionalidade:[380]

- brasileiros natos;
- brasileiros naturalizados há mais de 10 anos;
- demais brasileiros naturalizados;
- brasileiros natos e naturalizados que não possuem as qualidades indicadas no art. 14, §§ 2º e 4º;
- estrangeiros que residem no Brasil;
- estrangeiros não residentes.

A leitura dos artigos aqui reproduzidos mostra a distinção entre essas categorias no que diz respeito à titularidade de direitos fundamentais. São normas de absoluta clareza e alta densidade normativa, dispensando comentários interpretativos.

Em termos de concepção institucional, a força do vínculo com o Brasil torna-se critério de atribuição de direitos. Surge uma hierarquia, desde o "brasileiro nato", plenamente apto a exercer direitos (art. 14, § 2º e 4º) até chegar aos estrangeiros sem vínculo de residência. Em relação a esses últimos, a Constituição não reconhece nem mesmo o gozo dos direitos fundamentais. É um gesto simbólico de *exclusão* desumanizante que deveria dar ensejo a iniciativas de reforma constitucional.[381]

[380] Não levamos em consideração categorizações que decorrem de normas legais (refugiados, imigrantes ilegais, populações fronteiriças, etc.), assim como grupos específicos como os representantes diplomáticos de outros países, os imigrantes de língua portuguesa e os de nacionalidade portuguesa.

[381] Para os estrangeiros não residentes, uma tutela *grosso modo* equivalente pode ser obtida mediante tratados internacionais de direitos humanos e construções jurisprudenciais de equiparação, mas não deixa de ser um escândalo normativo que foi reproduzido nas sucessivas constituições brasileiras o não reconhecimento de direitos fundamentais aos estrangeiros não residentes. Bibliografia e comentários em Dimoulis e Martins 2020: 92-104.

A utilização do vínculo de nacionalidade com suas graduações internas como critério de atribuição de direitos fundamentais faz esses direitos funcionarem como *privilégios*. Isso relaciona-se com o ideário nacionalista do "fechamento" nacional, com a ideia da comunidade de pessoas privilegiadas que se diferenciam dos demais em razão desse vínculo, chegando a distinção a ponto de discriminar mesmo pessoas naturalizadas com base na ideia da diferença antropológica (quem "nasce" grego nunca "se torna" realmente brasileiro; cf. cap. 2, 4.6).

Em comparação internacional, o Brasil é um dos países mais generosos na atribuição da nacionalidade por nascimento ou por naturalização, assim como no tratamento dos estrangeiros (Dimoulis 2020b). Mesmo assim, mantém a nacionalidade como critério de atribuição de direitos, gerando as mencionadas categorias. Isso torna a nacionalidade uma espécie de trunfo que em outros países decide sobre a vida e a morte (caso da imigração para a União Europeia e os USA, com milhares de mortos e feridos nas fronteiras), sendo ela entendida como privilégio vital.[382]

Algo tão dramático não ocorre no Brasil, mas é evidente a hierarquização das pessoas conforme a intensidade do vínculo com o Estado. Isso explica a inserção, no texto constitucional, de normas aparentemente inexplicáveis como as acima reproduzidas sobre a limitação da propriedade dos estrangeiros e mesmo da possibilidade de adotar crianças. Consequência disso é a permanência do esquema político-jurídico que Carl Schmitt analisou nos anos 1920 como "democracia nacional".[383] Um regime excludente, agressivo e mesmo belicoso que ainda permanece em países alegadamente liberais.

2.6.3. *Discriminação constitucional d@s homossexuais*

> *Art. 226, § 3º Para efeito da proteção do Estado, é reconhecida a união estável entre o homem e a mulher como entidade familiar, devendo a lei facilitar sua conversão em casamento.*

Essa norma parece pontual e pouco relevante no edifício constitucional, mas possui papel central na discriminação de pessoas que não seguem

[382] Dados empíricos e reflexões em Dimoulis e Lunardi 2013.

[383] Cf. a apresentação e análise crítica em Dimoulis 2007.

o padrão da heterossexualidade socialmente imposta (heteronormatividade). Com efeito, ao ser proibido casar ou formar união estável conforme a sexualidade de cada indivíduo, uma minoria social é tratada pela própria Constituição como de menor valor, sendo sua sexualidade talvez tolerada, mas certamente não reconhecida.

Em termos materiais, a exclusão da união matrimonial oficialmente reconhecida tem consequências de discriminação no direito de família, patrimonial e previdenciário. Essas consequências foram analisadas em estudos específicos, que indicam também a progressiva superação, por enquanto apenas parcial, dessas discriminações por decisões judiciais que acabaram criando uma jurisprudência protetora da homoafetividade (exemplos: Moreira 2012; Vecchiatti 2019).

Além de criticar a mensagem constitucional preconceituosa, devemos fazer três observações. Em primeiro lugar, a norma decorre da vontade deliberada dos constituintes, como mostram os debates na Assembleia Constituinte,[384] sendo essa opção desde então constantemente confirmada pelo legislador. Nenhum dos governos e dos grandes blocos parlamentares decidiu colocar em dúvida o privilégio da heterossexualidade.

Segundo. A evolução jurisprudencial protetora culminou em 2011 na decisão do STF, que considerou constitucionalmente permitida a união estável de pessoas do mesmo sexo.[385] A decisão foi criticada juridicamente em razão de sua incompatibilidade com a letra da Constituição. Concordamos com essa crítica jurídica, mas isso não pode nos fazer esquecer que a decisão deu uma lição política a governantes e legisladores reacionários e facilitou a realização de projetos humanos no espaço de *convergência* entre a liberdade pessoal e a igualdade de tod@s.

Terceiro, é digno de nota que, passada uma década dessa decisão, não houve iniciativa do legislador para abolir a norma constitucional discriminadora, nem mesmo para regular os efeitos da união matrimonial entre pessoas do mesmo texto, que permanece regulada por decisões do Poder Judiciário.

384 Cf. os dados mencionados do voto do Min. Ricardo Lewandowski em STF, *Ação direta de inconstitucionalidade 4.277*, rel. Min. Carlos Britto, julg. 5-5-2011, p. 711-713.

385 STF, *Ação direta de inconstitucionalidade 4.277*, rel. Min. Carlos Britto, julg. 5-5-2011.

2.6.4. *Duvidoso "privilégio" para os eclesiásticos e as mulheres*

> *Art. 143, § 2º As mulheres e os eclesiásticos ficam isentos do serviço militar obrigatório em tempo de paz, sujeitos, porém, a outros encargos que a lei lhes atribuir.*

Pode parecer curioso incluir entre as normas discriminadoras a isenção das mulheres e dos eclesiásticos do serviço militar obrigatório. Em termos formais, a norma cria um *benefício* para as mulheres e para um pequeno grupo de homens, ao isentá-los de um dever geral. Uma leitura mais substancial da norma mostra, contudo, que sua origem está relacionada a concepções de *inferioridade*. Utilizando como padrão de referência o homem jovem, saudável e pronto para matar e morrer em nome da pátria, essa isenção decorre da tese da menor idoneidade dos supostamente beneficiados.

As mulheres são excluídas justamente "porque são mulheres" (ainda que isso, em debates públicos, seja parcialmente racionalizado, com referência a uma compensação para as tarefas domésticas das mulheres, algo igualmente reacionário como argumento). Os eclesiásticos porque se presume que "homens santos" teriam conflitos de consciência no ambiente agressivo das Forças Armadas.

Temos aqui indício de um curioso atraso constitucional. Sabe-se que, há décadas, as mulheres têm relevante atuação profissional em corpos militares e militarizados, tendo exercido incontáveis cargos de comando. E os eclesiásticos sempre atuaram como capelães, incorporados nas Forças Armadas na condição de oficiais e recebendo a remuneração correspondente. A Lei n. 6.923, de 1981, estabelece normas detalhadas para a atuação militar dos eclesiásticos, prevendo inclusive que eles devem usar os uniformes militares. Se isso sempre ocorreu, pergunta-se por que manter esse benefício de duvidosa justificativa e de função ambivalente.

Do ponto de vista do direito antidiscriminatório, o debate poderá ser dinamizando no dia em que algum homem questionar sua obrigação militar, alegando que esse ônus o faz sofrer discriminação com base no sexo. A nossa resposta seria que nada pode ser feito quando uma norma constitucional estabelece tratamento diverso (favorável ou não) para certo grupo de pessoas, conforme vimos no início da seção 2.6. Contudo, se um Tribunal aderir a teorias de hierarquização político-moral das normas constitucionais,[386] essa norma não resistiria ao exame de concordância com o direito geral à igualdade. O que devia ser discutido é se prevalecerá o argumento de injustificada discriminação dos homens (vitimização do patriarcado) ou o argumento da inferiorização simbólica das mulheres por normas que fingem protegê-las.

2.7. Resumo das formas de atuação da igualdade

As nossas análises do direito geral à igualdade podem ser resumidas em três proposições que servem como guia para fiscalizar a constitucionalidade de eventuais violações:

– O direito à igualdade não oferece base jurídica para questionar normas constitucionais que introduzem tratamentos diferenciados, tanto para favorecer alguns grupos, como para prejudicar outros – o que, na verdade, ocorre simultaneamente, sendo o privilégio de um o prejuízo para pessoas comparáveis. Prevalece sempre a *lex specialis* constitucional. O direito à igualdade pode ser utilizado como parâmetro tão somente para fiscalizar normas infraconstitucionais.

– O direito geral à igualdade deve ser utilizado de maneira intensa e coerente para realizar um exame geral do direito vigente, afastando as normas que conflitam com ele. Essa "devassa" foi em parte realizada nas três décadas de vigência da Constituição de 1988. Mas há ainda normas que prejudicam grupos minoritários ou oferecem vantagens que deveriam ser extintas ou ampliadas em benefício de todos que se encontram em posição comparável.[387]

– Apesar do silêncio de grande parte da doutrina e da jurisprudência nacional, a *discriminação indireta* afeta o direito à igualdade. Cabe ao Estado realizar as ações e omissões necessárias para que cesse a afetação da área de proteção do direito de maneira indireta, mas nem por isso menos gravosa.

386 Defesa dessa perspectiva com ampla reconstrução bibliográfica em Vieira 1999.

387 Juízes sem moradia própria recebem mensalmente em 2022 R$ 4.377,73 como auxílio moradia em virtude da Resolução n. 274 de 2018 do Conselho Nacional de Justiça, valor esse que se adiciona a salários que costumam ultrapassar os 40.000 reais. No mesmo momento, dezenas de milhões de brasileir@s sem casa própria recebem salário mínimo em torno de R$ 1.200 destinado a cobrir todas as suas necessidades. Há forte razão para um litígio constitucional, baseado no direito à igualdade, rediscutindo o desenho normativo do benefício do auxílio moradia, concedido a quem dele menos precisa.

2.8. Destinatários do direito geral de igualdade

O art. 5º, *caput*, atribui o direito à igualdade geral a "brasileiros e estrangeiros residentes no país". A titularidade é bastante ampla, mas exclui pessoas que, sem residir no Brasil, estão, por alguma razão, submetidas ao ordenamento nacional, por exemplo, porque possuem propriedade imóvel no país ou têm transações comerciais com empresas brasileiras.

Essas pessoas poderão enfrentar o risco de ser submetidas a um regime discriminatório, não sendo titulares do direito à igualdade. Por mais que haja possibilidade jurídica de fazer valer direitos de igualdade dos não residentes mediante tratados internacionais de direitos humanos, sua exclusão é um símbolo de tratamento discriminador que deveria ser abolido mediante reforma constitucional.[388]

Destinatários passivos do direito à igualdade geral são as autoridades estatais. Isso se refere, antes de tudo, aos legisladores, que devem evitar violações do direito à igualdade causadas por suas medidas ou omissões normativas. As demais autoridades estatais também são, em tese, destinatárias passivas do direito à igualdade. Contudo, na medida em que aplicam leis em casos concretos ou editam normas concretizadoras de leis, eventual queixa baseada no direito fundamental terá como verdadeiro alvo a lei aplicada. Isso se desdobra em duas hipóteses. Se a pessoa reclama de um ato concretizador que aplicou equivocadamente a lei, excluindo-a, por exemplo, de certo benefício, então o direito fundamental ferido não é a igualdade geral, mas a igualdade perante a lei (cf. cap. 6, 1), por se tratar de aplicação defeituosa do texto legal. Se agora a pessoa considera que a lei foi aplicada corretamente, mas é indevidamente discriminadora, então verdadeiro objeto da reclamação não é o ato de aplicação, mas a lei que lhe deu ensejo.

Isso indica que o Executivo e o Judiciário são destinatários passivos do direito à igualdade, podendo seus atos ser questionados quando estiverem exercendo poder normativo autônomo (sem interposição do legislador) ou mediante delegação legislativa. Exemplo: autoridades sanitárias discriminam homossexuais de sexo masculino na doação de sangue com base em autorização legal genérica de regulamentar a

[388] Sobre as formas que permitem reconhecer direitos fundamentais aos estrangeiros não residentes no Brasil, apesar do silêncio constitucional, cf. a bibliografia e análise em Dimoulis e Martins 2020: 92-104.

doação de sangue. O Judiciário declara a inconstitucionalidade de Portaria por violar, entre outros direitos, a igualdade.[389]

2.9. Consequências jurídicas da violação do direito geral à igualdade

A questão apresenta complexidade, sendo objeto de tratamento próprio no cap. 7.

3. Direitos especiais de igualdade

3.1. Delimitação conceitual

A Constituição toma uma infinidade de decisões sobre como tratar as pessoas e organizar o Estado, estabelecendo regras diferenciadoras. Alguns funcionários são vitalícios, outros possuem estabilidade, outros são regidos pela CLT. Algumas funções públicas estão associadas a imunidades, outras não. Os exemplos podem se multiplicar até chegarmos à curiosidade constitucional que atribui *status* peculiar ao Colégio Pedro II do Rio de Janeiro, enquanto quase 200.000 instituições de ensino básico brasileiro permanecem no anonimato constitucional.

Em termos gerais, o direito constitucional brasileiro distribui posições, criando grupos que recebem tratamento peculiar. Mesmo normas objetivas, como o reconhecimento do português enquanto idioma oficial, podem ter reflexos de diferenciação, favorecendo os que o dominam e dificultando o exercício de direitos não apenas por estrangeiros, mas mesmo por índios brasileiros (sem esquecer que Constituições pretéritas consideravam o conhecimento do português condição de exercício do direito de voto – art. 132, II, da Constituição de 1945).

Para se referir a direitos de igualdade especiais, adotaremos uma concepção *restritiva* do termo. O direito especial de igualdade não abrange qualquer benefício dado a alguém (e de tratamento reflexivamente desfavorável de outros), como os analisados no cap. 6, 2.6. Tampouco consiste na regulamentação de posições jurídicas transitórias (consumidor, locatário, paciente, estudante, servidor público...). Sua característica central é a tentativa de compensar posições sociais

[389] STF, *Ação direta de inconstitucionalidade* 5.543, rel. Min. Edson Fachin, julg. 11-5-2020.

desfavoráveis, endereçando-se a grupos específicos. *Direitos especiais de igualdade são os direitos das minorias sociais.*

Cabe um esclarecimento sobre @s encarcerad@s. Essa população é muito numerosa no Brasil, aproximando-se de um milhão em 2022, e extremamente fragilizada por exclusiva responsabilidade do Estado. Mas não está no rol das minorias sociais porque é o sistema jurídico que determina seu tratamento desfavorável, em razão de conduta antijurídica e culpável. Nas prisões brasileiras, são evidentes (e injustificadas) as privações e torturas – prisões que um Ministro da Justiça qualificou de "masmorras medievais".[390] Há também vasta evidência estatística de que o principal alvo do encarceramento são negros e pobres. Mas esses dados de desumanidade e seletividade inconstitucional não permitem se referir a minoria social. A formação dessa categoria é obra do sistema jurídico com base em elementos de conduta ilegal sem ocorrência dos elementos de definição, indicados na proposição *M5*.

São evidentemente necessárias as análises sociológicas e jurídicas da situação nas prisões, o estudo dos direitos específicos que a Constituição e a legislação reconhecem a@s pres@s. É também necessário discutir os graves problemas de inconstitucionalidade e ilegalidade no sistema penitenciário debatidos na doutrina constitucional e criminológica e que se encontram no foco da crítica do próprio STF (DIMOULIS 2016: 104-121). Mas não se pode falar em minoria social.

3.2. Direito à igualdade das mulheres

> *Art. 5º, I – homens e mulheres são iguais em direitos e obrigações, nos termos desta Constituição.*

> *Art. 5º, L – às presidiárias serão asseguradas condições para que possam permanecer com seus filhos durante o período de amamentação.*

> *Art. 7º, XVIII – licença à gestante, sem prejuízo do emprego e do salário, com a duração de cento e vinte dias.*

[390] jc.ne10.uol.com.br/canal/mundo/brasil/noticia/2015/11/05/cardozo-volta-a-dizer-que-presidios-brasileiros-sao-masmorras-medievais-206726.php.

Art. 7º, XX – proteção do mercado de trabalho da mulher, mediante incentivos específicos, nos termos da lei;

Art. 40, § 1º, III [aposentadoria dos servidores, sendo estabelecida, entre outras, a seguinte condição] *III – no âmbito da União, aos 62 (sessenta e dois) anos de idade, se mulher, e aos 65 (sessenta e cinco) anos de idade, se homem.*

Art. 201. A previdência social [...] atenderá, nos termos da lei, [...] II – proteção à maternidade, especialmente à gestante.

§ 7º É assegurada aposentadoria no regime geral de previdência social, nos termos da lei, obedecidas as seguintes condições: I – 65 (sessenta e cinco) anos de idade, se homem, e 62 (sessenta e dois) anos de idade, se mulher, observado tempo mínimo de contribuição.

As normas constitucionais relacionadas a direitos das mulheres podem ser divididas em duas categorias. Na primeira (a.) pertence a uma enunciação específica de igualdade (art. 5º, I). A segunda (b.) inclui os demais artigos transcritos que estabelecem prestações compensatórias.

a. O art. 5º, I, ocupa posição singular no texto constitucional. É fruto da pressão do movimento feminista e, concretamente, da atuação de parlamentares mulheres na Assembleia Constituinte (Oliveira 2014). Analisaremos, a seguir, as características dessa norma, apresentando sua relevância no panorama de tratamento constitucional das minorias sociais.

Abrangência da norma. O art. 5º, I, faz uma enunciação de igualdade sem permitir exceções. Constatamos que, em outros casos, a Constituição menciona a igualdade de certas categorias para introduzir exceções. Assim, por exemplo, o voto é declarado "igual", mas a divisão federativa impõe arranjos não proporcionais. Da mesma maneira, todos os brasileiros são considerados iguais, mas, a seguir, a Constituição indica que os naturalizados são privados de certos direitos...

"Homens e mulheres" como sinônimo de "em razão do sexo". A igualdade entre homens e mulheres não está acompanhada de reserva legal (examinaremos a seguir a reserva constitucional). Além disso, apresenta universalidade na formulação que impõe um esclarecimento interpretativo. Considerando que, ao menos no mundo conceitual e ideológico

dos constituintes, os seres humanos são homens *ou* mulheres (binariedade), uma abordagem literal da norma faria afirmar que "todos os seres humanos (=mulheres+homens) são iguais em direitos e obrigações". Isso não é apenas impensável para o direito moderno, mas, como repetidamente dissemos, é desmentido por dezenas de normas constitucionais que distribuem de maneira diferenciada direitos e obrigações.

A leitura correta do art. 5º, I, consiste (apenas) na garantia de que não haverá diferenciação em direitos e obrigações com base no critério do sexo. Apenas isso. Ao reclamar Ruth por tratamento desigual em comparação com Max, o mandamento constitucional do art. 5º, I, não é ativado se Ruth mostrar que paga comparativamente mais impostos. Ela deve provar que isso se deve ao sexo, tematizado pela lei tributária de maneira explícita (discriminação direta) ou implícita (discriminação indireta). Assim sendo, a vedação do art. 5º, I, é universal no que diz respeito aos sujeitos envolvidos, mas é específica no que diz respeito à razão do tratamento desigual. Ruth e Max podem ter direitos e obrigações diferentes em razão, por exemplo, da profissão ou da nacionalidade, não sendo isso invalidado pelo fato de a primeira ser mulher e o segundo homem.

"Nos termos desta Constituição". A ressalva aposta ao art. 5º, I, impede o questionamento de normas constitucionais (e de suas concretizações legais) que atribuem direitos especiais a mulheres. Isso ocorre com as normas antes reproduzidas. Não se trata de reserva legal que objetiva limitar o direito à igualdade em direitos e obrigações. É apenas a *confirmação* normativa de que tratamentos especiais de um dos gêneros são permitidos, na medida em que a Constituição os autoriza.

Nessa perspectiva, a cláusula "nos termos desta Constituição" não tem relevância normativa. Ainda que não existisse, seria evidente que o tratamento igual ou desigual dos sujeitos de direito é feito (deve ser feito) "nos termos da Constituição". Não é preciso um lembrete para seguir os mandamentos da Constituição, enquanto norma suprema do ordenamento jurídico. Além disso, uma norma constitucional concreta que estabelece um direito especial das mulheres, como a licença-maternidade, ou uma obrigação especial dos homens, como o serviço militar, prevalece, por ser *lex specialis*, em relação à regra geral da igualdade de homens e mulheres em direitos e obrigações.

Podemos vislumbrar uma limitada relevância normativa da cláusula "nos termos desta Constituição" em relação ao seu significado *excludente*.

Ao permitir que sejam feitas diferenciações mediante normas constitucionais, essa cláusula proíbe, *contrario sensu*, toda e qualquer diferenciação que será feita por mandamento infraconstitucional.

Inspirados em precedentes estrangeiros, formularemos aqui um problema de constitucionalidade. O hino nacional brasileiro é regulamentado pela Lei n. 5.700, de 1971. Seu art. 6º prevê que o hino será executado com a letra estabelecida no anexo 6 da Lei. Essa letra retoma, com algumas atualizações ortográficas, o texto constante do Decreto n. 15.671, de 1922, que "declara official a letra do Hymno Nacional Brasileiro".

Esses textos legais incluem as notórias menções "dos filhos deste solo" e do "filho teu". Podemos dizer que, ao utilizar unicamente o sexo masculino, discriminam as cidadãs brasileiras? Versos que se repetem incontáveis vezes como espécie de discurso oficial do país sobre sua identidade não deviam ignorar a existência das mulheres, que, atualmente, compõem 51,1% da população brasileira e 52,65% do corpo eleitoral.[391]

A questão foi amplamente discutida na Áustria. Os versos do hino nacional, escritos por uma mulher, mencionavam os "grandes filhos da pátria" e os "corais de irmãos" que exaltam a glória austríaca. Em 2011, o Parlamento decidiu mudar o texto original. Inseriu em lei o novo texto que se refere à Áustria como "pátria de grandes filhas e filhos" (*Heimat großer Töchter und Söhne*), assim como a seus "corais de alegria" (*Jubelchören*).[392]

Apesar dos protestos de partidos conservadores, que insistiam no valor histórico do texto original cantado por décadas e rejeitavam pautas simbólicas que em nada mudariam a vida das mulheres, a lei foi aprovada. Desde então, o hino é cantado em sua nova versão, que o Parlamento considerou "mais adequada à perspectiva de gênero".[393]

Consideramos que o hino brasileiro apresenta inconstitucionalidade superveniente, desde 1988, em razão da equiparação de homens e mulheres em direitos e obrigações. Isso porque as mencionadas leis e

391 educa.ibge.gov.br/jovens/conheca-o-brasil/populacao/18320-quantidade-de-homens-e-mulheres.html; https://www.tse.jus.br/comunicacao/noticias/2022/Julho/eleicoes-2022-mulheres-sao-a-maioria-do-eleitorado-brasileiro.

392 Lei federal de 2011 sobre o hino federal (https://www.ris.bka.gv.at/GeltendeFassung.wxe?Abfrage=Bundesnormen&Gesetzesnummer=20007593).

393 O mesmo ocorreu em 2018 no Canadá, mudando o termo "thy sons" do hino para "all of us". Cf. a Lei sobre o hino nacional: https://laws-lois.justice.gc.ca/eng/acts/N-2.

os decretos de regimes anteriores ignoram as mulheres em vez de mencioná-las como "filhas" em tudo equiparadas. Isso pode ser sustentado de maneira plausível, invocando também os recentes movimentos de tratamento igualitário do gênero feminino em perspectiva gramatical-linguística. O art. 13, § 1º, da Constituição menciona o hino como um dos "símbolos da República Federativa do Brasil". Como admitir que o símbolo do país exalte apenas os homens?

Do ponto de vista processual, deve ser apresentado pedido de interpretação conforme a Constituição, indicando o STF a forma correta de expressar a equiparação das mulheres no hino nacional.

Uma alternativa mais radical seria considerar que o hino brasileiro expressa espírito agressivo-belicoso em um país comprometido com a paz mundial (art. 4º da Constituição) e nada diz sobre as minorias sociais e étnicas que compõem o país. Em tal hipótese, as normas legais que estabelecem a letra do hino seriam consideradas não recepcionadas[394] pela Constituição de 1988, devendo ser redigido novo texto para esse símbolo nacional.[395]

Concluindo este tópico, sugerimos reformular hermeneuticamente o art. 5º, I, da Constituição, de maneira que indique sua exata dimensão normativa:

> Em vista do art. 5º, I, da Constituição Federal, é vedado às autoridades estatais, incluindo o legislador ordinário, atribuir direitos e obrigações diversas em razão do sexo, ressalvando-se tratamentos especiais previstos por normas constitucionais.

Relação do art. 5º, I, com outras normas antidiscriminatórias. O art. 5º, I, constitui *lex specialis* em comparação com a vedação de discriminação em razão do sexo estabelecida no art. 3º, IV. Essa última norma torna-se

[394] O STF não admite a teoria da inconstitucionalidade superveniente para normas anteriores à entrada em vigor da Constituição, adotando a teoria da não recepção: *Ação direta de inconstitucionalidade 2*, rel. Min. Paulo Brossard, julg. 6-2-1992. Sobre a distinção entre não recepção e inconstitucionalidade das normas anteriores à Constituição vigente, cf. Lunardi e Dimoulis (2020).

[395] Nesse espírito, a Austrália mudou em 2021 seu hino que se referia a uma nação (subentende-se: nação de imigrantes) que seria "young and free". Na nova versão, fala-se de nação "one and free" para incluir simbolicamente os povos originários. Cf. decreto do Governador-geral editado em 2020: https://www.legislation.gov.au/Details/C2021G00004.

sem utilidade normativa diante da clareza e especificidade do art. 5º, I. Isso também vale para o art. 5º, I, em relação ao direito geral de igualdade do art. 5º, *caput* ("garantindo-se [...] a igualdade"), quando é discutida a discriminação baseada no gênero.

O art. 5º, I, *possui maior densidade normativa* em relação aos sujeitos (homens e mulheres em sua identidade de gênero), assim como em relação ao objeto, impondo a plena igualdade em direitos e obrigações, se não foi diferentemente previsto pela Constituição. Temos uma previsão de equiparação que apresenta incidência específica e concretude maior em relação a outras possíveis discriminações que se resolvem com base nas precitadas normas gerais.

Com a maior clareza possível, a Constituição de 1988 preocupou-se em abolir a discriminação sofrida pelas mulheres. Isso pode ser discutido politicamente, indagando sobre as razões que fizeram o constituinte priorizar o critério de gênero em comparação com outros. Mas não deixa de ser um fato constitucional que fortalece as argumentações em prol da igualdade de tratamento das mulheres.

Vedação simétrica? A norma enunciada no art. 5º, I, não possui precedentes na história constitucional brasileira. Seu intuito foi questionar o modelo de supremacia jurídica masculina, que sempre caracterizou o direito público e privado, no Brasil e em tantos outros países. A eliminação desse modelo com as poucas palavras do art. 5º, I, foi um acontecimento celebrado politicamente e motivador de uma ampla produção bibliográfica pós-1988.[396]

Seu significado jurídico fundamental é *retrospectivo*: oferecer base para que sejam declaradas não recepcionadas/inconstitucionais todas as normas pré-constitucionais que discriminavam as mulheres. Em termos *prospectivos*, a norma possui relevância preventiva. Veda qualquer futura limitação dos direitos das mulheres e a imposição de obrigações especificamente femininas.

A dúvida é se a norma pode ser invocada também por homens. Para tanto é suficiente remeter à análise do "argumento da simetria" no direito de igualdade (II, 4.4.5 e V, 1.2). Dada a formulação neutra-universalizante do art. 5º, I ("homens e mulheres" e não "mulheres" ou "o sexo sistematicamente discriminado"), não se pode excluir catego-

[396] Exemplos: VERUCCI 1999; ROTHENBURG 2014: 133-135.

ricamente a utilização da norma a favor de homens, com a observação de que o tratamento especial das mulheres terá quase sempre a finalidade de compensar desigualdades presentes na sociedade, intervindo o Estado para eliminar obstáculos e discriminações no efetivo exercício de direitos.

Um exemplo atual são as iniciativas, por enquanto tímidas e pouco eficazes, de facilitar a participação das mulheres nas instituições da democracia representativa. Estabelecer cotas drásticas *de resultado* que imporiam atribuir metade das vagas às mulheres, a exemplo de outros países latino-americanos,[397] é algo que pode ser questionado, invocando direitos dos homens à livre atuação política. Contudo, parece-nos muito difícil ter êxito jurídico a queixa de tratamento privilegiado de uma minoria social.

Identidades de gênero. A doutrina observa que a norma abrange qualquer identidade de gênero ao se referir a homens e mulheres (Rothenburg 2014: 135). Uma norma antidiscriminatória não pode ser utilizada para discriminar quem possui identidade diferente do sexo biológico nem penalizar pessoas em transição de gênero. Quem se considera vítima de discriminação de gênero deve ser ouvido no mérito da alegação, não sendo impedimento a identidade inicial biológica. Exemplo: X e Y alegam discriminação por serem mulheres. Sendo comprovada a alegação, não importa se X nasceu com sexo biológico feminino e a transexual Y com sexo biológico masculino, se ambas foram vítimas de discriminação por serem (tidas como) mulheres.

Um problema pode surgir com alegações de discriminação de pessoas impedidas de se comportar conforme o sexo/gênero que corresponde à sua autocompreensão, socialmente confirmada pela aparência ou o papel desempenhado. Isso ocorre quando um(a) transexual deseja participar de atividades (esporte profissional) ou usar instalações (vagões de metrô, vestiários, banheiros) que costumam ser divididas por sexo. Tais casos não podem ser resolvidos com base no art. 5º, I.

Nas reclamações com base no "argumento da simetria" é impugnada a norma que diferencia os sexos. Isso ocorreu com a alegação de inconstitucionalidade de lei que proibia a entrada de passageiros de sexo masculino em vagões de metrô e trem reservados para as "mulheres" em

[397] Cf. as referências a normas da Constituição boliviana que estabelecem a representação paritária de homens e mulheres nos corpos representativos em Sabadell 2020: 197-198.

dias e horários de particular afluência.[398] Essa reclamação deve ser baseada no art. 5º, I, pedindo-se o reconhecimento da igualdade de direitos entre homens e mulheres. O fato de X ser homem, alega-se, não pode ser razão para ser vedado seu acesso a alguns vagões do trem, enquanto a mulher Y que pagou a mesma passagem tem acesso a todos.

A situação normativa é diferente quando é questionada a incidência de norma diferenciadora em relação a pessoa que se considera discriminada por sua identidade de gênero ou sexualidade. Nessa hipótese, a norma que trata de maneira diferente homens e mulheres é pressuposta como adequada. Não são questionadas as normas de tratamento diverso ou de segregação dos sexos (vagões de mulheres), mas a classificação de uma pessoa em certa categoria. Em tal hipótese aplica-se o direito geral à igualdade (art. 5º, *caput*), em combinação com o art. 3º, IV. "Y deve ser tratada como mulher para evitar discriminação" é diferente de "Um meio igual deve ser aplicado para homens e mulheres para evitar discriminação".

b. As demais normas estabelecem direitos de mulheres a prestações. A maior parte estabelece a obrigação do Estado de editar medidas normativas que permitam compensar desvantagens ou situações de fragilidade social das mulheres, por exemplo, ao estatuir direitos das mulheres encarceradas que cuidam de filhos na prisão ou preservando direitos remuneratórios durante a licença maternidade.

Outras normas estabelecem prestações normativas, acompanhadas de deveres de prestação material. Isso ocorre em relação à aposentadoria de funcionárias públicas em idade menor que a dos homens.

[398] O art. 1º da Lei n. 4.733, de 2006, do estado do Rio de Janeiro estabelecia a obrigação das empresas de transporte ferroviário e metroviário de designar vagões exclusivos para mulheres. Houve questionamento da lei por violação da igualdade entre homens e mulheres pelo Ministério Público estadual. O Tribunal de Justiça confirmou a constitucionalidade em vista da tutela compensatória das mulheres, rejeitando teses sexistas: "O que se instituiu na lei foi mais um reforço à proteção à liberdade sexual da mulher, tutelada penalmente com rara eficiência, e não privilégio de transporte em vagão especial [...], pouco importando o conceito subjetivista da mulher que faz uso de vagão misto ou do homem que não pode viajar no vagão exclusivo de mulheres, parecendo exagero que só por isso possam ser considerados 'prostituta ou pervertido sexual', ou as mulheres que viajam em vagão exclusivo sejam tratadas como 'bonequinhas frágeis e disponíveis'". TJ-RJ, *Arguição de inconstitucionalidade n. 2009.017.00019*, rel. Des. Valmir de Oliveira Silva, julg. 20-6-2009.

São direitos de titularidade específica, enunciada em cada dispositivo (mulheres encarceradas; trabalhadoras; em idade de aposentadoria). Em relação aos direitos de aposentadoria, deve-se observar que a reforma da previdência de 2019 restringiu, mediante Emenda constitucional, direitos especiais das mulheres que viram a idade mínima de aposentadoria aumentar de 60 para 62 anos sem que houvesse mudança do limite de aposentadoria para os homens (arts. 40, § 1º, III; 201, § 7º, I, da Constituição). A perda de um direito das mulheres por dois anos oferece indícios de inconstitucionalidade dessa Emenda.

3.3. A quase ausência do direito à igualdade d@s Negr@s

> *Art. 215, § 1º O Estado protegerá as manifestações das culturas [...] afro-brasileiras.*
>
> *Art. 216, § 5º Ficam tombados todos os documentos e os sítios detentores de reminiscências históricas dos antigos quilombos.*
>
> *Art. 68 do ADCT. Aos remanescentes das comunidades dos quilombos que estejam ocupando suas terras é reconhecida a propriedade definitiva, devendo o Estado emitir-lhes os títulos respectivos.*

Negras e Negros, compondo mais de metade da população brasileira, sofrem discriminações sistemáticas e múltiplas, mas não podem encontrar referência constitucional a ações que tratem essa forma de discriminação como problema que impede o exercício adequado de direitos fundamentais e que possam amenizar as privações a eles impostas.

Apesar da enérgica presença do movimento negro nos trabalhos da Assembleia Constituinte (Santos 2015), a Constituição só trata dos problemas de discriminação da população negra em *três* normas e sempre de maneira indireta.[399] O art. 215, aqui transcrito, estabelece uma

[399] Um dos "princípios" de atuação do Brasil nas relações internacionais é o repúdio ao racismo" (art. 4º, VII). Deixamos essa norma fora do nosso exame não apenas porque não diz respeito ao exercício de direitos de igualdade no Brasil, mas principalmente pelo seu *truísmo constitucional* (cf. a seguir, cap. 6, 3.4). Se não houvesse essa norma, alguém pensaria que um Estado de direito não repudia um crime hediondo?

forma de tutela estatal (*dever de proteção*)[400] em relação à cultura afro-brasileira. Formalmente é um direito especial de igualdade para proteger um conjunto cultural, em razão do menosprezo e silenciamento sofrido pela obra civilizatória dos Negros brasileiros. Ora, a vagueza da norma que nomeia a cultura sem especificações e sem referência aos meios de atuação estatal, torna impossível estabelecer parâmetros e formular reclamações de omissão estatal.

Mesmo assim, há um critério plausível que pode ser utilizado como parâmetro de comparação: é o nível de tutela da cultura euro-brasileira por instituições estatais, incluindo programas e práticas de ensino. A cultura afro-brasileira deveria receber atenção e recursos, no mínimo, semelhantes aos recebidos para manifestações e ensino da cultura euro-brasileira, diante do explícito mandamento constitucional de sua tutela. A segunda norma é a vedação de discriminação por razões de raça/cor (art. 3º, IV; cf. cap. 5, 1). Essa norma permanece vaga, sem especificar (ou, ao menos, autorizar) políticas afirmativas e sem indicar a discriminação indireta entre as razões de discriminação, sendo que é raríssimo atualmente encontrarmos discriminações explícitas em razão da raça.

A terceira norma é a criminalização do racismo (art. 5º, XLII; cf. cap. 5, 4.2). A norma possui eficácia simbólico-pedagógica e deve ser ressaltada a inserção da problemática do racismo no texto constitucional.

> Os dispositivos inseridos na Constituição Federal – apesar das supressões – são importantes conquistas do Movimento Negro. A inserção da palavra "racismo" no texto é significativa num país que sempre negou a existência do fenômeno no seu contexto. (Santos 2015: 179)

Observe-se, contudo, que a menção ao racismo é apenas negativa. O racismo é repudiado como crime, como patologia atribuída à conduta desviante de certos indivíduos. O Estado brasileiro não reconhece, no texto constitucional, que possui responsabilidade a esse respeito, nem se compromete em empreender ações para erradicar o racismo da sociedade brasileira.

Além disso, o repúdio e a criminalização do racismo revelaram-se altamente ineficazes na prática judicial, e, ainda que isso mude um dia,

[400] Sobre o conceito de dever de proteção imposto ao Estado, cf. Dimoulis e Martins 2020: 77-79, 151-164.

não se pode esperar que uma norma repressiva possa reparar desigualdades e remover óbices para a população negra.

O Estatuto da igualdade racial, introduzido pela Lei n. 12.711, de 2012, na terceira década de vigência da Constituição, limita-se a enunciar princípios gerais e repetir esquemas retóricos sem o grau de especificação e vinculatividade que se esperaria de um texto legislativo.

Observe-se que a lei inclui normas que nos parecem um escárnio para a população negra, como ocorre com a previsão do art. 15: "O poder público adotará programas de ação afirmativa". Quais? Quando? Em quais campos? De que forma e intensidade? Além dessas perguntas, que a lei não permite responder, estamos diante de um dispositivo sem utilidade jurídica. Se uma futura lei decidir adotar ações afirmativas não precisa da autorização de lei anterior. Se não houver tais leis, o art. 15 nada significa. O legislador do passado não pode vincular o legislador do futuro. Em termos simples, norma legal que estabelece um indefinido dever de adotar novas leis tem a mesma carga normativa que a frase: "tenha um bom dia".

Por fim, as normas constitucionais dos arts. 216 e 68 do ADCT estabelecem um dever estatal de tutela jurídica dos quilombos, preservando seu caráter histórico e consolidando a propriedade em seus territórios frequentemente não reconhecida por instrumentos jurídicos. Aqui também estamos diante de uma tutela reforçada em razão da fragilidade social de um dos grupos da população negra brasileira. Chama novamente atenção a falta de concretude das normas, que não estabelecem prazos nem descrevem ações específicas para tanto.

Esse descaso normativo com as Negras e Negros nos faz concordar com um triste diagnóstico:

> Diante das normas referidas, é de se registrar que a Constituição de 1988 em nada se refere a medidas ou políticas públicas para aliviar as discriminações que os negros ainda têm na sociedade brasileira. (Ferraz e Baptista 2016: 86)

A situação constitucional mudou parcialmente em 2021. Isso se deve à internalização da *Convenção Interamericana contra o racismo, a discriminação racial e formas correlatas de intolerância*. A Convenção foi aprovada pela OEA em 2013 e mantida desde então em estado de hibernação no

Brasil. O Decreto Legislativo n. 1, de 2021, formalizou sua internalização. Isso ocorreu com a maioria de três quintos dos membros de cada casa, aprovando a Convenção em dois turnos. Assim sendo, a Convenção integra o bloco de constitucionalidade, equiparando-se hierarquicamente às emendas constitucionais.

Com isso, o texto constitucional brasileiro incorpora referências específicas à tutela das negras e negros e de qualquer grupo inferiorizado com base no critério da raça e os assemelhados ("a discriminação racial pode basear-se em raça, cor, ascendência ou origem nacional ou étnica" - art. 1, 1 da Convenção).

A Convenção está repleta de afirmações e exortações vagas. Tais normas fazem parte dos *truísmos jurídico-constitucionais*. São tautologias ou repetições do óbvio, cuja eliminação do texto constitucional nada de relevante mudaria no ordenamento jurídico.[401]

Entre previsões que possuem relevância normativa, mencionamos três:

- Definição da discriminação racial indireta[402] e múltipla,[403] seguindo os padrões definitórios analisados em nosso estudo (cap. 2, 4.4.3).

- Inserção de cláusula que justifica as discriminações indiretas de maneira muito ampla: "objetivo ou justificativa razoável e legítima à luz do Direito Internacional dos Direitos Humanos" (art. 1, 2). Parece-nos que a "justificativa razoável e legítima" pode se transformar em pretexto retórico para justificar as mais variadas discriminações.[404]

401 Exemplos: "Todo ser humano tem direito ao reconhecimento, gozo, exercício e proteção, em condições de igualdade [...] de todos os direitos humanos" (art. 3). "Os Estados Partes comprometem-se a promover a cooperação internacional com vistas ao intercâmbio de ideias e experiências" (art. 14).

402 "aquela que ocorre, em qualquer esfera da vida pública ou privada, quando um dispositivo, prática ou critério aparentemente neutro tem a capacidade de acarretar uma desvantagem particular para pessoas pertencentes a um grupo específico" (art. 1, 2).

403 "qualquer preferência, distinção, exclusão ou restrição baseada, de modo concomitante, em dois ou mais critérios dispostos no Artigo 1.1, ou outros reconhecidos em instrumentos internacionais, cujo objetivo ou resultado seja anular ou restringir o reconhecimento, gozo ou exercício, em condições de igualdade, de um ou mais direitos humanos e liberdades fundamentais" (art. 1, 3).

404 Para fins de comparação, a lei antidiscriminatória norueguesa só considera permitido um tratamento diverso se (a) for necessário para atingir uma finalidade objetiva e (b) não onerar desproporcionalmente a pessoa discriminada (§ 9º *Lov om likestilling og forbud mot diskriminering*; lovdata.no/dokument/NL/lov/2017-06-16-51).

– Garantia explícita da constitucionalidade das ações afirmativas temporárias como compatíveis com o direito à igualdade (art. 1, 5), impondo aos Estados-membros a elaboração de tais ações em prol dos grupos racialmente discriminados (art. 5).

A adoção de normas de nível constitucional que tematizam a discriminação racial indireta e institucionalizam as ações afirmativas é um passo relevante. Contudo, essas previsões limitam-se a um setor de discriminação. E mesmo assim faltam mecanismos de cobrança efetiva e de responsabilização dos Estados omissos, sendo previsto apenas um mecanismo de "monitoramento". Por fim, a ação afirmativa é mencionada genericamente sem indicação de metas quantitativas, prazos e campos de aplicação. Não é difícil prever que pouco mudará na argumentação jurídica e na situação social das minorias raciais com a entrada em vigor dessa Convenção.

3.4. Direito à igualdade da juventude (crianças, adolescentes, jovens adultos)

> *Art. 203. A assistência social será prestada a quem dela necessitar, independentemente de contribuição à seguridade social, e tem por objetivos: [...] II – o amparo às crianças e adolescentes carentes.*

> *Art. 227. É dever da família, da sociedade e do Estado assegurar à criança, ao adolescente e ao jovem, com absoluta prioridade, o direito à vida, à saúde, à alimentação, à educação, ao lazer, à profissionalização, à cultura, à dignidade, ao respeito, à liberdade e à convivência familiar e comunitária, além de colocá-los a salvo de toda forma de negligência, discriminação, exploração, violência, crueldade e opressão.*
> *§ 1º O Estado promoverá programas de assistência integral à saúde da criança, do adolescente e do jovem, admitida a participação de entidades não governamentais, mediante políticas específicas e obedecendo aos seguintes preceitos*
> *I – aplicação de percentual dos recursos públicos destinados à saúde na assistência materno-infantil;*
> *II – criação de programas de [...] integração social do adolescente e do jovem portador de deficiência, mediante o treinamento para o trabalho e a convivência, e a facilitação do acesso aos bens e serviços coletivos, com a eliminação de obstáculos arquitetônicos e de todas as formas de discriminação*

§ 3º O direito a proteção especial abrangerá os seguintes aspectos: [...] II – garantia de direitos previdenciários e trabalhistas;
III – garantia de acesso do trabalhador adolescente e jovem à escola;
IV – garantia de pleno e formal conhecimento da atribuição de ato infracional, igualdade na relação processual e defesa técnica por profissional habilitado, segundo dispuser a legislação tutelar específica;
V – obediência aos princípios de brevidade, excepcionalidade e respeito à condição peculiar de pessoa em desenvolvimento, quando da aplicação de qualquer medida privativa da liberdade;
VI – estímulo do Poder Público, através de assistência jurídica, incentivos fiscais e subsídios, nos termos da lei, ao acolhimento, sob a forma de guarda, de criança ou adolescente órfão ou abandonado;
VII – programas de prevenção e atendimento especializado à criança, ao adolescente e ao jovem dependente de entorpecentes e drogas afins.
§ 4º A lei punirá severamente o abuso, a violência e a exploração sexual da criança e do adolescente.
§ 5º A adoção será assistida pelo Poder Público, na forma da lei, que estabelecerá casos e condições de sua efetivação por parte de estrangeiros.
§ 6º Os filhos, havidos ou não da relação do casamento, ou por adoção, terão os mesmos direitos e qualificações, proibidas quaisquer designações discriminatórias relativas à filiação.

Art. 228. São penalmente inimputáveis os menores de dezoito anos, sujeitos às normas da legislação especial.

Art. 229. Os pais têm o dever de assistir, criar e educar os filhos menores.

As normas constitucionais que regulamentam direitos especiais de igualdade para jovens desde o nascimento até os primeiros anos da vida adulta estabelecem deveres de tutela estatal mais intensos em comparação com a população geral.

Nesse conjunto de normas encontramos muitas referências retóricas. É o caso do *caput* do art. 227, que se refere ao dever geral de assegurar os direitos dos mais jovens sem especificação de meios e outros parâmetros vinculantes. Igualmente sem relevância normativa são dispositivos que repetem o que já foi garantido por outras normas, por exemplo, a necessidade de respeitar os direitos trabalhistas e previdenciários dos jovens (art. 227, § 3º, II).

Outra curiosidade é a menção ao dever dos pais de cuidar dos filhos menores. Normas de guarda sempre estiveram incluídas na legislação civil, como obviedade que não muda com a menção constitucional. Semelhante é o dever de criminalizar a violência sexual contra crianças e adolescentes. A norma possui relevância simbólica ao verbalizar um problema social muitas vezes silenciado, mas não se pode imaginar que o legislador deixaria de punir delitos sexuais contra pessoas indefesas se a Constituição não o ordenasse.

Tais normas fazem parte dos já criticados *truísmos constitucionais*. Contudo, há também normas específicas, como: o dever estatal de cuidar de jovens sem amparo familial com ações do Estado e incentivos aos particulares; a equiparação dos direitos dos filhos que foram adotados ou nasceram sem casamento dos pais; as cautelas estatais com a adoção.

Especial relevância apresenta o regime de responsabilidade penal dos menores de 18 anos. O art. 218 isenta-os da incidência da legislação penal ordinária, prevendo regime especial de responsabilização e sanção, hoje configurado pelo Estatuto da criança e do adolescente (arts. 112-128). É um exemplo de norma de igualdade com natureza compensatória. A vulnerabilidade social e a falta de maturidade dos adolescentes[405] impõe o emprego de meios desiguais para alcançar resultados iguais.

3.5. Direito à igualdade d@s idos@s

> *Art. 203. A assistência social será prestada a quem dela necessitar, independentemente de contribuição à seguridade social, e tem por objetivos:*
> *V – a garantia de um salário mínimo de benefício mensal [...] ao idoso que comprove [...] não possuir meios de prover à própria manutenção ou de tê-la provida por sua família, conforme dispuser a lei.*

[405] Adeptos da responsabilização penal dos menores costumam alegar que os adolescentes têm plena consciência de seus atos e das consequências de um comportamento antijurídico. Isso pode ser verdadeiro em termos de capacidade cognitiva, mas a inimputabilidade dos menores não decorre de incapacidade cognitiva, e sim de considerações sobre o impacto desproporcional de um processo penal ordinário e do encarceramento de menores.

> *Art. 230. A família, a sociedade e o Estado têm o dever de amparar as pessoas idosas, assegurando sua participação na comunidade, defendendo sua dignidade e bem-estar e garantindo-lhes o direito à vida.*
>
> *§ 1º Os programas de amparo aos idosos serão executados preferencialmente em seus lares.*
>
> *§ 2º Aos maiores de sessenta e cinco anos é garantida a gratuidade dos transportes coletivos urbanos.*

Os direitos relacionados à aposentadoria estão no centro do tratamento especial d@s idos@s, possuindo aspecto real como também simbólico enquanto expressão da solidariedade intergeracional. Aqui não analisaremos a óbvia função compensatória desse tratamento especial. Tampouco analisaremos a imposição de limites máximos de idade para certa função que excluem os idosos da participação em certas atividades (exemplo: idade máxima de 65 anos para nomeação ao STF – art. 101 da Constituição).

Aqui comentaremos as demais normas sobre o tratamento d@s idos@s. O art. 203 estabelece direito a prestação material a favor dos idosos que estão em desamparo com benefício que equivale à aposentadoria mínima, sem que, para tanto, seja necessário comprovar contribuições ou tempo de trabalho.

O art. 230 faz parte da Constituição truísta. O *caput* é destituído de conteúdo normativo. Já os incisos estabelecem direitos de igualdade especial. O primeiro prevê uma prestação normativa (atendimento dos idosos em casa, já que sua locomoção costuma estar relacionada com esforços e dificuldades específicas) e o segundo uma prestação material, havendo gratuidade nos ônibus urbanos, norma esta que apresenta uma curiosa limitação, pois não se pode entender por que os idosos devem pagar no transporte intermunicipal.

Indicamos, por fim, que a Constituição não estabelece marco temporal para a tutela dos idosos. Contudo, há normas constitucionais que se referem a idosos estabelecendo os 65 anos como requisito para benefícios (transporte gratuito, regras gerais sobre aposentadoria) ou como idade máxima de acesso a certas funções. Assim sendo, o Estatuto do Idoso (Lei n. 10.741, de 2003), que estabelece idade mínima de 60 anos para a fruição da grande maioria dos direitos do idoso, deve ser considerado como *ampliação* da tutela constitucional. Relevante na prática, mas sem rigidez constitucional.

3.6. Direito à igualdade das pessoas com deficiência

Art. 7º, XXXI – proibição de qualquer discriminação no tocante a salário e critérios de admissão do trabalhador portador de deficiência.

Art. 23. É competência comum da União, dos Estados, do Distrito Federal e dos Municípios: [...] II – cuidar da saúde e assistência pública, da proteção e garantia das pessoas portadoras de deficiência.

Art. 37, VIII – a lei reservará percentual dos cargos e empregos públicos para as pessoas portadoras de deficiência e definirá os critérios de sua admissão.

Art. 37, § 4º-A. Poderão ser estabelecidos por lei complementar do respectivo ente federativo idade e tempo de contribuição diferenciados para aposentadoria de servidores com deficiência, previamente submetidos a avaliação biopsicossocial realizada por equipe multiprofissional e interdisciplinar.

Art. 201, § 1º. É vedada a adoção de requisitos ou critérios diferenciados para concessão de benefícios, ressalvada, nos termos de lei complementar, a possibilidade de previsão de idade e tempo de contribuição distintos da regra geral para concessão de aposentadoria exclusivamente em favor dos segurados: I – com deficiência, previamente submetidos a avaliação biopsicossocial realizada por equipe multiprofissional e interdisciplinar;

Art. 203. A assistência social será prestada a quem dela necessitar, independentemente de contribuição à seguridade social, e tem por objetivos: [...] IV – a habilitação e reabilitação das pessoas portadoras de deficiência e a promoção de sua integração à vida comunitária;
V – a garantia de um salário mínimo de benefício mensal à pessoa portadora de deficiência [...] que comprove [...] não possuir meios de prover à própria manutenção ou de tê-la provida por sua família, conforme dispuser a lei.

Art. 208. O dever do Estado com a educação será efetivado mediante a garantia de: [...] III – atendimento educacional especializado aos portadores de deficiência, preferencialmente na rede regular de ensino.

Art. 227 § 1º. O Estado promoverá programas de assistência integral à saúde da criança, do adolescente e do jovem, admitida a participação de entidades não governamentais, mediante políticas específicas e obedecendo aos seguintes preceitos: [...] II – criação de programas de prevenção e atendimento especializado para as pessoas portadoras de deficiência física, sensorial ou mental, bem como de integração social do adolescente e do jovem portador de deficiência, mediante o treinamento para o trabalho e a convivência, e a facilitação do acesso aos bens e serviços coletivos, com a eliminação de obstáculos arquitetônicos e de todas as formas de discriminação.

§ 2º A lei disporá sobre normas de construção dos logradouros e dos edifícios de uso público e de fabricação de veículos de transporte coletivo, a fim de garantir acesso adequado às pessoas portadoras de deficiência.

Art. 244. A lei disporá sobre a adaptação dos logradouros, dos edifícios de uso público e dos veículos de transporte coletivo atualmente existentes a fim de garantir acesso adequado às pessoas portadoras de deficiência, conforme o disposto no art. 227, § 2º.

Em termos quantitativos, a sensibilidade d@s constituintes com as pessoas portadoras de deficiência ultrapassa a que foi mostrada com qualquer outra minoria social. Transcrevemos aqui nove artigos constitucionais dedicados a essa minoria social.[406] Devemos acrescentar os três tratados internacionais que, como dissemos, possuem *status* de emenda constitucional. São o tratado sobre pessoas com deficiência, internalizados pelo Decreto Legislativo n. 186, de 2008, e o tratado sobre direitos de pessoas com deficiência visual, incorporado pelo Decreto Legislativo n. 261, de 2015. A Lei n. 13.146, de 2015, repete os conceitos básicos e os direitos garantidos pela Constituição originária e por esses tratados, além de garantir outros direitos das pessoas com deficiência.

O constituinte de 1988 teve posturas radicalmente diversas em relação à tutela de minorias sociais. Foi parcimonioso em relação às mulheres, omisso em relação à população negra e dedicou atenção muito maior a outras minorias, em particular às pessoas com deficiência.

Diante da riqueza das normas sobre pessoas com deficiência, um tratamento adequado de seus direitos de igualdade especial deveria ser objeto de monografia, envolvendo também as múltiplas concretizações

406 Entre esses dispositivos, o art. 244 repete, com leve variação estilística, o art. 227, § 2º, ao qual inclusive remete. Estamos no ápice do truísmo constitucional.

legislativas. Nosso trabalho apenas indica os elementos estruturantes dessa tutela.

A primeira questão é a definição operativa do conceito de deficiência. É uma obviedade observar que todos os seres vivos possuem deficiências se forem comparados com o "padrão perfeito" de cada função e órgão, sendo que deficiências surgem ou agravam-se conforme passam os anos.

A Constituição originária definia o termo no art. 227, § 1º, referindo-se a

> *pessoas portadoras de deficiência física, sensorial ou mental.*

É uma definição inoperante, pois menciona espécies, mas não critérios de deficiência. A lacuna normativa foi preenchida com a definição dada no art. 1º da já comentada *Convenção sobre os direitos das pessoas com deficiência*, norma de hierarquia constitucional:

> pessoas com deficiência são aquelas que têm impedimentos de longo prazo de natureza física, mental, intelectual ou sensorial, os quais, em interação com diversas barreiras, podem obstruir sua participação plena e efetiva na sociedade em igualdades de condições[407] com as demais pessoas.[408]

Isso permite determinar os sujeitos dos direitos especiais de igualdade em razão de deficiência. Deve se tratar de impedimento de longo

[407] O texto da Convenção que vigora no Brasil com base no Decreto n. 186 de 2008 utiliza dez vezes o termo "igualdade de condições" e uma única vez fale em "igualdades (*sic*) de condições". O texto aprovado em Portugal refere-se a "condições de igualdade" (https://dre.pt/application/file/a/493125).

[408] No registro da teoria das normas é interessante que a definição da deficiência na Lei n. 13.146, de 2015, é idêntica à da Convenção de 2007, excetuando mudanças gramaticais: Art. 2º da Lei n. 13.146: "Considera-se pessoa com deficiência aquela que tem impedimento de longo prazo de natureza física, mental, intelectual ou sensorial, o qual, em interação com uma ou mais barreiras, pode obstruir sua participação plena e efetiva na sociedade em igualdade de condições com as demais pessoas".
Isso permite ilustrar o significado apenas formal da supremacia constitucional. O conteúdo das normas é idêntico, mas a Convenção não pode ser modificada pelo legislador ordinário; a Lei n. 13.146, sim. Ora, caso o legislador ordinário decida limitar a tutela das pessoas com deficiência, dando uma definição mais restritiva, a mudança será inócua, pois não pode alterar o texto idêntico da Convenção, de valor constitucional.

prazo, excluindo-se enfermidades e problemas passageiros, por mais que sejam graves. Quem está em coma por alguns dias não é considerado juridicamente deficiente. Tampouco é deficiente quem há perspectiva de cura a médio prazo. A indeterminação da dimensão temporal indica a necessidade de perícia médica.

O segundo elemento central da definição é de cunho sociológico (Sarlet e Sarlet 2019: 346). Não é decisiva a situação médica que pode gerar incômodos, por exemplo, uma forte e persistente dor, mas a constatação empírica de que isso tem como consequência social a impossibilidade de "participação plena e efetiva na sociedade em igualdades de condições com as demais pessoas".

A definição decorre de uma concepção da deficiência que podemos denominar *restritiva* ou social. Há exemplos de pessoas paraplégicas que, graças a uma combinação de infraestrutura adequada e alto poder aquisitivo, podem ter plena e ativa participação na vida social e política. Entre muitos exemplos, em 2020, o Presidente da República do Equador e o Presidente do Parlamento alemão, que sofrem de paraplegia, não podem ser considerados vítimas de obstáculos que dificultam o efetivo exercício de seus direitos "em igualdade de condições" com os demais. Tais pessoas podem possuir deficiência em termos médicos, mas muito provavelmente não apresentam essa característica no sentido constitucional (cabendo sempre prova do contrário, a depender das circunstâncias).

Estabelecida a titularidade geral dos direitos de pessoas com deficiência, podemos proceder a uma classificação das normas constitucionais em três categorias. Primeiro, as normas que estabelecem direitos a prestações normativas voltadas a facilitar o exercício de direitos por essa categoria, assim como prestações materiais (aposentadoria, auxílios). Em ambos os casos há derrogação ao regime geral de direitos sociais e de políticas públicas em benefício compensatório das pessoas com deficiência.

Segundo, normas que garantem direitos especiais a certos subgrupos, notadamente os jovens e as pessoas com deficiências relacionadas apenas à locomoção (ambos estabelecidos no art. 227).

Terceiro, temos a norma do art. 37, VII, que estabelece a obrigatoriedade de uma política afirmativa com *cotas fixas de resultado* para pessoas com deficiência no setor público. É uma norma duplamente limitada:

primeiro, porque não indica a porcentagem da cota ("a lei reservará percentual dos cargos e empregos"); segundo, porque limita a ação afirmativa no setor público ("cargos e empregos públicos"). Mas possui uma peculiar importância tanto para os beneficiários como hermeneuticamente, pois indica que os constituintes eram conscientes da importância das ações afirmativas e da igualdade compensatória, ainda que tenham sido extremamente tímidos.

3.7. Direito à igualdade dos trabalhadores não urbanos

> *Art. 201, § 7º É assegurada aposentadoria no regime geral de previdência social, nos termos da lei, obedecidas as seguintes condições [...] II – 60 (sessenta) anos de idade, se homem, e 55 (cinquenta e cinco) anos de idade, se mulher, para os trabalhadores rurais e para os que exerçam suas atividades em regime de economia familiar, nestes incluídos o produtor rural, o garimpeiro e o pescador artesanal.*

Esse dispositivo estabelece a aposentadoria antecipada para trabalhadores rurais de determinadas categorias. Podemos dizer que a facilitação da aposentadoria que, via de regra, não ultrapassa um salário mínimo, é um cuidado constitucional insuficiente para pessoas expostas a duríssimas condições de trabalho e privações sociais, em razão da combinação das carências dos serviços públicos em zonas rurais e da baixa remuneração em comparação com os trabalhadores urbanos.

Em razão disso, sua relevância parece-nos mais simbólica, tendo a trabalhadora e o trabalhador do campo recebido menção constitucional que os inclui no rol das minorias sociais.

3.8. Direito à igualdade da população indígena

> *Art. 215, § 1º O Estado protegerá as manifestações das culturas [...] indígenas.*

> *Art. 231. São reconhecidos aos índios sua organização social, costumes, línguas, crenças e tradições, e os direitos originários sobre as terras que tradicionalmente ocupam, competindo à União demarcá-las, proteger e fazer respeitar todos os seus bens.*
>
> *§ 1º São terras tradicionalmente ocupadas pelos índios as por eles habitadas em caráter permanente, as utilizadas para suas atividades produtivas, as imprescin-*

díveis à preservação dos recursos ambientais necessários a seu bem-estar e as necessárias a sua reprodução física e cultural, segundo seus usos, costumes e tradições.
§ 2º As terras tradicionalmente ocupadas pelos índios destinam-se a sua posse permanente, cabendo-lhes o usufruto exclusivo das riquezas do solo, dos rios e dos lagos nelas existentes.
§ 3º O aproveitamento dos recursos hídricos, incluídos os potenciais energéticos, a pesquisa e a lavra das riquezas minerais em terras indígenas só podem ser efetivados com autorização do Congresso Nacional, ouvidas as comunidades afetadas, ficando-lhes assegurada participação nos resultados da lavra, na forma da lei.
§ 4º As terras de que trata este artigo são inalienáveis e indisponíveis, e os direitos sobre elas, imprescritíveis.
§ 5º É vedada a remoção dos grupos indígenas de suas terras, salvo, "ad referendum" *do Congresso Nacional, em caso de catástrofe ou epidemia que ponha em risco sua população, ou no interesse da soberania do País, após deliberação do Congresso Nacional, garantido, em qualquer hipótese, o retorno imediato logo que cesse o risco.*
§ 6º São nulos e extintos, não produzindo efeitos jurídicos, os atos que tenham por objeto a ocupação, o domínio e a posse das terras a que se refere este artigo, ou a exploração das riquezas naturais do solo, dos rios e dos lagos nelas existentes, ressalvado relevante interesse público da União, segundo o que dispuser lei complementar, não gerando a nulidade e a extinção direito a indenização ou a ações contra a União, salvo, na forma da lei, quanto às benfeitorias derivadas da ocupação de boa-fé.
§ 7º Não se aplica às terras indígenas o disposto no art. 174, § 3º e § 4º [= proteção dos garimpos e garimpeiros].

ADCT Art. 67. A União concluirá a demarcação das terras indígenas no prazo de cinco anos a partir da promulgação da Constituição.

"Enquanto eu for presidente não tem demarcação de terra indígena",[409] declarou Jair Messias Bolsonaro e, durante seu mandato como Presidente da República, mostrou um programático descaso com os imperativos do art. 231 da Constituição, assim como um desprezo pelas necessidades de uma minoria social historicamente submetida a maus-tratos

409 agenciabrasil.ebc.com.br/politica/noticia/2019-08/bolsonaro-diz-que-nao-fara-demarcacao-de-terras-indigenas

e ações genocidas. Igualmente interessante é que o Presidente Bolsonaro verbalizou aquilo que os anteriores governos não diziam, mas acabavam fazendo: todos atribuíram baixa prioridade política à tutela da população indígena, tendo se tornado *letra morta* a previsão do art. 67 do ADCT, que impunha a conclusão da demarcação das terras indígenas até 1993. Ainda hoje, há centenas de processos sem conclusão, e os governos praticamente pararam de demarcar terras indígenas em 2010.[410]

Igualmente preocupante e indicativo de descaso com a normatividade constitucional é o fato de que o STF considerou que o prazo de cinco anos "previsto no art. 67 do ADCT não é decadencial, mas que se trata de um prazo programático para conclusão de demarcações de terras indígenas dentro de um período razoável".[411] Cinco significa "razoável"? Em quais domínios do direito podem subsistir tais "equações"? E por quais razões esse subterfúgio é usado contra uma minoria?

Dito isso, devemos reiterar a ressalva feita em relação às pessoas com deficiência. Não é nosso objetivo analisar em suas variadas dimensões a situação jurídica dos índios, mas apenas indicar as bases de seu tratamento constitucional.

O problema inicial é a ausência de definição constitucional dos pertencentes a esse grupo, confiando a Constituição na legislação infraconstitucional. O problema aguça-se pelo fato de não se tratar de grupo homogêneo, mas de um conjunto de grupos com características linguísticas e culturais diversas (Groterhost 2016: 455).

Consequência disso é a ausência de clareza sobre os direitos especiais que assumem forma de direitos coletivos, tendo a União papel de garantidor de direitos patrimoniais dos índios, conforme os procedimentos estabelecidos nos parágrafos do art. 231. Trata-se de *prestações normativas* do Estado em favor de um coletivo determinável, mas não determinado pela Constituição. Ao mesmo tempo, são interferências em direitos patrimoniais de terceiros para compensar invasões passadas

[410] Houve 421 demarcações definitivas de terras indígenas de 1988 a 2010, tendo ocorrido apenas 21 no governo Dilma, uma no governo Temer e nenhuma no quadriênio Bolsonaro. Enquanto isso, tramitam mais de 800 processos de demarcação. Dados em: https://www1.folha.uol.com.br/ambiente/2022/10/terras-indigenas-demarcadas-ocupam-10-do-pais-e-novas-homologacoes-elevam-proporcao-a-138.shtml.

[411] STF, *Recurso Ordinário em Mandado de Segurança 26.212*, rel. Min. Ricardo Lewandowski, julg. 3-5-2011.

e para garantir que os índios possam preservar o contexto sociogeográfico de sua vida.

O art. 215, § 1º, estabelece um mandamento genérico de proteção da cultura indígena, sendo norma programática que não indica os meios, estabelece a finalidade de maneira muito abstrata e não inclui elementos de vinculação como prazos, formas de aferição dos resultados ou possíveis sanções em caso de omissão estatal.

A norma que apresenta o maior interesse institucional é o art. 231, que reconhece a organização social e a cultura indígena. Constatamos que as normas sobre tutela dos índios (e, em geral, das minorias sociais) têm concepção assistencialista (prestações reparatórias ou compensatórias em prol de grupos fragilizados). O art. 231, ao contrário, ao reconhecer a organização e a cultura que caracterizam e diferenciam os índios, tem intuito de *autonomização*. Esse dispositivo poderia e deveria ser o ponto de partida para o reconhecimento de instituições de autogoverno dos índios, incluindo jurisdição própria e formas de organização política em seus territórios, de maneira *paralela ao poder estatal*. Ora, a Constituição brasileira não faz o passo decisivo para concretizar o reconhecimento. Optou por manter o pleno controle sobre os territórios indígenas. A referência ao reconhecimento da "organização social" indígena permanece vaga e sem consequências jurídicas.

Em Constituições da América Latina não faltam exemplos de efetivo reconhecimento do paralelismo de instituições em territórios indígenas. Citando o expressivo exemplo da Bolívia, a Constituição reconhece com clareza e detalhamento os direitos de autonomia, autogoverno e reconhecimento das instituições dos indígenas com base em estatutos próprios (arts. 2 e 289 a 296), reconhecendo também a jurisdição indígena em âmbito pessoal e territorial e o dever das instituições estatais de respeitar tais decisões (arts. 179 e 190 a 192).

Diante desse panorama desolador para quem se preocupa com os direitos das minorias sociais, podemos concluir que a preocupação da Constituição com os grupos indígenas centrou-se em questões assistencialistas de garantia da posse dos territórios que eles tradicionalmente ocupam, mas foi silente sobre direitos de garantia da cultura indígena e não estabeleceu formas de autogoverno que pudessem funcionar em paralelo ao poder do Estado brasileiro.

3.9. Características comuns e consequências jurídicas da violação de direitos especiais de igualdade

Limitando-se em nossa perspectiva constitucional, destacaremos elementos em comum dos direitos especiais de igualdade comentados neste capítulo.

a. Trata-se de normas que instituem tratamentos especiais com a finalidade de compensar a fragilidade de minorias sociais. Não são, obviamente, "privilégios". O emprego de meios desiguais objetiva atingir o fim de tratamento igualitário, removendo obstáculos que as minorias sociais enfrentam no gozo de seus direitos.

b. Essas normas apresentam concretude na determinação dos sujeitos e dos tratamentos ou prestações exigíveis, sendo direitos subjetivos e não apenas normas programáticas enunciando metas. É importante a determinação clara e específica dos titulares desses direitos, havendo normas que protegem apenas membros de minorias com certas características (subgrupos). Isso ocorre, entre outros, com os direitos dos quilombolas, das mulheres encarceradas com filhos pequenos, das crianças nascidas fora do casamento e dos idosos desamparados.

c. Por serem direitos especiais, prevalecem em relação a normas gerais de igualdade e de não discriminação em dois sentidos. Por um lado, as normas gerais não podem ser invocadas para relativizar ou mesmo impedir o tratamento especial. Gratuidade no transporte é um direito fundamental que não pode ser restringido ou abolido mediante argumentação de ordem geral sobre a igualdade, apontando, por exemplo, o fato de que certos idosos que gozam da gratuidade possuem renda superior à de muitos jovens que pagam tarifa plena. Por outro lado, a densidade desses direitos permite que certa prestação ou tratamento sejam exigidas de forma imediata e segura em comparação com litígio com base no direito geral à igualdade, mas essa prevalência não impede que os beneficiários invoquem a tutela geral. Os direitos especiais de igualdade são *cumulativos*. Fortalecem a situação jurídica de seus titulares sem retirar a proteção que lhes é oferecida por dispositivos gerais.

d. A violação de direitos especiais de igualdade por autoridade estatal com poder e/ou dever de concretização da Constituição apresenta como consequência central a inconstitucionalidade. Tratando-se de direitos fundamentais com clara indicação da titularidade (membros de minoria social ou de subgrupo) e do conteúdo de direito (aposentadoria, ensino gratuito, acessibilidade de edifícios, demarcação de terras, etc.), as omissões estatais geram inconstitucionalidade que pode ser constatada pelos poderes estatais, em última instância pelo Judiciário. Em paralelo, há possibilidade de responsabilizar agentes estatais omissos na realização das prestações normativas ou materiais, impostas pela Constituição (cf. cap. 4, 5.2.).

Referências

Ávila, Humberto. *Teoria da igualdade tributária*. São Paulo: Malheiros, 2008.

Baer, Judith. *Equality under the Constitution*. Reclaiming the Fourteenth Amendment. Ithaca: Cornell University Press, 1983.

Baratta, Alessandro. El concepto actual de la seguridad en Europa. *Revista Catalana de Seguridad*, n. 8, 2001, p. 17-30.

Baratta, Alessandro; Giannoulis, Christina. Recht auf Sicherheit oder Sicherheit der Rechte? *In:* Althoff, Martina *et al.* (orgs.). *Integration und Ausschließung*: Kriminalpolitik und Kriminalität in Zeiten gesellschaftlicher Transformation. Baden-Baden: Nomos, 2001, p. 301-321.

Barbosa, Rui. *Oração aos moços*. Rio de Janeiro: Fundação Casa de Rui Barbosa, 1997.

Campos, Francisco. Igualdade de todos perante a lei. *Revista de Direito Administrativo*, v. 10, 1947: 376-417.

Connolly, Michael. *Discrimination Law*. London: Sweet and Maxwell, 2011.

Connolly, Michael. *Equality, Discrimination and the Law*. London: Routledge, 2022.

Corbo, Wallace. *Discriminação indireta*. Rio de Janeiro: Lumen Juris, 2017.

Dimoulis, Dimitri. Estado nacional, democracia e direitos fundamentais. *In:* Clève, Clèmerson Merlin *et al.* (orgs.). *Direitos humanos e democracia*. Rio de Janeiro: Forense, 2007.

Dimoulis, Dimitri. *Direito penal constitucional*. Belo Horizonte: Arraes, 2016.

Dimoulis, Dimitri. *Positivismo jurídico*. Porto Alegre: Livraria do Advogado, 2018.

Dimoulis, Dimitri. Havia positivistas na República de Weimar? Reflexões sobre a interpretação constitucional na "controvérsia sobre métodos e tendências". *In:* Bercovici, Gilberto (org.). *Cem anos da Constituição de Weimar (1919-2019)*. São Paulo: Quartier Latin, 2019: 345-368.

Dimoulis, Dimitri. *Manual de introdução ao estudo do direito*. São Paulo: Revista dos Tribunais, 2020a.

Dimoulis, Dimitri. Cidadania, nacionalidade e situação dos estrangeiros segundo a Constituição Federal 1988. *In:* Bispo, Nikolay *et al.* (orgs.). *Desafios à estabili-*

dade constitucional. Reflexões sobre a estrutura e direitos constitucionais. Belo Horizonte: Arraes, 2020b.

DIMOULIS, Dimitri; LUNARDI, Soraya. Cidadania e nacionalidade como formas de exclusão. *Revista Brasileira de Estudos Constitucionais*, v. 27, 2013: 705-715.

DIMOULIS, Dimitri; MARTINS, Leonardo. *Teoria geral dos direitos fundamentais*. São Paulo: Revista dos Tribunais, 2020.

FERRAZ, Anna Candida da Cunha Ferraz; BAPTISTA, Fernando Pavan. O direito das minorias na Constituição da República Federativa do Brasil de 1988. *In:* FERRAZ, Anna Candida da Cunha *et al.* (orgs.). *Direitos das minorias na América Latina e no Caribe*: perspectiva convencional e jurídico-constitucional. Osasco: EdiFieo, 2016: 59-89.

FREEMAN, Alan David. Legitimizing Racial Discrimination through Antidiscrimination Law. A Critical Review of Supreme Court Doctrine. *Minnesota Law Review*, v. 62, 1978: 1049-1119.

FREITAS JR., Antônio Rodrigues. *Os direitos sociais e a Constituição de 1988*. Rio de Janeiro: Forense, 1993.

GALKOWICZ, Henrique Campos. *Jurisdição constitucional da igualdade*. Dissertação de Mestrado. São Paulo: FADUSP, 2014.

GOMES, Joaquim Benedito Barbosa. *Ação afirmativa e princípio constitucional da igualdade*. O direito como instrumento de transformação social. A experiência dos EUA. Rio de Janeiro: Renovar, 2001.

GROTERHORST, Rebecca. Minorias étnicas e culturais na Constituição Federal de 1988. *In:* FERRAZ, Anna Candida da Cunha *et al.* (orgs.). *Direitos das minorias na América Latina e no Caribe*: perspectiva convencional e jurídico-constitucional. Osasco: EdiFieo, 2016: 451-474.

HOWARD, Erica *et al.* (orgs.). *Affirmative Action and the Law*. Efficacy of National and International Approaches. London: Routledge, 2020.

ITYASO, María Elósegui. *Las acciones positivas para la igualdad de oportunidades laborales entre mujeres y hombres*. Madrid: Centro de estudios Políticos y Constitucionales, 2003.

JELLINEK, Georg. *System der subjektiven* öffentlichen *Rechte*. Freiburg: Mohr, 1892.

KELSEN, Hans. *O que é justiça?* São Paulo: Martins Fontes, 2001.

KELSEN, Hans. *O problema da justiça*. São Paulo: Martins Fontes, 2003.

KIM, Richard Pae; TOMMASIELLO, Flávia Carneiro. A produção acadêmica jurídica sobre as ações afirmativas no Brasil (2013 a 2016). *Revista de Direito Brasileira*, v. 19/8: 276-297, 2018.

KLOEPFER, Michael. *Verfassungsrecht*. Grundrechte. München: Beck, 2010.

LIPPERT-RASMUSSEN, Kasper. *Making Sense of Affirmative Action*. Oxford: Oxford University Press, 2020.

LUHMANN, Niklas. *Grundrechte als Institution*. Ein Beitrag zur politischen Soziologie. Berlin: Duncker & Humblot, 1999.

LUNARDI, Soraya. Direito à segurança na Constituição Brasileira. *In:* CARVALHO, Leonardo Arquimimo de *et al.* (org.). *Segurança e defesa na América Latina*. Curitiba: Juruá, 2009: 269-285.

LUNARDI, Soraya Gasparetto; DIMOULIS, Dimitri. Controle judicial de constitucionalidade de atos normativos anteriores à CF/88. Autocriação processual e sua paulatina superação legislativa. *In:* CLÈVE, Clèmerson Merlin *et al.* (orgs.). *Jurisdição constitucional em perspectiva*. São Paulo: Revista dos Tribunais 2020: 277-297.

MACKINNON, Catharine; CRENSHAW, Kimberle. Reconstituting the Future: The Equality Amendment. *The Yale Law Journal Forum*, 26-12-2019: 343-364.

MARGARIDO, Larissa Cristina. *Entre discursos e silêncios*: A aprovação da PEC das domésticas na Câmara dos Deputados. Dissertação de Mestrado em Direito e Desenvolvimento. São Paulo: Escola de Direito de São Paulo da Fundação Getulio Vargas, 2020.

MARTINS, Leonardo. Direito fundamental à igualdade. *In:* CANOTILHO, José Joaquim Gomes *et al.* (orgs.). *Comentários à Constituição do Brasil*. São Paulo: Saraiva, 2018a: 223-242.

MARTINS, Leonardo. Direito fundamental à igualdade entre homem e mulher. *In:* CANOTILHO, José Joaquim Gomes *et al.* (orgs.). *Comentários à Constituição do Brasil*. São Paulo: Saraiva, 2018b: 242-252.

MARTINS, Leonardo. *Direitos fundamentais*. Conceito permanente, novas funções. Rio de Janeiro: Pons, 2022.

MELLO, Celso Antônio Bandeira de. *Conteúdo jurídico do princípio da igualdade*. São Paulo: Malheiros 2003.

MOREIRA, Adilson José. *União homoafetiva*. A construção da igualdade na jurisprudência brasileira. Curitiba: Juruá, 2012.

MOREIRA, Adilson. José. Miscigenando o círculo do poder. Ações afirmativas, diversidade racial e sociedade democrática. *Revista da Faculdade de Direito da UFPR*, v. 61, 2016: 117-148.

MOREIRA, Adilson José. *O que é discriminação?* São Paulo: Letramento, 2017.

MOREIRA, Adilson José. *Pensando como um negro*. Ensaio de hermenêutica jurídica. São Paulo: Contracorrente, 2019.

MOREIRA, Adilson José. *Tratado de direito antidiscriminatório*. São Paulo: Contracorrente, 2020.

NINO, Carlos Santiago. Constructivismo epistemológico: entre Rawls y Habermas. *Doxa*, n. 5, 1988: 87-105.

ÖHLINGER, Theo; EBERHARD, Harald. *Verfassungsrecht*. Wien: Facultas, 2019.

OLIVEIRA, Adriana Vidal de. *Constituição e direitos das mulheres.* Uma análise dos estereótipos de gênero na Assembleia Constituinte e suas consequências no texto constitucional. Curitiba: Juruá, 2014.

PÖSCHL, Magdalena. *Gleichheit vor dem Gesetz.* Wien: Springer, 2008.

ROCHA, Cármen Lúcia Antunes. *O princípio constitucional da igualdade.* Belo Horizonte: Lê, 1990.

ROCHA, Cármen Lúcia Antunes. Ação afirmativa: o conteúdo democrático do princípio da igualdade jurídica. *Revista de informação legislativa,* v. 33, n. 131, 1996: 283-295.

ROTHENBURG, Walter Claudius. Igualdade material e discriminação positiva: o princípio da isonomia. *Novos Estudos Jurídicos* (UNIVALI), v. 13, 2009: 77-92.

ROTHENBURG, Walter Claudius. A igualdade é uma só: crítica à distinção entre igualdade formal e igualdade material. *In:* ANJOS FILHO, Robério Nunes dos (org.). *Direitos humanos e direitos fundamentais: diálogos contemporâneos.* Salvador: JusPodivm, 2013: 658-672.

ROTHENBURG, Walter Claudius. *Direitos fundamentais.* São Paulo: Método, 2014.

ROTHENBURG, Walter Claudius. *Direitos sociais são direitos fundamentais.* Simples assim. Salvador: JusPodivm, 2021.

SABADELL, Ana Lucia. Segurança (direito à). *In:* DIMOULIS, Dimitri (coord.). *Dicionário brasileiro de direito constitucional.* São Paulo: Saraiva, 2007: 343-344.

SABADELL, Ana Lucia. Algunas reflexiones acerca de las violaciones sistemáticas de derechos humanos de las mujeres en América Latina y su relación con la problemática de la igualdad. *Anuario de Derechos Humanos,* n. Especial 2020: 187-211.

SANTOS, Natália Neris da Silva. *A voz e a palavra do Movimento Negro na Assembleia Nacional Constituinte (1987/1988).* Um estudo das demandas por direitos. Dissertação de Mestrado em Direito e Desenvolvimento. São Paulo: Escola de Direito de São Paulo da FGV, 2015.

SARLET, Ingo Wolfgang; SARLET, Gabrielle Bezerra. Igualdade Como Proibição de Discriminação e Direito à (e Dever de) Inclusão: o Acesso ao Ensino Superior e a Regulamentação do Estatuto Brasileiro das Pessoas com Deficiência. *RDU,* n. 78, 2017: 197-226.

SARLET, Ingo Wolfgang; SARLET, Gabrielle Bezerra. As ações afirmativas, pessoas com deficiência e o acesso ao ensino superior no Brasil. *Revista Direitos Fundamentais & Democracia,* v. 24/2, 2019: 298-363.

SILVA, Fernanda Duarte Lopes Lucas da. *Princípio constitucional da igualdade.* Rio de Janeiro: Lumen Juris, 2003.

SILVA, Rodrigo da. *Discriminação múltipla como discriminação interseccional.* Rio de Janeiro: Lumen Juris, 2016.

SILVA, Virgílio Afonso da. *Direito constitucional brasileiro.* São Paulo: Edusp, 2021.

SOMEK, Alexander. *Rationalität und Diskriminierung*. Zur Bindung der Gesetzgebung an das Gleichheitsrecht. Wien: Springer, 2001.

SOMEK, Alexander. *Rechtliches Wissen*. Frankfurt: Suhrkamp, 2006.

STEWART, Frances *et al.* (orgs.). *Affirmative Action in Plural Societies*: International Experiences. London: Palgrave, 2012.

TAVARES, André Ramos. Minorias e Justiça constitucional. *Revista brasileira de estudos constitucionais*, n. 13, 2010: 11-30.

VECCHIATTI, Paulo Roberto Iotti. *Manual da homoafetividade*. Bauru: Spessotto, 2019.

VERUCCI, Florisa. *O direito da mulher em mutação*. Belo Horizonte: Del Rey, 1999.

VIEIRA, Oscar Vilhena. Igualdade. *In:* VIEIRA, Oscar Vilhena. *Direitos fundamentais*. Uma leitura da jurisprudência do STF. São Paulo: Malheiros, 2017: 257-270.

WALTER, Robert *et al. Grundriss des österreichischen Bundesverfassungsrechts*. Wien: Manz, 2007.

WESTEN, Peter. *Speaking of Equality*. An Analysis of the Rhetorical Force of "Equality" in Moral and Legal Discourse. Princeton: Princeton University Press, 1990.

7
Formas de Controle de Constitucionalidade que Utilizam como Parâmetro o Direito à Igualdade

Este capítulo objetiva construir uma ponte jurídica entre dois fenômenos diferentes. O primeiro consiste em queixas sobre fatos ou processos de exclusão social impostos a uma pessoa ou grupo. As reclamações podem ser as mais diversas. Algumas relatam fatos de extrema gravidade, como a exclusão e humilhação sofrida pela Sra. Diniz porque era negra. Há também reclamações sobre questões socialmente irrelevantes e de fundamento duvidoso, como as queixas do Senhor James, que queria entrar gratuitamente na piscina.

No que diz respeito à formulação jurídica do pedido, podemos ter demandas de aplicação de tratamento idêntico (brancos desejam trabalhar como estagiários) ou de tratamento diverso (adepto de uma religião pede que o concurso mude de dia).

O segundo fenômeno consiste na declaração judicial da inconstitucionalidade de norma ou omissão estatal. Nem todas as discriminações resolvem-se no nível constitucional. E nem todas as queixas possuem fundamento constitucional. Indicaremos neste capítulo as formas e as consequências do controle de constitucionalidade, mostrando como se constrói a ponte entre irritação social e decisão judicial vinculante.

A compreensão do controle judicial de constitucionalidade é marcada pela tendência de simplificação inadequada. O juízo de incompatibilidade entre norma inferior e norma superior tende a ser compreendido como simples operação lógica. Se a Constituição permite e a lei o proíbe e vice-versa, a lei é inconstitucional com a mesma clareza e simplicidade que comete infração quem desrespeita o semáforo vermelho.

O estudo do processo constitucional mostra que essa automaticidade é enganosa. As formas processuais atuam como filtros que examinam e excluem certas queixas de inconstitucionalidade por razões diversas da simples congruência entre norma superior e inferior. Surge assim uma imagem complexa das formas e técnicas de controle de constitucionalidade, repleta de regras, limitações e exceções (Dimoulis e Lunardi 2020).

No que diz respeito a inconstitucionalidades relacionadas à violação do direito fundamental à igualdade, surgem duas questões centrais. A primeira diz respeito ao roteiro que deve seguir um exame de constitucionalidade que não deseja ser apenas político e subjetivo. Esse é o problema da transformação da indignação da Sra. Diniz em decisão judicial que reconhecerá violação do direito à igualdade. Analisaremos essa questão, apresentando várias propostas de realização desse controle. Com base nessas sistematizações, construiremos a nossa proposta. O material que reunimos em estudos de doutrina e jurisprudência de vários países pode também servir para ulteriores reflexões, no intuito de *dinamizar* o direito à igualdade no Brasil.

A segunda questão diz respeito aos efeitos da declaração de inconstitucionalidade de norma ou omissão que contraria a igualdade. Decidindo que a norma que obrigava James a pagar entrada é inconstitucional, deve ser ordenado que ele é isento da obrigação, devolvendo-se o valor. O nosso estudo mostrou que a intrínseca indefinição do direito à igualdade torna raras decisões tão simples. Nem se sabe exatamente o que determina a igualdade, nem a consequência é automática, sendo também possível decidir também que inconstitucional era a gratuidade concedida à Sra. James, devendo ambos pagar – ou que o problema deve ser resolvido pelo legislador, estabelecendo uma política de tarifas adequada a critérios e ponderações do tribunal. Analisaremos essa complexidade ao nos referir a propostas doutrinárias e jurisprudenciais sobre os efeitos da inconstitucionalidade de norma que contraria a igualdade.

1. Formas de declaração de inconstitucionalidade em razão de desigualdade

1.1. As "fórmulas da igualdade" do Tribunal Constitucional Federal da Alemanha

Em uma jurisprudência de décadas sobre o direito geral à igualdade, o Tribunal Constitucional Federal alemão estabeleceu uma série de "fórmulas".[412] A ideia inicial foi compreender a igualdade como vedação de tratamentos arbitrários (*Willkürverbot*). Cabia ao legislador apresentar motivo razoável (*vernünftig*) ou objetivo e plausível (*sachlich einleuchtender*). Se isso ocorresse, a decisão do legislador democraticamente eleito/legitimado devia ser aceita.[413]

Tornou-se claro que esse controle era insuficiente, pois muitas vezes o legislador apresentava justificativas que reproduziam preconceitos e eternizavam discriminações. O tribunal introduziu a denominada "nova fórmula". Ao tratar de maneira diferente dois grupos de pessoas, o legislador deve oferecer justificativa, mostrando uma relação adequada entre o tratamento diverso e sua finalidade, explicando, por exemplo, porque os casados devem receber tratamento tributário mais favorável do que os solteiros e não apenas indicando que não é arbitrário considerar motivo de diferenciação o casamento.[414]

Surgiu dessa fórmula um procedimento *trifásico* do exame de tratamentos desiguais (Kloepfer 2010: 215). O primeiro passo consiste em identificar quais tratamentos são "desiguais" (o tribunal insiste no termo apesar de sua forte indefinição) com base em uma teoria sobre o tratamento justo/adequado. No segundo passo, é verificada a constitucionalidade dos critérios/razões utilizadas para estabelecer os fins e os meios de tratamento. No terceiro passo, examina-se a relação entre os meios utilizados e os fins perseguidos.

[412] Kloepfer 2010: 213-217. Cf. a meticulosa reconstrução dessa jurisprudência com tradução de relevantes trechos em Martins 2016: 221-290.

[413] Isso foi decidido em uma das primeiras sentenças do Tribunal: Entscheidungen des Bundesverfassungsgerichts, *v. 1, 14, 52* (servat.unibe.ch/dfr/bv001014.html).

[414] Entscheidungen des Bundesverfassungsgerichts, *v. 75, 108, 157* (servat.unibe.ch/dfr/bv075108.html).

O controle de constitucionalidade tornou-se mais intenso e exigente em ulteriores decisões, que a doutrina denominou de "novíssima fórmula", introduzida em 1993.[415] A ideia é fazer modular a intensidade do controle a depender do campo de aplicação, que pode apresentar maior ou menor sensibilidade a tratamentos desiguais, assim como da natureza dos critérios utilizados. É a ideia da "densidade gradual do controle" (*abgestufte Kontroldichte* – Kloepfer 2010: 217). Critérios vedados pela Constituição, como o sexo e a raça, impõem um controle judicial mais intenso em comparação com critérios aparentemente neutros, como o desempenho em um concurso. Igualmente relevante é, para o tribunal, a incidência da desigualdade na capacidade de exercer direitos de liberdade (algo que, em nossa opinião, sempre ocorre, não sendo diferenciador das violações da igualdade).

Por fim, em decisões dos últimos anos o tribunal insistiu na inconstitucionalidade da discriminação indireta. Considerou que a comprovação estatística de um ônus desproporcional para as mulheres, ou qualquer outro grupo, é inconstitucional, mas pode ser excepcionalmente justificado:

> Tais tratamentos diversos fáticos só podem ser justificados se houver razões que possuam peso suficiente para tanto.[416]

Essas orientações jurisprudenciais foram sistematizadas em dois roteiros, elaborados pela doutrina alemã, que permitem estruturar o controle, oferecem transparência e coerência, impedindo a decisão "intuitiva" do juiz, e permitem um debate objetivo sobre a pertinência dos critérios de controle.

[415] Cf. as decisões: Entscheidungen des Bundesverfassungsgerichts, *v. 88, 87, 96* (servat.unibe.ch/dfr/bv087096.html); *v. 131, 239, 255* (servat.unibe.ch/dfr/bv131239.html).

[416] Decisão do Tribunal constitucional federal alemão, Entscheidungen des Bundesverfassungsgerichts, *v. 153, p. 358* (bundesverfassungsgericht.de/e/ls20200526_1bvl000518.html).

1.2. O roteiro de controle de constitucionalidade proposto por Pieroth e Schlink[417]

Em um dos mais influentes manuais de direitos fundamentais na Alemanha, Pieroth e Schlink sugerem os seguintes roteiros, que buscam a eventual justificativa constitucional de um tratamento desigual. Seguimos os autores, mas os traduzimos livremente e com adaptações aos conceitos e normas do direito brasileiro.

I. Roteiro a ser aplicado quando se alega violação de um direito de igualdade especial
(exemplo: alegação de incompatibilidade entre norma criminalizadora e o regime de responsabilidade especial dos menores em caso de infração previsto na Constituição Federal).

I.1. É *inconstitucional* o tratamento que emprega critérios de diferenciação que a Constituição veda explicitamente.

I.2. É *constitucional* tratamento que utiliza critérios de diferenciação que a Constituição explicitamente permite.

I.3. É *constitucional* tratamento que
(a) utiliza critérios de diferenciação proibidos pela Constituição ou
(b) não utiliza critérios de diferenciação permitidos pela Constituição
se houver, excepcionalmente, justificativa constitucional para tanto.

II. Roteiro a ser aplicado quando se alega violação do direito geral à igualdade
(exemplo: alegação de incompatibilidade de uma ação afirmativa com o art. 5º, *caput*, da Constituição Federal: "garantindo-se [...] a igualdade").

II.1. O tratamento *desigual* é moderado ou forte?

II.2. Se o tratamento desigual for moderado, é *constitucional* se houver *motivo objetivo e relevante* (*sachlicher Grund*) para tanto.

[417] Pieroth e Schlink 2008: 123. Não mencionamos questões preliminares, como a verificação da constitucionalidade formal ou a licitude dos propósitos e meios utilizados.

II.3. Se o tratamento desigual for forte, é *constitucional* quando satisfaz duas exigências:

II.3.1. promove uma *finalidade constitucionalmente admitida* e

II.3.2. revela-se adequado (*geeignet*) e necessário (*erforderlich und angemessen*) para promover essa finalidade.

1.3. A proposta de Kingreen e Poscher[418]

Os autores elaboraram roteiro que se inspira na obra de Pieroth e Schlink, mas apresenta relevantes diferenças. Aqui também seguimos os autores, mas os traduzimos livremente e com adaptações aos conceitos e normas do direito brasileiro.

Justificativa constitucional de lei que estabelece tratamento desigual. Examina-se se a lei questionada satisfaz as exigências da proporcionalidade, a depender da intensidade da discriminação.

I. A lei persegue uma finalidade constitucionalmente admitida?

É *inconstitucional* lei que utiliza critérios de diferenciação que a Constituição veda explicitamente.

É *inconstitucional* lei que utiliza critérios de diferenciação que a Constituição não permite explicitamente.

II. Exame de proporcionalidade.

Se a lei utiliza critérios de discriminação que a Constituição nem proíbe nem permite explicitamente, examina-se a adequação e a necessidade do tratamento desigual.

As exigências de justificação aumentam na medida em que:

II.1. a lei utiliza critério que se aproxima de critério proibido pela Constituição ou gera efeitos fáticos semelhantes aos que geraria o emprego de critério proibido;

II.2. a lei utiliza critério que independe da conduta do interessado;

II.3. o tratamento desigual dificulta o exercício de direitos de liberdade.

[418] Kingreen e Poscher 2017: 161. Não mencionamos questões preliminares e o exame da possível inconstitucionalidade formal.

O roteiro de Kingreen e Poscher parece-nos mais adequado porque permite um controle mais rigoroso de decisões legislativas. Em primeiro lugar, utiliza critérios *quantitativos*, como é a *intensidade* e a crescente dificuldade de justificação que permitem aprofundar questões de desigual tratamento e melhor examinar as justificativas em comparação com o roteiro qualitativo de Pieroth e Schlink ("sim ou não").

Em segundo lugar, incorpora a problemática da discriminação indireta ao se referir à inconstitucionalidade de critérios que têm efeitos fáticos semelhantes aos do critério proibido. Nesse sentido, segue a tendência legislativa e jurisprudencial de proibir a discriminação indireta (cf. cap. 2, 4.4.3.2).

Por fim, esse roteiro relaciona a violação da igualdade ao exercício de direitos de liberdade. Dissemos que isso não parece ser um critério autônomo, pois a violação de igualdade sempre repercute no exercício de direitos de liberdade, se incluirmos neles os patrimoniais. Mas é importante levar isso em consideração no contexto de exame de queixas sobre desigualdade, porque lhe oferece mais substância. A enfermeira não deseja receber o adicional de insalubridade porque inveja as médicas ou porque quer "criar caso", mas porque isso valorizará seu trabalho e lhe permitirá, digamos, financiar um curso de pós-graduação.

A queixa sobre tratamento desigual tem orientação *retrospectiva*. Candidata a concurso que alega ter sido vítima de preconceitos sobre seu sexo pedirá anulação do concurso e nova realização (que será onerosa para todos, inclusive para ela mesma) e/ou indenização pelo dano moral causado. Nesse aspecto, assemelha-se às queixas da vítima de crime. O agressor deve ser responsabilizado adequadamente, e isso põe fim à controvérsia.

Ao contrário da responsabilização penal, centrada na repressão do agressor,[419] as queixas sobre igualdade apresentam também dimensão *prospectiva*. Interessam também as consequências que terá para o futuro o tratamento desigual de uma pessoa. A reprovação não gera apenas frustração à candidata, mas a exclui do exercício de uma atividade que lhe

[419] Da pena criminal também se esperam efeitos no futuro ("prevenção geral" mediante intimidação). Mas isso é um efeito social postulado pelo senso comum, e não elemento do raciocínio jurídico sobre condenação e dosimetria da pena.

garantiria remuneração e progresso profissional. A dimensão prospectiva deve ser evidenciada no processo que alega violação da igualdade.

Observamos, por fim, que ambos os roteiros incluem um elemento que nos parece fundamental: o princípio da proporcionalidade. Trata-se de analisar a relação entre o meio e o fim almejado. O meio utilizado intervém no direito à igualdade, devendo ser verificado se essa intervenção é adequada para fomentar a finalidade pretendida e, com maior rigor ainda, examinar se essa intervenção é necessária, ou o fim poderia ser fomentado com o emprego de outros meios que poupam o direito à igualdade de certo titular. Isso tenta racionalizar o controle de constitucionalidade. Elimina considerações de cunho político ou econômico e o voluntarismo, "iluminista" ou reacionário, de quem julga.[420]

2. Senso comum e gradação do controle. Critérios da *Supreme Court* estadunidense[421]

Apresentaremos a seguir a forma de analisar queixas de discriminação inconstitucional (ou ilegal, a depender do parâmetro invocado) no ordenamento jurídico dos EUA.

A primeira pergunta é saber se houve diferenciação mediante *classificação*. O Estado tratou X *de certa maneira* (e não de outra possível) porque X pertence a um grupo e todos os membros do grupo teriam sido tratados da mesma maneira. A candidata alega ter sido discriminada porque o legislador a tratou como mulher, diferentemente dos homens. Em termos mais amplos, a pergunta é se o tratamento propiciado à candidata foi devido ao seu baixo desempenho, ao fato de ser mulher ou a outra razão, por exemplo, ao fato de ser *mulhernegra*. A depender da resposta, teremos classificação diferente, devendo ser também diferenciada a resposta jurídica.

O próximo e decisivo passo é estabelecer a profundidade e o *rigor* do exame sobre a justificativa dessa classificação. A depender do grau de intensidade (*level of scrutiny*), será maior ou menor a probabilidade de ser considerada inconstitucional uma norma de tratamento diferenciado.

[420] Crítica a formas de controle de constitucionalidade que não usam a proporcionalidade em Dimoulis e Martins 2020: 275-280.

[421] Seguimos a rigorosa reconstrução da jurisprudência sobre igualdade presente em Chemerinsky 2006: 668-789. Importantes comentários da jurisprudência até os anos 1980 em Baer 1983.

O exame mais brando/superficial é o da *rational basis*. O legislador deve oferecer uma justificativa racional, não sendo aceitas discriminações arbitrárias, notadamente as que não possuem nexo com um propósito aceitável. Qualquer objetivo legítimo perseguido pelo Estado (*legitimate purpose*) pode justificar a diferença de tratamento, por mais que haja razões importantes a favor do igual tratamento. O ônus da prova é atribuído a quem questiona a classificação. Quando, por exemplo, o governo decide oferecer incentivos a uma atividade industrial e não a outras que desejariam ter o mesmo incentivo, estamos diante de uma decisão política presumivelmente racional/justificada, desde que não seja comprovado o contrário pelo reclamante.

O controle intermediário (*intermediate scrutiny*) tem maiores exigências de justificativa. O objetivo governamental deve ser particularmente relevante e claramente relacionado ao meio discriminatório. A doutrina e a jurisprudência não oferecem definição precisa do escrutínio intermediário e das hipóteses de aplicação. É uma forma de controle pensada para proteger as mulheres de maneira mais intensa do que o mero controle de racionalidade. A terminologia e os critérios variam, sendo atualmente considerado objeto de escrutínio intermediário a discriminação com base no gênero, na sexualidade ou em intervenção estatal nos meios de comunicação.

Por fim, o escrutínio rigoroso (*strict scrutuiny*) aplica-se para os critérios tradicionalmente tidos como "suspeitos", ou mesmo "odiosos". Os casos centrais de aplicação são a discriminação racial, étnica ou religiosa. A mensagem jurisprudencial é que tais critérios nunca podem ser utilizados. Mas, em tese, a discriminação pode ser justificada se o Estado demonstrar que não há alternativa e o interesse estatal for imperioso (*compelling*).

Se no caso *Espinoza*[422] houvesse consenso quanto a que o motivo de tratamento diverso é a crença religiosa, não haveria dúvida de que seria aplicado o escrutínio rigoroso. O ônus da prova da não discriminação recai sobre quem utilizou critério repudiado, sendo estatisticamente quase certo que será declarada a inconstitucionalidade. Mesmo em ações afirmativas a favor de minorias étnicas e raciais, a jurisprudência

422 United States Supreme Court, *Espinoza v. Montana Department of Revenue* 591 __ U.S. (2020) (supreme.justia.com/cases/federal/us/591/18-1195). Cf. o nosso comentário no cap. 2, 4.4.5.5.

considera proibido discriminar os brancos. Isso dificulta as políticas de promoção educacional e laboral das minorias, sendo em particular rejeitadas as cotas rígidas.[423]

Na derradeira etapa, verifica-se se a classificação que levou à discriminação pode ser *justificada*, atendendo às exigências próprias do nível de escrutínio fixado no passo anterior. Sobre as formas de justificativa não há regras claras ou "roteiros", sendo estudada a prática decisória da Suprema Corte, que permite estabelecer uma casuística, resolvendo futuros casos de maneira semelhante.

A esse problema de indefinição do controle de igualdade nos EUA acrescenta-se o risco do voluntarismo. A gradação na intensidade do controle foi feita sem correspondência com mandamentos constitucionais, sendo deduzida de considerações de senso comum político, pensando, por exemplo, que uma diferenciação baseada na cor da pele é mais odiosa do que a baseada no sexo. Podemos concordar ou não, mas em vão buscaremos justificativa jurídica.

Consequência disso é que a discriminação com base no sexo foi tratada por muito tempo como caso de escrutínio simples, tendo sido, a seguir, alçada no nível intermediário, conforme se intensificava a presença das mulheres nos espaços públicos. Isso ocorreu sem que a Constituição tivesse mudado a apesar da rejeição da Emenda constitucional que garantiria a igualdade de direitos entre homens e mulheres.[424]

Apesar das incertezas e margens de subjetivismo no exame de igualdade, a presença de legislação específica permite que muitos casos de discriminação sejam resolvidos com segurança. Um exemplo. A tentativa de justificar a discriminação, alegando razões objetivas e relacionadas a necessidades empresariais (cap. 2, 4.4.3.2), permite considerações subjetivas sobre o que seria necessário para o funcionamento exitoso de uma empresa. A legislação limita essa especulação ao indicar regras concretas sobre o ônus e a avaliação da prova. Estabelece-se, por exemplo, que a vítima de discriminação indireta pode afastar o argumento

[423] Cf. os requisitos jurisprudenciais para justificar ações afirmativas nos EUA em Chemerinsky 2006: 732-748.

[424] A Emenda foi aprovada pelo Congresso em 1971 e pelo Senado em 1972, mas não foi ratificada pelo número necessário de Estados, tendo caducado. Cf. o parecer do conselho jurídico do Ministério da Justiça: justice.gov/olc/file/1232501.

da necessidade empresarial e do nexo entre discriminação e exigências de certa função ao mostrar que existe "prática alternativa" que permite alcançar os mesmos resultados sem que ocorra a discriminação.[425]

3. Critérios da legislação britânica

A lei britânica sobre a igualdade de 2010 (*Equality Act*) estabelece critérios claros para constatar discriminações. Isso é feito nos artigos 13 e 19, tratando, respectivamente, da discriminação direta e da indireta.[426]

> Art. 4. The following characteristics are protected characteristics – age; disability; gender reassignment; marriage and civil partnership; pregnancy and maternity; race; religion or belief; sex; sexual orientation.
>
> Art. 13 Direct discrimination
> (1) A person (A) discriminates against another (B) if, because of a *protected characteristic*, A treats B less favourably than A treats or would treat others.
> (2) If the protected characteristic is *age*, A does not discriminate against B if A can show A's treatment of B to be a proportionate means of achieving a legitimate aim.
> (3) If the protected characteristic is *disability*, and B is not a disabled person, A does not discriminate against B only because A treats or would treat disabled persons more favourably than A treats B.
> (4) If the protected characteristic is *marriage* and *civil partnership*, this section applies to a contravention of Part 5 (work) only if the treatment is because it is B who is married or a civil partner.
> (5) If the protected characteristic is *race*, less favourable treatment includes segregating B from others.
> (6) If the protected characteristic is *sex*:
> (a) less favourable treatment of a woman includes less favourable treatment of her because she is breast-feeding;

[425] U.S. Code 42 § 2000e–2 (k) (1) (A) An unlawful employment practice based on disparate impact is established under this subchapter only if (...) (ii) the complaining party makes the demonstration described in subparagraph (C) with respect to an alternative employment practice and the respondent refuses to adopt such alternative employment practice (law.cornell.edu/uscode/text/42/2000e-2).

[426] legislation.gov.uk/ukpga/2010/15/pdfs/ukpga_20100015_en.pdf. Ênfase e itálicos nossos.

> (b) in a case where B is a man, no account is to be taken of special treatment afforded to a woman in connection with pregnancy or childbirth.
>
> Art. 19 Indirect discrimination
> (1) A person (A) discriminates against another (B) if A applies to B a provision, criterion or practice which is discriminatory in relation to a ***relevant*** *protected characteristic* of B's.
> (2) For the purposes of subsection (1), a provision, criterion or practice is discriminatory in relation to a relevant protected characteristic of B's if:
> (a) A applies, or would apply, it to persons with whom B does not share the characteristic,
> (b) it puts, or would put, persons with whom B shares the characteristic at a *particular disadvantage* when compared with persons with whom B does not share it,
> (c) it puts, or would put, B at that disadvantage, and
> (d) A cannot show it to be a *proportionate means of achieving a legitimate aim*.
> (3) The relevant protected characteristics are: age; disability; gender reassignment; marriage and civil partnership; race; religion or belief; sex; sexual orientation.

A legislação britânica introduz interessantes elementos. Em primeiro lugar, é uma lei clara e específica que descreve formas proibidas de discriminação, não deixando nas mãos do Judiciário a elaboração de critérios e de padrões decisórios. Os direitos da lactante ou da pessoa em processo de mudança de sexo não dependem de construções judiciais, que podem ser incoerentes, instáveis ou insatisfatórias, mas encontram menção e regulação explícitas.

Em segundo lugar, a lei deixa claro o intuito de proteger as minorias sociais e não permitir o uso simétrico da igualdade a favor dos grupos socialmente dominantes. A jurisprudência não atendeu reclamação de funcionária cristã que foi proibida de portar uma (pequena) cruz no pescoço enquanto atendia clientes, sendo que o regulamento proibia o porte de "joias" (Connolly 2022: 73-78). Por outro lado, há hesitações do legislador, pois ele permite o uso do argumento simétrico pelos homens quando não se está diante de tratamento especial de mulheres em razão da gestação e do cuidado de filhos pequenos (art. 13, 6, b). Em geral, a legislação menciona as características protegidas de maneira neutra (idade, raça), permitindo a interpretação no sentido simétrico.

Em terceiro lugar, temos uma interessante definição da proporcionalidade: examina-se se o ato diferenciador constitui meio proporcional para atingir uma finalidade legítima. A definição permanece abstrata,[427] mas é um passo para a sua concretização.

Em quarto lugar, o art. 13 deixa claros os dois passos do exame da discriminação direta. A primeira pergunta é se houve tratamento menos favorável. A segunda é se esse tratamento se deve a uma das características protegidas. Por mais que essas questões estejam relacionadas, é necessário ter clareza sobre a estrutura lógica do exame da discriminação.[428]

Por fim, a lei oferece uma instigante definição modular da discriminação indireta no art. 19 com base nos seguintes elementos: (a) a norma impugnada aplica-se da mesma maneira ao grupo discriminado e a outros; (b) essa aplicação da norma situa o grupo discriminado em posição de "forte desvantagem" (*particular disadvantage*); (c) a norma que gera a forte desvantagem não atende os requisitos da proporcionalidade.

4. Um exemplo de proposta de controle de constitucionalidade subjetivista

Wallace Corbo, inspirado na jurisprudência da Corte constitucional da Colômbia e nos trabalhos de sistematização por Carlos Bernal Pulido, apresentou uma proposta de roteiro para examinar a constitucionalidade de discriminações, com ênfase na discriminação indireta (Corbo 2017: 227-262).

O autor formula sua proposta com precisão e clareza, sendo a primeira tentativa de sistematizar o controle de constitucionalidade de discriminações no Brasil, conforme as exigências de rigor do processo constitucional. Apresentaremos, a seguir, essa proposta, comentando elementos que nos parecem problemáticos.

427 Cf. a crítica em Connolly 2022: 97-98, sugerindo reforma legislativa concretizadora, para evitar que os tribunais usem "mantras" como a "resposta razoável".

428 Connolly (2022: 45) observa que, se uma funcionária for demitida com a explicação "You're a typical unreliable woman", não é necessário procurar um grupo de comparação para verificar se ela sofreu tratamento discriminatório, por exemplo, havendo funcionários homens com histórico semelhante que foram mantidos no cargo. A própria afirmação deixa claro que o sexo foi razão da demissão.

Inicialmente, o autor recomenda, seguindo a proposta colombiana, realizar um exame "integrado" de proporcionalidade. O termo indica a combinação dos três níveis de escrutínio nos EUA com o exame de proporcionalidade conforme a concepção alemã. O juiz constitucional deveria, após ter decidido sobre o nível de escrutínio adequado, realizar exame de proporcionalidade da medida, verificando a adequação, a necessidade e a proporcionalidade no sentido estrito. Essas verificações devem ser caracterizadas por flexibilidade, a depender do caso: "Não é possível fixar aprioristicamente o nível de escrutínio", sendo isso decidido "à luz de cada caso concreto" (Corbo 2017: 234).

A seguir, o autor recomenda que o juiz continue examinando a constitucionalidade da norma alegadamente discriminadora, ainda que ela tenha sido aprovada no exame de proporcionalidade. Nessa etapa, será examinado se a medida proporcional tem impacto discriminatório para minorias. Em tal caso, deve ser considerada inconstitucional.

O autor recomenda aplicar o princípio da acomodação razoável (cap. 2, 4.4.3.2) em questões de tratamento de todas as minorias (e não apenas a pessoas com deficiência e a pequenos grupos, como costuma ser entendido pela doutrina). Isso permitiria que uma regra avaliada como *per se* constitucional, deixasse de ser aplicada para que pudessem ser atendidos interesses de uma minoria.

Por mais que a proposta seja bem estruturada e sistemática, o resultado final é que o autor propõe dar carta branca ao Judiciário. Expressa um subjetivismo que se torna irracional pela falta de critérios claros e padrões de justificativa. Se fossem seguidas essas etapas e combinações, o Estado e os particulares compareceriam ao tribunal, apresentando suas razões e aguardando uma resposta imprevisível. A seguir, os julgadores podem fixar como melhor entendem o nível do escrutínio, sem previsibilidade e sem padrão de referência e, na ponderação "*stricto sensu*", podem fazer sopesamentos subjetivos.

Corbo recomenda ponderar "princípios contrapostos" e sugere distinguir seu "peso abstrato" do "peso concreto" que assumiriam diante do caso concreto esses "princípios contrapostos" (2017: 236). Ora, a Constituição não garante princípios, mas direitos fundamentais, e eles não possuem peso objetivamente determinável, pois a Constituição não realizou hierarquizações entre direitos. Tampouco se pode afirmar (e comprovar) que os direitos possuam "peso concreto" que varie em razão das circunstâncias. Os direitos fundamentais vinculam sempre e da mesma maneira. Discute-se apenas a possibilidade de limitação se isso for *necessário*, isto é, se for dada justificativa racional para tanto. A referência a pesos que variam é uma maneira terminologicamente sofisticada para dizer que o Judiciário faz o que quer, invocando o diferente "peso" de princípios que ele mesmo estabeleceu.

Isso também vale para as considerações sobre a acomodação razoável que permitiria deixar de aplicar uma norma que se revelou adequada e necessária. A acomodação razoável não possui lastro normativo na Constituição, existindo apenas uma referência vaga no Tratado sobre direitos das pessoas com deficiência. Constitui uma forma de casuísmo que depende das preferências do aplicador (cf. cap. 2, 4.4.3.2).

5. Proposta de operacionalização do controle de violações da igualdade no ordenamento brasileiro

5.1. Conceitos e delimitações

a. *Direito geral de igualdade*. A seguir examinaremos as formas de fiscalizar a constitucionalidade de normas consideradas contrárias ao direito geral de igualdade do art. 5º, *caput*: "garantindo-se [...] a igualdade". Os mesmos roteiros podem ser aplicados a queixas relacionadas ao art. 5º, I, da Constituição: "homens e mulheres são iguais em direitos e obrigações".

Os demais direitos especiais de igualdade são, como constatamos, direitos a prestações estatais, normativas ou materiais, quando não se trata de meras proclamações retóricas (cap. 6, 3). Para os direitos prestacionais aplica-se o roteiro de exame de constitucionalidade de eventuais omissões constitucionais que é típico dos direitos sociais.

As perguntas para os direitos prestacionais são:

> 1. O Estado omitiu-se em tomar uma determinada medida?
> 2. A Constituição reconhece ao reclamante o direito de exigir do Estado que a medida seja tomada? (Dimoulis e Martins 2020: 297)

b. *Titular individual e discriminação de grupos*. Se um dia ouvíssemos que uma autoridade estatal discriminou pessoa que nasceu no Rio de Janeiro, é pianista e se chama Paola não entenderíamos. Ela pode ter sido efetivamente discriminada, mas é improvável que isso tenha acontecido em razão dessas características, devendo procurar a verdadeira razão, por exemplo, o fato de Paola ser mulher. A alegação de constitucionalidade será analisada com base no ocorrido e a titular do direito fundamental deve ser identificada, mas a argumentação jurídica será de cunho coletivo, examinando o tratamento do grupo.

c. *Técnica da separação.* No cap. 2, 4.4.6, apresentamos a técnica da separação das reclamações. Entre os múltiplos fatores que influenciam uma situação de vida, devemos isolar o fator de discriminação a ser tratado juridicamente e as razões jurídicas para tanto, reduzindo a complexidade social. Não se discute, por exemplo, se a desigualdade regional prejudicou o morador de certa cidade, causando dificuldades de acesso a bens educacionais e culturais, mas apenas se o seu tratamento em um concurso gerou discriminação.

d. *Exame de meios, fins e resultados.* Verificamos ao longo do trabalho que os termos "igual" e "desigual" são vagos e, notadamente, não se pode dizer o que se entende quando se pergunta se o tratamento foi "desigual". Como reiteradamente dito, o exame racional de constitucionalidade verifica os meios empregados, os fins e os resultados e opina sobre a justificativa de certo tratamento.

> A igualdade significa, portanto, evitar discriminações injustificáveis, proibindo-se o tratamento desigual de quem esteja numa mesma situação, bem como promover distinções justificáveis, oferecendo um tratamento desigual para quem esteja numa situação diferenciada (injusta). (Rothenburg, 2009: 82)

e. *Critério da proporcionalidade.* O exame da justificativa do tratamento deve ser realizado com base no critério da proporcionalidade, amplamente aceito pela doutrina internacional e brasileira em questões de igualdade.[429] Esse critério, com variações na terminologia e no rigor do controle, é aceito pela jurisprudência.

[429] Rothenburg (2009: 83). Sobre as dimensões e a relevância do princípio da proporcionalidade, cf. detalhadamente Dimoulis e Martins 2020: 219-268.

A Corte Interamericana de Direitos Humanos resume seu critério da seguinte maneira:

> una diferencia de trato es discriminatoria cuando la misma no tiene una justificación objetiva y razonable, es decir, cuando no persigue un fin legítimo y no existe una relación razonable de proporcionalidad entre los medios utilizados y el fin perseguido.[430]

Semelhante no raciocínio e mais rigorosa na formulação é a perspectiva do Tribunal de Justiça da União Europeia:

> Ao determinar o alcance de qualquer derrogação a um direito fundamental, como o direito à igualdade de tratamento, é preciso respeitar o princípio da proporcionalidade, que exige que as derrogações *não ultrapassem os limites do adequado e necessário para atingir o fim prosseguido* e exige a conciliação, na medida do possível, do princípio da igualdade de tratamento com as exigências do fim que desse modo é prosseguido.[431]

E ainda:

> Uma diferença de tratamento é justificada quando se baseie num critério objetivo e razoável, isto é, quando esteja relacionada com um objetivo legalmente admissível prosseguido pela legislação em causa, e seja *proporcionada ao objetivo prosseguido pelo tratamento em questão.*[432]

Observe-se que ambas as formulações do Tribunal são guiadas pela legislação antidiscriminatória da União Europeia, que exige que tratamentos diversos "sejam objectivamente justificados por um objectivo legítimo e que os meios utilizados para o alcançar sejam adequados e necessários".[433]

430 Corte Interamericana de Direitos Humanos, *Guevara Diaz vs. Costa Rica*, sentença de 22-6-2022 (www.corteidh.or.cr/docs/casos/articulos/seriec_453_esp.pdf). Omitimos as notas de rodapé que mencionam precedentes jurisprudenciais.

431 Tribunal de Justiça da União Europeia, *Achatzi*, C-193/17 (2019). Itálicos nossos.

432 Tribunal de Justiça da União Europeia, *Milkova*, C-406/15 (2017) (curia.europa.eu/juris/document/document.jsf?text=&docid=188752). Itálicos nossos.

433 Art. 2, 2 b, i) da Directiva 2000/78/CE do Conselho da União Europeia (data.europa.eu/eli/dir/2000/78/oj).

Em nossa opinião, a proporcionalidade deve ser utilizada em sua versão *rigorosa* e não invasiva da liberdade do legislador. Examina-se a relação entre meios e fins, devendo as intervenções ao direito de igualdade ser adequadas e necessárias para atingir uma finalidade lícita. Ao contrário, não deve ser realizado o exame da denominada proporcionalidade *stricto sensu* ou de sopesamento dos direitos que apresenta irracionalidade e permite dar uma roupagem jurídica ao subjetivismo do julgador.[434]

No exame de proporcionalidade, a sequência lógica dos quesitos é:

– *Houve* tratamento diverso? O tratamento diverso indica sempre uma *intervenção estatal na área de proteção do direito à igualdade* (Pöschl 2008: 308). Se X é titular do direito à igualdade, a constatação de tratamento diverso em comparação com Y constitui intervenção em direito. A alegação pode se revelar sem fundamento, assim como a intervenção pode se revelar justificada, mas, do ponto de vista jurídico, X alegará uma intervenção em seu direito à igualdade. Esquematicamente: se até ontem X e Y recebiam o mesmo salário e a partir de hoje Y passou a receber um adicional, X alegará que foi ferido seu direito à igualdade. O exame da ocorrência ou não dessa intervenção será feito de maneira adequada se envolver verificação separada dos meios, dos fins e dos resultados. Em cada um desses níveis pode ocorrer tratamento igual ou diverso (meios iguais ou não; fim idêntico ou não; resultados de igual tratamento ou não).

– O tratamento diverso propiciado (com meio igual ou diverso) tem *justificativa*? Aqui são examinados de maneira separada os meios, os fins e os resultados, decidindo sobre a justificativa de cada tratamento em cada nível. X e Y podem receber o mesmo salário ou não. O tratamento salarial pode objetivar o tratamento igual de ambos ou não (X ganha o mesmo que Y, mas tem mais experiência, faz horas-extras, etc.). Por fim, o tratamento salarial pode ter aparência neutra e objetivar o igual tratamento, mas pode ser demonstrado que há prejuízo sistemático do grupo ao qual pertence X.

[434] Entre os estudiosos brasileiros da igualdade que são a favor da proporcionalidade *stricto sensu*, cf. Corbo 2017: 236; Moreira 2020: 285-286. Crítica dessa forma de controle em Dimoulis e Martins 2020: 268-274.

f. *Ônus da prova*. No exame da justificativa do tratamento propiciado surge a questão da prova. Em muitos casos, não há dúvidas sobre as circunstâncias fáticas e não parece necessário fazer pesquisas específicas para constatar os resultados de certa medida. Isso vale nas discriminações diretas (exemplo: exclusão de estrangeiros de um concurso) ou mesmo em situações de discriminação indireta com evidentes resultados desiguais (exemplo: número de negr@s em universidades públicas sem ações afirmativas).

Em outras situações é necessário grande esforço probatório para apurar fatos (exemplo: tratamento dispensado a candidata em entrevista de emprego) ou para verificar as consequências sociais (exemplo: discriminação de mulheres negras, mesmo não sendo evidenciada a discriminação geral com base na cor da pele).

Processualmente cabe às julgadoras investigar fatos e normas relevantes para o exame de constitucionalidade, mas, ao ser suscitada questão de prova, será interessante refletir sobra a inversão do ônus. Essa é a direção do direito antidiscriminatório dos últimos anos. Se o reclamante oferecer indícios de discriminação, cabe a quem é acusado de sua prática provar sua não ocorrência. Isso é particularmente relevante na discriminação indireta (cap. 2, 4.4.3.2).

Diz a lei norueguesa de 2017 sobre o igual tratamento e a vedação da discriminação:

> § 37. Ônus da prova. A discriminação será constatada se houver circunstâncias que dão razões para acreditar que ocorreu discriminação e o responsável não mostrar de maneira convincente que a discriminação não ocorreu.[435]

[435] *Lov om likestilling og forbud mot diskriminering* (lovdata.no/dokument/NL/lov/2017-06-16-51). O direito da União Europeia inclui uma norma semelhante sobre a inversão do ônus da prova, ainda que menos tuteladora dos direitos da vítima da discriminação: "Os Estados-Membros tomarão as medidas necessárias, de acordo com os respectivos sistemas judiciais, para assegurar que, quando uma pessoa que se considere lesada pela não aplicação, no que lhe diz respeito, do princípio da igualdade de tratamento apresentar, perante um tribunal ou outra instância competente, elementos de facto constitutivos da presunção de discriminação directa ou indirecta, incumba à parte demandada provar que não houve violação do princípio da igualdade de tratamento". Art. 8,1 da Directiva 2000/43/CE do Conselho da União Europeia, de 29-6-2000, que aplica o princípio da igualdade de

A inversão do ônus da prova justifica-se não apenas pela assimetria de poder em detrimento da pessoa discriminada. Principal razão é a dificuldade de a vítima ter acesso aos dados e deliberações que resultaram em sua discriminação (seleção em concurso, promoções, demissão). Cabe ao responsável disponibilizar seus arquivos e mostrar que as razões de tomada de decisão não tinham coloração discriminatória (cf. Ellis e Watson 2012: 157-161).

g. *Exame de constitucionalidade material.* Em um processo, as partes farão variadas alegações, entre as quais pode estar a inconstitucionalidade formal. Questões de competência, de tramitação legislativa, dúvidas interpretativas geradas pela falta de clareza e outros aspectos formais podem fulminar a norma antes da análise de seus comandos normativos. O exame de constitucionalidade dessas questões assume a seguinte forma:

> A norma apresenta vícios formais de inconstitucionalidade (problemas de competência, tramitação, clareza, taxatividade etc.).

A seguir não cuidaremos de tais questões formais, pois elas podem surgir no exame de qualquer norma, não se relacionando com o direito à igualdade. Aqui interessam apenas as dimensões e consequências de uma violação da igualdade que não são influenciadas por eventuais defeitos formais da norma.

5.2. Roteiros

I. Reivindicação de aplicar o mesmo meio de tratamento (queixa de omissão normativa ou material)

- X alega que deve ter o mesmo tratamento de Y.
- Como isso não ocorreu (questão de prova!), considera que o Estado afetou seu direito à igualdade, impedindo tratamento que a igualdade reservava a X em vista do tratamento propiciado a Y.

tratamento entre as pessoas, sem distinção de origem racial ou étnica (data.europa.eu/eli/dir/2000/43/oj).

- Logo, X alega que o Estado o tratou como inferior sem justificativa para tanto.
- Logo, X alega que há inconstitucionalidade que deve ser sanada ao ser tratado como Y, mediante ato estatal reparatório.

O fiscal da constitucionalidade examinará sucessivamente as seguintes perguntas:

1. A omissão estatal afeta a área de proteção do direito à igualdade?

Isso ocorre quando o tratamento diverso se deve exclusivamente ou em medida relevante à pertença de X a um grupo substancialmente semelhante ao grupo de Y.[436]

Se a resposta for negativa, rejeita-se a reclamação. Se for positiva, examina-se a próxima pergunta.

2. A omissão estatal é constitucionalmente proibida?

2.1. A finalidade que persegue a omissão estatal é lícita?

Estabelece-se a justificativa da omissão. Uma justificativa lícita gravitará em torno da relevância da diferenciação vigente, por tratar adequadamente o grupo de Y, que possui mérito superior (ou apresenta risco menor) ao grupo de X em certa questão ou é mais adaptado e eficiente em certa função, ou lhe é devida compensação por discriminação estatal anterior.

Se a resposta for negativa (omissão de finalidade ilícita), declara-se a inconstitucionalidade por omissão.

Se a resposta for positiva (omissão de finalidade lícita), examina-se a próxima pergunta.

2.2. O tratamento diverso que persegue finalidade lícita respeita o critério da proporcionalidade?

[436] X é negra; Y é branca. O exame de inconstitucionalidade mostra que a diferença salarial não é devida à cor da pele, e sim à titulação superior de Y. Nesse caso, será considerada decisiva a pertença a grupos com diferença no estudo. Conforme a técnica da separação, sendo improcedente a queixa baseada na discriminação racial, a queixa de X pode se basear na irrelevância do nível de formação para a remuneração de certo emprego ou da desproporcionalidade entre diferença educacional e salarial. Também pode se apresentar queixa no nível de resultados (aceita-se que as pessoas mais tituladas devem receber mais, mas questiona-se a forte sub-representação de Negr@s nesse grupo).

2.2.1. O tratamento diverso permite alcançar a finalidade (adequação)? Para responder, devemos argumentar minuciosamente sobre meios, propósitos e resultados, verificando se o tratamento diverso é apto a fomentar a finalidade lícita.[437]

Se a resposta for negativa, declara-se a inconstitucionalidade por omissão.

Se a resposta for positiva, examina-se a próxima pergunta.

2.2.2. O tratamento diverso é necessário para o alcance da finalidade? Verifica-se se não há outros meios que permitiriam atingir a finalidade (resultado equivalente) de maneira menos gravosa, pois manteriam o igual tratamento a certo respeito[438] ou mudariam os critérios da classificação.[439] Em tais casos, o tratamento diverso possui justificativa por ser adequado, mas há formas de atingir a finalidade, sem que o reclamante sofra interferência em seu direito de igualdade por omissão estatal.
Se a resposta for negativa, declara-se a inconstitucionalidade por omissão em vista da desnecessidade de tratamento diverso.

Se a resposta for positiva, declara-se a constitucionalidade do tratamento diverso, sendo a omissão permitida.

II. Reivindicação de abolir tratamento diferenciado (prestação material ou normativa)

- Normas estatais tratam certo grupo de maneira privilegiada, em vista de sua fragilidade ou necessidade especial (cotas para indígenas no serviço público).
- X pertence ao grupo que não recebe o benefício e considera que o Estado interveio em seu direito de ser tratado igualmente aos demais.

[437] É lícito privilegiar funcionários com melhor preparo educacional, mas não passa do exame de adequação exigir que uma professora de química tenha estudado japonês, por mais que isso lhe acrescente habilidades.

[438] Em vez de oferecer prêmio apenas a funcionários com diploma pós-graduação, pode ser dada igual remuneração a quem se comprometer a fazer curso semelhante em certo prazo, devendo ele devolver a diferença salarial se não concluir o curso conforme concordado.

[439] Em vez de cobrar menor anuidade para segurar automóveis dirigidos por mulheres pelo fato de elas se envolverem estatisticamente em (muito) menos acidentes que os homens, estabelecer descontos progressivos a depender do histórico de cada cliente, mantendo estável a arrecadação total da empresa.

- Logo, pede o fim do benefício, alegando interesse pessoal (respeito à igualdade, envolvendo facilitação estatística de acesso ao ensino após a abolição das cotas).

1. A norma intervém na área de proteção do direito à igualdade?
Isso ocorre quando o tratamento diverso se deve exclusivamente ou em medida relevante à pertença de X a um grupo substancialmente semelhante ao grupo de Y.[440]

Se a resposta for negativa, rejeita-se a reclamação. Se for positiva, examina-se a próxima pergunta.

2. A norma que estabelece meios de tratamento desiguais é inconstitucional?

2.1. A finalidade é lícita?

A justificativa gravita em torno da relevância da norma de diferenciação que permitiria tutelar grupos fragilizados, sistematicamente discriminados ou merecedores de apoio, por exemplo, a indústria nacional na competição com empresas estrangeiras. Seria inconstitucional constatar que a verdadeira finalidade do tratamento especial é proteger amigos, eleitores e financiadores dos legisladores ou grupos de pressão que obtiveram benefícios não concedidos a grupos substancialmente semelhantes.

Se a resposta for negativa, declara-se a inconstitucionalidade da norma. Se a resposta for positiva, examina-se a próxima pergunta.

2.2. A diferenciação com finalidade lícita respeita o critério da proporcionalidade?

2.2.1. O tratamento diverso é adequado para fomentar o objetivo? Para responder, argumentamos minuciosamente sobre *meios, propósitos e resultados*, verificando se o tratamento diverso é apto a fomentar a finalidade lícita.[441]

[440] Se as cotas beneficiam apenas indígenas Bolivianos que pretendem estudar no Brasil em virtude de tratado de colaboração internacional, a razão do tratamento diverso não é a identidade étnica dos beneficiados, mas a decisão política do Brasil de promover o intercâmbio internacional.

[441] É, em geral, lícito tratar de maneira compensadora cadeirantes, mas não revela adequação criar cotas para acesso à universidade desse grupo.

Se a resposta for negativa, declara-se a inconstitucionalidade da norma. Se a resposta for positiva, examina-se a próxima pergunta.

2.2.2. O tratamento diverso é necessário para alcançar a finalidade?

Deve-se verificar se não há outros meios que permitiriam atingir a finalidade de maneira menos gravosa, pois manteriam o igual tratamento a certo respeito[442] ou mudariam os critérios da classificação,[443] atingindo resultado equivalente. Em tais casos, o tratamento diverso possui justificativa *per se*, mas há formas de atingir o fim, sem que o reclamante sofra interferência em seu direito de igualdade em razão do tratamento especial de terceiros.

Se a resposta for negativa, declara-se a inconstitucionalidade da norma.

Se a resposta for positiva, declara-se a constitucionalidade da norma que institui tratamento diverso.

III. Reivindicação de instituir tratamento diferenciado

- X pertence a minoria ou subgrupo minoritário com certa particularidade e constata que a legislação não oferece tutela que corresponda à sua peculiaridade, equivalendo o uso de meios iguais à desigualdade no resultado.
- X pede tratamento que leve em consideração características que causam sua fragilidade social.[444]
- Nessa hipótese, a omissão não pode ser sanada com a extensão de um regulamento vigente. O que se pede é formular uma nova norma, exercendo-se competência materialmente legislativa.

[442] Em vez de prever cotas, oferecer bolsas de estudo e cursos gratuitos e intensivos de capacitação universitária, podendo avaliar se isso resulta em aumento significativo da aprovação de certo grupo. Isso aumentaria o nível d@s ingressantes sem excluir ninguém.

[443] Utilizar critérios de renda ou de situação familiar em vez da origem étnica ou da cor da pele.

[444] X solicita a criação de escolas separadas para travestis e transexuais que desejam estudar sem se submeter a agressões de outros alunos. Desde 2011 funciona em Buenos Aires o colégio Mocha Celis "con la misión de promover la inclusión de personas trans/travestis en la educación formal para subsanar la discriminación estructural que enfrentan" (bachilleratomochacelis.edu.ar). No Brasil existem cursos exclusivos para LGBTs, mas não conhecemos oferta de ensino regular separado.

1. A omissão estatal afeta a área de proteção do direito à igualdade? Isso ocorre quando há tratamento igual de X e Y, apesar da substancial diferença dos respectivos grupos. Deve ser demonstrado que as características de X fazem com que a aplicação da regra geral tenha um impacto desproporcional, gerando exclusão social, sofrimentos e, em geral, tendo consequências iníquas. Isso gera pretensão de tratamento diverso, derrogatório do regime comum.

Se a resposta for negativa, rejeita-se a reclamação. Se for positiva, examina-se a próxima pergunta.

2. A omissão estatal de criar tratamento diferenciado para uma minoria é inconstitucional?

2.1. A finalidade da omissão de tratamento diferenciado é lícita?

Uma finalidade lícita estará relacionada à importância da igualdade de tratamento d@s usuári@s de um serviço público ou de quem participa de um setor de atividade, sendo as peculiaridades subjetivas pouco relevantes. A uniformização traz benefícios de economicidade, facilidade e a mensagem simbólica da semelhança fundamental dos cidadãos.

Finalidade lícita é também a tutela de direitos de terceiros, notadamente de direitos de liberdade e patrimoniais. O Estado não deve, a princípio, obrigar empresários a promover interesses de minorias sociais, porque isso afetaria a liberdade econômica (colisão de direitos a ser resolvida no âmbito do exame de proporcionalidade).

Se a resposta for negativa, declara-se a inconstitucionalidade por omissão.

Se a resposta for positiva, examina-se a próxima pergunta.

2.2. A intervenção ao direito de igualdade em nome da uniformização ou da tutela de direitos de liberdade de terceiros respeita o critério da proporcionalidade em vista da diversidade de grupos sociais?

2.2.1. O tratamento igual de pessoas substancialmente diferentes é adequado para fomentar a finalidade lícita?

Para responder, devemos argumentar minuciosamente sobre os meios, os propósitos e os resultados, verificando se o tratamento igual realmente fomenta a finalidade.[445]

[445] *Negar* o direito dos travestis e transexuais a escola própria pode fomentar a finalidade de propiciar um ensino inclusivo-republicano que terá efeitos benéficos para a formação tanto

Se a resposta for negativa, declara-se a inconstitucionalidade por omissão.

Se a resposta for positiva, examina-se a próxima pergunta.

2.2.2. O tratamento igual de pessoas substancialmente diferentes é necessário para fomentar a finalidade (uniformização ou tutela de terceiros)?

Ponto de partida deve ser que regras uniformizadoras têm impacto diverso a pessoas diferentes, mesmo em se tratando da aplicação de regras inócuas.[446] Em vista disso, verifica-se se há meios que permitiriam atingir a finalidade de maneira que seja menos gravosa para uma minoria social. Deve-se examinar se o tratamento indiferenciado (aplicação de meios iguais) de um grupo historicamente discriminado gera desigualdade em vista dos resultados. A introdução de exceções para grupos pequenos e estruturalmente diversos raramente afetará a uniformidade de princípio.

Se a resposta for negativa, declara-se a inconstitucionalidade por omissão em vista da desnecessidade de tratamento diverso.

Se a resposta for positiva, declara-se a constitucionalidade do tratamento diverso, sendo a omissão permitida.

IV. Reivindicação de eliminar discriminação indireta

- X pertence a minoria social ou subgrupo com certa particularidade. A aplicação de norma neutra tem impacto maior para X em comparação com quem não é membro da minoria social ou do subgrupo.

da minoria sexual como d@s demais estudantes. Mas isso pressupõe que tod@s possam estudar em escolas que não discriminam, mudando práticas preconceituosas e criando procedimentos de responsabilização nas escolas para atingir com outros meios o fim do igual tratamento.

446 Uma aluna a cada mil pode ser alérgica ao material do uniforme escolar. Isso não é motivo para abolir a exigência de uniformização (segurança; facilidade; mensagem "republicana"), mas gera o problema de adaptação a situações peculiares (acomodação razoável – cap. 2, 4.4.3.2). A adaptação em tais casos segue o imperativo do igual tratamento nos *resultados*. Exigimos que tod@s aceitem o uniforme e deixem de se vestir conforme sua preferência. Em relação à aluna alérgica não podemos exigir que, além da limitação da liberdade pessoal imposta de maneira geral, ela (e apenas ela) sofra de inflamações na pele. Isso mostra que o impacto de uma finalidade adequada (uniformização) tem *impactos* diversos.

- X alega que isso viola seu direito à igualdade. Mesmo sendo os meios e as finalidades iguais, os resultados mostram a discriminação (impacto diverso).
- X pede tratamento reparatório, pois a norma igual acaba tratando-a de maneira desigual.[447] Esse tratamento pode consistir:
- na introdução de regra de tutela especial (aplicando-se o roteiro III);
- na declaração de nulidade de regra geral vigente;
- na mudança da regra geral vigente.

Examinaremos a seguir as consequências dessas hipóteses.

1. A norma intervém na área de proteção do direito à igualdade?

Isso ocorre quando o impacto diverso se deve exclusivamente ou em medida relevante à pertença de X a um grupo substancialmente semelhante ao grupo de Y. Aqui é *crucial* a prova do impacto e de suas causas, colocando-se a questão de inversão do ônus da prova, assim como da forma de utilizar estatísticas, testemunhos ou outros meios.

Se a resposta for negativa, rejeita-se a reclamação.

Se for positiva, examina-se a próxima pergunta.

2. A norma que estabelece meios de tratamento iguais para o fim de igual tratamento é inconstitucional em vista dos resultados de sua aplicação?

2.1 A finalidade é lícita? O objetivo de tratar igualmente pessoas de certa categoria não necessita de particular justificativa. Diante da evidência do impacto diverso, pergunta-se se a ideia abstrata de igual tratamento perdeu sua justificativa, tendo-se transformado em meio de desigual tratamento, o que seria ilícito.

Se a resposta for negativa, declara-se a inconstitucionalidade da norma. Se a resposta for positiva, examina-se a próxima pergunta.

447 X é mulher. Ao sair do emprego, à meia-noite, deve caminhar por 500 metros e usar transporte público para voltar para casa. Sente-se insegura, tendo tido experiências de agressões masculinas, conforme lamentável prática que as pesquisas confirmam, sendo as vítimas quase sempre mulheres. X pede que a empresa ofereça transporte gratuito para as mulheres com ônibus fretado, evitando riscos desproporcionais devidos ao gênero.

2.2. A norma de igual tratamento respeita o critério da proporcionalidade?

2.2.1. Os meios iguais fomentam a finalidade de igual tratamento de dois grupos? Para responder, argumentamos minuciosamente sobre meios propósitos e resultados, verificando se o tratamento fomenta a finalidade admitida como lícita.

Se a resposta for negativa, declara-se a inconstitucionalidade da norma. Se a resposta for positiva, examina-se a próxima pergunta.

2.2.2. O tratamento igual com finalidade de igualdade e resultados claramente desiguais é necessário para alcançar a finalidade? Deve-se verificar se não há outros meios que permitiriam atingir a finalidade de maneira a não causar prejuízo a certo grupo.

Se a resposta for positiva, declara-se a constitucionalidade da norma que institui tratamento igual.

Se a resposta for negativa, declara-se a inconstitucionalidade da norma, havendo duas possibilidades.

Primeiro, considerar que a norma de impacto diferencial pode ser eliminada sem que isso gere prejuízo para a atividade ou direitos de terceiros.[448]

Segundo, considerar que a norma deve ser substituída por outra,[449] surgindo o problema dos limites da atuação criativa do Judiciário.

V. Reivindicação de eliminar tratamento diverso que favorece grupo dominante

- X, membro de minoria social, é impedido de fazer ou receber algo ou enfrenta uma barreira específica. Esse impedimento ou barreira não se verifica para um grupo dominante.[450]

[448] Analisando resultados de vestibular, foi constatado que a nota em inglês prejudica de maneira claramente desproporcional candidatos pobres. Uma saída seria eliminar as perguntas de inglês, se o idioma não for requisito essencial do curso pretendido.

[449] Analisando resultados de vestibular, foi constatado que os resultados prejudicam de maneira claramente desproporcional candidatos pobres. Surge a necessidade de redesenhar o vestibular e a atuação do Estado nos processos de preparação para tanto.

[450] Exemplo: "Mulheres não podem ser policiais militares". No direito brasileiro, temos Lei complementar do estado de Roraima que limita a 15% o número de vagas para mulheres na Polícia Militar. O Tribunal de Justiça declarou a lei inconstitucional em 2020: TJ-RR, *Medida*

– X pede que seja abolida essa discriminação, sendo ele equiparado em direitos e obrigações com o grupo dominante.

A primeira providência é comprovar que X pertence ao grupo minoritário. Essa comprovação não apresenta dificuldade particular. O que é mais complexo é escolher o grupo que será apresentado como vítima de discriminação, podendo depender dessa escolha "estratégica" o desfecho do caso, como discutimos no capítulo sobre interseccionalidade qualitativa (cap. 2, 4.4.3.3).

O segundo passo é estabelecer o nexo causal entre o grupo minoritário e a exclusão. Isso será fácil em caso de discriminação direta e mais complexo-incerto em caso de discriminação indireta.

Em um terceiro momento, deve ser identificado o exato problema jurídico. Em alguns casos, a discriminação é eliminada com a *ampliação* da incidência da norma. Exemplo: quando a norma reserva vagas de concurso para homens e as mulheres reivindicam a ampliação com formulação neutra em relação ao sexo. Nessa hipótese, discute-se a ocorrência de omissão inconstitucional e aplica-se o Roteiro I.

Em outros casos, a norma concede um benefício odioso a grupos dominantes e a reivindicação consiste em sua *abolição*. Isso ocorre em relação à "cela especial" garantida a diplomados do ensino superior pelo art. 295, VII, do Código de Processo Penal.[451] Esse benefício deve ser *abolido*. A norma é inconstitucional com base no Roteiro II.

Um esclarecimento. O caso da "cela especial" é peculiar, porque sua eventual ampliação a todos os presos careceria de sentido. Se todas as celas forem "especiais", todas serão também comuns. Em outros casos, o privilégio pode ser estendido, sendo tratado como caso de omissão, conforme o Roteiro I. Exemplo: se uma categoria de funcionários públi-

liminar na Ação direta de inconstitucionalidade n. 9000312-06.2020.8.23.0000, rel. Des. Almiro Padilha, julg. 3-12-2020.

Na perspectiva de nosso roteiro, essa norma significa que, preenchidos os 15% das vagas do concurso por mulheres, as demais candidatas serão automaticamente eliminadas, ainda que tenham notas superiores às de concorrentes homens, que acabarão sendo aprovados, o que é estatisticamente muito provável dada a diferença entre 15 e 85. Assim sendo, o sexo é utilizado como critério para estabelecer uma barreira de acesso à função pública.

451 O STF declarou a inconstitucionalidade da norma por violar a igualdade geral: *Arguição de descumprimento de preceito fundamental 334*, rel. Min. Alexandre de Moraes, julgamento 3-4-2023.

cos entre as costumeiramente privilegiadas, como os magistrados e os militares, receber auxílio-moradia, nada impede que seja solicitada sua ampliação aos demais funcionários públicos. A divergência de posicionamentos sobre a decisão judicial em caso de violação da igualdade será discutida no cap. 6, 6.

Aqui interessa a diferença entre os Roteiros I e II e a violação da igualdade em detrimento de minorias sociais. Os Roteiros I e II examinam violações da igualdade sem levar em consideração a identidade social dos envolvidos. Já o Roteiro V, que examinamos aqui, adota a estrutura dos Roteiros I e II, mas considera também o fato de que o grupo que se queixa pertence a minoria social. Isso modifica o teor da *argumentação*. A inconstitucionalidade de um privilégio dos poderosos costuma ficar clara já no início do exame de constitucionalidade, quando se discute a licitude do propósito (pergunta 2.1 dos Roteiros I e II). O privilégio se revelará quase sempre ilícito, sendo o exame mais breve e fácil em comparação com a situação o exame do tratamento diverso de pessoas ou grupos comparáveis.

6. Consequências jurídicas de declaração de inconstitucionalidade por violação da igualdade (efeitos do controle de constitucionalidade)[452]

Sustenta-se que não pode ocorrer inconstitucionalidade por omissão quando o parâmetro do exame é o direito à igualdade. Por ser a igualdade direito de *status negativus*, seria possível apenas impedir intervenção estatal e não sanar sua ausência (Martins 2018: 235; 2022: 105). Essa concepção parte do pressuposto que o direito à igualdade geral é de *status negativus* e não social-prestacional. Concordamos com esse pressuposto doutrinário (cf. cap. 6, 2.2), mas é necessário discutir a conclusão.

As consequências de uma declaração de inconstitucionalidade por violação da igualdade são discutidas há tempos na Alemanha. Sustenta-se que há diferença na estrutura desse controle em comparação com o exame de constitucionalidade que envolve direitos de liberdade. Exemplo: lei previdenciária trata diferentemente duas categorias de traba-

[452] Sobre as soluções dadas na Alemanha, cf. Kloepfer 2010: 218-219; Hillgruber e Goos 2011: 210-212; Kingreen e Poscher 2017: 154-159; Schlaich e Korioth 2018: 323-329; Martins 2018: 229.

lhadores. Surge reclamação da violação da igualdade geral. O tribunal alemão pode constatar violação da igualdade, isto é, falta de justificativa do tratamento diverso. Mas afirmará que não possui competência para decidir se será concedido a todos o tratamento mais vantajoso, se todos igualizam-se na pior posição ou se deve ser encontrada uma solução intermediária. Isso exige ponderações do legislador. Assim sendo, o Tribunal constitucional federal declara que a norma é inconstitucional, sem fazer outro passo:

> Qual entre as possíveis soluções será escolhida no caso concreto deve permanecer, a princípio e fundamentalmente, à liberdade de conformação do legislador.[453]

Pensemos em um exemplo numérico. Segundo uma lei previdenciária, 900 pessoas recebem 5 unidades monetárias cada; categoria com 100 pessoas recebe 15 unidades. A norma foi considerada inconstitucional como discriminadora. O que fazer? Pagar 15 a todos desequilibraria as finanças, passando a folha de pagamento de 6.000 para 15.000. Retirar 10 unidades dos mais privilegiados, nivelando a remuneração a 5, dificilmente receberia justificativa adequada. "Rachar" a diferença? Tiraríamos 10 reais dos 100 privilegiados, dividindo igualmente entre todos (1.000 divido por 1.000, passando todos a receber 6). É uma decisão salomônica e sem impacto financeiro, mas não possui base jurídica.

A decisão do tribunal alemão em tais casos é denominada "declaração de incompatibilidade" (*Unvereinbarkeitserklärung*) – não de inconstitucionalidade. Apenas em casos muito simples, o tribunal pode declarar a inconstitucionalidade da norma. Isso ocorrerá se a lei confere algum benefício injustificado a uma categoria, sendo possível ao tribunal declarar sua inconstitucionalidade ou, em caso de norma não suficientemente inclusiva, declarar sua ampliação se houver certeza de que outra categoria deve receber o mesmo benefício.[454]

[453] Entscheidungen des Bundesverfassungsgerichts: *v. 22, 349, 361* (servat.unibe.ch/dfr/bv022349.html); cf. *v. 126, 29, 54* (servat.unibe.ch/dfr/bv126029.html); *v. 130, 240, 260-261* (servat.unibe.ch/dfr/bv130240.html).

[454] Entscheidungen des Bundesverfassungsgerichts, *v. 22, 349, 361-361* (servat.unibe.ch/dfr/bv022349.html). Mesmo em tais casos, há doutrinadores que consideram proibido o tribunal constitucional anular lei por violação da igualdade (Kloepfer 2010: 219). Sobre a questão, cf. Martins 2018: 235.

Observe-se, contudo, que o tribunal alemão, apesar de declarar apenas incompatibilidade (e não inconstitucionalidade), muitas vezes suspende a norma incompatível, declarando o "impedimento de aplicação" (*Anwendungssperre*),[455] o que na prática equivale à declaração de inconstitucionalidade.

Parte da doutrina considera que a não declaração de inconstitucionalidade é consequência do caráter vago da igualdade.[456] Outros pensam que a igualdade não garante "direito a algo", mas estabelece apenas uma relação. Como o direito à igualdade tem configuração em parte trilateral (cap. 6, 2.1.1.1), ninguém possui direito de receber certo valor da aposentadoria com a mesma automaticidade com a qual tem o direito de expressar seu pensamento sem examinar o que fazem os outros. A igualdade dos meios é violada apenas quando X recebe 5 e Y 15. Podemos constatar o tratamento não justificado, mas não sabemos qual é justificado.[457] Uma terceira opinião considera que a norma que cria desvantagem para um grupo é nula, enquanto a norma que cria vantagem injustificada é apenas incompatível com a Constituição.[458]

A orientação alemã não convence. A *inconstitucionalidade* do tratamento diverso não justificado é tão clara quanto a de qualquer violação de direito de liberdade. Se a violação da igualdade fosse duvidosa porque a igualdade como "princípio" é vaga, como diz a primeira opinião, o juiz deveria rejeitar o pedido, não havendo razão para contrariar o legislador sem argumentação sólida. Quando, porém, for possível fundamentar que o valor 5 é inconstitucional por violar a igualdade de tratamento, cabe essa declaração e nada menos. O tribunal não pode legislar, mas isso não deveria impedir a declaração de inconstitucionalidade. Na perspectiva da separação de poderes, a declaração de nulidade de norma infraconstitucional não invade o espaço do legislador, que pode regulamentar futuramente a questão como melhor achar, escolhendo uma das alternativas constitucionais.[459]

[455] Entscheidungen des Bundesverfassungsgerichts, *v. 121, 108, 132* (servat.unibe.ch/dfr/ bv121108.html). Sobre as oscilações jurisprudenciais, cf. Schlaich e Korioth, 2018: 330-334.

[456] Schlaich e Korioth 2018: 323, citando Hartmut Maurer.

[457] Schlaich e Korioth 2018: 323, citando Jörn Ipsen.

[458] Hillgruber e Goos 2011: 211.

[459] Cf. Sachs (2004: 60), criticando a tese da mera incompatibilidade.

Uma solução diferente foi elaborada pelo Tribunal de Justiça da União Europeia. Sempre que constata tratamento desigual contrário aos Tratados, ordena que o juiz competente estenda o benefício a todos os interessados, conforme estabelecido na sentença *Milkova*:

> enquanto não forem adotadas medidas que restabeleçam a igualdade de tratamento, o respeito do princípio da igualdade só pode ser assegurado pela concessão, às pessoas da categoria desfavorecida, das mesmas vantagens de que se beneficiam as pessoas da categoria privilegiada [...]. Em tal hipótese, o juiz nacional deve afastar toda e qualquer disposição nacional discriminatória, não tendo de pedir ou aguardar a sua eliminação prévia pelo legislador, e aplicar aos membros do grupo desfavorecido o mesmo regime de que se beneficiam as pessoas da outra categoria [...]. Esta obrigação incumbe-lhe independentemente da existência, no direito interno, de disposições que lhe atribuam competência para assim proceder.[460]

A orientação do Tribunal da União Europeia permite quatro comentários. O *primeiro* é de cunho político, aplaudindo a postura progressista de um tribunal que amplia a tutela dos direitos, contrariando o legislador que discrimina e exclui. Contudo, a observação da prática mostra que essa postura dificilmente terá efeitos práticos. Isso mostra o caso *Achatzi*, decidido pelo mesmo Tribunal em 2019. A Sexta-feira da Paixão não é feriado na Áustria, pois não é tida como dia maior pela Igreja católica austríaca, à qual pertence 54% da população, sendo de longe a maior religião do país. Os católicos comemoram outras datas que se tornaram feriados oficiais.[461] Já a pequena comunidade dos evangélicos (3%)[462] considera Sexta-feira da Paixão como dia maior. Lei austríaca permitiu que esse dia fosse feriado apenas para os evangélicos, podendo eles desfrutar do descanso ou receber o dobro.

460 Tribunal de Justiça da União Europeia, *Milkova*, C-406/15 (2017) (curia.europa.eu/juris/document/document.jsf?text=&docid=188752).

461 § 7, 2 da Lei sobre descanso no trabalho de 1983 (www.ris.bka.gv.at/GeltendeFassung.wxe?Abfrage=Bundesnormen&Gesetzesnummer=10008541).

462 Estatísticas sobre as religiões da Áustria em: de.statista.com/themen/2066/religion-in-oesterreich/#dossierContents__outerWrapper.

Um trabalhador não evangélico exigiu a remuneração extra, reclamando de discriminação com base na religião, já que seus colegas evangélicos receberiam o dobro apenas porque tinham certa religião. O Tribunal europeu deu-lhe razão. Seguindo sua jurisprudência, estendeu o benefício do feriado a todos os trabalhadores, independentemente de crença religiosa.[463]

Isso leva ao *segundo* comentário. Após a decisão do tribunal, o legislador austríaco aboliu a regulamentação da Sexta-feira da Paixão, tornando-a dia normal de trabalho.[464] A intervenção do Tribunal levou à abolição de um benefício (injustificado) e não ampliou direitos. Isso se deve ao fato de que decisões "generosas" que não se importam com as consequências financeiras podem ser catastróficas, o que dá certa razão às ressalvas da jurisprudência alemã sobre igualdade.[465]

O *terceiro* comentário, jurídico, relaciona-se à usurpação do poder legislativo, algo que o próprio Tribunal reconheceu e reivindicou na precitada decisão ("independentemente da existência, no direito interno, de disposições que lhe atribuam competência para assim proceder").[466] Na verdade, o juiz possui competência para constatar violações da igualdade, e não para legislar sobre salários.

O *quarto* comentário se refere à fragilidade do argumento do Tribunal. Pensa que, se o evangélico é igual ao não evangélico em questões trabalhistas, e somente o primeiro recebeu um benefício, há ilicitude que cessa ao conceder o benefício ao segundo. Na verdade, não estamos diante de uma inadimplência do Estado, que não quis bonificar os não evangélicos. O Tribunal *criou* a norma da remuneração extra e gerou obrigação trabalhista para todos os empregadores. Ora, não serve a pro-

[463] Tribunal de Justiça da União Europeia, *Achatzi*, C-193/17 (2019) (curia.europa.eu/juris/document/document.jsf?text=&docid=210073).

[464] A decisão foi publicada em janeiro de 2019; a norma legal que beneficiava os evangélicos foi ab-rogada em março do mesmo ano: www.ris.bka.gv.at/eli/bgbl/I/2019/22.

[465] No caso *Achatzi*, podemos fazer um cálculo aproximativo. A remuneração diária média na Áustria é de 100 euros, tendo o país 4,3 milhões de empregados. Sendo a remuneração em dobro devida apenas aos evangélicos (3% da população, perfazendo 129 mil empregados), se todos eles trabalhassem na Sexta-feira da Paixão, o adicional seria de 12,9 milhões de euros. Após a decisão do tribunal europeu, o adicional se elevaria a 430 milhões de euros, valor 33 vezes maior.

[466] O Tribunal considera que o direito comunitário autoriza a postura "ativista" do Judiciário. Mas não cita normas nesse sentido.

pósitos igualitários dizer que, quando o Estado privilegia indevidamente um grupo, deve ser dado esse benefício injustificado a todos.

Rejeitando os extremos da inércia do Judiciário alemão mediante a declaração de incompatibilidade e do ativismo da Corte europeia, a orientação certa é de que o juiz deve afastar a norma, declarando a inconstitucionalidade. A seguir, deve estabelecer providências para a transição, até que nova norma seja editada pelo legislador. O instrumento básico para tanto é a *modulação de efeitos da decisão.*

No precitado exemplo aritmético (alguns recebem 5 e outros 15), a opção por manter a estrutura iníqua, até que o legislador se conforme à decisão de inconstitucionalidade, deve ser descartada. Seria pior ainda o juiz declarar a suspensão do pagamento de benefício superior a 5. A inconstitucionalidade da diferença entre 5 e 15 não indica qual valor corresponde ao mandamento da igualdade, dada a estrutura comparativa da área de proteção do direito (cap. 6, 2.1.2). *Se* X recebe 5, Y deve também receber 5. Mas a mesma estrutura hipotético-comparativa permite dizer: *Se* Y recebe 15, X deve também receber 15. Parece preferível o juiz estipular um valor a ser pago no período de transição, por exemplo, ordenando que seja devido valor 10 para todos. O legislador pode mudar essa decisão. Logo, não parece abusivo adotar a orientação da atuação supletiva transitória do juiz para preservar direitos de todos e, ao mesmo tempo, para incentivar o legislador a atuar rapidamente.

Já no caso do feriado adicional concedido aos 3% da população, ignorando outras religiões e ateus, a providência certa seria declarar inconstitucional o feriado "particular" e formular um apelo para que o legislador eventualmente permita a cada trabalhador faltar um dia por ano, recebendo salário para cumprir deveres religiosos ou simplesmente para descansar. A conclusão geral é de que não há diferença na declaração de inconstitucionalidade baseada na liberdade ou na igualdade, mas apenas questões processuais que surgem das limitações da competência judiciária. Isso se verifica na declaração de *inconstitucionalidade por omissão,* conforme os nossos Roteiros I e III. A decisão deve seguir as limitações processuais previstas em cada país sobre esse tipo de ação. No ordenamento brasileiro, a inconstitucionalidade por omissão do legislador enfrenta a proibição de suprir a ausência de norma por decisão judicial,[467] mas essa limitação mantém intactos três dados jurídicos:

[467] Cf. as considerações e a bibliografia, cap. 4, 5.2, "d".

a. A omissão inconstitucional fere a igualdade enquanto direito de *status negativus*. Ao deixar de conceder às enfermeiras o adicional de insalubridade dado às médicas, o legislador afeta o direito a igual tratamento das iguais.

b. O legislador deve agir para que cesse a ofensa, de maneira espontânea ou após decisão judicial, cabendo ao Judiciário examinar omissões que violam a igualdade.

c. A providência judicial dependerá das circunstâncias do caso e das regras processuais. Ainda que seja necessária cautela em casos de pedido de criação judicial de normas, não se pode excluir, como consequência da inconstitucionalidade, a aplicação analógica de certa norma, se isso pode ser juridicamente fundamentado e corresponde ao direito de igualdade. É o que a jurisprudência brasileira admite há tempo:

> Excepcionalmente, é teoricamente possível que a importância e a densidade do benefício justifiquem a manutenção do benefício e de sua aplicação para situações análogas, ainda que não idênticas.[468]

Referências

BAER, Judith. *Equality under the Constitution*. Reclaiming the Fourteenth Amendment. Ithaca: Cornell University Press, 1983.

CHEMERINSKY, Erwin. *Constitutional law*. New York: Aspen, 2006.

CONNOLLY, Michael. *Equality, Discrimination and the Law*. London: Routledge, 2022.

CORBO, Wallace. *Discriminação indireta*. Rio de Janeiro: Lumen Juris, 2017.

DIMOULIS, Dimitri; LUNARDI, Soraya. *Curso de processo constitucional*. São Paulo: Revista dos Tribunais, 2020.

DIMOULIS, Dimitri; MARTINS, Leonardo. *Teoria geral dos direitos fundamentais*. São Paulo: Revista dos Tribunais, 2020.

ELLIS, Evelyn; WATSON, Philippa. *EU Anti-discrimination Law*. Oxford: Oxford University Press, 2012.

HILLGRUBER, Christian; GOOS, Christoph. *Verfassungsprozessrecht*. Heidelberg: Müller, 2011.

KINGREEN, Thorsten; POSCHER, Ralf. *Grundrechte*. Staatsrecht II. Heidelberg: Müller, 2017.

[468] STF, *Agravo regimental em agravo de instrumento 808.268*, rel. Min. Joaquim Barbosa, julg. 27-3-2012.

KLOEPFER, Michael. *Verfassungsrecht*. Grundrechte. München: Beck, 2010.

MARTINS, Leonardo. *Tribunal Constitucional Federal alemão*. Decisões anotadas sobre direitos fundamentais (Dignidade humana, livre desenvolvimento da personalidade, direito fundamental à vida e à integridade física, igualdade). v. 1. São Paulo: Konrad-Adenauer Stiftung, 2016.

MARTINS, Leonardo. Direito fundamental à igualdade. *In:* CANOTILHO, José Joaquim Gomes *et al.* (orgs.). *Comentários à Constituição do Brasil*. São Paulo: Saraiva, 2018: 223-242.

MARTINS, Leonardo. *Direitos fundamentais*. Conceito permanente, novas funções. Rio de Janeiro: Pons, 2022.

MOREIRA, Adilson José. *Tratado de direito antidiscriminatório*. São Paulo: Contracorrente, 2020.

PIEROTH, Bodo; SCHLINK, Bernhard. *Grundrechte*. Staatsrecht II. Heidelberg: Müller, 2008.

PÖSCHL, Magdalena. *Gleichheit vor dem Gesetz*. Wien: Springer, 2008.

ROTHENBURG, Walter Claudius. Igualdade material e discriminação positiva: o princípio da isonomia. *Novos Estudos Jurídicos* (UNIVALI), v. 13, 2009: 77-92.

SACHS, Michael. *Verfassungsprozessrecht*. Heidelberg: Recht und Wirtschaft, 2004.

SCHLAICH, Klaus; KORIOTH, Stefan. *Das Bundesverfassungsgericht*. Stellung, Verfahren, Entscheidungen. München: Beck, 2018.

8
O Significado da Tutela Constitucional das Minorias Sociais

1. A multidão das minorias sociais e o "desafio MacKinnon"

Pretendemos fazer uma contagem sumária e aproximativa do tamanho das minorias sociais no Brasil, considerando como tais aquelas que são mencionadas na Constituição, de maneira direta, concedendo direitos especiais, ou indiretamente, mediante as vedações de discriminação com base na raça, cor, idade e sexo.

Essas minorias podem ser aproximadamente estimadas da seguinte maneira com dados de 2022. Tendo o Brasil população de 208 milhões:[469] 104 milhões de mulheres; 110 milhões de negros e pardos; 55 milhões de crianças e adolescentes; 70 milhões de pobres; 20 milhões de pessoas com deficiência grave; 20 milhões de idosos; 1 milhão de índios. A somatória dá 380 milhões de membros de minorias. O número chega quase ao dobro da população brasileira, devido à múltipla contagem das mesmas pessoas.

Tentando refinar a conta teríamos:

- 104 milhões de mulheres;
- 55 milhões de negros e pardos homens;

[469] https://www1.folha.uol.com.br/cotidiano/2022/12/brasil-tem-2078-milhoes-de-habitantes-indica-previa-do-censo-do-ibge.shtml.

- 13 milhões de crianças e adolescentes de sexo masculino não negras;
- 9 milhões de pobres homens não pertencentes às categorias anteriores;
- 3 milhões de pessoas com deficiência grave não pertencendo às categorias anteriores;
- 3 milhões de idosos não pertencendo às categorias anteriores;
- 150 mil índios homens adultos.

Mesmo assim, chegamos a 187 milhões. O nosso cálculo é baseado em estudo superficial de estatísticas e estimativas e não resistiria a um exame rigoroso, mas não deve estar muito longe da situação efetiva. A esmagadora maioria da população brasileira é considerada pela Constituição vulnerável, sofrendo privações de seus direitos. No campo dos privilegiados encontramos um pequeno grupo de homens, brancos e asiáticos, entre 18 e 65 anos, sem deficiência incapacitante. Esse grupo não deve ultrapassar 5% da população. Ainda que seja sociologicamente indicado acrescentar a esse grupo crianças, adolescentes, mulheres e idosos da classe média e alta dificilmente chegaríamos a 20% da população brasileira. São os que podem ser considerados privilegiados, isto é, *detentores do efetivo poder social*. Socialmente e, de maneira indireta, na política e no direito, são os que "contam", os que possuem à sua disposição os mecanismos estatais e acesso a bens sociais, podendo exercer seus direitos de maneira socialmente eficaz.

A resposta dada neste livro é que o exercício dos direitos fundamentais não depende tanto do texto constitucional ou da interpretação e "ponderação" feita por uma magistrada. Depende fundamentalmente da pertença a certo grupo social que determina a forma e a intensidade de exercício dos direitos abstratamente proclamados. Essa constatação, banal, mas ignorada em muitos estudos jurídicos, não é, para a nossa compreensão positivista do direito, razão para desprezar a "pura" normatividade. Ao contrário, é o problema social que indica a necessidade de levar a sério mandamentos constitucionais transformadores, interpretá-los adequadamente e exigir sua aplicação. Mas a realidade social é um elemento que nunca pode ser esquecido pelo intérprete, pois determina os obstáculos sociais que sistematicamente minam a eficácia social das normas de direitos fundamentais.

Quando um docente de direito constitucional afirma em sala de aula, como faz há décadas o autor dessas linhas, que *todos* podem expressar seu pensamento e analisa, a seguir, as limitações dos direitos fundamentais e os limites impostos a esses limites, socorrendo-se de ampla e sofisticada bibliografia, podemos dizer que exerce sua profissão de maneira adequada. *Ensina* o direito constitucional vigente. Mas não deveria esquecer que tudo aquilo que conhece e proficientemente expõe em sala de aula ou escreve em suas publicações vale apenas para o 5 a 20% dos titulares de direitos fundamentais no Brasil. Os demais nunca chegarão a exercer esses direitos de maneira adequada.[470] E o professor de direito constitucional parece estar fadado à reprodução de ficções e à irrelevância prática de seus ensinamentos, conforme a percuciente e implacável crítica de Carlos Ari Sundfeld (2008).

Juristas das minorias sociais são chamad@s a transformar esse dado social em *conhecimento e instrumento jurídico*, indagando sobre as formas pelas quais o Estado pode/deve remover obstáculos e permitir o efetivo exercício de direitos. Instrumento fundamental para tanto é o direito à igualdade do art. 5º, *caput*, da Constituição Federal.

O trabalho dogmático sobre a igualdade depende da forma de compreensão das minorias sociais.

a. A primeira forma, que podemos chamar de *liberal*, considera que as Constituições modernas, ao garantir a igualdade geral e proibir discriminações, rejeitam qualquer classificação de indivíduos que não tenha justificativa técnica (por exemplo, a qualificação profissional). Se ocorrer discriminação, basta afastar a norma que discrimina. Nessa visão, as minorias não existem, sendo apenas uma patologia do sistema, facilmente detectável e de simples solução. Restabelecemos o igual tratamento de brancos e negros com a mesma facilidade que condenamos à indenização quem derrubou o muro do vizinho.

b. Uma compreensão diversa das minorias pode ser denominada de socialdemocrata por levar em consideração a existência de grupos dife-

470 Como docente de direitos fundamentais no Brasil, sinto-me na posição de um *sommelier*, que conhece os vinhos do mundo e proficientemente disserta sobre eles, mas sabe que o público pagante que se interessa por esses vinhos não passa de uma ínfima minoria. Não sei se isso cria problemas de consciência aos *sommeliers*, mas, como professor de direito constitucional, sinto constantes remorsos.

renciados na sociedade e sua hierarquização e procurar amenizar essas diferenças. O direito deve intervir para combater práticas de discriminação arraigadas e multiformes. Os negros não são tratados como brancos há séculos por razões principalmente econômicas e deveriam ser tratados pelo direito moderno como são tratados os brancos. Esse é o papel do legislador e do administrador, agindo para transformar a sociedade. Diz o já citado cap. 42 § 1981 do *U.S. Code*:

> All persons within the jurisdiction of the United States shall have the same right [...] to the full and equal benefit of all laws and proceedings for the security of persons and property *as is enjoyed by white citizens*.[471]

A parte que destacamos em itálico inclui os dois elementos cruciais. Primeiro, há na sociedade estadunidense brancos e negros tratados de maneira diferente. Isso não é um acidente como o dano no muro do vizinho, nem pode ser reduzido a uma herança do passado. É uma prática social *atual* que deve ser combatida. Segundo, possuímos o padrão de referência. É o *status* sociojurídico do "cidadão branco", sendo direito dos negros e obrigação do Estado propiciar-lhes o mesmo padrão.

c. A terceira concepção abandona a visão essencialista ("eu sou algo", "eu quero ser algo") e adota uma *definição relacional* das minorias sociais. Escreve MacKinnon:

> Women are a social group formed by gender inequality in all of its substantive domains, which are sexual and economic, among others.[472]

Se dissermos que as mulheres (e as demais minorias sociais) são "diferentes", isso consiste em uma inferioridade, conforme ressaltamos neste texto, notadamente ao falar da construção e das consequências das "diferenças antropológicas". A inferioridade pode ser compreendida em suas verdadeiras dimensões ao entender que a desigualdade, como relação de poder, define as minorias sociais.[473] Seus membros não são iguais e por isso não são livres (e vice-versa). Esse é um ponto

[471] U.S. Code, 42, § 1981 (law.cornell.edu/uscode/text/42/1981).

[472] MacKinnon 2011: 13. Cf. a discussão dessa definição feita no cap. 2, 2.

[473] "A hierarquia existe quando um grupo foi historicamente dominado por conta de suas características. Essa hierarquia é sistêmica, cumulativa e estrutural. É a *substância* da

fundamental na avaliação de argumentações jurídicas. Exigir um direito para as mulheres "as is enjoyed by male citizens" pressupõe desmontar a relação de desigualdade que constrói o grupo de mulheres e as torna social e juridicamente diferentes (= desiguais = inferiores) aos homens.

Dentro do conceito da minoria social encontra-se presente o grupo dominante, que cria o conceito de minoria como expressão de uma relação de forças. Isso é algo muito mais produtivo do que apenas exigir que o direito trate a minoria como trata o grupo dominante.

Na visão que denominamos socialdemocrata existem dois grupos diferentes, cada um com suas características. Examina-se como o segundo grupo deixará de ser discriminado em comparação com o primeiro. Na visão relacional que MacKinnon expressa, inspirada no marxismo e na sociologia do início do século XX, o segundo grupo foi formado com base em representações e práticas de desigualdade que fazem surgir as minorias sociais em constante relacionamento com o grupo dominante.

O Estado e seu direito não são uma espécie de árbitro que encontrou as equipes já prontas para entrar em campo, em igualdade de condições, sendo seu dever organizar o jogo de maneira equânime e evitar ilicitudes, como as discriminações.[474]

Os grupos foram criados com base nas ideologias de desigualdade com a ativa participação dos mecanismos estatais, incluindo o sistema jurídico, que reproduzem esquemas de exploração e dominação justificadas com o argumento da liberdade em parte com o argumento da "diferença antropológica".[475] Isso faz necessário elaborar uma teoria sobre o Estado e a sociedade: devemos saber o que faz a máquina estatal e quais relações estruturais existem entre classes sociais antes de reivindicar determinada mudança. Sem essa teoria, podemos considerar equivocado, injusto ou mesmo ilegal o que constitui o funcionamento regular do Estado, conforme suas finalidades. A teoria do Estado e da

desigualdade" (Penteado 2020: 125, remetendo a estudos de Catharine MacKinnon e Adilson Moreira).

474 Devemos a Althusser (1972: 28-29) a advertência de não comparar os grupos sociais a equipes já constituídas e treinadas, prontas a se enfrentar em campo. São os processos de enfrentamento que constituem esses grupos.

475 Nossa reflexão sobre minorias sociais, notadamente sobre discriminações sofridas pelas mulheres e as minorias étnicas e religiosas, iniciou-se nos anos 1980, defendendo a tese central apresentada nesse parágrafo (Dimoulis 1989, 1997, 1999a, 1999b).

sociedade permite também entender que o discurso de autoridades estatais e organismos internacionais que se apresentam como "ativistas" e "defensoras dos direitos humanos" não passa de uma tentativa de autopromoção, que oculta a realidade das desigualdades estruturais por elas sistematicamente chanceladas e reproduzidas. Juristas e ativistas de minorias sociais que não têm essa armadura teórica acabam reproduzindo *ilusões* sobre o potencial transformador do direito e do Estado e sobre a possibilidade de eliminar "hierarquias" com a aplicação do direito de um país capitalista.

Trata-se de descontruir os próprios grupos, fazer com que indivíduos com certas características biológicas e/ou sociais deixem de ser tratados como membros de um grupo chamado "mulheres=inferiores", "negros=inferiores". Isso significa que a teoria constitucional das minorias, enquanto teorização da esmagadora maioria oprimida, *questiona as estruturas de poder e não examina apenas essa ou aquela violação do direito à igualdade.*

No caminho de construção dessa teoria, nos deparamos com os múltiplos vultos reacionários da teoria constitucional. Jeremy Bentham escreve na odiosa obra *Anarchical fallacies*:

> Difference in rights is precisely that wich constitutes social subordination. Establish equal rights for all, there will be no more obedience, there will be no more society. (Bentham 1843: 533)

Essa concepção relaciona o sistema de direitos à desigualdade, considera que os direitos fundamentais não apenas não objetivam estabelecer substancial igualdade, mas são as ferramentas de imposição e preservação da subordinação e da obediência. Se eu mando, alguém deve obedecer, parece pensar Bentham. Logo, se ninguém (me) obedecer, eu vou perder a minha posição e a sociedade cairá no anarquismo, pois eu e os meus semelhantes deixaremos de poder controlar as massas insubmissas. A visão autoritária de Bentham foi abrandada por versões liberais que concedem iguais direitos, rejeitando a subordinação programática, mas os liberais não abandonam o princípio estruturante da subordinação, não modificam a desigualdade de acesso a bens nem as práticas sociais diferenciadoras.[476]

[476] Ver a discussão e crítica do liberalismo em perspectiva antissubordinatória em Moreira 2020: 286-298.

Um panorama histórico da ideia da igualdade desde a filosofia grega e os juristas romanos até os nossos dias indicou que a igualdade foi compreendida por quase todos como regra de igual tratamento dos sujeitos de direito com a nítida intenção – e consequência – de manter os privilégios e, notadamente, os direitos de propriedade dos dominantes. É uma compreensão que podemos resumir como prevalência da ideia da igualdade formal, que combate a igualdade dos resultados. A mesma obra mostra que mesmo filósofos que constatavam a fundamental igualdade dos seres humanos em razão de sua semelhança biológica e mental-cultural consideravam essa igualdade como problema político, que devia ser resolvido com a adoção de instituições e regras jurídicas que impedissem que a igualdade "natural" minasse a ordem/hierarquia social. Apenas vozes isoladas e, de maneira organizada, os pensadores comunistas questionaram a igualdade como igualdade de direitos e de oportunidades.[477]

Como contraponto a essa quase unanimidade de juristas e filósofos sobre a forma de compreender a igualdade, seria necessário ouvir uma reflexão de Albert Einstein sobre as tarefas do cientista:

> Conceitos que se mostraram úteis para a organização do mundo facilmente adquirem sobre nós uma enorme autoridade, a ponto de nos fazer esquecer sua origem terrestre e aceitá-los como se fossem fatos imutáveis. Nesse caso tornam-se "formas de pensamento", "dados *a priori*" etc. O caminho do progresso científico fechou por muito tempo em razão de tais equívocos. Por essa razão não é um jogo gratuito o esforço de analisar tais conceitos tradicionais e evidenciar as condições das quais depende sua justificativa e utilidade, entender detalhadamente como se consolidaram com base em dados da experiência. Isso permitirá desmontar sua imensa autoridade. (Einstein, 1916: 1)

Esse convite de desconstrução dos conceitos que expressam e escondem relações de poder, sendo transmitidos, no nosso caso, entre gerações de juristas como verdades inquestionáveis ("a liberdade", "a nossa democracia", "o racismo é proscrito"), pode invocar um contemporâneo

[477] Cf. as detalhadas e bem documentadas análises históricas em Schiavone 2019. Digno de reflexão o fato de que um livro profundo e erudito termina com propostas ingênuas sobre uma misteriosa "nova" igualdade.

de Bentham que estabelecia, em 1791, como princípio e objetivo do direito, o exato oposto da visão autoritária e hierárquica. Segundo Thomas Paine, todos os seres humanos encontram-se "no mesmo degrau". São iguais e possuem os mesmos direitos.

> All agree in establishing one point, the *unity of man*; by which I mean, that men are all of *one degree*, and consequently that all men are born equal and with equal natural right. (Paine 1999: 29)

É uma visão utópica que possui grande potencial de crítica de qualquer relação de desigualdade que cria grupos humanos inferiorizados. O enunciado da igualdade e da unidade-semelhança dos seres humanos não é um equívoco que pode ser afastado ao lembrar da evidente e múltipla desigualdade social. Nem pode ser afastado invocando supostos riscos de anarquia se todos forem tratados como iguais, como escrevia Bentham do alto de seus privilégios. A frase de Paine é contrafática no sentido forte de um programa de transformação social, de "dever ser". A contrafacticidade normativa não é utopia, mas princípio de crítica e programa de ação.

Quando se procura concretizar isso em termos de operacionalidade jurídica, uma das questões fundamentais é saber se a base de um pleito será a violação de direitos de liberdade ou de direitos de igualdade.

> If a court is presented with a case of possibly impermissible discrimination, should it frame the issue in terms of equality and ask whether the law or policy fails to treat those affected as equals? Or should it address the issue in terms of liberty and ask whether the law or policy deprives some people (but not others) of a liberty to which they are entitled? (Hellman 2013: 51)

Na prática jurisprudencial, as demandas muitas vezes se confundem em razão de cumulações de pedidos e argumentações judiciais sem rigor conceitual, mas o raciocínio fundamental é diferente. Questionar um ato administrativo que interdita um local de culto de religião afro-brasileira em nome da liberdade religiosa é radicalmente diferente de apresentar o mesmo pedido, alegando discriminação das religiões com fundadores-as e adeptos quase exclusivamente negr@s, mostrando sua discriminação sistemática em comparação com religiões de origem europeia e com ministros de culto em sua maioria brancos. A argumentação será diferente e as consequências jurídicas e sociais terão alcances diversos com a possibilidade de formação de precedentes.

Para tanto, podemos remeter ao inovador tratamento da questão do aborto por Taís Penteado (2020). A autora mostra a diferença dogmática e política entre argumentações baseadas em direitos de liberdade, privacidade e autodeterminação das mulheres e as argumentações que apresentam a criminalização das mulheres como violadora do direito à igualdade.

Tais opções são necessárias no âmbito da técnica e da estratégia jurídica. De nossa parte, apresentamos considerações sobre as relações jurídicas entre liberdade e igualdade, rejeitando teses que concluem pela existência de conflitos insuperáveis, assim como a visão liberal da prevalência da liberdade individual sobre demandas de igualdade substancial (cap. 2, 2.1.1.1).

Ora, a compreensão adequada da situação das minorias sociais deve incluir uma abordagem de *teoria da Constituição*, tendo como ponto de partida a tese da "multidimensionalidade e indivisibilidade dos direitos fundamentais" (Rothenburg 2021: 88). A próxima seção encerra o nosso estudo com referências a essa perspectiva que permite repensar o quadro conceitual da dogmática dos direitos fundamentais.

Como ponto de partida teremos a dupla, aparentemente paradoxal, da multidimensionalidade e da indivisibilidade dos direitos fundamentais, assim como a tese que a teoria crítica, há tempo, constatou o caráter insatisfatório de certas distinções dogmáticas e suas consequências sociais:

> Una cuestión muy importante es constatar la preocupación de todas y todos los autores por encontrar una 'vía de escape' a los limites burgueses impuestos por el principio de la libertad al ejercicio de la igualdad. (Sabadell 2020: 194)

Apresentaremos uma leitura crítica que procura tais "vias de saída", tendo como referência central a abordagem dos direitos fundamentais na obra de Étienne Balibar.

2. Os direitos de igualdade na perspectiva da igualiberdade[478]

Para compreender a função do sistema jurídico no capitalismo é central a abordagem *individualista* (antropocêntrica, "humanista") da sociedade. O indivíduo é tido como base da organização social, principal instância de decisão e de ação. Nessa visão, a sociedade é apenas o conjunto de indivíduos, de seus desejos, capacidades e direitos. Afirma-se que uma sociedade será bem ordenada ("justa") se respeitar as aspirações dos indivíduos, suas crenças e preferências, devendo o Estado e as demais organizações estar a serviço dos interesses e projetos individuais.

A visão liberal *distorce* a real função dos direitos fundamentais no capitalismo. Ignora deliberadamente as consequências sociais do exercício de direitos e da aplicação de princípios constitucionais e traduz/reduz os conflitos sociais em termos de direitos individuais. Isso torna invisíveis para os juristas as estruturas de poder, apresentando a opressão e a exclusão como triunfo da liberdade. É a abordagem que comentamos no início deste capítulo como típica do ensino dos direitos fundamentais que apresenta como universalmente válido o que é acessível para um grupo que corresponde a 5% a 20% da sociedade brasileira.

O pensamento crítico progressista questiona o mito do liberalismo, afirmando que os direitos fundamentais reproduzem relações de dominação existentes, sendo a igualdade jurídica o meio para garantir o sistema de troca de mercadorias capitalistas, abolindo obstáculos corporativistas e protecionismos.

A melhor formulação teórica da abordagem crítica encontra-se na obra do jurista soviético Evgeni Pachukanis (1992). O autor parte de dois pressupostos. Primeiro, a compreensão *anti-individualista* da história: a história se move com base na ação de grupos que determinam as decisões políticas, independentemente da vontade dos indivíduos "livres e iguais". Segundo, a leitura *realista* da política e da economia. Decisivo não é o que se proclama (o Dever ser, a possibilidade abstrata de liberdade, igualdade e bem-estar de todos), mas o que realmente ocorre. Esse resultado é uma *múltipla e constante desigualdade*:

a. Desigualdade entre cidadãos e estrangeiros (para não destruir a comunidade nacional-estatal).

[478] O cap. 8, 2, retoma análises apresentadas em Dimoulis 2000 e 2016.

b. Desigualdade no acesso aos recursos econômicos e às instituições políticas (para não destruir os estímulos à iniciativa e à criatividade).

c. Desigualdade nos resultados obtidos (patrimônio, cultura, posição social) para não afetar a liberdade dos indivíduos, mediante a atuação de um Estado potencialmente "totalitário".

d. Desigualdade no tratamento das pessoas, consolidando-se grupos sociais (classes, "raças", gêneros, etc.) com acesso diferenciado a bens sociais e constante submissão (para não destruir a "ordem" benthamiana e a liberdade dos filósofos contemporâneos).

Essa crítica do sistema dos direitos fundamentais parece-nos pertinente, mas permanece *externa* ao sistema jurídico. Não discute seus pressupostos e suas formas de funcionamento e não faz um trabalho de construção/reconstrução como o recomendado no trecho de Einstein. Oferece um importante diagnóstico do funcionamento do direito, mas deixa a prática jurídica inalterada, recomendando sua futura destruição e substituição pelo poder popular-democrático e por "normas técnicas", regulando a produção da vida social (Pachukanis 1992: 170-172).

Uma reflexão *interna* ao direito questiona os conceitos tradicionais que acabaram se tornando "imutáveis", nas palavras de Einstein, e procura novos *insights* para a dogmática jurídica. Iniciando com um estudo de 1988 sobre igualdade e liberdade, a seguir completado com outros, o filósofo francês Étienne Balibar pergunta qual é o significado desses dois termos na Declaração francesa dos Direitos do Homem e do Cidadão de 1789.[479] O resultado é uma proposta altamente inovadora que foi vista como produto de um "paroxismo" teórico (Rothenburg 2021: 91).

Segundo Balibar, não há contraposição nem hierarquização da igualdade e da liberdade na Declaração dos Direitos do Homem e do Cidadão de 1789. Ambas são proclamadas simultaneamente em seu art. 1º:

> Os homens nascem e permanecem livres e iguais em direitos.

[479] A análise que segue baseia-se nos estudos de Balibar 1989, 1992: 124-150 e 238-266 e 2010. A responsabilidade pela interpretação e pelas conclusões apresentadas é obviamente minha.

Igualdade e liberdade estabelecem-se como fundamento e substância dos direitos que os revolucionários consideravam naturais, necessários e inalienáveis. O enunciado normativo "liberdade e igualdade" é denominado por Balibar *proposição da igualiberdade.*

Se o ponto de partida for a situação da pessoa isolada, livre de condicionamentos de sua vontade, qualquer influência externa configura invasão na esfera de sua liberdade. Essa é a situação do náufrago que por anos vive sozinho em uma ilha deserta, devendo apenas lutar contra elementos da natureza. Se um dia aparecer outra pessoa, o nosso náufrago começará a sofrer limitações de sua liberdade, devendo atender exigências alheias.

A visão da igualiberdade rejeita esse ponto de partida. No contínuo jogo de interações e condicionamentos não faz sentido considerar a interferência dos demais como limitação da liberdade pessoal. A abordagem da igualiberdade percebe a estreita ligação de demandas individuais e de respostas dadas por outras pessoas e pelo Estado.

Posso querer tocar trombone durante a madrugada, mas sei que isso será feito no apartamento que ocupo em um prédio no qual dezenas de pessoas querem descansar no horário de silêncio. Não estou sozinho na selva, onde a vontade de tocar seria expressão de liberdade individual. Tampouco sou o "rei" do condomínio, podendo tocar música sem me preocupar com os súditos, porque nesse caso a liberdade indica superioridade, privilégio de alguns.

Como condômino igual aos demais, aproveito constantemente das estruturas de segurança, conforto, comunicação e apoio da convivência organizada, o que me faz entender que igualdade significa também liberdade, porque é oriunda da vontade das pessoas de viver livres, sendo iguais.

Logo, no momento em que decido tocar o trombone devo ter em mente os demais condôminos e, na dúvida, pedir sua autorização. Isso não limita a minha liberdade, mas é condição para pensar o que significa essa liberdade, exercida em condições de igualdade. No nosso caso, liberdade é algo intrinsicamente relacionado com a igualdade.

A igualdade substancial é condição fundamental da liberdade em dois sentidos: positivamente, para que as pessoas possam exercer sua liberdade; negativamente, porque o tratamento desigual injustificado afeta a liberdade da vítima de discriminação. Nessa perspectiva não há primazia temporal ou axiológica da liberdade ou da igualdade: elas são estritamente *sincrônicas e equivalentes*:

> As *situações*, nas quais as duas são presentes ou ausentes são necessariamente as mesmas [...]. As *condições* históricas reais da liberdade são totalmente idênticas com as condições históricas reais da igualdade. (Balibar 1989: 17)

Nos países capitalistas, os detentores do poder mantêm a desigualdade para explorar o trabalho alheio e reprimem movimentos de protesto dos explorados. Já em países que disseram querer instalar um regime socialista, os cidadãos sentiam-se privados de sua liberdade. Ora, se nos regimes socialistas as pessoas eram efetivamente iguais, quem confiscava sua liberdade? A opressão só pode ser explicada pela ausência de igualdade, sendo os grupos privilegiados (políticos e diretores de empresas) interessados em oprimir manifestações de protesto popular.

Essas considerações indicam que *entre a reivindicação de igualdade real e de liberdade real há, histórica e logicamente, relação de equivalência.*[480] Quando é dada a certos grupos a liberdade de ser socialmente superiores (desigualdade), os inferiores perdem também sua liberdade. Não existiram sociedades que negassem somente a liberdade ou somente a igualdade. A distinção de ambas nada mais é que um mito do liberalismo que veicula uma concepção de "liberdade desigual" semelhante àquela do rei que tem o privilégio de tocar trombone, mesmo incomodando quem vive com ele.

Ao unificar os dois termos, a igualiberdade não descreve uma situação ("somos igualivres"), mas uma *tendência*. As sociedades modernas realizam em graus diferentes a igualiberdade, sendo possíveis avanços

[480] É inexata a afirmação de que a igualiberdade seria um conceito decorrente da "hibridização" de categorias jurídicas, típica da pós-modernidade (Lorenzetto 2014: 6). A igualiberdade é uma proposta de *união* dos conceitos que o liberalismo artificialmente separou e que vale tanto para o presente como para o passado, sendo, segundo Balibar, invenção da Revolução francesa de 1789.
Também é inexato dizer que a igualiberdade considera a igualdade pressuposto da liberdade ("só pode haver liberdade num sistema baseado em igualdade, pois pessoas desiguais não podem ter capacidades iguais de participarem de decisões coletivas") (Nascimento e Morais 2009: 162). Balibar questiona o senso comum de filosofia política, considerando que existem noções distintas de liberdade e de igualdade que teriam certas relações entre si.

ou retrocessos. Isso oferece uma *visão dinâmica* dos direitos fundamentais em contraposição à concepção estática dos juristas ("sim ou não" ao reconhecimento de um determinado direito).

A definição dos direitos na perspectiva da igualiberdade tem duas implicações. Primeiro, os direitos em espécie reconhecidos por textos normativos convergem na tendência fundamental da igualiberdade, que deve ser garantida para todos em grau máximo. Segundo, não há boas instituições que garantem a liberdade e a igualdade nem boas Constituições que proclamam direitos de maneira satisfatória. A igualiberdade permite avaliar os direitos fundamentais em perspectiva substancial ou performática.[481] São resultados de uma luta social que impõe a tendência de igualiberdade ou a neutraliza ("contrarrevolução").

Em todos os casos, o problema é *quantitativo*: quanta igualiberdade se realiza na sociedade? São as pessoas iguais, sendo efetivamente livres? São livres sendo efetivamente iguais? Reivindicação de direitos significa *eliminação dos obstáculos sociais postos* à *tendência de igualiberdade*. Estamos diante de uma visão alternativa dos direitos fundamentais que teve repercussão (ainda que limitada) na reflexão jurídica.[482]

Os direitos reconhecidos por normas jurídicas possuem formulação genérica e determinam seus destinatários de forma desmedidamente ampla. "Tod@s" são livres, "tod@s" são iguais. São formulações *ideológicas*, pois expressam ideais e desejos socialmente difusos, mas não correspondem à realidade política e institucional. A harmonização das formulações ideológicas com a realidade de uma sociedade dividida em grupos antagônicos é uma incumbência da prática institucional que limita ou proíbe o exercício de direitos em casos concretos.

Isto indica a *força* e a *fraqueza* de uma "política dos direitos humanos" (Balibar 1992: 238). A política dos direitos humanos procura realizar as promessas do direito e expressa desejos e ideais emancipatórios, mas deve também enfrentar as contínuas decepções da prática que desmente as promessas,[483] como mostram as estatísticas sobre a desigual-

[481] Utilizamos uma ideia de Walter Claudius Rothenburg. Cf. os comentários em Dimoulis e Lunardi 2016: 374-379.

[482] Dimoulis 2000; Heringer Jr. 2010; Puhl e Silva 2011; Romero 2015; Rothenburg 2021: 85-92; Sabadell 2020: 192-194; Martins 2022: 90-94 (destacando a distância teórica entre esse conceito e o direito constitucional positivo).

[483] Sobre as promessas e a realidade do direito moderno: Baratta e Giannoulis 1996.

dade social e as pesquisas sobre as múltiplas opressões. Diante dessa reiterada decepção, a resposta pode ser contrafática, persistindo-se nas reivindicações de direitos, mas a resposta pode ser cognitiva, desistindo-se de perseguir ideais que se mostraram inatingíveis, em razão da resistência dos poderosos, como também internamente contraditórios, em razão de sua indeterminação e dos conflitos entre várias demandas de vários grupos.

De todas as formas, a proposição da igualiberdade reúne os conceitos de igualdade, liberdade e democracia, mostrando sua indissociabilidade em nível abstrato:

> O termo que traduzimos hoje como democracia, em grego conhecido como *isonomia* e muitas vezes traduzido como "igualdade perante a lei", corresponde àquilo que a tradição ocidental moderna associa ao binômio "liberdade e igualdade", igual liberdade (*aequa libertas*) ou mesmo, em uma única palavra, igualiberdade. (Balibar 2010: 349)

A abstração e a tendência de com-fundir conceitos e tradições de pensamento político indica que a igualiberdade necessita de *mediações*: é a propriedade privada e a solidariedade social.[484] Nos nossos sistemas constitucionais, *a propriedade privada constitui necessária mediação da igualiberdade*. Garante que o indivíduo usufruirá de segurança e de bem-estar, pois a posse de meios necessários para a reprodução da própria vida é condição de exercício de direitos. Todos devem ser proprietários dos meios materiais e ideais (conhecimento, informação, cultura) que lhes permitam satisfazer suas necessidades.[485]

O pensamento liberal considera que a propriedade privada coincide com a propriedade nos meios de produção ou de reprodução social (meios de comunicação, escolas). Ora, a propriedade de *bens de função coletiva* se diferencia da *propriedade pessoal no sentido estrito*. Por ser um meio de controle da vida social, a propriedade sobre bens de função

[484] Por essa razão seria impossível aplicar o conceito da igualiberdade para reformar ramos do direito ou aparelhos estatais, como sugere Heringer Jr. (2011), propondo aplicar a igualiberdade como ideia-base para a mudança do sistema penal. Sem estabelecer o exato tipo de mediações por conceitos e práticas, a igualiberdade não oferece indicações claras, surgindo o risco de sua invocação inconclusiva e retórica.

[485] Para uma análise dos direitos na perspectiva de satisfação das necessidades dos seres humanos, ver Baratta 1999.

coletiva funciona como obstáculo social à igualiberdade. O proprietário de uma calça não exerce o mesmo direito do proprietário de uma fábrica de calças com milhares de empregados. No segundo caso, a propriedade permite controlar a vida dos demais, tendo como finalidade oferecer lucro, prestígio e poder ao proprietário.

A situação é semelhante no que se refere à *solidariedade* como mediação da tendência de igualiberdade. A solidariedade também apresenta duas formas antagônicas. Podemos considerar solidário tanto um sistema autoritário-paternalista, como um sistema que propicia a criação de condições de autorrealização de um projeto de vida. No primeiro caso, há "solidariedade de cima para baixo". As estruturas hierárquicas oferecem proteção, mas exigem a submissão dos assistidos, como ocorre com as famílias, as organizações filantrópicas e os Estados nacionais. No segundo caso, a solidariedade se constrói "de baixo": surgem redes de colaboração e de apoio que encorajam a livre atuação dos participantes (*empowerment*), como tipicamente ocorre com as cooperativas. Essa é a forma de solidariedade que promove a igualiberdade.

Em resumo, a proposição da igualiberdade rejeita:

a. a separação entre igualdade e liberdade;

b. a separação entre o dever ser jurídico e o que efetivamente ocorre;

c. a confusão entre as duas formas de propriedade e as duas formas de solidariedade, pois cada uma tem impacto diferente sobre os direitos fundamentais.[486]

A abordagem da igualiberdade propõe uma *inversão*. Não devem existir nem indivíduos privilegiados nem limitações da política. Para superar obstáculos sociais, devemos partir da *identificação do homem com o cidadão*. Esse é uma formulação alternativa da igualiberdade que, segundo Balibar, também decorre da Declaração de 1789. O homem "é" o cidadão; o privado "é" político (Balibar 1989: 8-11).

Isso permite questionar a primazia da liberdade individual em relação à igualdade, assim como a prevalência do mundo dos direitos dos

[486] Martins (2022: 94) considera que essas três características não são partes necessárias da compreensão liberal.

particulares (notadamente, dos capitalistas) em comparação com a deliberação política. A igualiberdade oferece um *critério de controle* de satisfação das necessidades humanas, identificando *os obstáculos sociais* que a política dominante impõe. Identificar esses obstáculos (o que impede a liberdade e a igualdade em certo momento?) significa realizar o primeiro passo para sua superação.

A igualiberdade tende ao estabelecimento de um regime de produção social no qual a identidade de cada indivíduo não seja organizada com base no Ser (identidade fixa) e no Possuir (propriedade privada de bens de função coletiva). Devemos imaginar uma situação de fluidez social com decisões tomadas após deliberação aberta a todos os interessados, sem exclusões jurídicas ou sociais. Competente não é o titular de um direito abstrato (voto ou propriedade), mas todos aqueles que serão afetados por uma decisão. Esse regime de deliberação transcende os sujeitos jurídicos: o titular de direitos se *dilui* em processos que garantem direitos (e reproduzem identidades) de formas imprevisíveis e adequadas às situações concretas.

A política da igualiberdade se legitima em nome dos interesses daqueles que foram excluídos em razão de sua situação cultural e de trabalho, seu sexo, raça ou qualquer outra marca de inferioridade socialmente imposta. Essa leitura original dos direitos fundamentais modifica os conceitos tradicionais e dinamiza qualquer reflexão sobre liberdade com a exigência da igualdade.

O nosso estudo procurou ampliar e consolidar construções jurídicas sobre a igualdade, sobre a não discriminação e a eliminação de desigualdades sociais. Há instrumentos jurídicos que permitem revigorar o projeto transformador da Constituição brasileira de 1988, que não está apenas em crise de efetividade nos últimos anos, mas que, desde o início, foi bem executada em suas partes liberais e de representação democrática, deixando as múltiplas referências à igualdade em segundo lugar, sem mesmo o devido trabalho de elaboração doutrinária.

Essa ampliação doutrinária deve ser compreendida no contexto de uma transformação da dogmática dos direitos fundamentais em dogmática das mediações concretas da igualiberdade. A igualiberdade constitui o ponto de referência teórica, isto é o *horizonte* da reflexão e das práticas jurídicas relacionadas à efetivação dos direitos fundamentais.

Referências

ALTHUSSER, Louis. *Réponse à John Lewis.* Paris: Maspéro, 1972.

BALIBAR, Étienne. La proposition de l'égaliberté. *Les Conférences du Perroquet*, v. 22, 1989. Paris.

BALIBAR, Étienne. *Les frontières de la démocratie.* Paris: Découverte, 1992.

BALIBAR, Étienne. *La proposition de l'égaliberté.* Essais politiques 1989-2009. Paris: PUF, 2010.

BARATTA, Alessandro. Bedürfnisse als Grundlage von Menschenrechten. *In:* NEUMANN, Ulfrid; JUNG, Heike (orgs.). *Festschrift für Günter Ellscheid.* Baden--Baden: Nomos, 1999: 9-18.

BARATTA, Alessandro; Giannoulis, Christina. Vom Europarecht zum Europa der Rechte. *Kritische Vierteljahresschrift für Gesetzgebung und Rechtswissenschaft*, 3, 1996: 237-266.

BENTHAM, Jeremy. Anarchical Fallacies. In *The Works of Jeremy Bentham*, II. Edinburgh: Tait, 1843: 489-534.

DIMOULIS, Dimitri. Ideologikoi michanismoi kai koinoniki isotita (Aparelhos ideológicos e igualdade social). *Efarmoges Dimosiou Dikaiou*, v. 2/2, 1989: 199-215.

DIMOULIS, Dimitri. I nomiki prostasia ton ethnikon meionotiton. Kritiki filosofikon kai politikon proypothesseon tou dikaiou (A tutela jurídica das minorias étnicas. Crítica dos pressupostos filosóficos e políticos do direito). *In:* CHRISTOPOULOS, Dimitri; TSITSELIKIS, Constantinos (orgs.). *To meionotiko fainomeno stin Ellada* (O fenômeno minoritário na Grécia). Athènes: Kritiki, 1997: 119-169.

DIMOULIS, Dimitri. I thriskeftikí elefthería os kanónas diaforopíissis kai énia apoklismú. *In:* CHRISTOPOULOS, Dimitris (org.). *Nomika zitimata thriskeutikis eterotitas stin Ellada* (Problemas jurídicos da alteridade religiosa na Grécia). Atenas: Kritiki, 1999a: 83-164.

DIMOULIS, Dimitri. Das Patriarchat als Vertragspartner. *Kriminologisches Journal*, v. 5/7, 1999b: 11-27.

DIMOULIS, Dimitri. Da política criminal à política da igualiberdade. *Revista Brasileira de Ciências Criminais*, v. 29, 2000: 209-223.

DIMOULIS, Dimitri. Igualiberdade. Notas sobre a crítica dos Direitos Humanos. *Ius Gentium*, v. 7, 2016: 22-39.

DIMOULIS, Dimitri; LUNARDI, Soraya. *Curso de processo constitucional.* São Paulo: Atlas, 2016.

EINSTEIN, Albert. Ernst Mach. *Physikalische Zeitschrift*, 17, 1916: 1-4 (einsteinpapers.press.princeton.edu/vol6-doc/309).

HELLMAN, Deborah. Equality and Unconstitutional Discrimination. *In:* HELLMAN, DEBORAH; MOREAU, Sophia (orgs.). *Philosophical Foundations of Discrimination Law.* Oxford: Oxford University Press, 2013: 49-67.

HERINGER JR., Bruno. *Constituição e (des)igualdade*. Tese de Doutorado em Direito. São Leopoldo: Unisinos, 2010.

LORENZETTO, Bruno Meneses. *Os caminhos do constitucionalismo para a democracia*. Tese de Doutorado. Curitiba: UFPR, 2014.

MACKINNON, Catharine. Substantive Equality. *Minnesota Law Review*, v. 96, 2011: 1-27.

MARTINS, Leonardo. *Direitos fundamentais*. Conceito permanente, novas funções. Rio de Janeiro: Pons, 2022.

MOREIRA, Adilson José. *Tratado de direito antidiscriminatório*. São Paulo: Contracorrente, 2020.

NASCIMENTO, Valéria Ribas do; MORAIS, José Luis Bolzan de. A (des)utopia da liberdade e igualdade. Possibilidades de sentido para construção de jurisdições constitucionais democráticas. *Revista de informação legislativa*, n. 182, 2009: 155-176.

PAINE, Thomas. *Rights of Man* (1791-1792). New York: Dover, 1999.

PACHUKANIS, Evgeni. *Teoria geral do direito e marxismo* (1924). Rio de Janeiro: Renovar, 1992.

PENTEADO, Taís Sofia Cunha de Barros. *A questão do aborto no Brasil*. Uma discussão na chave da igualdade. Dissertação de Mestrado em Direito e Desenvolvimento. São Paulo: Escola de Direito de São Paulo da FGV, 2020.

PUHL, Adilson Josemar; SILVA, Lenilson Almeida da. Efetividade do direito humano à igualdade substancial perante a lei, sob o enfoque da seleção desigual dos destinatários do direito penal no Brasil. *Videre* (Dourados), n. 6, 2011: 111-129.

ROMERO, Luis Gomez. The Jurisprudence of Ratatouille: The Rat in the Machine. *International Journal for the Semiotics of Law*, v. 28, n. 4, 2015: 843-866.

ROTHENBURG, Walter Claudius. *Direitos fundamentais são direitos sociais*. Simples assim. Salvador: JusPodivm, 2021.

SABADELL, Ana Lucia. Algunas reflexiones acerca de las violaciones sistemáticas de derechos humanos de las mujeres en América Latina y su relación con la problemática de la igualdad. *Anuario de derechos humanos*, n. Especial 2020: 187-211.

SCHIAVONE, Aldo. *Eguaglianza*. Una nuova visione sul filo della storia. Torino: Einaudi, 2019.

SUNDFELD, Carlos Ari. O fenômeno constitucional e suas três forças. *In:* SOUZA NETO, Claudio Pereira *et al.* (orgs.). *Vinte anos da Constituição Federal de 1988*. Filosofia e teoria constitucional contemporânea. Rio de Janeiro: Lumen Juris, 2008: 11-17.

9
ANEXOS

Anexo 1
Jurisprudência citada (por país, tribunal e ano de decisão)

Alemanha

Tribunal Constitucional Federal, Entscheidungen des Bundesverfassungsgerichts, v. 1, p. 14 (servat.unibe.ch/dfr/bv001014.html).

Tribunal Constitucional Federal, Entscheidungen des Bundesverfassungsgerichts, v. 22, p. 349 (servat.unibe.ch/dfr/bv022349.html).

Tribunal Constitucional Federal, Entscheidungen des Bundesverfassungsgerichts, v. 75, p. 108 (servat.unibe.ch/dfr/bv075108.html).

Tribunal Constitucional Federal, Entscheidungen des Bundesverfassungsgerichts, v. 88, p. 87 (servat.unibe.ch/dfr/bv088087.html).

Tribunal Constitucional Federal, Entscheidungen des Bundesverfassungsgerichts, v. 90, p. 145 (servat.unibe.ch/dfr/bv090145.html).

Tribunal Constitucional Federal, Entscheidungen des Bundesverfassungsgerichts, v. 126, p. 29 (servat.unibe.ch/dfr/bv126029.html).

Tribunal Constitucional Federal, Entscheidungen des Bundesverfassungsgerichts, v. 130, p. 240 (servat.unibe.ch/dfr/bv130240.html).

Tribunal Constitucional Federal, Entscheidungen des Bundesverfassungsgerichts, v. 131, p. 239 (servat.unibe.ch/dfr/bv131239.html).

Tribunal Constitucional Federal, Entscheidungen des Bundesverfassungsgerichts, v. 153, p. 358 (bundesverfassungsgericht.de/e/ls20200526_1bvl000518.html).

Tribunal Estadual do Trabalho de Köln, 5 Sa 549/11, julg. 29-10-2012 (oj.is/597690).

Tribunal Federal do Trabalho, 1 AZR 1083/12, julg. 30-9-2014 (oj.is/776150).

África do Sul

Corte Constitucional. Mahlangu and Another v Minister of Labour and Others (CCT306/19) [2020] ZACC 24 (www.saflii.org/za/cases/ZACC/2020/24.html#_ftn87)

Áustria

Corte constitucional, n. 888. 9-11-1927 (ris.bka.gv.at/Dokument.wxe?Abfrage=Vfgh&Dokumentnummer=JFT_19271109_27W00I_2_00)

Corte constitucional, n. 14868, 19-6-1997 (ris.bka.gv.at/Dokumente/Vfgh/JFR_10029381_97B00226_01.html).

Corte constitucional, n. 2568, 6-12-1990 (ris.bka.gv.at/Dokument.wxe?Abfrage=Vfgh&Dokumentnummer=JFR_10098794_88G00223_01).

Brasil

STF, Ação direta de inconstitucionalidade 2, rel. Min. Paulo Brossard, julg. 6-2-1992.

STF, Ação direta de inconstitucionalidade 815, rel. Min Moreira Alves, julg. 28-3-1996.

STF, Recurso extraordinário 148.095, rel. Min. Marco Aurélio, julg. 3-2-1998.

STF, Recurso extraordinário 150.455, rel. Min. Marco Aurélio, julg. 15-12-1998.

STF, Agravo Regimental na Reclamação 3.034, rel. Min. Sepúlveda Pertence, julg. 21-9-2006.

STF, Ação direta de inconstitucionalidade 3.070, rel. Min. Eros Grau, julg. 29-11-2007.

STF, Recurso Ordinário em Mandado de Segurança 26.212, rel. Min. Ricardo Lewandowski, julg. 3-5-2011.

STF, Ação direta de inconstitucionalidade 4.277, rel. Min. Carlos Britto, julg. 5-5-2011.

STF, Agravo regimental em agravo de instrumento 808.268, rel. Min. Joaquim Barbosa, julg. 27-3-2012.

STF, Arguição de descumprimento de preceito fundamental 186, rel. Min. Ricardo Lewandowski, julg. 26-4-2012.

STF, Ação direta de inconstitucionalidade 3.330, rel. Min. Carlos Britto, julg. 3-5-2012.

STF, Medida cautelar na Ação direta de inconstitucionalidade 5.017, decisão do Min. Joaquim Barbosa, julg. 17-7-2013.

STF, Ação Civil Originária 2.972, decisão da Min. Cármen Lúcia, julg. 2-1-2017.

STF, Ação declaratória de constitucionalidade 41, rel. Min. Roberto Barroso, julg. 8-6-2017.

STF, Medida cautelar na Arguição de descumprimento de preceito fundamental 405, rel. Min. Rosa Weber, julg. 14-6-2017.

STF, Ação direta de inconstitucionalidade 5.617, rel. Min. Edson Fachin, julg. 15-3-2018.

STF, Medida cautelar na Arguição de descumprimento de preceito fundamental 527, decisão do Min. Roberto Barroso, julg. 29-6-2018.

STF, Mandado de Injunção 4.733, rel. Min. Edson Fachin, julg. 13-6-2019.

STF, Ação direta de inconstitucionalidade por omissão 26, rel. Min. Celso de Mello, julg. 13-6-2019.

STF, Medida cautelar na Ação direta de inconstitucionalidade 6.257, decisão do Min. Dias Toffoli, julg. 18-1-2020.

STF, Ação direta de inconstitucionalidade 5.543, rel. Min. Edson Fachin, julg. 11-5-2020.

STF, Ação direta se inconstitucionalidade 5.735 e apensadas, rel. Min. Gilmar Mendes, julg, 16-6-2020.

STF, Medida cautelar na Arguição de descumprimento de preceito fundamental 738, rel. Min. Ricardo Lewandowski, julg. 5-10-2020.

STF, Arguição de descumprimento de preceito fundamental 655, decisão da Min. Cármen Lúcia, julg. 29-10-2020.

STF, Recurso extraordinário com agravo 611.874, rel. Min. Edson Fachin, julg. 26-11-2020.

STF, Recurso extraordinário com agravo 1.099.099, rel. Min. Edson Fachin, julg. 26-11-2020.

STF, Ação penal 1.044, rel. Min. Alexandre de Moraes, julg. 20-4-2022.

STF, Recurso extraordinário 1.253.366, decisão do Min. Roberto Barroso, julg. 10-2-2023.

STF, Arguição de descumprimento de preceito fundamental 334, rel. Min. Alexandre de Moraes, julg. 3-4-2023.

STF, Arguição de descumprimento de preceito fundamental 899, rel. Min. Gilmar Mendes (ainda não julgada).

TJ-AC, 1ª Vara da Fazenda Pública de Rio Branco, processo 0704683-37.2020.8.01.0001, sentença do juiz Anastácio Menezes Filho, julg. 27-4-2022.

TJ-MG, 4ª Turma Cível, processo 1.0000.00.296076-3/000, rel. Des. Almeida Melo, julg. 20-3-2003.

TJ-RJ, Arguição de inconstitucionalidade n. 2009.017.00019, rel. Des. Valmir de Oliveira Silva, julg. 20-6-2009.

TJ-RR, Medida liminar na Ação direta de inconstitucionalidade, n. 9000312-06.2020.8.23.0000, rel. Des. Almiro Padilha, julg. 3-12-2020.

TJSP, 13ª Câmara de direito público, processo 1000909-36.2019.8.26.0462, rel. Des. Spoladore Dominguez, julg. 29-1-2020.

TJSP, 44ª Vara Cível, processo 1069325-41.2020.8.26.0100, sentença do juiz Guilherme Madeira Dezem, julg. 21-1-2021.

TJSP, 31ª Câmara de direito privado, processo 1033092-79.2019.8.26.0100, rel. Des. Rosângela Telles, julg. 22-6-2021.

TRF da 4ª Região, apelação cível n. 5084005-96.2016.4.04.7100, rel. Des. Fed. Vânia Almeida, julg. 27-11-2018.

TRT-DF-TO, 15ª Vara do Trabalho de Brasília, ação civil pública n. 0000790-37.2020.5.10.0015, sentença da juíza Laura Ramos Morais, julg. 3-11-2022.

TRT-MG, 2ª Vara do Trabalho de Nova Lima, ação trabalhista 0010433-49.2020.5.03.0165, sentença do juiz do trabalho Henrique Macedo de Oliveira, julg. 7-10-2020.

Colômbia

Corte constitucional da Colômbia, T-1022/01, Comunidad indigena, movilidad cultural y identidad (2001) (corteconstitucional.gov.co/relatoria/2001/T-1022-01.htm).

Comissão Interamericana de Direitos Humanos

Relatório 66/2006, caso 12.001, Simone André Diniz vs. Brasil, 21-10-2006 (cidh.org/annualrep/2006port/brasil.12001port.htm).

Corte Interamericana de Direitos Humanos

Guevara Diaz vs. Costa Rica, sentença de 22-6-2022 (www.corteidh.or.cr/docs/casos/articulos/seriec_453_esp.pdf).

Corte Europeia de Direitos Humanos

Kuric and others v. Slovenia, 2012, Application no. 26828/06 (hudoc.echr.coe.int/fre?i=001-111634).

Estados Unidos da América

Court of Appeals for the Tenth Circuit, Charles E. Moritz v. Commissioner of Internal Revenue (1972) (openjurist.org/469/f2d/466/moritz-v-commissione-rof-internal-revenue).

District Court for Nevada. United States v. Carrillo-Lopez (2021) (casetext.com/case/united-states-v-carrillo-lopez-3).

District Court for the Northern District of Texas. Wilson v. Southwest Airlines (1981) (law.justia.com/cases/federal/district-courts/FSupp/517/292/2386882).

United States Supreme Court, Strauder v. West Virginia, 100 U.S. 303 (1880) (supreme.justia.com/cases/federal/us/100/303).

United States Supreme Court, Pace v. Alabama, 106 U.S. 583 (1883) (supreme.justia.com/cases/federal/us/106/583).

United States Supreme Court, Yick Wo v. Hopkins, 118 U.S. 356 (1886) (supreme.justia.com/cases/federal/us/118/356).

United States Supreme Court, Hoyt v. Florida, 368 U.S. 57 (1961) (supreme.justia.com/cases/federal/us/368/57).

United States Supreme Court, Loving v. Virginia, 388 U.S. 1 (1967) (supreme. justia.com/cases/federal/us/388/1).

United States Supreme Court, Griggs v. Duke Power Co., 401 U.S. 424 (1971) (supreme.justia.com/cases/federal/us/401/424).

United States Supreme Court, Peters v. Kiff, 407 U.S. 493 (1972) (supreme.justia.com/cases/federal/us/407/493).

United States Supreme Court, Taylor v. Louisiana, 419 U.S. 522 (1975) (supreme.justia.com/cases/federal/us/419/522).

United States Supreme Court, Runyon v. McCrary, 427 U.S. 160 (1976) (supreme.justia.com/cases/federal/us/427/160).

United States Supreme Court, Batson v. Kentucky, 476 U.S. 79 (1986) (supreme.justia.com/cases/federal/us/476/79).

United States Supreme Court, Price Waterhouse v. Hopkins, 490 U.S. 228 (1989) (supreme.justia.com/cases/federal/us/490/228).

United States Supreme Court, Ricci v. DeStefano, 557 U.S. 557 (2009) (supreme.justia.com/cases/federal/us/557/557).

United States Supreme Court, Flowers v. Mississippi, 588 U.S. __ (2019) (supreme.justia.com/cases/federal/us/588/17-9572).

United States Supreme Court, Espinoza v. Montana Department of Revenue, 591 U.S. __ (2020) (supreme.justia.com/cases/federal/us/591/18-1195).

Wisconsin Supreme Court, Wisconsin Legislature v. Secretary-Designee Andrea Palm (2020) (wicourts.gov/sc/opinion/DisplayDocument.pdf?content=pdf&seqNo=260868).

França

Cour de cassation, chambre sociale. Pourvoi n. 21-14.060, 23-11-2022 (courdecassation.fr/decision/637dcb6914982305d4c204e0?search_api_fulltext=2114060).

Reino Unido

House of Lords, James v. Eastleigh Borough Council (1990) (www.bailii.org/uk/cases/ UKHL/1990/6.html).

Supreme Court of the United Kingdom, R (on the application of) v Governing Body of JFS & Anor (2009) (www.bailii.org/uk/cases/UKSC/2009/15.html).

Supreme Court of the United Kingdom, Lee v Ashers Baking Company (2018) (www.bailii.org/uk/cases/UKSC/2018/49.html).

Tribunal de Justiça da União Europeia

Abrahamsson, C-407/98 (2000) (eur-lex.europa.eu/legal-content/PT/TXT/HTML/?uri=CELEX:61998CJ0407&from=PT).

Briheche C-319/03 (2004) (eur-lex.europa.eu/legal-content/HR/TXT/?uri=CELEX:62003CJ0319).

Feryn, C-54/07 (2008) (curia.europa.eu/juris/document/document.jsf?docid=67586).

Wolf, C-229/08 (2010) (eur-lex.europa.eu/legal-content/EN/TXT/?uri=CELEX:62008CJ0229).

Achbita, C-157/15 (2017) (eur-lex.europa.eu/legal-content/PT/TXT/?uri=CELEX:62015CJ0157).

Milkova, C-406/15 (2017) (curia.europa.eu/juris/document/document.jsf?text=&docid=188752).

Bauer, C-569/16, C-570/16 (2018) (curia.europa.eu/juris/document/document.jsf?text=&docid=207330).

Achatzi, C-193/17 (2019) (curia.europa.eu/juris/document/document.jsf?text=&docid=210073).

Anexo 2
Proposições Utilizadas

Minorias

M1 Minoria (social) é um resultado de construção (social) que indica um grupo definido com base em critérios biológicos e/ou culturais em certo contexto (social).

M2 As minorias não são expressão de uma essência, mas de uma relação social de dominação e submissão. Indicam uma relação política que atribui consequências negativas a certas características pessoais-coletivas.

M3 O direito atribuiu por longos períodos significado negativo a certas características biológicas e/ou culturais, confirmando e fortalecendo a marginalização das minorias. A seguir ocorreu, em muitos ordenamentos, equiparação formal dos nacionais. A mais recente tendência é a garantia de tratamento jurídico especial, com o objetivo de amenizar (idealmente eliminar) a discriminação.

M4 O sistema jurídico constitui as minorias ao estabelecer critérios para tanto.

M5 O conceito de minoria no direito constitucional brasileiro objetiva eliminar a discriminação do grupo e, em alguns casos, extinguir o próprio grupo (compensação e transformação). É funcionalmente oposto ao conceito social de minoria (conservação e reprodução das práticas de discriminação do grupo).

Igualdade

I1 "Igualdade é o nome de uma relação" (*Henry McCloskey*)

I2 Igualdade significa "ausência de distinção entre objetos distintos em relação a determinado aspecto e segundo determinada medida" (*Angelika Krebs*)

I3 Devemos tratar os substancialmente iguais de maneira igual.

I4 Devemos tratar os substancialmente desiguais de maneira desigual.

I5 Importa o propósito quando se discutem problemas de igualdade.

I6 O Estado não deve agravar desigualdades existentes mediante regras jurídicas e práticas, ainda que isso ocorra em nome da "igualdade formal".

I7 Importa o resultado quando se discutem problemas de igualdade.

I8 O Estado deve reparar desigualdades existentes.

I9 Os meios empregados não podem justificar uma decisão sobre igualdade.

I10 Os fins almejados podem violar ou não o direito à igualdade.

I11 Os resultados da aplicação de uma norma sobre igualdade podem ser indicadores de problemas na escolha de meios para alcançar certo fim, mas não invalidam automaticamente a norma.

I12 Havendo regra constitucional específica sobre a igualdade não se admite decisão legislativa ou judicial que a contraria, invocando regra constitucional geral de igualdade.

I13 O direito fundamental à igualdade é fortemente indeterminado.

I14 O titular X possui direito à igualdade, podendo exigir o tratamento igualitário que recomenda a teoria da justiça adequada.

I15 A área de proteção do direito à igualdade geral consiste na exigibilidade de certas ações ou omissões estatais em razão da pertença do titular a um grupo substancialmente semelhante ou diferente de outro. As ações ou omissões estatais impostas pela igualdade não podem piorar e devem tentar eliminar as desigualdades sociais, respeitadas as limitações decorrentes de outros direitos fundamentais. Normas que não discriminam expressamente um grupo podem violar o direito à igualdade se possuírem impacto discriminador sobre esse grupo.

I16 O direito à igualdade impede tratar de maneira mais gravosa (exclusão, discriminação) pessoas que pertencem a um grupo (via de regra, uma minoria social), se não houver justificativa decorrente de características reais do grupo e não da projeção de preconceitos.

I17 O Estado deve perseguir o propósito de propiciar o mesmo tratamento a pessoas que apresentam a mesma característica relevante. Os meios escolhidos devem fomentar o propósito de igual tratamento, podendo ser diversos para pessoas com características sociais diferentes.

I18 Se o propósito de igual tratamento impõe empregar meios diversos para pessoas com características sociais diferentes (conforme I17) e for comprovado, pelos resultados, que um titular do direito à igualdade foi tratado de maneira menos vantajosa, ele possui o direito de exigir igual tratamento como resultado de novos arranjos normativos. Os meios escolhidos serão lícitos se permitirem que seja alcançado o propósito de igual tratamento.

I19 Os membros de uma minoria possuem o direito a tratamento (emprego de meios) que objetive compensar desigualdade evidenciada nos resultados (fim), conforme os objetivos de transformação social indicados no art. 3º da Constituição Federal. Os meios escolhidos serão necessariamente desiguais, sendo lícitos se permitirem alcançar o propósito de igual tratamento como resultado.

I20 A igualdade deve ser interpretada na perspectiva dos dominados.

Discriminação

D1 A discriminação é um processo complexo, dinâmico e incerto, sem clareza sobre o que é examinado e com quais critérios. Não é sinônimo da desigualdade ilegal ou inconstitucional, havendo incessantes lutas para definir o que é discriminatório (e não livre decisão, mérito, casualidade, incentivo para concorrência, direito adquirido).

D2 "A diferença é indiferente" (*Dimitri Christopoulos*)

D3 "Os diferentes são iguais (e, portanto, merecem tratamento equânime)" (*Garcez Ghirardi*).

D4 "Atos discriminatórios são práticas individuais ou sociais [...] que produzem desvantagens sociais para membros de certos grupos que são culturalmente construídos como inferiores [...]. Esses atos produzem desvantagens por causa do funcionamento de instituições estatais, entes que operam de acordo com os interesses dos grupos majoritários, reproduzindo assim as relações hierárquicas de poder existentes na sociedade" (*Adilson Moreira*).

D5 Atos discriminatórios no sentido da proposição D4 podem se revelar contrários ao direito à igualdade (ou a outro direito fundamental), se isso for comprovado no processo de fiscalização de sua constitucionalidade e/ou licitude. Nos demais casos, a discriminação permanece um fato social (barreira socialmente seletiva) que pode ser objeto de combate político, mas não de censura jurídica.

D6 Há discriminação direta sempre que, por qualquer motivo, uma pessoa seja objeto de tratamento menos favorável do que aquele que é, tenha sido ou possa vir a ser dado a outra pessoa em situação comparável.

D7 Há discriminação indireta sempre que uma disposição, um critério ou uma prática aparentemente neutra seja suscetível de colocar em situação de desvantagem uma pessoa em comparação com outras, a não ser que essa disposição, critério ou prática seja objetivamente justificada mediante controle de legalidade e constitucionalidade.

D8 Os grupos minoritários juridicamente relevantes devem multiplicar-se mediante combinação de critérios que aumentam o risco ou a intensidade da discriminação, desde que isso possa ser comprovado (depoimentos, dados estatísticos).

D9 O direito antidiscriminatório é o conjunto de normas jurídicas que a) impedem o tratamento desfavorável de grupos historicamente inferiorizados (oprimidos e/ou explorados) ou b) impõem o tratamento compensatório em favor desses grupos, independentemente da relação jurídica subjacente e da origem dessas normas.

Objetivos fundamentais do Estado brasileiro

OFE1 É objetivo fundamental do Estado brasileiro erradicar a pobreza mediante ação de todos os entes da Federação que devem tentar eliminar suas causas.

OFE2 É objetivo fundamental do Estado brasileiro erradicar a marginalização, mediante ação de todos os entes da Federação que devem tentar eliminar suas causas.

OFE3 É objetivo fundamental do Estado brasileiro e da atuação econômica dos particulares reduzir as desigualdades sociais.

OFE4 É objetivo fundamental do Estado brasileiro e da atuação econômica dos particulares reduzir as desigualdades regionais.

OFE5 Os objetivos fundamentais possuem a forma: O destinatário X tem a obrigação de utilizar meios adequados para alcançar a finalidade Y, sendo a ele permitido concretizar essa finalidade e decidir quais meios são adequados para que seja alcançada.

OFE6 É objetivo fundamental do Estado brasileiro não discriminar ninguém com base em preconceitos.

Anexo 3
Roteiros do Exame de Constitucionalidade tendo como Parâmetro o Direito à Igualdade

I. Reivindicação de aplicar o mesmo meio de tratamento (queixa de omissão normativa ou material)

1. A omissão estatal afeta a área de proteção do direito à igualdade?
2. A omissão estatal é constitucionalmente proibida?
2.1. A finalidade que persegue a omissão estatal é lícita?
2.2. O tratamento diverso que persegue finalidade lícita respeita o critério da proporcionalidade?
2.2.1. O tratamento diverso permite alcançar a finalidade (adequação)?
2.2.2. O tratamento diverso é necessário para o alcance da finalidade?

II. Reivindicação de abolir tratamento diferenciado (prestação material ou normativa)

1. A norma intervém na área de proteção do direito à igualdade?
2. A norma que estabelece meios de tratamento desiguais é inconstitucional?
2.1. A finalidade é lícita?
2.2. A diferenciação respeita o critério da proporcionalidade?
2.2.1. O tratamento diverso é adequado para fomentar o objetivo?
2.2.2. O tratamento diverso é necessário para alcançar a finalidade?

III. Reivindicação de instituir tratamento diferenciado

1. A omissão estatal afeta a área de proteção do direito à igualdade?

2. A omissão estatal de criar tratamento diferenciado para uma minoria é inconstitucional?

2.1. A finalidade da omissão de tratamento diferenciado é lícita?

2.2. A intervenção ao direito de igualdade em nome da uniformização ou da tutela de direitos de liberdade de terceiros respeita o critério da proporcionalidade em vista da diversidade de grupos sociais?

2.2.1. O tratamento igual de pessoas substancialmente diferentes é adequado para fomentar a finalidade lícita?

2.2.2. O tratamento igual de pessoas substancialmente diferentes é necessário para fomentar a finalidade (uniformização ou tutela de terceiros)?

IV. Reivindicação de eliminar discriminação indireta

1. A norma intervém na área de proteção do direito à igualdade?

2. A norma que estabelece meios de tratamento iguais para o fim de igual tratamento é inconstitucional em vista dos resultados de sua aplicação?

2.1. A finalidade é lícita?

2.2. A norma de igual tratamento respeita o critério da proporcionalidade?

2.2.1. Os meios iguais fomentam a finalidade de igual tratamento de dois grupos?

2.2.2. O tratamento igual com a finalidade de igualdade, mas com resultados claramente desiguais é necessário para alcançar a finalidade?

Anexo 4

A Lei Norueguesa sobre Igualdade e Proibição da Discriminação (*Lov om likestilling og forbud mot diskriminering*) na Versão Vigente em 2022[487]

Capítulo 1 Disposições introdutórias

§ 1. Objetivo

Objetivo da Lei é promover a igualdade e impedir a discriminação com base no sexo, na gestação, na licença em razão de nascimento ou adoção, no desempenho de tarefas de cuidado, na etnia, na religião, na cosmovisão, no comprometimento funcional, na orientação sexual, na identidade ou expressão de gênero, na idade e outras características relevantes de uma pessoa.

Igualdade significa *status* igual, iguais oportunidades e iguais direitos. A igualdade exige acessibilidade e acomodação.

Principal objetivo da lei é melhorar a posição das mulheres e das minorias. A lei deve contribuir para a redução de barreiras incapacitantes criadas pela sociedade e impedir a criação de novas barreiras.

[...]

[487] Tradução nossa a partir do original: lovdata.no/dokument/NL/lov/2017-06-16-51. Reproduzimos fielmente a terminologia e as construções sintáticas do original. Não incluímos na tradução normas sem interesse fora da Noruega (validade espacial e temporal, distribuição de competências entre autoridades estatais, aplicação concorrente de outras leis). Tampouco incluímos normas que detalham procedimentos.

§ 4. Cogência

As disposições desta lei, e as regulamentações estabelecidas em conformidade com ela, não podem ser derrogadas por acordos.

[...]

Capítulo 2 Proibição de discriminação

§ 6. Proibição de discriminação

É proibida a discriminação com base no sexo, na gestação, na licença em razão de nascimento ou adoção, no desempenho de tarefas de cuidado, na etnia, na religião, na cosmovisão, no comprometimento funcional, na orientação sexual, na identidade ou expressão de gênero, na idade ou em combinações dessas características. Etnia significa, entre outros, origem nacional, descendência, cor da pele e idioma.

A proibição abrange a discriminação baseada em qualquer das características referidas no primeiro inciso, existentes, alegadas, passadas ou futuras.

A proibição também se aplicará quando uma pessoa for discriminada em razão de sua ligação com outra pessoa e a discriminação se basear nas razões referidas no primeiro inciso.

Discriminação significa tratamento diverso direto ou indireto conforme os §§ 7 e 8 e não lícito conforme os §§ 9, 10 ou 11.

§ 7. Tratamento diverso direto

Tratamento diverso direto significa que uma pessoa é tratada menos favoravelmente do que seria, foi ou é tratada uma outra em situação comparável, por razões referidas no primeiro inciso do § 6.

§ 8. Tratamento diverso indireto

Tratamento diverso indireto significa qualquer disposição, condição, prática, ação ou omissão aparentemente neutra que possa colocar uma pessoa em desvantagem em relação a outra por razões referidas no primeiro inciso do § 6.

§ 9. Tratamento diverso permitido

O tratamento diverso não é contrário à proibição do § 6, quando:

a. tem uma finalidade objetiva;

b. é necessário para atingir essa finalidade; e

c. não é desproporcionalmente oneroso para a pessoa ou as pessoas que sofrem tratamento diverso.

Nas relações de emprego e na seleção e tratamento de trabalhadores autônomos ou emprestados, o tratamento diverso direto em razão de sexo, etnia, religião, cosmovisão, comprometimento funcional, orientação sexual, identidade ou expressão de gênero só será permitido se essa característica for de importância decisiva para o exercício do emprego ou profissão e se as condições do primeiro inciso forem satisfeitas.

Os limites de idade impostos por lei ou regulamento e as tarifas preferenciais em razão da idade não contrariam a proibição do § 6.

§ 10. Tratamento diverso permitido por motivo de gestação, parto, amamentação e licença em razão de nascimento ou adoção

Só será permitido tratamento diverso em razão de:

a. gestação, parto e amamentação, incluindo faltas autorizadas pela Lei sobre o Ambiente de Trabalho, §§ 12-1, 12-2, 12-3 primeira frase do primeiro inciso, 12-4 e 12-8;

b. licença para os pais, conforme o § 14-12, primeiro inciso, da Lei de Serviço Público se for necessário para proteger a mulher, o feto ou a criança em conexão com a gestação, o parto ou a amamentação, ou se houver outras razões evidentes. O tratamento diverso não deve ser desproporcionalmente oneroso para a pessoa.

No caso de tratamento diverso em razão de licença após nascimento ou adoção para períodos não cobertos pelo primeiro inciso, aplica-se o disposto no primeiro inciso do § 9.

Para a seleção ou demissão, nunca é permitido tratamento diverso por motivo de gestação, parto, amamentação ou licença após nascimento ou adoção. O mesmo se aplica em caso de prorrogação de contratos temporários.

§ 11. Acesso a ações afirmativas

É permitida a ação afirmativa com base nas razões referidas no primeiro inciso do § 6 se:

a. o tratamento afirmativo for adequado para promover o propósito da Lei;

b. existir uma relação razoável entre o objetivo a ser alcançado e o impacto do tratamento afirmativo sobre a pessoa ou pessoas desfavorecidas; e

c. o tratamento especial cessar quando for alcançado seu objetivo.

§ 12. Violação do dever de desenho universal e acomodação individual[488]

As violações dos §§ 17 e 18 sobre desenho universal e dos §§ 20, 21, 22 e 23 sobre acomodação individual serão consideradas discriminatórias.

[488] O termo "acomodação individual" (*individuell tilrettelegging*) expressa o que no direito brasileiro é conhecido como adaptação ou acomodação "razoável".

A discriminação resultante de acomodação física inadequada é exclusivamente regulada pelos §§ 17 a 23 em relação aos destinatários e os temas nos quais essas disposições se aplicam.

§ 13. Proibição de assédio

É proibido o assédio pelas razões mencionadas no primeiro inciso do § 6, assim como o assédio sexual.

Constitui assédio qualquer ação, omissão ou expressão que tenha propósito ou efeito ofensivo, intimidador, hostil, degradante ou humilhante.

Constitui assédio sexual qualquer forma de interesse sexual indesejado que tenha propósito ou efeito ofensivo, intimidador, hostil, degradante, humilhante ou irritante.

A proibição abrange o assédio baseado em qualquer das características mencionadas no primeiro inciso do § 6, existentes, alegadas, passadas ou futuras.

A proibição também se aplicará quando uma pessoa for assediada em razão de sua ligação com outra pessoa e o assédio se basear nas razões referidas no primeiro inciso do § 6.

Os empregadores e a administração de organizações e institutos educacionais devem, dentro de sua esfera de responsabilidade, prevenir e tentar impedir o assédio e o assédio sexual.

§ 14. Proibição de retaliação

É proibido retaliar contra alguém que tenha apresentado queixa sobre violação desta lei ou tenha sinalizado tal pretensão, a menos que a pessoa tenha agido com negligência grave.

A proibição contida no primeiro inciso aplica-se, *mutatis mutandis*, às testemunhas ou a quem auxilia o reclamante em um processo.

É proibido retaliar contra pessoa que deixou de cumprir ordem que violaria o § 15.

§ 15. Proibição de emitir ordem para discriminar, assediar ou retaliar

É proibido dar a alguém ordem para discriminar em violação ao § 6, assediar em violação ao § 13 ou retaliar em violação ao § 14.

§ 16. Proibição de colaborar em discriminação, assédio, retaliação ou ordem para tanto

É proibido colaborar na discriminação em violação ao § 6, assédio em violação ao § 13, retaliação em violação ao § 14 ou ordem para tanto em violação ao § 15.

Capítulo 3 Desenho universal e acomodação individual

§ 17. Desenho universal

Os estabelecimentos públicos e privados voltados para o público em geral têm o dever de oferecer um desenho universal de suas funções gerais.

Desenho universal significa o desenho ou a acomodação da solução principal conforme as condições físicas, de modo que as funções gerais do estabelecimento possam ser acessíveis ao maior número possível de pessoas, independentemente de seu comprometimento funcional.

A obrigação não se aplica em casos de desenho ou acomodação que imporia um ônus desproporcional ao estabelecimento. Na avaliação, deve ser dada especial atenção aos seguintes elementos:

a. o efeito da remoção de barreiras para pessoas com comprometimento funcional;

b. natureza pública das funções gerais do estabelecimento;

c. os custos que gera a acomodação;

d. os recursos do estabelecimento;

e. considerações de segurança;

f. tutela do patrimônio.

A obrigação prevista no primeiro inciso será considerada cumprida se o estabelecimento atender aos requisitos de desenho universal estabelecidos por lei ou regulamento.

Decreto real pode prescrever o conteúdo da obrigação de desenho universal em áreas não cobertas por exigências de outras leis ou regulamentos.

§ 18. Desenho universal das TIC

Os estabelecimentos públicos e privados têm o dever de dar desenho universal às principais soluções para a tecnologia de informação e comunicação (TIC) dirigidas a ou disponibilizadas aos usuários, para que as funções gerais do estabelecimento possam ser acessíveis ao maior número possível de pessoas, independentemente de seu comprometimento funcional.

[...]

§ 20. Direito a acomodação individual nos serviços municipais

As crianças com comprometimento funcional têm o direito de dispor de serviços municipais de cuidado infantil com acomodação individual, a fim de ter iguais oportunidades de desenvolvimento e atividade.

As pessoas com comprometimento funcional têm o direito de dispor de serviços municipais de natureza permanente com acomodação individual, conforme a Lei de serviços de saúde e cuidados, de forma que garanta prestações iguais.

Os direitos previstos no primeiro e segundo inciso se aplicam a acomodações que não implicam um ônus desproporcional. Na avaliação, deve ser dada especial atenção aos seguintes elementos:

a. o efeito da remoção de barreiras para pessoas com comprometimento funcional;

b. os custos que gera a acomodação;

c. os recursos do estabelecimento.

§ 21. Direito a acomodação individual para alunos de ensino fundamental e superior

Alunos e estudantes com comprometimento funcional em instituições de educação e treinamento têm o direito de acomodação individual nos locais de aprendizagem, ensino, ajuda educacional e exames, a fim de garantir oportunidades equivalentes de aprendizagem e treinamento.

Esse direito se aplica a acomodações que não implicam um ônus desproporcional. Na avaliação, deve ser dada especial atenção aos seguintes elementos:

a. efeito da remoção de barreiras para pessoas com comprometimento funcional;

b. custos que gera a acomodação;

c. recursos do estabelecimento.

§ 22. Direito a acomodação individual de trabalhadores e pessoas em busca de trabalho

Trabalhadores e pessoas em busca de trabalho com comprometimento funcional têm o direito a acomodação individual no processo de recrutamento, no local de trabalho e nas tarefas laborais, para garantir que possam conseguir ou manter o emprego, ter acesso a treinamento e a outros processos de desenvolvimentos de habilidades, executar tarefas e poder progredir no trabalho em pé de igualdade com os demais.

Esse direito se aplica a acomodações que não implicam um ônus desproporcional. Na avaliação, deve ser dada especial atenção aos seguintes elementos:

a. efeito da remoção de barreiras para pessoas com comprometimento funcional;

b. custos que gera a acomodação;

c. recursos do estabelecimento.

§ 23. Direito a acomodação individual para gestantes que trabalham, buscam emprego ou estudam em escolas e universidades

As gestantes que frequentam o ensino fundamental ou superior têm direito a acomodação individual apropriada nos locais de aprendizado, ensino e exames.

Gestantes que trabalham ou buscam trabalho têm o direito a adequação individual no processo de recrutamento, no local de trabalho e nas tarefas laborais.

Esse direito se aplica a acomodações que não envolvem um ônus desproporcional. Na avaliação, deve ser dada especial atenção aos seguintes elementos:

a. efeito da remoção de barreiras para a participação das mulheres na educação e no emprego;

b. custos que gera a acomodação;

c. recursos do estabelecimento.

Capítulo 4 Esforços intensos em prol da igualdade

§ 24. Dever das autoridades públicas de ser ativas e responsáveis

As autoridades públicas devem, em todas as suas atividades, trabalhar ativamente, com foco e de maneira planejada, para promover a igualdade e impedir a discriminação a que se refere o § 6. Essa obrigação abrange também o esforço para evitar o assédio, o assédio sexual e a violência de gênero e para combater os estereótipos.

As autoridades públicas devem publicar relatório, explicando o que fazem para inserir em sua atuação a perspectiva de igualdade e não discriminação. Devem explicar como atuam para traduzir em ação os princípios, procedimentos e padrões de igualdade e não discriminação. Devem avaliar os resultados alcançados e indicar as expectativas nesse setor. Esse relatório deve estar incluído na prestação de contas anual, em documento de periodicidade anual ou em outro documento disponível ao público.

§ 25. Dever das organizações patronais e sindicais de atuar em prol da igualdade

As organizações patronais e sindicais devem, em sua área de atuação, trabalhar ativamente, com foco e de maneira planejada, para promover a igualdade e impedir a discriminação com base no sexo, na gestação, na licença em razão de nascimento ou adoção, no desempenho de tarefas de cuidado, na etnia, na religião, na cosmovisão, no comprometimento funcional, na orientação sexual, na identidade ou expressão de gênero.

§ 26. Dever de atuação dos empregadores

Todos os empregadores devem, em sua área de atuação, trabalhar ativamente, com foco e de maneira planejada, para promover a igualdade e impedir a discriminação com base no sexo, na gestação, na licença em razão de nascimento ou adoção, no desempenho de tarefas de cuidado, na etnia, na religião, na cosmovisão, no comprometimento funcional, na orientação sexual, na identidade ou expressão de gênero ou em combinações dessas características, assim como para impedir o assédio, o assédio sexual e a violência de gênero. Esse trabalho deve abranger, entre outras, as áreas de recrutamento, remuneração e condições de trabalho, promoção, desenvolvimento da carreira, acomodação e possibilidade de conciliar a vida profissional e familiar.

Nos estabelecimentos públicos, independentemente da dimensão, e nos particulares que empregam regularmente mais de 50 pessoas, o empregador deve, em sua área de atuação:

a. verificar se há risco de discriminação ou outras barreiras à igualdade, inclusive, examinando anualmente diferenças salariais entre os sexos e a situação nos empregos de tempo parcial não desejados;

b. analisar as causas do risco identificado;

c. implementar medidas para combater a discriminação e contribuir para a igualdade e a diversidade no estabelecimento;

d. avaliar os resultados da atuação em relação aos incisos a, b, c.

O mesmo se aplica aos empregadores de estabelecimentos particulares que empregam regularmente entre 20 e 50 pessoas, se for solicitado por um dos representantes patronais ou sindicais relacionados ao estabelecimento.

Há emprego de tempo parcial não desejado quando o empregado deseja e tem disponibilidade para trabalhar mais tempo.

As ações a que se refere esta norma devem ser documentadas. As ações mencionadas no segundo inciso da norma serão realizadas de maneira contínua e em cooperação com os representantes dos empregados.

Decreto real pode estabelecer regras sobre o objeto e a execução da análise salarial.

§ 26 a. Dever do empregador de prestar contas

Os empregadores que têm obrigações decorrentes do § 26, segundo inciso, devem fazer relatório sobre a situação real relativa à igualdade de gênero no estabelecimento e sobre suas ações para cumprir as obrigações decorrentes do § 26.

[...]

O relatório deve ser redigido de maneira que preserve os dados pessoais dos empregados. Os resultados da pesquisa salarial devem ser incluídos no relatório de forma anônima.

Os funcionários do estabelecimento e seus representantes, o Tribunal da Discriminação, a Ouvidoria para a Igualdade e Discriminação e os pesquisadores têm direito de acesso aos resultados da pesquisa de salários, mesmo se estes não podem ser anonimizados. As informações só podem ser fornecidas na medida do necessário para investigar se há tratamento diverso ilícito na remuneração.

O destinatário das informações salariais conforme o inciso anterior tem dever de confidencialidade e deve assinar declaração de confidencialidade. Isso não se aplica às informações que são públicas nos termos da Lei sobre atos públicos.

Decreto real pode padronizar o dever de prestação de contas sobre a igualdade.

[...]

§ 27. Conteúdo do material didático e do ensino

Nos jardins de infância, escolas e outras instituições educacionais que oferecem educação legalmente reconhecida, o material didático e o ensino devem se conformar ao objetivo da presente lei.

§ 28. Equilíbrio de gênero nas comissões públicas, etc.

Quando um órgão público nomeia ou seleciona comissões, diretorias, conselhos, órgãos julgadores, delegações, etc., ambos os sexos deverão estar representados da seguinte maneira:

a. Se a comissão tiver dois ou três membros, ambos os sexos devem estar representados.

b. Se a comissão tiver quatro ou cinco membros, cada sexo será representado por pelo menos duas pessoas.

c. Se a comissão tiver de seis a oito membros, cada sexo será representado por pelo menos três pessoas.

d. Se a comissão tiver nove membros, cada sexo será representado por pelo menos quatro pessoas.

e. Se a comissão tiver mais membros, cada sexo será representado por pelo menos 40%.

O primeiro inciso também se aplicará à nomeação ou eleição dos suplentes.

O Ministério pode dispensar da exigência de equilíbrio de gênero se não tiver sido possível encontrar um número suficiente de membros qualificados de ambos os sexos.

O primeiro inciso não se aplica às comissões, etc., que por lei devem ser compostas por membros de Assembleias diretamente eleitas. Para comissões, etc., compostas por órgãos eleitos nos municípios e províncias, aplicam-se as disposições da Lei dos Municípios.

Decreto real determina a forma de supervisão e de prestação de contas. Decreto real pode também estabelecer regras suplementares sobre este parágrafo.

Capítulo 5 Regras especiais para as relações de trabalho

§ 29. Proibição de discriminação no emprego, etc.

As proibições do Capítulo 2 se aplicam a todos os aspectos de uma relação trabalhista. Isso inclui, entre outros:

a. anúncio de vagas;
b. recrutamento, remanejamento e promoção;
c. treinamento e desenvolvimento de competências;
d. salário e condições de trabalho;
e. demissão.

O primeiro inciso aplica-se, *mutatis mutandis*, à seleção e ao tratamento que fazem os empregadores em relação a trabalhadores autônomos e emprestados.

§ 30. Proibição de obter informações nos processos seletivos

Os empregadores não podem, nos processos seletivos, obter informações sobre o candidato mediante entrevista ou de outra forma em relação a:

a. gestação, adoção ou planos para ter filhos;
b. religião ou cosmovisão;
c. etnia;
d. comprometimento funcional;
e. orientação sexual, identidade ou expressão de gênero.

A coleta de informações sobre etnia, religião, cosmovisão, comprometimento funcional e estado civil é permitida se a informação for de importância decisiva para o exercício do emprego ou da profissão.

A coleta de informações sobre estado civil, religião ou cosmovisão do candidato é permitida se objetivo da atividade for promover certas cosmovisões ou visões religiosas e a função do trabalhador for importante para a realização do objetivo. Se tal informação for exigida, isso deverá ser indicado no anúncio da vaga.

§ 31. Dever do empregador de fornecer informações aos candidatos para vaga

Os candidatos que acreditam ter sido preteridos de maneira contrária a esta lei podem exigir que o empregador forneça informações por escrito sobre o candidato escolhido. O empregador deve fornecer dados sobre formação, experiência prática e outras qualificações claramente identificáveis.

§ 32. Dever do empregador de fornecer informações sobre os salários

Os empregados que suspeitem ter havido discriminação na fixação de salários podem solicitar que o empregador forneça informações por escrito sobre o nível dos salários e os critérios para determinar o salário do empregado ou empregados com os quais o interessado se compara.

Qualquer pessoa que receba informações sobre salários com base neste parágrafo tem o dever de confidencialidade e deve assinar declaração de confidencialidade. Isso não se aplica às informações que são públicas nos termos da Lei sobre atos públicos.

Um empregador que divulga informações salariais relativas a um empregado nos termos deste parágrafo deve, ao mesmo tempo, avisar o interessado sobre as informações divulgadas e as pessoas que as receberam.

[...]

§ 34. Igual salário por trabalho de igual valor

Mulheres e homens do mesmo estabelecimento devem receber salário igual por trabalho igual ou de igual valor. Os salários serão determinados da mesma maneira, independentemente do sexo.

O direito do primeiro inciso é aplicável independentemente de o trabalho pertencer a diferentes setores ou a remuneração ser regida por diversas convenções coletivas.

O igual valor do trabalho é determinado com base em avaliação global, levando em consideração as habilidades necessárias para realizar o trabalho e outros fatores relevantes, tais como esforço, responsabilidade e condições de trabalho.

Salário significa o salário principal e todos os subsídios, benefícios e outras vantagens concedidas pelo empregador.

Capítulo 6 Aplicação, ônus da prova e sanções

[...]

§ 37. Ônus da prova

A discriminação será constatada se houver circunstâncias que dão razões para acreditar que ocorreu discriminação e o responsável não mostrar de maneira convincente que a discriminação não ocorreu.

Isso se aplica a possíveis violações de:

a. normas do Capítulo 2, com exceção do § 13, sexto inciso;

b. normas sobre desenho universal dos §§ 17 e 18;

c. normas sobre acomodação individual dos §§ 20 a 23;

d. §§ 29, 30, 33 e 34.

§ 38. Danos morais e compensação

Qualquer pessoa que tenha sido tratada de maneira que viola

a. normas do Capítulo 2, com exceção do § 13, sexto inciso;

b. normas sobre desenho universal dos §§ 17 e 18;

c. normas sobre acomodação individual dos §§ 20 a 23;

d. §§ 29, 30, 33 e 34

pode exigir pagamento de danos morais e compensação.

Nas relações de trabalho e na seleção e tratamento que fazem os empregadores em relação a trabalhadores autônomos, a responsabilidade do empregador independe de culpa. Em casos de assédio ou assédio sexual e em questões sociais diversas das mencionadas no primeiro inciso, haverá responsabilidade se for comprovada culpa.

A compensação cobrirá os prejuízos financeiros causados pelo tratamento ilícito. Os danos morais serão determinados com base na natureza e extensão do dano, na situação das partes e nas circunstâncias do caso.

§ 39. Penas por graves violações da proibição de discriminação cometidas em concurso de pessoas

Quem, em colaboração com pelo menos mais duas pessoas, cometer grave violação da vedação de

a. discriminar por motivo de etnia, religião ou cosmovisão conforme o § 6,

b. assediar por motivo de etnia, religião ou cosmovisão conforme o § 13,

c. retaliar por motivo de etnia, religião ou cosmovisão conforme o § 14 ou

d. ordenar alguém a discriminar por motivo de etnia, religião ou cosmovisão conforme o § 15,

será punido com multa ou prisão de até três anos. A pessoa que tenha sido anteriormente sancionada por infração tipificada neste parágrafo pode ser punida ainda que a infração não seja grave.

Ao avaliar se uma infração é grave, será dada particular relevância ao grau de culpa demonstrado, à eventual motivação racial, ao caráter de assédio, à ocorrência de lesão corporal ou grave lesão da integridade psíquica, à probabilidade de causar medo e à presença de vítima menor de 18 anos.

Antes de iniciar processo penal pelas infrações do primeiro inciso, deve ser avaliado se é suficiente o mecanismo da responsabilidade civil.

Não incidem na aplicação desta norma as regras sobre o ônus da prova do primeiro inciso do § 37.